English-Georgian
Georgian-English

Word to Word® Bilingual Dictionary

Compiled by:
C. Sesma, M.A.

Translated & Edited by:
Wali Shearzad

Georgian Word to Word® Bilingual Dictionary
1st Edition © Copyright 2022

All rights reserved. No part of this book may be reproduced or transmitted in any form or by any means.

Published in the United States by:

Bilingual Dictionaries, Inc.
PO Box 1154
Murrieta, CA 92564
T: (951) 296-2445 • F: (951) 296-9911
E: support@bilingualdictionaries.com
www.BilingualDictionaries.com

ISBN13: 978-1-946986-62-7

Print 221025

Printed In India

Table of Contents

Publisher	4
Word to Word®	5
List of Irregular Verbs	6 - 8
English - Georgian	9 - 198
Georgian - English	199 - 372
Order & Contact Information	373 - 376

Bilingual Dictionaries, Inc.

Bilingual Dictionaries, Inc. was established in 1994. We are committed to providing schools, libraries and educators with a great selection of bilingual materials for students. Along with bilingual dictionaries we also publish ESL workbooks and children's bilingual picture dictionaries.

The first Word to Word® bilingual dictionary was published in 2008. The Word to Word® series now has over 40 editions with languages from around the world. For more information regarding any of our publications please visit us online.

BilingualDictionaries.com
WordtoWord.com

Word to Word® Series

Our series provides ELL students from different native language backgrounds a standardized selection of bilingual dictionaries. The Word to Word® series is designed to create an approved resource that adheres to the guidelines set by school districts and states.

Sesma's Georgian Word to Word® Bilingual Dictionary was created specifically with students in mind to be used for reference and testing. This dictionary contains approximately 19,500 entries targeting common words used in the English language.

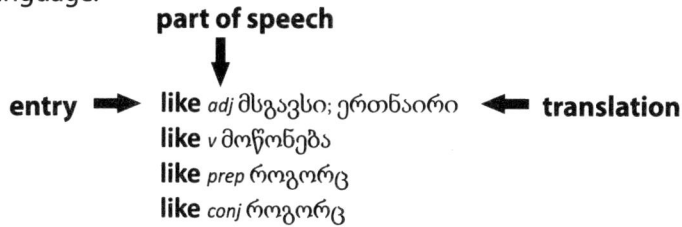

entry: Our selection of English vocabulary includes common words found in everyday conversation at home and school.

part of speech: The part of speech is necessary to ensure the translation is appropriate. Entries can be spelled the same but have different translations and meanings depending on the part of speech.

translation: Our translation is "Word to Word" meaning no foul language and no definitions or explanations. Purely the most simple common accurate translation.

List of Irregular Verbs

present - past - past participle

arise - arose - arisen
awake - awoke - awoken, awaked
be - was - been
bear - bore - borne
beat - beat - beaten
become - became - become
begin - began - begun
behold - beheld - beheld
bend - bent - bent
beseech - besought - besought
bet - bet - betted
bid - bade (bid) - bidden (bid)
bind - bound - bound
bite - bit - bitten
bleed - bled - bled
blow - blew - blown
break - broke - broken
breed - bred - bred
bring - brought - brought
build - built - built
burn - burnt - burnt *
burst - burst - burst
buy - bought - bought
cast - cast - cast
catch - caught - caught
choose - chose - chosen
cling - clung - clung
come - came - come
cost - cost - cost
creep - crept - crept
cut - cut - cut
deal - dealt - dealt
dig - dug - dug
do - did - done
draw - drew - drawn
dream - dreamt - dreamed
drink - drank - drunk
drive - drove - driven
dwell - dwelt - dwelt
eat - ate - eaten
fall - fell - fallen
feed - fed - fed
feel - felt - felt
fight - fought - fought
find - found - found
flee - fled - fled
fling - flung - flung
fly - flew - flown
forebear - forbore - forborne
forbid - forbade - forbidden
forecast - forecast - forecast
forget - forgot - forgotten
forgive - forgave - forgiven
forego - forewent - foregone
foresee - foresaw - foreseen
foretell - foretold - foretold
forget - forgot - forgotten
forsake - forsook - forsaken
freeze - froze - frozen

List of Irregular Verbs

get - got - gotten
give - gave - given
go - went - gone
grind - ground - ground
grow - grew - grown
hang - hung * - hung *
have - had - had
hear - heard - heard
hide - hid - hidden
hit - hit - hit
hold - held - held
hurt - hurt - hurt
hit - hit - hit
hold - held - held
keep - kept - kept
kneel - knelt * - knelt *
know - knew - known
lay - laid - laid
lead - led - led
lean - leant * - leant *
leap - lept * - lept *
learn - learnt * - learnt *
leave - left - left
lend - lent - lent
let - let - let
lie - lay - lain
light - lit * - lit *
lose - lost - lost
make - made - made
mean - meant - meant

meet - met - met
mistake - mistook - mistaken
must - had to - had to
pay - paid - paid
plead - pleaded - pled
prove - proved - proven
put - put - put
quit - quit * - quit *
read - read - read
rid - rid - rid
ride - rode - ridden
ring - rang - rung
rise - rose - risen
run - ran - run
saw - sawed - sawn
say - said - said
see - saw - seen
seek - sought - sought
sell - sold - sold
send - sent - sent
set - set - set
sew - sewed - sewn
shake - shook - shaken
shear - sheared - shorn
shed - shed - shed
shine - shone - shone
shoot - shot - shot
show - showed - shown
shrink - shrank - shrunk
shut - shut - shut

List of Irregular Verbs

sing - sang - sung
sink - sank - sunk
sit - sat - sat
slay - slew - slain
sleep - sleep - slept
slide - slid - slid
sling - slung - slung
smell - smelt * - smelt *
sow - sowed - sown *
speak - spoke - spoken
speed - sped * - sped *
spell - spelt * - spelt *
spend - spent - spent
spill - spilt * - spilt *
spin - spun - spun
spit - spat - spat
split - split - split
spread - spread - spread
spring - sprang - sprung
stand - stood - stood
steal - stole - stolen
stick - stuck - stuck
sting - stung - stung
stink - stank - stunk
stride - strode - stridden
strike - struck - struck (stricken)

strive - strove - striven
swear - swore - sworn
sweep - swept - swept
swell - swelled - swollen *
swim - swam - swum
take - took - taken
teach - taught - taught
tear - tore - torn
tell - told - told
think - thought - thought
throw - threw - thrown
thrust - thrust - thrust
tread - trod - trodden
wake - woke - woken
wear - wore - worn
weave - wove * - woven *
wed - wed * - wed *
weep - wept - wept
win - won - won
wind - wound - wound
wring - wrung - wrung
write - wrote - written

Those tenses with an * also have regular forms.

English-Georgian

Abbreviations

a - article - არტიკლი
adj - adjective - ზედსართავი სახელი
adv - adverb - ზმნიზედა
conj - conjunction - კავშირი
e - exclamation - შახილი
n - noun - არსებითი სახელი
prep - preposition - წინდებული
pron - pronoun - ნაცვალსახელი
v - verb - ზმნა
pv - phrasal verb - ფრაზეული ზმნა
idiom - idiom - იდიომა
auxillary v - auxillary verb - დამხმარე ზმნა
modal v - modal verb - მოდალური ზმნა
abbr - abbreviation - აბრევიატურა
phrase - phrase - ფრაზა

A

a *a* ა
abandon *v* მიტოვება
abandonment *n* მიტოვება
abbreviate *v* შემოკლება
abbreviation *n* აბრევიატურა
abdomen *n* მუცელი
abduct *v* მოტაცება
abduction *n* მოტაცება
aberration *n* გადახრა
abhor *v* შეზიზღება
abide by *v* შესრულება
ability *n* უნარი
ablaze *adj* მოკაშკაშე
able *adj* უნარიანი
abnormal *adj* არანორმალური
abnormality *n* ანორმალურობა
abnormally *adv* არანორმალურად
aboard *adv* ბორტზე მყოფი
abolish *v* გაბათილება
abort *v* შეწყვეტა
abound *v* უხვად ქონა
about *prep* გარშემო
about *adv* ირგვლივ
above *prep* ზემოთ
above *adv* მაღლა
abridge *v* შეზღუდვა
abroad *adv* საზღვარგარეთ
abrogate *v* გაუქმება
abruptly *adv* მკვეთრად
absence *n* არარსებობა
absent *adj* არდამსწრე
absolute *adj* აბსოლუტური
absolutely *adv* აბსოლუტურად
absolve *v* გათავისუფლება
absorb *v* შთანთქმა
absorbent *adj* შთამნთქმელი
abstain *v* თავის შეკავება
abstinence *n* თავის შეკავება
abstract *adj* აბსტრაქტული
absurd *adj* აბსურდული
abundance *n* სიუხვე
abundant *adj* უხვი
abuse *n* ბოროტად გამოყენება
abuse *v* ბოროტად გამოყენება
abusive *adj* შეურაცხმყოფელი
abysmal *adj* უფსკერო
abyss *n* უფსკრული
academic *adj* აკადემიური
academy *n* აკადემია
accelerate *v* აჩქარება
accelerator *n* აქსელერატორი
accent *n* აქცენტი
accept *v* მიღება
acceptable *adj* მისაღები
acceptance *n* მიღება
access *v* დაშვება
access *n* წვდომა
accessible *adj* ხელმისაწვდომი
accident *n* უბედური შემთხვევა

accidental *adj* შემთხვევითი
acclaim *v* ტაშისკვრა
acclimatize *v* შეგუება
accommodate *v* დაბინავება
accompany *v* თანხლება
accomplice *n* თანამზრახველი
accomplish *v* შესრულება
accomplishment *n* მიღწევა
according to *prep* თანახმად
accordion *n* აკორდეონი
account *n* ანგარიში
account for *v* აღრიცხვა
accountable *adj* ანგარიშვალდებული
accountant *n* ბუღალტერი
accumulate *v* დაგროვება
accumulation *n* დაგროვება
accuracy *n* სიზუსტე
accurate *adj* ზუსტი
accurately *adv* ზუსტად
accusation *n* ბრალდება
accuse *v* დადანაშაულება
accustom *v* შეჩვევა
ache *n* ტკივილი
achieve *v* მიღწევა
achievement *n* მიღწევა
acid *n* მჟავა
acknowledge *v* აღიარება
acknowledgment *n* აღიარება
acorn *n* რკო
acoustic *adj* აკუსტიკური
acquaintance *n* ნაცნობობა

acquire *v* შეძენა
acquisition *n* შენაძენი
acquit *v* გამართლება
acquittal *n* გამართლება
acre *n* აკრი
acrobat *n* აკრობატი
across *adv* გადაღმა
across *prep* გაღმა
act *n* მოქმედება; აქტი თეატრში; საკანონმდებლო აქტი
act *v* მოქმედება
action *n* მოქმედება
activate *v* გააქტიურება
active *adj* აქტიური
activity *n* საქმიანობა
actor *n* მსახიობი
actress *n* მსახიობი ქალი
actual *adj* ფაქტიური
actually *adv* ფაქტობრივად
acute *adj* მწვავე
adamant *adj* მტკიცე
adapt *v* ადაპტირება
adaptable *adj* ადაპტირებადი
adaptation *n* ადაპტაცია
adapter *n* ადაპტერი
add *v* დამატება
addicted *adj* რაიმეზე დამოკიდებული
addiction *n* ძლიერი მიდრეკილება
addictive *adj* შეჩვევის გამომწვევი

addition *n* დამატება
additional *adj* დამატებითი
address *v* მისამართის დაწერა; მიმართვა სიტყვით
address *n* მისამართი
adequate *adj* შესატყვისი
adequately *adv* ადეკვატურად
adhere *v* მიდევნა
adhesive *adj* წებოვანი
adjacent *adj* მომიჯნავე
adjective *n* ზედსართავი სახელი
adjoin *v* ემიჯნება
adjoining *adj* მომიჯნავე
adjust *v* მორგება
adjustable *adj* რეგულირებადი
adjustment *n* რეგულირება
administer *v* მართვა
administration *n* ადმინისტრაცია
administrative *adj* ადმინისტრაციული
administrator *n* ადმინისტრატორი
admirable *adj* საუცხოო
admiral *n* ადმირალი
admiration *n* აღფრთხოვანება
admire *v* აღფრთხოვანება
admirer *n* თაყვანისმცემელი
admission *n* დაშვება
admit *v* დაშვება
admittance *n* დაშვება
adolescence *n* ახალგაზრდობა
adolescent *n* მოზარდი
adopt *v* შვილება
adorable *adj* წარმტაცი
adore *v* თაყვანისცემა
adorn *v* მორთვა
adulation *n* პირმოთნეობა
adult *n* ზრდასრული
adulthood *n* მოწიფულობა
advance *v* დაწინაურება
advance *n* პროგრესი
advanced *adj* მოწინავე
advantage *n* უპირატესობა
adventure *n* თავგადასავალი
adverb *n* ზმნიზედა
adversary *n* მოწინააღმდეგე
adverse *adj* არახელსაყრელი
adversity *n* გასაჭირი
advertise *v* რეკლამირება
advertisement *n* განცხადება
advice *n* რჩევა
advise *v* რჩევის მიცემა
adviser *n* მრჩეველი
advocate *v* პროპაგანდის გაწევა
aesthetic *adj* ესთეტიკური
afar *adv* შორიდან
affable *adj* კეთილგანწყობილი
affair *n* საქმე
affect *v* ზეგავლენის მოხდენა
affection *n* სიყვარული
affectionate *adj* მოსიყვარულე

affiliate v წევრად მიღება
affiliation n წევრობა
affirm v მტკიცება
affirmative adj მტკიცებითი
affix v მიმაგრება
afflict v წყენინება
affliction n უბედურება
affluent adj ბარაქიანი
afford v შესაძლებლობის მიცემა
affordable adj ხელმისაწვდომი
affront n შეურაცხყოფის მიყენება
afloat adv მცურავი
afraid adj შეშინებული
after conj მას შემდეგ
after prep შემდეგ
afternoon n ნაშუადღევი
afterward adv შემდეგ, მერე, მოგვიანებით
again adv ხელახლა
against prep წინააღმდეგ
age n ასაკი
aged adj ასაკოვანი
agency n სააგენტო
agenda n დღის წესრიგი
agent n აგენტი
aggravate v გაუარესება
aggression n აგრესია
aggressive adj აგრესიული
aggressor n აგრესორი
agile adj სწრაფი

ago adv წინათ
agonize v აგონიაში ყოფნა
agonizing adj მტანჯველი
agony n აგონია
agree v დათანხმება
agreeable adj სასიამოვნო
agreement n შეთანხმება
agricultural adj სასოფლო-სამეურნეო
agriculture n სოფლის მეურნეობა
ahead adv წინ, ადრე
aid n დახმარება
aid v დახმარების გაწევა
aide n დამხმარე
ailing adj სნეული
ailment n ავადმყოფობა
aim v დამიზნება
aim n მიზანი
aimless adj უმიზნო
air v განიავება
air n ჰაერი
aircraft n საჰაერო ხომალდი
airfare n ავიაბილეთის ფასი
airfield n აეროდრომი
airline n ავიაკომპანია
airmail n ავიაფოსტა
airplane n თვითმფრინავი
airport n აეროპორტი
airtight adj ჰერმეტიული
aisle n გასასვლელი
ajar adj ნახევრად ღია

15 aluminum A

akin *adj* ნათესაური
alarm *n* განგაში
alarm clock *n* მაღვიძარა
alarming *adj* ამაღელვებელი
alcohol *n* ალკოჰოლი
alcoholic *adj* სპირტიანი
alert *n* განგაში
alert *v* განგაშის გამოცხადება
alert *adj* ფხიზელი
alien *n* უცხოელი; უცხოპლანეტელი
align *v* გასწორება
alignment *n* გასწორება
alike *adj* მსგავსი
alive *adj* ცოცხალი
all *adv* სულ
all *adj* ყველა
all right *adv* რა თქმა უნდა
all right *adj* შესაფერისი
allege *v* მტკიცება
allegedly *adv* ვითომ
allegiance *n* ერთგულება
allergic *adj* ალერგიული
allergy *n* ალერგია
alleviate *v* შემსუბუქება
alley *n* ალეა
alliance *n* ალიანსი
alligator *n* ალიგატორი
allocate *v* გამოყოფა
allocation *n* გამოყოფილი
allot *v* განაწილება
allow *v* ნების დართვა
allowance *n* შემწეობა
allure *n* შეტყუება
ally *n* მოკავშირე
ally *v* მოკავშირე
almighty *adj* ყოვლისშემძლე
almond *n* ნუში
almost *adv* თითქმის
alone *adj* მარტო
alone *adv* მხოლოდ
along *adv* წინ, ერთად
along *prep* გასწვრივ
alongside *prep* გვერდით
aloof *adj* განმარტოებული
aloud *adv* ხმამაღლა
alphabet *n* ანბანი
already *adv* უკვე
alright *adv* მისაღები
also *adv* ასევე
altar *n* საკურთხეველი
alter *v* შეცვლა
alteration *n* შეცვლა
altercation *n* ჩხუბი
alternate *v* მონაცვლეობა
alternate *adj* მონაცვლეობითი
alternative *n* ალტერნატივა
alternative *adj* ალტერნატიული
alternatively *adv* ალტერნატიულად
although *conj* თუმცა
altitude *n* სიმაღლე
altogether *adv* მთლიანი
aluminum *n* ალუმინი

always adv ყოველთვის
amass v შეკრება
amateur adj მოყვარული
amaze v გაოცება
amazement n გაოცება
amazing adj საოცარი
ambassador n ელჩი
ambiguous adj ორაზროვანი
ambition n ამბიცია
ambitious adj ამბიციური
ambivalent adj წინააღმდეგობრივი
ambulance n სასწრაფო დახმარების მანქანა
ambush v ჩასაფრება
amend v ცვლილების შეტანა
amendment n შესწორება
amenities n კეთილმოწყობილობა
American adj ამერიკელი
amicable adj მეგობრული
amid prep შუაში
ammunition n საბრძოლო მასალა
amnesia n ამნეზია
among prep შორის
amount n ოდენობა
amount to v ტოლფასია
amphibious adj ამფიბიური
ample adj უხვი
amplifier n გამაძლიერებელი
amplify v გაფართოება

amputate v მოკვეთა
amuse v გართობა
amusement n გართობა
amusing adj გასართობი
an a განუსაზღვრელი არტიკლი
analogy n ანალოგია
analysis n ანალიზი
analyst n ანალიტიკოსი
analytic adj ანალიტიკური
analyze v ანალიზება
anatomy n ანატომია
ancestor n წინაპარი
anchor n ღუზა
ancient adj ანტიკური
and conj და
anecdote n ანეკდოტი
anesthesia n ანესთეზია
anew adv ხელახლა
angel n ანგელოზი
angelic adj ანგელოზის
anger n რისხვა
angle n კუთხე
angry adj გაბრაზებული
anguish n დიდი ტკივილი
animal n ცხოველი
animate v გამოცოცხლება
animation n ანიმაცია
animosity n მტრობა
ankle n კოჭი
annihilate v მოსპობა
anniversary n წლისთავი

17 applicable A

annotate *v* ანოტირება
annotation *n* ანოტაცია
announce *v* გამოცხადება
announcement *n* განცხადება
announcer *n* დიქტორი
annoy *v* თავის მობეზრება
annoying *adj* გამაღიზიანებელი
annual *adj* ყოველწლიური
annually *adv* ყოველწლიურად
anonymity *n* ანონიმობა
anonymous *adj* ანონიმური
another *adj* სხვა
another *pron* სხვა
answer *n* პასუხი
answer *v* პასუხის გაცემა
ant *n* ჭიანჭველა
antagonize *v* წინააღმდეგობის გაწევა
antelope *n* ანტილოპა
antenna *n* ანტენა
antibiotic *n* ანტიბიოტიკი
anticipate *v* განჭვრეტა
anticipation *n* მოლოდინი
antidote *n* ანტიდოტი
antiquated *adj* მოძველებული
antique *n* ანტიკვარული ნივთი
anvil *n* გრდემლი
anxiety *n* ღელვა
anxious *adj* აღელვებული
any *pron* ნებისმიერი
any *adj* რომელიმე
any *adv* ცოტაოდენი
anybody *pron* ვინმე
anymore *adv* აღარ
anyone *pron* ვინმე
anything *pron* რაიმე
anyway *adv* ყოველ შემთხვევაში
anywhere *adv* სადმე
apart *adv* გვერდზე
apartment *n* ბინა
apathy *n* აპათია
ape *n* მაიმუნი
apiece *adv* თითო
apologize *v* ბოდიშის მოხდა
apology *n* ბოდიში
apostrophe *n* აპოსტროფი
appall *v* შეძრწუნება
appalling *adj* შემაძრწუნებელი
apparel *n* ტანსაცმელი
apparent *adj* აშკარა
apparently *adv* თვალნათლივ
appeal *n* გასაჩივრება
appeal *v* გასაჩივრება
appealing *adj* მიმზიდველი
appear *v* გამოჩენა
appearance *n* გარეგნობა
appetite *n* მადა
appetizer *n* მადის მომგვრელი
applaud *v* ტაშისკვრა
applause *n* აპლოდისმენტი
apple *n* ვაშლი
appliance *n* ხელსაწყო
applicable *adj* საჭიროა

applicant *n* განმცხადებელი
application *n* განცხადება; გამოყენება
apply *v* მიმართვა; გამოყენება
appoint *v* დანიშვნა
appointment *n* დანიშვნა; შეხვედრა
appraisal *n* შეფასება
appraise *v* შეფასება
appreciate *v* დაფასება
appreciation *n* დაფასება
apprehend *v* გაგება
apprehensive *adj* ცუდის მომლოდინე
apprentice *n* მოწაფე
approach *v* მიახლოება
approach *n* მიდგომა
appropriate *adj* შესაფერი
appropriately *adv* სათანადოდ
approval *n* მოწონება
approve *v* მოწონება
approximate *adj* მიახლოებითი
approximately *adv* დაახლოებით
apricot *n* გარგარი
April *n* აპრილი
apron *n* წინსაფარი
aptitude *n* მიდრეკილება
aquarium *n* აკვარიუმი
aquatic *adj* წყლიანი
aqueduct *n* აკვედუკი
Arabic *adj* არაბული
arbitrary *adj* თვითნებური
arch *n* რკალი
archaeology *n* არქეოლოგია
archaic *adj* არქაული
architect *n* არქიტექტორი
architecture *n* არქიტექტურა
archive *n* არქივი
ardent *adj* მგზნებარე
area *n* ფართობი
arena *n* არენა
argue *v* დავა
argument *n* არგუმენტი
arise *v* აღმოცენება
arithmetic *n* არითმეტიკული
ark *n* კიდობანი
arm *n* მკლავი
arm *v* შეიარაღება
armchair *n* სავარძელი
armed *adj* შეიარაღებული
armor *n* ჯავშანტექნიკა
armpit *n* იღლია
arms *n* იარაღი
army *n* არმია
aromatic *adj* არომატული
around *prep* ირგლივ
around *adv* მიახლოებით
arrange *v* მოწყობა
arrangement *n* მზადება
arrest *v* დაპატიმრება
arrival *n* ჩამოსვლა
arrive *v* ჩამოსვლა
arrogance *n* ქედმაღლობა
arrogant *adj* ქედმაღალი

arrow *n* ისარი
arson *n* ცეცხლის წაკიდება
arsonist *n* ცეცხლის წამკიდებელი
art *n* ხელოვნება
artery *n* არტერია
arthritis *n* ართრიტი
artichoke *n* არტიშოკი
article *n* სტატია; არტიკლი; კანონის მუხლი
articulate *v* გარკვევით წარმოთქმა
artificial *adj* ხელოვნური
artillery *n* არტილერია
artist *n* მხატვარი
artistic *adj* მხატვრული
artwork *n* ხელოვნება
as *prep* რამდენადაც
as *adv* როგორც
as *conj* როცა
ascend *v* ასვლა
ash *n* ფერფლი
ashamed *adj* შერცხვენილი
ashore *adv* ნაპირზე
ashtray *n* საფერფლე
aside *adv* გვერდზე
ask *v* კითხვა
asleep *adj* მძინარე
asparagus *n* სატაცური
aspect *n* ასპექტი
asphalt *n* ასფალტი
aspiration *n* სწრაფვა

aspire *v* მისწრაფება
aspirin *n* ასპირინი
assassin *n* მკვლელი
assassinate *v* პოლიტიკური მკვლელობის ჩადენა
assault *v* იერიში
assemble *v* აწყობა
assembly *n* ასამბლეა; მონტაჟი, აწყობა
assert *v* მტკიცება
assertion *n* მტკიცება
assertive *adj* მტკიცე
assess *v* შეფასება
assessment *n* შეფასება
asset *n* აქტივი
assign *v* დანიშვნა
assignment *n* გადაცემა
assimilate *v* ასიმილირება
assist *v* დახმარება
assistance *n* დახმარება
assistant *n* დამხმარე
associate *v* ასოციაციით დაკავშირება
association *n* ასოციაცია, გაერთიანება
assorted *adj* დახარისხებული
assortment *n* ასორტიმენტი
assume *v* თავის თავზე აღება; ვარაუდი
assumption *n* თავის თავზე აღება; ვარაუდი
assurance *n* დარწმუნებულობა

assure v დარწმუნება
asterisk n ვარსკვლავით აღნიშვნა
asteroid n ასტეროიდი
asthma n ასთმა
asthmatic adj ასთმური
astonish v გაოცება
astonishing adj საოცარი
astound v განცვიფრება
astounding adj განსაცვიფრებელი
astray adv გზის აცდენა
astrologer n ასტროლოგი
astrology n ასტროლოგია
astronaut n ასტრონავტი
astronomer n ასტრონომი
astronomic adj ასტრონომიული
astronomy n ასტრონომია
astute adj შორსმჭვრეტელი
asunder adv განცალკევებით
asylum n თავშესაფარი
at prep -ში, -ზე, -თან; ახლოს
athlete n ათლეტი
athletic adj ათლეტური
atone v დანაშაულის გამოსყიდვა
atonement n მონანიება
atrocious adj სასტიკი
atrocity n სისასტიკე
atrophy v ატროფია
attach v მიმაგრება

attached adj მიმაგრებული
attachment n დანართი
attack n თავდასხმა
attack v თავდასხმა
attacker n თავდამსხმელი
attain v მიღწევა
attainable adj მისაღწევი
attempt v მცდელობა
attend v დასწრება
attendance n დასწრება
attendant n თანმხლები
attention n ყურადღება
attentive adj ყურადღებიანი
attest v ჩვენებების მიცემა
attic n მანსარდა, სხვენი
attitude n დამოკიდებულება
attorney n ადვოკატი
attract v მიზიდვა
attraction n მიმზიდველობა
attractive adj მიმზიდველი
attribute v მიწერა
auction v აუქციონზე გაყიდვა
auction n აუქციონი
auctioneer n აუქციონისტი, აუქციონის მომწყობი
audacious adj გაბედული
audacity n გაბედულება
audible adj მოსასმენი
audience n აუდიტორია
audio adj აუდიო
audit v შემოწმება
audition n მოსმენა

auditorium *n* აუდიტორია
augment *v* მომატება
August *n* აგვისტო
aunt *n* ბიცოლა, დეიდა, მამიდა
austere *adj* მკაცრი
austerity *n* სიმკაცრე
authentic *adj* სარწმუნო
authenticate *v* დადასტურება
authenticity *n* უტყუარობა
author *n* ავტორი
authoritarian *adj* ავტორიტარული
authoritative *adj* ავტორიტეტული
authority *n* უფლებამოსილება
authorization *n* უფლებამოსილების მინიჭება
authorize *v* უფლების მიცემა
auto *n* ავტომობილი
autograph *n* ავტოგრაფი
automated *adj* ავტომატური
automatic *adj* ავტომატური
automatically *adv* ავტომატურად; გაუცნობიერებლად
automobile *n* ავტომობილი
autumn *n* შემოდგომა
auxiliary *adj* დამხმარე
availability *n* ხელმისაწვდომობა
available *adj* ხელმისაწვდომი
avalanche *n* ზვავი
avenge *v* შურისძიება
avenue *n* პროსპექტი
average *adj* საშუალო
average *n* საშუალო სიდიდე
aviation *n* ავიაცია
aviator *n* მფრინავი
avid *adj* ხარბი
avocado *n* ავოკადო
avoid *v* თავიდან აცილება
avoidable *adj* თავიდან ასაცილებელი
await *v* ლოდინი
awake *adj* გამოღვიძებული
award *v* დაჯილდოვება
award *n* ჯილდო
aware *adj* მცოდნე
awareness *n* გაცნობიერება
away *adv* მოშრებით
awe *n* მოწიწება
awesome *adj* შთამბეჭდავი
awful *adj* საშინელი
awkward *adj* მოუქნელი
awning *n* ტენტი
axe *n* ცული
axis *n* ღერძი
axle *n* ღერძი

B

baby *n* თოთო ბავშვი
babysit *v* ძიძად მუშაობა
babysitter *n* ძიძა
bachelor *n* მარტოხელა; ბაკალავრი
back *n* ზურგი; უკანა ნაწილი
back *v* მიყუდება
back *adv* უკან
back *adj* უკანა
back away *v* უკან დახევა
back down *v* უკან დახევა
back out *v* თავიდან აცილება
back up *v* მხარში ამოდგომა
backbone *n* ხერხემალი
backdoor *n* უკანა შესასვლელი
backfire *v* ცეცხლის ალის გამოტყორცნა
background *n* ფონი
backing *n* მხარდაჭერა
backlash *n* ძლიერი უარყოფითი რეაქცია
backlog *n* ჩამორჩენა
backpack *n* ზურგჩანთა
backstage *adv* კულისებსმიღმა
backup *n* დუბლირება
backward *adv* უკუღმა
backward *adj* ჩამორჩენილი
backyard *n* სახლის უკანა ეზო
bacon *n* ბეკონი
bacteria *n* ბაქტერიები
bad *adj* ცუდი
badge *n* სამკერდე ნიშანი
badly *adv* ცუდად
baffle *v* საგონებელში ჩაგდება
bag *n* ჩანთა
baggage *n* ბარგი
baggy *adj* ჩამოკიდებული
bail *n* გირაო
bail out *v* თავის დაღწევა
bait *n* სატყუარა
bake *v* გამოცხობა
baker *n* მცხობელი
bakery *n* საცხობი
balance *n* ბალანსი
balance *v* გაწონასწორება
balanced *adj* გაწონასწორებული
balcony *n* აივანი
bald *adj* მელოტი
bale *n* ფუთა
ball *n* ბურთი; მეჯლისი
ballerina *n* ბალერინა
ballet *n* ბალეტი
balloon *n* საჰაერო ბუშტი
ballot *n* საარჩევნო ბიულეტენი
ballroom *n* საცეკვაო დარბაზი
balm *n* ბალზამი
bamboo *n* ბამბუკი
ban *n* აკრძალვა
ban *v* აკრძალვა
banana *n* ბანანი
band *n* თასმა

bandage *n* სახვევი
bandage *v* სახვევის დადება
bandit *n* ყაჩაღი
bang *v* მიჯახუნება
bangs *n* შუბლზე შეჭრილი თმა
banish *v* გაძევება
bank *n* ბანკი; სანაპირო
bank account *n* საბანკო ანგარიში
bankrupt *adj* გაკოტრებული
banner *n* ბანერი
banquet *n* წვეულება
bar *v* შეფერხება
bar *n* ძელაკი
barbarian *n* ბარბაროსი
barbaric *adj* ბარბაროსული
barbecue *n* ბარბექიუ
barber *n* პარიკმახერი
barcode *n* შტრიხკოდი
bare *adj* შიშველი
barefoot *adj* ფეხშიშველა
barely *adv* ძლივს
bargain *v* გარიგების დადება
bargain *n* სავაჭრო გარიგება
barge *n* ბარჟა
bark *n* ყეფა; ხის ქერქი
bark *v* ყეფა
barley *n* ქერი
barn *n* ბეღელი
barracks *n* ყაზარმები
barrel *n* კასრი
barren *adj* უნაყოფო
barricade *n* ბარიკადა
barrier *n* ბარიერი
bartender *n* ბარმენი
barter *v* ბარტერული ვაჭრობა
base *n* (სამხედრო) ბაზა
base *v* დაფუძნება
baseball *n* ბეისბოლი
baseless *adj* უსაფუძვლო
basement *n* სარდაფი
bashful *adj* მორიდებული
basic *adj* ძირითადი
basically *adv* არსებითად
basics *n* საფუძვლები
basin *n* აუზი
basis *n* საფუძველი
bask *v* დატკბობა
basket *n* კალათა
basketball *n* კალათბურთი
bass *n* ბასი
bass *adj* დაბალი
bat *n* ჩოგანი; ღამურა
batch *n* პარტია
bath *n* აბაზანა
bathe *v* დაბანა
bathing suit *n* საცურაო კოსტუმი
bathrobe *n* საბანაო ხალათი
bathroom *n* აბაზანა
bathtub *n* აბაზანა
baton *n* ხელკეტი; დირიჟორის ჯოხი
battalion *n* ბატალიონი

batter
B

batter *v* დალეწვა
battery *n* ბატარეა
battle *n* ბრძოლა
battle *v* ბრძოლა
battleship *n* სახაზო გემი
bay *n* ყურე
be *v* ყოფნა
beach *n* პლაჟი
beacon *n* შუქურა
beak *n* ნისკარტი
beam *n* სხივი
beans *n* ლობიო
bear *n* დათვი
bear *v* ტარება
bearable *adj* გასაძლისი
beard *n* წვერი
bearded *adj* წვერიანი
bearer *n* (რაღაცის) მატარებელი
beast *n* მხეცი
beat *n* ცემა
beat *v* ცემა
beaten *adj* ნაცემი
beating *n* ცემა
beautiful *adj* ლამაზი
beautify *v* გალამაზება
beauty *n* სილამაზე
beaver *n* თახვი
because *conj* იმიტომ, რომ
because of *prep* გამო
beckon *v* მოხმობა
become *v* გახდომა
bed *n* საწოლი
bedroom *n* საძინებელი
bedspread *n* ლოგინის გადასაფარებელი
bee *n* ფუტკარი
beef *n* საქონლის ხორცი
beehive *n* სკა
beep *v* მოკლე ხმოვანი სიგნალის გამოცემა
beer *n* ლუდი
beetle *n* ხოჭო
beetroot *n* ჭარხალი
before *prep* მანამდე, -მდე, წინ, -ზე, -ში
before *conj* სანამ
before *adv* უფრო ადრე
beforehand *adv* წინასწარ
befriend *v* დამეგობრება
beg *v* მოწყალების თხოვნა
beggar *n* მათხოვარი
begin *v* დაწყება
beginner *n* დამწყები
beginning *n* დასაწყისი
behalf *n* ვისიმე სახელით
behave *v* მოქცევა
behavior *n* ქცევა
behind *adv* უკან
behind *prep* ჩამორჩენა
behold *v* ხილვა
beige *n* ჩალისფერი ფერი
being *n* ყოფნა
belated *adj* დაგვიანებული

belch *v* დაბოყინება
belief *n* რწმენა
believable *adj* დამაჯერებელი
believe *v* რწმენა,მიჩნევა
believer *n* მორწმუნე
belittle *v* დაკნინება
bell *n* ზარი
bell pepper *n* ბულგარული წიწაკა
belligerent *adj* მეომრული
belly *n* მუცელი
belly button *n* ჭიპი
belong *v* კუთვნება
belongings *n* კუთვნილი ნივთები
beloved *adj* საყვარელი
below *prep* ქვევით
below *adv* ქვემოთ
belt *n* ქამარი
bench *n* გრძელი სკამი
bend *v* მოღუნვა
bend down *v* მოხრა
beneath *prep* ქვევით
benefactor *n* ქველმოქმედი
beneficial *adj* სასიკეთო
beneficiary *n* ბენეფიციარი
benefit *v* სარგებლის მიღება
benefit *n* უპირატესობა
benevolence *n* კეთილგანწყობა
benevolent *adj* კეთილგანწყობილი
benign *adj* ალერსიანი
bent *adj* მოხრილი
berry *n* კენკრა
beside *prep* გვერდით
besides *prep* გარდა
besiege *v* ალყის შემორტყმა
best *adj* საუკეთესო
best *n* საუკეთესო ხალხი
best *adv* საუკეთესოდ
best man *n* მეჯვარე
bestow *v* მინიჭება
bet *n* სანაძლეო
bet *v* სანაძლეოს დადება
betray *v* ღალატი
betrayal *n* ღალატი
better *adv* უკეთ
better *adj* უკეთესი
between *prep* შორის
between *adv* შორის
beverage *n* სასმელი
beware *v* გაფრთხილება
bewilder *v* შეცბუნება
bewitch *v* მოჯადოება
beyond *prep* გადაღმა
beyond *adv* მიღმა
bias *n* მიკერძოება
biased *adj* მიკერძოებული
bible *n* ბიბლია
biblical *adj* ბიბლიური
bibliography *n* ბიბლიოგრაფია
bicycle *n* ველოსიპედი
bid *v* ტენდერში მონაწილეობა
bid *n* შეთავაზებული ფასი

big adj დიდი
bike n ველოსიპედი, მოტოციკლი
bikini n ბიკინი
bile n ნაღველი
bilingual adj ორენოვანი
bill n საგადახდო ქვითარი; კანონპროექტი
bill v ანგარიშის წარდგენა
billboard n ბილბორდი
billiards n ბილიარდი
billion n მილიარდი
billionaire n მილიარდერი
bin n ურნა
bind v აკინძვა
binding adj შეკვრა
binoculars n ჭოგრი
biography n ბიოგრაფია
bird n ფრინველი
birth n დაბადება
birthday n დაბადების დღე
biscuit n ბისკვიტი
bison n ბიზონი
bit n ნატეხი
bite v კბენა
bite n კბენა
bitter adj მწარე
bitterly adv მწარედ
bitterness n სიმწარე
bizarre adj უჩვეულო
black adj შავი
black n შავი ფერი

blackboard n საკლასო დაფა
blackmail n შანტაჟი
blackout n დაბნელება
blacksmith n მჭედელი
bladder n შარდის ბუშტი
blade n დანის პირი
blame n ბრალი
blame v დაბრალება
blameless adj უდანაშაულო
bland adj უსიცოცხლო
blank adj ცარიელი
blanket n საბანი
blast n ჰაერის ნაკადი
blaze v ანთება
bleach v გათეთრება
bleach n მათეთრებელი საშუალება
bleak adj პირქუში
bleed v სისხლის დენა
blemish n ნაკლი
blend n შეზავება
blend v შერევა
blender n ბლენდერი
bless v დალოცვა
blessed adj დალოცვილი
blessing n დალოცვა
blind v დაბრმავება
blind n სქელი ფარდა
blind adj უსინათლო
blindfold n თვალების ასახვევი ნაჭერი
blindfold v თვალის ახვევა

blindness *n* სიბრმავე
blink *v* თვალების ხამხამი
bliss *n* ნეტარება
blissful *adj* ბედნიერი
blister *n* ბებერა
blizzard *n* ძლიერი ქარბუქი
bloat *v* გასივება
bloated *adj* გაბერილი
block *n* ბლოკი; კვარტალი; საგზაო საცობი
block *v* ხელის შეშლა
blockade *n* ბლოკადა
blockage *n* ბლოკირება
blog *n* ბლოგი
blogger *n* ბლოგერი
blonde *n* ქერა
blonde *adj* ქერათმიანი
blood *n* სისხლი
bloodthirsty *adj* სისხლმოწყურებული
bloody *adj* სისხლიანი
bloom *v* აყვავება
blossom *v* ყვავილის გამოღება
blot *v* დალაქავება
blouse *n* ბლუზა
blow *v* დაბერვა
blow *n* ძლიერი დარტყმა
blow up *v* აფეთქება
bludgeon *v* ძალის დატანება
blue *adj* ლურჯი; სევდიანი
blue *n* ლურჯი ფერი
blueprint *n* პროექტი
bluff *v* გაბრიყვება
bluff *n* ციცაბო კალთა
blunder *n* უხეში შეცდომა
blunt *adj* ბლაგვი
blur *v* გათხუპნა
blurred *adj* გასვრილი
blush *v* გაწითლება
boar *n* ტახი
board *n* ფიცარი; დაფა; მმართველობა, საბჭო; სათამაშო დაფა
board *v* ჩასხდომა
boast *v* ტრაბახი
boastful *adj* მკვეხარა
boat *n* ნავი
bodily *adj* სხეულის
body *n* სხეული
bodyguard *n* პირადი დაცვა
boil *v* დუღილი
boiler *n* ორთქლის ქვაბი
boiling *adj* მდუღარე
boisterous *adj* მშფოთვარე
bold *adj* გაბედული
boldness *n* გამბედაობა
bolster *v* წახალისება
bolt *n* ურდული
bolt *v* ურდულით დაკეტვა
bomb *n* ბომბი
bomb *v* დაბომბვა
bond *n* კავშირი
bondage *n* ბატონყმობა
bone *n* ძვალი

bonfire *n* კოცონი
bonus *n* ბონუსი
book *n* წიგნი
book *v* წინასწარ შეკვეთა
bookcase *n* წიგნების კარადა
bookkeeper *n* ბუღალტერი
booklet *n* ბროშურა
bookstore *n* წიგნის მაღაზია
boom *n* ბუმი
boom *v* სწრაფად ზრდა
boost *v* გაზრდა
boot *n* ფეხსაცმელი
booth *n* ჯიხური
border *n* საზღვარი
borderline *adj* სასაზღვრო
bore *v* ბურღვა
bored *adj* მოწყენილი
boredom *n* მოწყენილობა
boring *adj* მოსაწყენი
born *adj* დაბადებული
borough *n* დაბა
borrow *v* სესხება
boss *n* ბოსი
boss around *v* მბრძანებლობა
bossy *adj* მბრძანებლობის მოყვარული
botany *n* ბოტანიკა
botch *v* გაფუჭება
both *adj* ორივე
both *pron* ორივე
bother *v* თავის მობეზრება
bothersome *adj* აბეზარი

bottle *v* ბოთლებში ჩამოსხმა
bottle *n* ბოთლი
bottleneck *n* ბოთლის ყელი
bottom *n* ფსკერი
bottom *adj* ქვედა
bottomless *adj* უძირო
boulder *n* დიდი ლოდი
boulevard *n* ბულვარი
bounce *v* ნახტომი
bouncy *adj* ენერგიული
bound *v* ესაზღვრება
bound *adj* ვალდებული
boundary *n* საზღვარი
boundless *adj* უსაზღვრო
bounty *n* ხელგაშლილობა
bow *n* გემის ცხვირი; შვილდისარი
bow *v* თავის დაკვრა
bow out *pv* დათმობა
bowel *n* ნაწლავი
bowl *v* ბურთის გაგორება
bowl *n* თასი
bowling *n* ბოულინგი
box *v* ბოქსი
box *n* ყუთი
box office *n* სალარო
boxer *n* მოკრივე
boxing *n* ბოქსი
boy *n* ბიჭი
boycott *v* ბოიკოტირება
boyfriend *n* შეყვარებული ბიჭი
boyhood *n* სიჭაბუკე

bra *n* ბიუსტჰალტერი
bracelet *n* სამაჯური
braces *n* აჭიმი
bracket *n* ფრჩხილები
brag *v* ტრაბახი
braid *n* მოწნული თასმა
brain *n* ტვინი
brainwash *v* იდეოლოგიური დამუშავება
brake *v* დამუხრუჭება
brake *n* მუხრუჭი
branch *n* ტოტი
branch office *n* ფილიალი
branch out *v* განშტოება
brand *n* ბრენდი; საფირმო სახელწოდება
brand *v* დაღის დასმა
brand new *adj* სრულიად ახალი
brat *n* გატუტუცებული ბავშვი
brave *adj* გაბედული
bravely *adv* გაბედულად
bravery *n* გამბედაობა
brawl *n* აყალმაყალი
breach *n* დარღვევა
bread *n* პური
breadth *n* სიგანე
break *v* გატეხა
break *n* ხანმოკლე შესვენება
break away *v* თავის დაღწევა
break down *v* გაფუჭება
break free *v* თავის დაღწევა
break in *v* სადმე უკანონოდ შეჭრა
break off *v* უეცრად შეწყვეტა
break open *v* გახსნა
break out *v* ალყის გარღვევა
break up *v* ურთიერთობის გაწყვეტა
breakable *adj* მსხვრევადი
breakdown *n* მწყობრიდან გამოსვლა
breakfast *n* საუზმე
breakthrough *n* მნიშვნელოვანი მიღწევა
breast *n* მკერდი
breath *n* სუნთქვა
breathe *v* სუნთქვა
breathtaking *adj* თვალწარმტაცი
breed *v* გამრავლება
breed *n* ჯიში
breeze *n* ნიავი
brevity *n* სიმოკლე
brew *v* ლუდის ხარშვა
brewery *n* ლუდსახარში ქარხანა
bribe *v* მოქრთამვა
bribe *n* ქრთამი
bribery *n* მექრთამეობა
brick *n* აგური
bricklayer *n* კალატოზი
bride *n* პატარძალი
bridegroom *n* სიძე
bridesmaid *n* სასიძო

bridge n ხიდი
brief adj მოკლე
brief v მოკლედ გადმოცემა
briefcase n პორტფელი
briefing n ბრიფინგი
briefly adv მოკლედ
bright adj ნათელი
brighten v განათება
brightness n სიკაშკაშე
brilliant adj ბრწყინვალე
brim n პირი
bring v მოტანა
bring back v დაბრუნება
bring down v ჩამოგდება
bring up v აღზრდა
brisk adj სწრაფი
brittle adj მტვრევადი
broad adj ფართო
broadcast v ტელევიზიით/რადიოთი გადაცემა, მაუწყებლობა
broadcast n ტელე/რადიო გადაცემა
broadcaster n ტელეწამყვანი
broaden v გაფართოება
broadly adv ფართოდ
broadminded adj ფართო ჰორიზონტის მქონე
broccoli n ბროკოლი
brochure n ბროშურა
broil v შეწვა მაყალზე
broiler n ჩხუბისთავი

broke adj გაკოტრებული
broken adj დამსხვრეული
bronze n ბრინჯაო
broom n ცოცხი
broth n ბულიონი
brother n ძმა
brother-in-law n სიძე
brotherly adj ძმური
brow n წარბი
brown adj ყავისფერი
brown n ყავისფერი
browse v დაათვალიერება
browser n ბრაუზერი
bruise v დაშავება
bruise n სისხლჩაქცევა
brunch n გვიანი საუზმე
brunette adj შავგვრემანი
brush n ჯაგრისი
brush v ჯაგრისით გაწმენდა
brush aside v აბუჩად აგდება
brush up v გაპრიალება
brutal adj სასტიკი
brutality n სისასტიკე
brutalize v სისასტიკად მოქცევა
bubble n ბუშტი
bubble gum n საღეჭი რეზინი
bucket n სათლი
buckle n ბალთა
buckle up v აბზინდით დამაგრება
bud n კვირტი

Buddhism *n* ბუდიზმი
Buddhist *n* ბუდისტი
buddy *n* მეგობარი
budge *v* განძრევა
budget *n* ბიუჯეტი
buffalo *n* კამეჩი
buffet *n* შვედური მაგიდა
bug *n* ხოჭო, ტექნიკური შეცდომა, დეფექტი
build *v* აშენება
builder *n* მშენებელი
building *n* შენობა
built-in *adj* ჩაშენებული
bulb *n* ნათურა; ბოლქვი
bulge *n* ამობურცული ადგილი
bulk *n* უმრავლესობა
bulky *adj* ნაყარი
bull *n* ხარი
bulldoze *v* ბულდოზერით მუშაობა
bulldozer *n* ბულდოზერი
bullet *n* ტყვია
bulletin *n* ბიულეტენი
bulletproof *adj* ტყვიაგაუმტარი
bully *n* ჩხუბისთავი
bump *n* კოპი
bump *v* შეჯახება
bumper *n* ბამპერი
bumpy *adj* უსწორმასწორო
bun *n* ფუნთუშა; კეფაზე დახვეული გრძელი თმა
bunch *n* თაიგული
bundle *n* შეკვრა
bunk bed *n* ორსართულიანი საწოლიღი
bunker *n* ბუნკერი
buoy *n* ტივტივა
burden *n* ვალდებულება
burdensome *adj* დამამძიმებელი
burger *n* ჰამბურგერი
burglar *n* მძარცველი
burglarize *v* გაძარცვა
burglary *n* ძარცვა
burial *n* დაკრძალვა
burly *adj* მსუქანი
burn *n* დამწვრობა
burn *v* წვა
burp *n* ბოყინი
burp *v* დაბოყინება
burrito *n* ბურიტო
burrow *n* სორო
burst *v* აფეთქება
bury *v* დამარხვა
bus *n* ავტობუსი
bus station *n* ავტოსადგური
bus stop *n* ავტობუსის გაჩერება
bush *n* ბუჩქი
busily *adv* საქმიანად
business *n* საქმე
businessman *n* ბიზნესმენი
businesswoman *n* საქმიანი ქალი

bustle *v* აურზაური
busy *adj* დაკავებული
but *conj* მაგრამ
butcher *n* ყასაბი
butler *n* მსახურთუფროსი
butter *n* კარაქი
butterfly *n* პეპელა
button *n* ღილი
buttonhole *n* სადილე
buy *v* ყიდვა
buy off *v* თავის გამოსყიდვა
buyer *n* მყიდველი
buzz *n* ზუზუნი
buzz *v* ზუზუნი
buzzard *n* ბერიკაცი
buzzer *n* საყვირი
by *prep* -თან, ახლოს, გვერდით, გასწვრივ, გავლით, - თვის, მიერ
bye *e* ნახვამდის
bypass *v* გვერდის ავლა
bypass *n* შემოვლითი გზა
bystander *n* თვითმხილველი
byte *n* ბაიტი

C

cab *n* კაბრიოლეტი
cabbage *n* კომბოსტო
cabin *n* ქოხი
cabinet *n* კაბინეტი
cable *n* კაბელი
cable television *n* საკაბელო ტელევიზია
cactus *n* კაქტუსი
café *n* კაფე
cafeteria *n* კაფეტერია
caffeine *n* კოფეინი
cage *n* გალია
cake *n* ნამცხვარი
calamity *n* კატასტროფა
calculate *v* გამოთვლა
calculation *n* კალკულაცია
calculator *n* კალკულატორი
calendar *n* კალენდარი
calf *n* ხბო
caliber *n* კალიბრი
calibrate *v* დაკალიბრება
call *v* რეკვა; დაძახება; მოხმობა
call *n* ზარი
call off *v* უკან გაწვევა
call on *v* სტუმრობა
call out *v* წამოყვირება
calling *n* მოწოდება
callous *adj* გაუხეშებული
calm *adj* მშვიდი

calm down *v* დამშვიდება
calorie *n* კალორია
camel *n* აქლემი
camera *n* კამერა
camouflage *n* კამუფლაჟი
camouflage *v* შენიღბვა
camp *n* ბანაკი
camp *v* დაბანაკება
campaign *n* კამპანია
campaign *v* კამპანიაში მონაწილეობა
campfire *n* კოცონი
campus *n* კამპუსი
can *n* ქილა
can *modal v* შეუძლია
can opener *n* ქილის გასახსნელი
canal *n* არხი
canary *n* კანარის ჩიტი
cancel *v* გაუქმება
cancellation *n* გაუქმება
cancer *n* კიბო
cancerous *adj* კანცეროგენური
candid *adj* გულწრფელი
candidate *n* კანდიდატი
candle *n* სანთელი
candlestick *n* შანდალი
candor *n* გულწრფელობა
candy *n* კანფეტი
cane *n* ლერწამი
canister *n* კანისტრა
canned *adj* დაკონსერვებული

cannibal *n* კანიბალი
cannon *n* ზარბაზანი
cannot *v* ვერ, არ შემიძლია
canoe *n* კანოე
cantaloupe *n* კანტალუპი
canteen *n* სასადილო
canvas *n* ტილო
canyon *n* კანიონი
cap *n* კეპი
cap *v* ქუდის დახურვა
capability *n* შესაძლებლობა
capable *adj* უნარიანი
capacity *n* ტევადობა
cape *n* კონცხი
capital *n* დედაქალაქი; კაპიტალი
capital letter *n* დიდი ასო
capitulate *v* კაპიტულაცია
capsize *v* გადაბრუნება
capsule *n* კაფსულა
captain *n* კაპიტანი
captivate *v* დატყვევება
captive *n* ტყვე
captivity *n* ტყვეობა
capture *v* დატყვევება
car *n* ავტომანქანა
caramel *n* კარამელი
caravan *n* ქარავანი
carcass *n* კარკასი
card *n* ბარათი
cardboard *n* მუყაო
care *n* ზრუნვა

care 34

C

care *v* ზრუნვა
care about *v* ზრუნვა
care for *v* დაინტერესება
career *n* კარიერა
carefree *adj* უდარდელი
careful *adj* ფრთხილი
carefully *adv* ფრთხილად
careless *adj* უყურადღებო
carelessly *adv* დაუდევრად
carelessness *n* დაუდევრობა
caress *v* მოფერება
caretaker *n* მზრუნველი
cargo *n* ტვირთი
caricature *n* კარიკატურა
caring *adj* მზრუნველი
carnation *n* მიხაკისფერი
carpenter *n* დურგალი
carpentry *n* სადურგლო
carpet *n* ხალიჩა
carriage *n* ეტლი; ვაგონი
carrot *n* სტაფილო
carry *v* ტარება
carry on *v* გაგრძელება
carry out *v* განხორციელება
cart *n* ურიკა
cartoon *n* მულტფილმი
cartridge *n* კარტრიჯი
carve *v* გრავირება
cascade *n* კასკადი
case *n* საქმე
cash *n* ნაღდი ფული
cashier *n* მოლარე
casino *n* კაზინო
casket *n* ყუთი
casserole *n* კასეროლი
cast *v* გადასროლა
cast *n* ტყორცნა
castaway *n* განდევნილი
caste *n* კასტა
castle *n* ციხესიმაგრე
casual *adj* შემთხვევითი
casualty *n* მსხვერპლი
cat *n* კატა
catalog *n* კატალოგი
catalog *v* კატალოგში შეტანა
cataract *n* თვალის კატარაქტა
catastrophe *n* კატასტროფა
catch *v* დაჭერა
catch on *v* მოხელთება
catch up *v* დაწევა
categorize *v* კატეგორიზაცია
category *n* კატეგორია
cater *v* გულის მოგება
caterpillar *n* მუხლუხი, წურბელა, გაუმაძღარი ადამიანი
cathedral *n* საკათედრო
cattle *n* მსხვილფეხა რქოსანი პირუტყვი
cauliflower *n* ყვავილოვანი კომბოსტო
cause *v* გამოწვევა
cause *n* მიზეზი
caution *n* სიფრთხილე

cautious *adj* ფრთხილი
cave *n* გამოქვაბული
cave in *v* დაწევა; ჩანგრევა
cavern *n* მღვიმე
cavity *n* ღრუ; ფუღურო
cease *v* შეწყვეტა
ceiling *n* ჭერი; ზღვარი
celebrate *v* აღნიშვნა
celebration *n* ზეიმი
celebrity *n* სახელგანთქმული ადამიანი
celery *n* ნიახური
celestial *adj* ზეციური
cell *n* უჯრედი; კამერა; საკანი
cell phone *n* მობილური ტელეფონი
cellar *n* მარანი; სარდაფი; ღვინის კარადა; სამარილე
cello *n* ჩელო
cement *n* ცემენტი
cemetery *n* სასაფლაო
censorship *n* ცენზურა
censure *v* გაკიცხვა
census *n* აღწერა (მოსახლეობის); აღრიცხვა
cent *n* ცენტი
center *n* ცენტრი
center *v* ცენტრირება
centimeter *n* სანტიმეტრი
central *adj* ცენტრალური
centralize *v* ცენტრალიზება; კონცენტრირება

century *n* საუკუნე
ceramic *n* კერამიკული
cereal *n* მარცვლეული; ფაფა
ceremony *n* ცერემონია
certain *adj* გარკვეული; ერთგვარი; დარწმუნებული
certainly *adv* უეჭველად, რა თქმა უნდა, უდავოდ
certainty *n* უდავო ფაქტი; უზრუნველყოფა; გირაო
certificate *n* სერტიფიკატი; მოწმობა; ცნობა
certify *v* დამოწმება
chain *v* მიჯაჭვა
chain *n* ჯაჭვი
chainsaw *n* ჯაჭვის ხერხი
chair *n* სკამი
chairman *n* თავმჯდომარე
chalk *n* ცარცი
chalkboard *n* დაფა
challenge *n* გამოწვევა; სირთულე; ეჭვი
challenge *v* გამოწვევა; შედავება
challenger *n* გამომწვევი; ოპონენტი
challenging *adj* მასტიმულირებელი; მიმზიდველი
chamber *n* პალატა
champ *n* პირის წკლაპუნი; ჩემპიონი; მინდორი

C

champion *n* ჩემპიონი
chance *n* შანსი
chancellor *n* კანცლერი
chandelier *n* ჭაღი
change *v* შეცვლა; დახურდავება
change *n* ცვლილება; მრავალფეროვნება; ხურდა
channel *n* არხი; სრუტე; სატელევიზიო არხი
channel *v* მიმართვა (რაიმესკენ)
chant *n* გალობა
chaos *n* ქაოსი
chaotic *adj* ქაოტური
chapel *n* სამლოცველო
chapter *n* თავი
char *v* დანახშირება; გამოწვა
character *n* პერსონაჟი; სიმბოლო; ხასიათი
characteristic *adj* დამახასიათებელი
charade *n* შარადი; ფარსი
charbroil *v* ნახშირზე დაწვა
charcoal *n* ნახშირი
charge *n* ბრალდება; ხარჯი; დენთი
charge *v* დატვირთვა; დამუხტვა; დაკისრება
charisma *n* ქარიზმა
charismatic *adj* ქარიზმატული
charitable *adj* საქველმოქმედო
charity *n* ქველმოქმედება
charm *n* ხიბლი; თალისმანი, ამულეტი
charm *v* მოხიბვლა
charming *adj* მომხიბვლელი
chart *n* დიაგრამა
charter *v* დაქირავება; შეღავათის მიცემა
charter *n* წესდება; ქარტია
chase *v* დევნა
chase away *v* განდევნა
chasm *n* უფსკრული
chastise *v* დასჯა; ცემა; გაროზგვა
chastisement *n* მკაცრი სასჯელი
chat *v* საუბარი
chauffeur *n* მძღოლი
cheap *adj* იაფი
cheat *v* მოტყუება
cheater *n* თაღლითი
check *v* შემოწმება; (უჯრის) მონიშვნა; გაჩერება; შეფერხება
check *n* შემოწმება; ბანკის ჩეკი
check in *v* (სასტუმროში) დარეგისტრირება
check out *v* (სასტუმროდან) წასვლა
checkbook *n* ჩეკის წიგნი
checkers *n* შაში
checkmark *n* ნიშანი

checkup *n* დათვალიერება; გამოკვლევა; კონტროლი
cheek *n* ლოყა
cheekbone *n* ყვრიმალის ძვალი
cheeky *adj* თავხედი
cheer *v* გამხნევება; გამხიარულება
cheer up *v* ნუგეშისცემა
cheerful *adj* მხიარული
cheerleader *n* მომხრე; მიმდევარი; გულშემატკივართა კაპიტანი
cheese *n* ყველი
chef *n* შეფ-მზარეული
chemical *n* ქიმიკატი
chemical *adj* ქიმიური
chemist *n* ქიმიკოსი; აფთიაქარი
chemistry *n* ქიმია
cherish *v* სათუთად მოვლა
cherry *n* ალუბალი
chess *n* ჭადრაკი
chest *n* გულმკერდი; ყუთი, სკივრი
chestnut *n* წაბლი
chew *v* ღეჭვა
chick *n* წიწილა; ბარტყი
chicken *n* ქათამი
chicken out *v* თამაშიდან გასვლა
chicken pox *n* ჩუტყვავილა
chief *n* შეფი; ლიდერი; ხელმძღვანელი; უფროსი
chief *adj* მთავარი
chiefly *adv* ძირითადად; უპირატესად
child *n* ბავშვი
childcare *n* ბავშვის მოვლა
childhood *n* ბავშვობა
childish *adj* ბავშვური
children *n* ბავშვები
chili *n* წითელი წიწაკა
chill *n* სუსხი; გულცივობა
chill *v* გაცივება
chill out *v* მოდუნება
chilly *adj* გრილი
chimney *n* ბუხარი; საკვამური
chimpanzee *n* შიმპანზე
chin *n* ნიკაპი
chip *n* ნაფოტი; ჩიპსი; კომპიუტერული ჩიპი; ბურბუშელა
chisel *n* სატეხი
chocolate *n* შოკოლადი
choice *n* არჩევანი
choir *n* მგალობელთა გუნდი
choke *v* გაგუდვა; დაცობა
choose *v* არჩევა
choosy *adj* წუნია
chop *v* ჩეხვა
chopsticks *n* საკვების ჩხირები
chore *n* რუტინული სამუშაო
chorus *n* გუნდი

C

Christian *adj* ქრისტიანი
Christianity *n* ქრისტიანობა
Christmas *n* შობა
chronic *adj* ქრონიკული
chronological *adj* ქრონოლოგიური
chubby *adj* მრგვალსახიანი; სრული
chuckle *v* ჩაცინება
chunk *n* დიდი ნატეხი
church *n* ეკლესია
chute *n* ციცაბო ფერდობი; ძაბრი
cider *n* სიდრი
cigar *n* სიგარა
cigarette *n* სიგარეტი
cinder *n* ნაცარი; წიდა
cinema *n* კინო
cinnamon *n* დარიჩინი
circle *v* წრის შემოხაზვა; წრეზე მოძრაობა
circle *n* წრე
circuit *n* შემოვლა; მოკლე შერთვა
circular *adj* წრიული
circulate *v* ცირკულირება; მიმოქცევა; გავრცელება
circulation *n* ცირკულაცია; ტირაჟი
circumstance *n* გარემოება
circumstantial *adj* გარემოებითი
circus *n* ცირკი
cistern *n* ცისტერნა
cite *v* ციტირება
citizen *n* მოქალაქე
citizenship *n* მოქალაქეობა
citrus *n* ციტრუსი
city *n* ქალაქი
city hall *n* მერია
civic *adj* მოქალაქეობრივი; საქალაქო
civil *adj* სამოქალაქო
civilization *n* ცივილიზაცია
civilize *v* ცივილიზაციის შეტანა
claim *n* მოთხოვნა; პრეტენზია; სარჩელი
claim *v* მოთხოვნის წაყენება; სარჩელის შეტანა
clam *n* ორსაგდულიანი მოლუსკი; ჩაკეტილი ადამიანი
clamor *v* ყვირილი; ხმაური
clamp *n* მომჭერი; კავი; სამაგრი
clandestine *adj* საიდუმლო; ფარული
clap *v* ტაშის დაკვრა
clarification *n* ახსნა; განმარტება
clarify *v* ახსნა
clarinet *n* კლარნეტი
clarity *n* სიცხადე
clash *n* შეტაკება; ხმაური

C

clash *v* ჟღარუნით შეჯახება
class *n* კლასი; კატეგორია; ხარისხი; ჯგუფი
classic *n* კლასიკოსი; სამაგალითო
classic *adj* კლასიკური
classical *adj* კლასიკური
classify *v* კლასიფიცირება
classmate *n* კლასელი
classroom *n* საკლასო ოთახი
classy *adj* პირველი კლასის; მოდური
claw *n* ბრჭყალი
clay *n* თიხა
clean *v* გასუფთავება
clean *adj* სუფთა
cleaner *n* დამლაგებელი
cleanliness *n* სისუფთავე
cleanser *n* გამწმენდი
clear *adj* გამჭვირვალე; სუფთა; ნათელი; ცხადი
clear *v* გაწმენდა; განმარტება
clearance *n* გაწმენდა; ნებართვა
clear-cut *adj* ცხადი
clearly *adv* ნათლად
clemency *n* ლმობიერება; მოწყალება
clench *v* ხელის მომუჭვა; მოჭერა, მტკიცე გადაწყვეტილების მიღება
clergy *n* სამღვდელოება
clergyman *n* მღვდელი
clerical *adj* სასულიერო; კანცელარიული
clerk *n* კანცელარიის მუშაკი; მდივანი
clever *adj* ჭკვიანი
click *v* დაწკაპუნება
client *n* კლიენტი
clientele *n* კლიენტურა
cliff *n* კლდე
climate *n* კლიმატი
climax *n* კულმინაცია
climb *v* ასვლა; აცოცება
climbing *n* ცოცვა
clinch *v* დამაგრება
cling *v* ჩაბღაუჭება
clinic *n* კლინიკა
clip *n* სამაგრი
clip *v* სამაგრით დამაგრება
clipping *n* გაზეთიდან ამონაჭერი
cloak *n* მოსასხამი
clock *n* საათი
clockwise *adv* საათის ისრის მიმართულებით
clog *v* დანაგვიანება; დაბრკოლება
clone *v* კლონირება
cloning *n* კლონირება
close *adj* ახლო
close *adv* ახლოს მდებარე
close *v* დახურვა

C

closed *adj* დახურული
closely *adv* მჭიდროდ
closet *n* კარადა
closure *n* დახურვა
clot *n* შენადედი
cloth *n* ქსოვილი
clothe *v* ჩაცმა
clothes *n* ტანსაცმელი
clothing *n* ტანსაცმელი
cloud *n* ღრუბელი
cloudy *adj* ღრუბლიანი
clown *n* ჯამბაზი
club *n* კლუბი; ხელკეტი; ჯოხი
club *v* თავმოყრა
clue *n* საიდუმლოს გასაღები; მინიშნება; სამხილი
clumsy *adj* მოუხერხებელი
cluster *n* მტევანი; რიგი (ხეებისა); ჯგუფი; კლასტერი
clutch *n* ბრჭყალები
clutch *v* ხელის ტაცება
clutter *n* ალიაქოთი
coach *n* მწვრთნელი; ეტლი; ვაგონი
coach *v* სწავლება
coal *n* ქვანახშირი
coarse *adj* უხეში
coast *n* ნაპირი
coastal *adj* სანაპირო
coastline *n* სანაპირო ზოლი
coat *n* ქურთუკი; ცხოველის ბეწვი
coat *v* ფენით დაფარვა
coat hanger *n* პალტოს საკიდი
coax *v* დაყოლიება; პირფერობა
cobweb *n* აბლაბუდა; ხაფანგი
cockpit *n* ბრძოლის ასპარეზი
cockroach *n* ტარაკანი
cocky *adj* თავხედი
cocoa *n* კაკაო
coconut *n* ქოქოსი
cod *n* ვირთევზა
code *n* კოდექსი; კოდი
coerce *v* იძულება
coercion *n* იძულება
coexist *v* თანაარსებობა
coffee *n* ყავა
coffin *n* კუბო
coherent *adj* თანმიმდევრული
coherently *adv* თანმიმდევრულად
coil *n* ხვია
coin *n* მონეტა
coincide *v* დამთხვევა
coincidence *n* დამთხვევა
coincidental *adj* შემთხვევითი
cold *n* სიცივე; სურდო
cold *adj* ცივი
collaborate *v* თანამშრომლობა
collaboration *n* კოლაბორაცია
collaborator *n* თანამშრომელი
collage *n* კოლაჟი
collapse *v* ჩამოქცევა; მარცხი, კრახი

collar *n* საყელო
collateral *adj* არაპირდაპირი
colleague *n* კოლეგა
collect *v* შეგროვება
collection *n* შეკრება
collector *n* კოლექციონერი; გადასახადების ამკრეფი
college *n* კოლეჯი
collide *v* შეჯახება
collision *n* შეჯახება
cologne *n* ოდეკოლონი
colon *n* მსხვილი ნაწლავი; ორწერტილი
colonel *n* პოლკოვნიკი
colonization *n* კოლონიზაცია
colonize *v* კოლონიზება
colony *n* კოლონია
color *v* გაფერადება
color *n* ფერი
colorful *adj* ფერადი
colorless *adj* უფერული
colossal *adj* კოლოსალური
colt *n* კვიცი; ახალგაზრდა
column *n* სვეტი; კოლონა; მწკრივი
coma *n* კომა
comb *v* დავარცხნა
comb *n* სავარცხელი
combat *n* ბრძოლა
combat *v* ბრძოლა
combatant *n* მებრძოლი
combination *n* კომბინაცია
combine *v* შერევა
combustible *n* წვადი
combustion *n* წვა
come *v* მოსვლა
come about *v* მოხდომა
come across *v* წაწყდომა
come apart *v* დაშლა
come back *v* დაბრუნება
come down *v* ჩამოსვლა
come forward *v* წინ წაწევა
come from *v* წარმოშობა
come in *v* შესვლა
come out *v* გამოსვლა
come over *v* სხვა მხარეზე გადასვლა
come up *v* ასვლა; გაზრდა
comeback *n* დაბრუნება; გამოჯანმრთელება
comedian *n* კომიკოსი
comedy *n* კომედია
comet *n* კომეტა
comfort *n* კომფორტი
comfortable *adj* კომფორტული
comforter *n* ნუგეშისმცემელი
comical *adj* კომიკური
coming *adj* მოსვლა
comma *n* მძიმე
command *n* ბრძანება; სარდლობა
command *v* ბრძანების გაცემა
commander *n* მეთაური
commemorate *v* აღნიშვნა

C

commence *v* დაწყება
commend *v* ქება
commendation *n* ქება
comment *n* კომენტარი
comment *v* კომენტირება
commentary *n* კომენტარი; მემუარები
commentator *n* კომენტატორი
commerce *n* კომერცია
commercial *adj* კომერციული
commercial *n* რეკლამა
commit *v* დავალება; დანაშაულის ჩადენა
commitment *n* ვალდებულება
committed *adj* ერთგული
committee *n* კომიტეტი
common *adj* საერთო; ჩვეული
common sense *n* საღი აზრი
commotion *n* მღელვარება
communicate *v* კომუნიკაცია
communication *n* შეტყობინება
communism *n* კომუნიზმი
communist *adj* კომუნისტი
community *n* საზოგადოება; დასახლებული პუნქტი; თემი
commute *v* მგზავრობა სამუშაო ადგილამდე და უკან; სასჯელის შემსუბუქება
compact *v* დატკეპვნა
compact *adj* კომპაქტური
companion *n* თანამოსაუბრე
companionship *n* ამხანაგობა
company *n* კომპანია
comparable *adj* შესადარებელი
compare *v* შედარება
comparison *n* შედარება
compartment *n* განყოფილება
compass *n* კომპასი
compassion *n* თანაგრძნობა
compassionate *adj* თანამგრძნობი
compatibility *n* თავსებადობა
compatible *adj* თავსებადი
compel *v* იძულება
compelling *adj* დაუძლეველი
compensate *v* ანაზღაურება
compensation *n* კომპენსაცია
compete *v* შეჯიბრება
competence *n* კომპეტენცია
competent *adj* კომპეტენტური
competition *n* შეჯიბრი
competitive *adj* კონკურენტუნარიანი
competitor *n* კონკურენტი
complain *v* ჩივილი
complaint *n* საჩივარი
complement *n* დამატება; კომპლექტი
complete *adj* დასრულებული; დასრულებული
complete *v* დასრულება
completely *adv* სრულად
complex *adj* რთული
complexion *n* სახის ფერი

complexity n სირთულე
compliance n შესაბამისობა
compliant adj წესების შესაბამისი
complicate v გართულება
complicated adj რთული
complication n სირთულე
compliment n კომპლიმენტი
complimentary adj მისალოცი
comply v შესრულება
component n კომპონენტი
compose v შედგენა
composed adj მშვიდი
composer n კომპოზიტორი
composition n შემადგენლობა; ნაწარმოები
compost n კომპოსტი
composure n სიწყნარე
compound n ნარევი; რთული სიტყვა
comprehend v გააზრება
comprehensive adj ყოვლისმომცველი
compress v შეკუმშვა
compression n შეკუმშვა
comprise v შეიცავს
compromise v კომპრომისზე წასვლა; მორიგება; კომპრომენტირება; საფრთხეში ჩაგდება
compromise n კომპრომისი
compulsion n იძულება

compulsive adj იძულებითი; რითიმე შეპყრობილი ადამიანი
compulsory adj სავალდებულო
compute v გამოთვლა
computer n კომპიუტერი
con v მოტყუება; დაზეპირება
con man n თაღლითი
conceal v დამალვა
concede v დათმობა
conceited adj პატივმოყვარე
conceive v მიხვედრა; ჩაფიქრება; დაორსულება
concentrate v კონცენტრირება
concentration n კონცენტრაცია
concept n კონცეფცია
conception n აღქმა
concern n ინტერესი; შფოთვა; საქმე
concern v კავშირის ქონა; შეწუხება; შეხება
concerned adj შეშფოთებული
concerning prep რაც შეეხება
concert n კონცერტი; თანხმობა
concession n დათმობა
concise adj ლაკონური
conclude v დასკვნის გამოტანა
conclusion n დასკვნა
conclusive adj დასკვნითი; სარწმუნო
concoct v შეთხზვა; საჭმლის მომზადება

C

concoction *n* საჭმლის / სასმლის მომზადება; გამონაგონი
concrete *adj* კონკრეტული; ბეტონის
concrete *n* ბეტონი
concussion *n* შერყევა
condemn *v* გაკიცხვა; სასჯელის მისჯა
condemnation *n* დაგმობა; განაჩენი
condensation *n* შესქელება
condense *v* შესქელება
condescend *v* ღირსად ჩათვლა
condiment *n* საკაზმი
condition *n* პირობა
conditional *adj* პირობითი
conditioner *n* კონდიციონერი
condo *n* თანასაკუთრებაში არსებული ბინა
condolences *n* სამძიმარი
condone *v* პატიება
conducive *adj* ხელსაყრელი
conduct *n* ქცევა; გამღოლა; წარმოება
conduct *v* ჩატარება; დირიჟორობა; (დენის) გატარება
conductor *n* დირიჟორი
cone *n* კონუსი
conference *n* კონფერენცია
confess *v* გამხელა; აღიარება
confession *n* აღსარება; მრწამსი
confessor *n* მოძღვარი
confidant *n* ნდობით აღჭურვილი პირი
confide *v* მინდობა
confidence *n* მტკიცე რწმენა; ნდობა
confident *adj* დარწმუნებული
confidential *adj* კონფიდენციალური
confine *v* შეზღუდვა; დამწყვდევა
confinement *n* პატიმრობა
confirm *v* დადასტურება
confirmation *n* დადასტურება
confiscate *v* კონფისკაცია
conflict *n* კონფლიქტი
conflicting *adj* კონფლიქტური
conform *v* შეესაბამება
conformist *adj* კონფორმისტი
conformity *n* შესაბამისობა
confound *v* შეცბუნება
confront *v* დაპირისპირება
confrontation *n* დაპირისპირება
confuse *v* დაბნევა
confused *adj* დაბნეული
confusing *adj* დამაბნეველი
confusion *n* დაბნეულობა
congenial *adj* მონათესავე
congested *adj* გადატვირთული
congestion *n* ჭარბდასახლება

congratulate v მილოცვა
congratulations n მილოცვა
congregate v შეკრება
congregation n კრება; მრევლი
congress n კონგრესი
conjecture n ვარაუდი
conjunction n გაერთიანება
connect v დაკავშირება
connection n კავშირი
conquer v დაპყრობა
conqueror n დამპყრობელი
conquest n დამორჩილება
conscience n სინდისი
conscious adj შეგნებული
consciousness n ცნობიერება
conscript n წვევამდელი
consecutive adj
  თანმიმდევრული
consensus n კონსენსუსი
consent v დათანხმება
consent n თანხმობა
consequence n შედეგი
consequent adj მომდევნო
consequently adv შესაბამისად
conservation n კონსერვაცია
conservative adj
  კონსერვატიული
conserve n დაკონსერვებული
conserve v შენახვა
consider v გათვალისწინება
considerable adj
  მნიშვნელოვანი
considerably adv
  მნიშვნელოვნად
considerate adj ყურადღებიანი
consideration n
  გათვალისწინება
consignment n ტვირთი;
  კონსიგნაცია
consist v შედგება
consistency n თანმიმდევრობა
consistent adj
  თანმიმდევრული
consistently adv
  თანმიმდევრულად
consolation n ნუგეში
console n კონსოლი
console v ნუგეშისცემა
consolidate v კონსოლიდაცია
consonant n თანხმოვანი
conspicuous adj თვალსაჩინო
conspiracy n შეთქმულება
constant adj უცვლელი
constantly adv მუდმივად
constellation n
  თანავარსკვლავედი
constipated adj შეკრულობის
  მქონე
constitution n კონსტიტუცია;
  წესდება; აგებულება
constitutional adj
  კონსტიტუციური
constrain v იძულება
constraint n დაძალება

C

construct *v* შენება
construction *n* მშენებლობა
constructive *adj* კონსტრუქციული
consult *v* კონსულტაციის გაწევა
consultant *n* კონსულტანტი
consultation *n* კონსულტაცია
consume *v* ხარჯვა
consumer *n* მომხმარებელი
consumption *n* მოხმარება
contact *v* დაკავშირება
contact *n* კონტაქტი
contagious *adj* გადამდები
contain *v* შეიცავს
container *n* კონტეინერი
contaminate *v* დაბინძურება
contamination *n* დაბინძურება
contemplate *v* დაკვირვება
contemporary *adj* თანამედროვე
contemporary *n* თანატოლი
contempt *n* ზიზღი
contend *v* პაექრობა
contender *n* მეტოქე
content *adj* კმაყოფილი
content *n* შემცველობა
contentious *adj* სადავო
contest *n* კონკურსი
contestant *n* კონკურენტი
context *n* კონტექსტი
continent *n* კონტინენტი
continental *adj* კონტინენტური
contingency *n* გაუთვალისწინებელი სიტუაცია
contingent *adj* შესაძლო
continuation *n* გაგრძელება
continue *v* გაგრძელება
continuity *n* უწყვეტობა
continuous *adj* უწყვეტი
contour *n* კონტური
contract *n* ხელშეკრულება
contract *v* ხელშეკრულების დადება
contraction *n* შეკვეცა
contradict *v* ეწინააღმდეგება
contradiction *n* წინააღმდეგობა
contradictory *adj* წინააღმდეგობრივი
contrary *adj* საპირისპირო
contrast *n* კონტრასტი
contrast *v* შეპირისპირება
contribute *v* წვლილის შეტანა
contribution *n* წვლილი, ხელის შეწყობა; შესაწირი, შენატანი
contributor *n* კონტრიბუტორი
control *n* კონტროლი
control *v* კონტროლირება
controversial *adj* სადავო
controversy *n* დავა
convalescent *adj* გამოჯანმრთელებული
convene *v* მოწვევა

convenience n მოხერხებულობა
convenient adj მოხერხებული
convention n ყრილობა
conventional adj ჩვეულებრივი
converge v თანხვედრა
conversation n საუბარი
converse v საუბარი
converse n საუბარი
conversely adv ამასთანავე
conversion n გარდაქმნა
convert v კონვერტაცია
convertible n კონვერტირებადი
convey v გადმოცემა
convict v დამნაშავედ ცნობა
conviction n ნასამართლეობა
convince v დარწმუნება
convinced adj დარწმუნებული
convincing adj დამაჯერებელი
convulse v შერყევა
convulsion n კრუნჩხვა
cook n მზარეული
cook v საჭმლის მომზადება
cooked adj მომზადებული (საჭმელზე)
cookie n მშრალი ნამცხვარი
cooking n საჭმლის მზადება
cool v გაგრილება
cool adj გრილი
cool down v დამშვიდება
cooler n მაცივარი
cooperate v თანამშრომლობა
cooperation n თანამშრომლობა
cooperative adj კოოპერატიული
coordinate n კოორდინატები
coordinate v კოორდინაციის გაწევა
coordination n კოორდინაცია; კუნთების მოძრაობის კოორდინაცია
coordinator n კოორდინატორი
cop n პოლიციელი
cope v გამკლავება
copier n ქსეროქსი; მიმბაძველი
copper n სპილენძი
copy n ასლი
copy v კოპირება
copyright n საავტორო უფლება
coral n მარჯანი
cord n თოკი
cordial adj გულითადი
cordless adj უსადენო
core n არსი
cork n კორპი
corkscrew n სპირალური
corn n სიმინდი
corner n კუთხე
corner v კუთხეში მომწყვდევა
coronation n კორონაცია
corporate adj კორპორატიული
corporation n კომპანია
corpse n გვამი
correct adj სწორი
correct v შესწორება

C

correction *n* შესწორება
correctly *adv* სწორად
correlate *v* თანაფარდობაში ყოფნა
correspond *v* შესაბამისობა
correspondence *n* კორესპონდენცია
correspondent *n* კორესპონდენტი
corresponding *adj* შესაბამისი
corridor *n* დერეფანი
corroborate *v* დადასტურება
corrode *v* ჟანგვა
corrupt *v* მოქრთამვა; გარყვნა; დალპობა
corrupt *adj* კორუმპირებული
corruption *n* კორუფცია
cosmetic *n* კოსმეტიკური
cosmic *adj* კოსმოსური
cost *n* ფასი
cost *v* ღირს
costly *adj* ძვირადღირებული
costume *n* კოსტუმი
cottage *n* კოტეჯი
cotton *n* ბამბა
couch *n* დივანი
cough *n* ხველა
cough *v* ხველება
could *modal v* შეეძლო, წარსულში განხორციელებული შესაძლებლობა
council *n* საბჭო
counsel *v* რჩევა
counseling *n* კონსულტაცია
counselor *n* მრჩეველი
count *v* გამოანგარიშება
count *n* თვლა
countdown *n* უკუთვლა
counter *n* დახლი
counteract *v* დაპირისპირება
counterfeit *adj* გაყალბებული
counterpart *n* კოლეგა
countless *adj* უთვალავი
country *n* ქვეყანა
countryside *n* სოფელი
county *n* ოლქი
coup *n* სახელმწიფო გადატრიალება
couple *n* წყვილი
coupon *n* კუპონი
courage *n* გაბედულობა
courageous *adj* მამაცი
courier *n* კურიერი
course *n* კურსი; მიმართულება; დისტანცია
court *n* სასამართლო; კორტი
court *v* კეთილგანწყობის მოპოვება
courteous *adj* თავაზიანი
courtesy *n* თავაზიანობა
courthouse *n* სასამართლო შენობა
courtship *n* არშიყობა

courtyard *n* შიგა ეზო
cousin *n* ბიძაშვილი, დეიდაშვილი ან მამიდაშვილი
cove *n* პატარა უბე
cover *v* დაფარვა
cover *n* საფარი
coverage *n* რეპორტაჟი
covering *n* თავსახური
covert *adj* ფარული
cover-up *n* დამალვა
cow *n* ძროხა
coward *n* მშიშარა
cowardly *adv* მშიშრულად
cowboy *n* მწყემსი
cozy *adj* მყუდრო
crab *n* კიბორჩხალა
crack *n* ბზარი
crack *v* დასკდომა
cracker *n* კრეკერი
cradle *n* აკვანი
craft *n* ხელობა
craftsman *n* ხელოსანი
cram *v* ჩატენა
cramp *n* კრუნჩხვა
cramped *adj* მოკრუნჩხული
crane *n* ამწე; რუხი წერო
crank *n* დასაქოქი სახელური; ახირება; უცნაური ადამიანი
cranky *adj* დანჯღრეული
crash *n* ავარია
crash *v* შეტაკება
crass *adj* სრული; სულელური
crate *n* ხის ყუთი
crater *n* კრატერი
crave *v* ძლიერი სურვილი
craving *n* ლტოლვა
crawl *v* ცოცვა
crayon *n* პასტელი
crazy *adj* გიჟი
creak *n* ჭრიალი
creak *v* ჭრიალი
cream *adj* კრემისებრი
cream *n* ნაღები
creamy *adj* ნაღებიანი
crease *v* დაჭმუჭნა
crease *n* ნაკეცი
create *v* შექმნა
creation *n* ნაშრომი
creative *adj* შემოქმედებითი
creativity *n* კრეატიულობა
creator *n* შემოქმედი
creature *n* არსება
credibility *n* საიმედოობა
credible *adj* სანდო
credit *n* ნდობა; რეპუტაცია; ღირსება; კრედიტი
credit *v* ნდობა
credit card *n* საკრედიტო ბარათი
creditor *n* კრედიტორი
creek *n* ყურე; მდინარის შენაკადი
creep *v* ხოხვა

creepy *adj* შემზარავი
cremate *v* კრემაცია
crest *n* ქოჩორი
crevice *n* ნაპრალი
crew *n* ეკიპაჟი
crib *n* ბავშვის საწოლი
cricket *n* კრიკეტი; ჭრიჭინა
crime *n* დანაშაული
criminal *n* დამნაშავე
criminal *adj* კრიმინალური
cringe *v* დამორჩილება
cripple *v* დასახიჩრება
cripple *adj* კოჭლი
crisis *n* კრიზისი
crisp *adj* ხრაშუნა
crispy *adj* ტკაცუნა; ხუჭუჭთმიანი
criteria *n* კრიტერიუმები
critic *n* კრიტიკოსი
critical *adj* კრიტიკული
criticism *n* კრიტიკა
criticize *v* გაკრიტიკება
crocodile *n* ნიანგი
crony *n* გულითადი მეგობარი
crook *n* კაუჭი; თაღლითი; გაიძვერა
crooked *adj* მოხრილი; მატყუარა
crop *v* თესვა
crop *n* სასოფლო-სამეურნეო კულტურა
cross *v* გადაჭრა
cross *adj* განივი
cross *n* ჯვარი
cross out *v* ამოშლა
crossing *n* გადაკვეთა; გზაჯვარედინი; გადასასვლელი
crossroads *n* გზაჯვარედი
crosswalk *n* გადასასვლელი
crossword puzzle *n* კროსვორდი
crouch *v* ჩაცუცქება
crow *n* ყვავი
crow *v* ყივილი
crowbar *n* ძალაყინი
crowd *n* ბრბო
crowd *v* მოგროვება
crowded *adj* გაჭედილი
crown *n* გვირგვინი
crown *v* დაგვირგვინება
crucial *adj* გადამწყვეტი
crude *adj* მკვახე
cruel *adj* სასტიკი
cruelty *n* სისასტიკე
cruise *v* გემით მოგზაურობა
crumb *n* ნამცეცი
crumble *v* დამსხვრევა
crunchy *adj* ხრაშუნა
crush *v* დამსხვრევა
crust *n* ქერქი
crusty *adj* ქერქიანი
crutch *n* ყავარჯენი
cry *v* ტირილი; ყვირილი; კივილი

C

cry *n* ტირილი
crystal *n* კრისტალი
cub *n* ბოკვერი; ლეკვი; ბელი
cube *n* კუბი
cubic *adj* კუბური
cubicle *n* პატარა საწოლი ოთახი (საერთო საცხოვრებელში)
cucumber *n* კიტრი
cuddle *v* ჩახუტება
cuddly *adj* სასიამოვნო
cuff *n* მანჟეტი
cuisine *n* სამზარეულო
culminate *v* კულმინაცია
culpability *n* ბრალეულობა
culprit *n* დამნაშავე
cult *n* კულტი
cultivate *v* კულტივირება
cultivation *n* კულტივაცია
cultural *adj* კულტურული
culture *n* კულტურა
cumbersome *adj* მოუქნელი
cunning *adj* ცბიერი
cup *n* ფინჯანი
cupboard *n* კარადა
cupcake *n* კექსი
curable *adj* განკურნებადი
curator *n* კურატორი
curb *n* აღვირი; ბორდიური
curb *v* აკრძალვა
curdle *v* ხაჭო
cure *v* განკურნება
cure *n* სამკურნალო საშუალება
curfew *n* კომენდანტის საათი
curiosity *n* ცნობისმოყვარეობა
curious *adj* ცნობისმოყვარე
curl *v* დახუჭუჭება
curl *n* კულული
curly *adj* ხუჭუჭი
currency *n* ვალუტა
current *n* დინება; ელექტრული დენი
current *adj* მიმდინარე
currently *adv* ამჟამად
curriculum *n* სასწავლო გეგმა
curse *v* დაწყევლა
curse *n* წყევლა
cursor *n* კურსორი
curtail *v* შემოკლება
curtain *n* ფარდა
curve *n* მრუდი
curved *adj* მოხრილი
cushion *v* ბალიშების ამოდება
cushion *n* ბალიში
cuss *v* ლანძღვა
custard *n* ნადუღი კრემი
custodian *n* მეურვე
custody *n* მეურვეობა; მოვლა; პატიმრობა
custom *n* ჩვეულება
customary *adj* ჩვეული
customer *n* კლიენტი

C D

customize *v* კლიენტის მოთხოვნილებაზე მორგება; შეცვლა; გადაკეთება
custom-made *adj* შეკვეთით დამზადებული
cut *n* ჭრილობა; დაკლება
cut *v* გაჭრა
cut back *pv* შემცირება
cut down *pv* შემცირება
cut off *pv* შეწყვეტა
cut out *pv* ამოჭრა
cute *adj* სასიამოვნო
cutlery *n* ჭურჭელი
cyan *n* ციანი
cycle *n* ციკლი; ველოსიპედი; წრე
cycle *v* განვითარების ციკლის გასვლა
cyclical *adj* ციკლური
cycling *n* ველოსიპედით სეირნობა
cyclist *n* ველოსიპედისტი
cyclone *n* ციკლონი
cylinder *n* ცილინდრი
cymbal *n* ციმბალი
cynic *n* ცინიკოსი
cyst *n* კისტა

D

dad *n* მამა
dagger *n* ხანჯალი
daily *adv* დღიური
dairy *n* რძის მეურნეობა
dairy farm *n* რძის ფერმა
daisy *n* გვირილა
dam *n* ჯებირი
damage *v* დაზიანება
damage *n* ზიანი
damaging *adj* ზიანის მომტანი
damp *adj* ნესტიანი
dampen *v* დატენიანება
dance *n* ცეკვა
dance *v* ცეკვა
dancer *n* მოცეკვავე
dancing *n* ცეკვა
dandruff *n* ქერტლი
danger *n* საფრთხე
dangerous *adj* სახიფათო
dangle *v* ჩამოკიდება
dare *v* ბედავს
dare *n* გაბედვა
daring *adj* გამბედავი
dark *adj* ბნელი
dark *n* სიბნელე
darken *v* გამუქება
darkness *n* სიბნელე
darling *adj* ძვირფასი

dart *v* ისარივით გაფრენა; ტყორცნა
dart *n* ტყორცნა
dash *v* გაქანება
dashing *adj* სწრაფი
data *n* მონაცემები
database *n* მონაცემთა ბაზა
date *n* თარიღი; ფინიკი; პაემანი
date *v* დათარიღება
daughter *n* ქალიშვილი
daughter-in-law *n* რძალი
daunt *v* დაფრთხობა
daunting *adj* შიშის გამომწვევები
dawn *n* განთიადი
day *n* დღე
daycare *n* სამედიცინო დახმარება
daydream *v* ოცნება
daylight *n* მზის შუქი
daytime *n* დღე
daze *v* გაოცება
dazed *adj* გაოცებული
dazzle *v* თვალის მოჭრა
dead *adj* მკვდარი
dead end *n* ჩიხი
deadline *n* ბოლო ვადა
deadly *adj* სასიკვდილო
deaf *adj* ყრუ
deafen *v* დაყრუება
deafening *adj* გამაყრუებელი
deal *v* საქმის ქონა (რამესთან, ვინმესთან); მორიგება
deal *n* გარიგება
dealer *n* დილერი
dean *n* დეკანი
dear *adj* ძვირფასო
death *n* სიკვდილი
deathbed *n* სასიკვდილო სარეცელი
debase *v* ხარისხის ან ფასის შემცირება
debatable *adj* საკამათო
debate *v* დებატების გამართვა
debate *n* დისკუსია
debit *n* დებეტი
debit card *n* სადებეტო ბარათი
debrief *v* მოხსენება დავალებიდან დაბრუნებისთანავე
debris *n* ნამსხვრევები
debt *n* ვალი
debtor *n* მოვალე
debunk *v* გამოვლენა
debut *n* დებიუტი
decade *n* ათწლეული
decadence *n* ვარდნა
decaffeinated *adj* უკოფეინო
decay *v* ხრწნა; დანგრევა; მოშლა
decay *n* ლპობა
deceased *adj* გარდაცვლილი
deceit *n* სიცრუე

D

D

deceitful *adj* მატყუარა
deceive *v* მოტყუება
December *n* დეკემბერი
decency *n* ზრდილობა
decent *adj* წესიერი
deception *n* სიცრუე
deceptive *adj* მაცდური
decide *v* გადაწყვეტა
deciding *adj* გადამწყვეტი
decimal *adj* ათწილადი
decimate *v* განადგურება
decipher *v* შიფრის ამოკითხვა
decision *n* გადაწყვეტილება
decisive *adj* გადამწყვეტი
deck *n* გემბანი; ბანქოს დასტა
declaration *n* დეკლარაცია
declare *v* გამოცხადება
decline *v* დაცემა; უარის თქმა
decline *n* ვარდნა
decompose *v* შემადგენელ ნაწილებად დაშლა
décor *n* დეკორი
decorate *v* მორთვა
decoration *n* დეკორაცია
decorative *adj* დეკორატიული
decorum *n* წესიერება; ეტიკეტი
decrease *v* შემცირება
decree *n* დადგენილება
decrepit *adj* დაძველებული
dedicate *v* მიძღვნა
dedicated *adj* მიძღვნილი
dedication *n* ერთგულება
deduce *v* დასკვნა
deduct *v* გამოკლება
deductible *adj* გამოკლებადი
deduction *n* გამოკლება
deed *n* საქციელი
deem *v* მიჩნევა
deep *adj* ღრმა
deepen *v* გაღრმავება; გამუქება
deeply *adv* ღრმად
deer *n* ირემი
deface *v* დამახინჯება
defame *v* ცილისწამება
defeat *v* დამარცხება
defect *v* ღალატი; მოწინააღმდეგის ბანაკში გადასვლა
defect *n* ნაკლი
defective *adj* დეფექტური
defend *v* თავის დაცვა
defendant *n* მოპასუხე
defender *n* დამცველი
defense *n* დაცვა
defenseless *adj* უმწეო
defer *v* გადადება
defiance *n* უპატივცემულობა; გამოწვევა
defiant *adj* გამომწვევი
deficiency *n* უკმარისობა
deficient *adj* არასაკმარისი
deficit *n* დეფიციტი

55 **demolish**

D

define *v* განსაზღვრა
definite *adj* განსაზღვრული
definitely *adv* ცალსახად
definition *n* განმარტება
definitive *adj* საბოლოო
deflate *v* გაფუჭება
deform *v* დეფორმირება
deformity *n* დეფორმაცია
defraud *v* თაღლითობა
defray *v* დაფარვა
defrost *v* გალღობა
deft *adj* მოხერხებული
defuse *v* განმუხტვა
defy *v* უგულვებელყოფა
degenerate *v* გადაგვარება
degenerate *adj* გადაგვარებული
degradation *n* დეგრადაცია
degrade *v* დეგრადირება
degrading *adj* დამამცირებელი
degree *n* ხარისხი; გრადუსი
dehydrate *v* გაუწყლოება
dehydrated *adj* გაუწყლოებული
dejected *adj* დამწუხრებული
delay *n* დაგვიანება
delay *v* დაგვიანება
delegate *n* დელეგატი
delegate *v* უფლებამოსილების გადაცემა
delegation *n* დელეგაცია
delete *v* წაშლა
deli *n* გასტრონომი
deliberate *v* მოფიქრება
deliberate *adj* წინასწარგანზრახული
deliberately *adv* განზრახ
delicacy *n* დახვეწილობა
delicate *adj* დახვეწილი
delicious *adj* გემრიელი
delight *n* სიამოვნება
delight *v* სიამოვნების მიღება
delighted *v* მოხიბლული
delightful *adj* მომხიბლავი
delinquent *adj* დამნაშავე
deliver *v* მიტანა
delivery *n* ჩაბარება; მშობიარობა
delude *v* შეცდომაში შეყვანა
deluge *n* წყალდიდობა
delusion *n* სიცრუე
deluxe *adj* მდიდრული
demand *n* მოთხოვნა
demand *v* მოთხოვნა
demanding *adj* მომთხოვნი
demean *v* ქცევა; თავის დამცირება
demeaning *adj* დამამცირებელი
demeanor *n* საქციელი, ქცევა
demented *adj* შეშლილი
demise *n* სიკვდილი; ქონების ანდერძით გადაცემა
demo *n* დემონსტრაცია
democracy *n* დემოკრატია
democratic *adj* დემოკრატიული
demolish *v* დანგრევა

D

demolition *n* დანგრევა
demonstrate *v* დემონსტრირება
demonstration *n* ჩვენება
demonstrative *adj* დემონსტრაციული
demoralize *v* დემორალიზება
demote *v* თანამდებობრივი დაქვეითება
den *n* ბუნაგი
denial *n* უარის თქმა
denigrate *v* ცილისწამება
denim *n* ბამბეულის ქსოვილი
denote *v* აღნიშვნა
denounce *v* დაგმობა; მხილება
dense *adj* მჭიდრო
density *n* სიმჭიდროვე
dent *v* დაჭდევა
dent *n* ფოსო
dental *adj* სტომატოლოგიური
dentist *n* სტომატოლოგი
dentures *n* კბილის პროთეზი
deny *v* უარყოფა
deodorant *n* დეზოდორანტი
depart *v* გამგზავრება
department *n* განყოფილება
departure *n* გამგზავრება
depend *v* დამოკიდებულება
dependable *adj* საიმედო
dependence *n* დამოკიდებულება
dependent *adj* დამოკიდებული
depict *v* გამოსახვა
deplete *v* დაცლა
deplorable *adj* სავალალო
deplore *v* დანანება
deploy *v* გაშლა
deployment *n* განთავსება; განლაგება
deport *v* დადეპორტება
deportation *n* გაძევება
depose *v* გადაყენება (თანამდებობიდან); ჩამოგდება (ტახტიდან); ფიცის ქვეშ დაკითხვა
deposit *n* დეპოზიტი; ნალექი
deposit *v* ბანკში ჩადება
depot *n* საწყობი
deprave *v* გაფუჭება
depravity *n* გარყვნილება
depreciate *v* გაუფასურება
depreciation *n* გაუფასურება
depress *v* ჩახშობა
depressing *adj* მძიმე
depression *n* დეპრესია
deprivation *n* ჩამორთმევა
deprive *v* ჩამორთმევა
deprived *adj* ღარიბი
depth *n* სიღრმე
derail *v* რელსებიდან გადახვევა
deranged *adj* შეშლილი
derelict *adj* მიტოვებული
derivative *adj* წარმოებული
derive *v* მომდინარეობს

derogatory *adj* დამამცირებელი
descend *v* დაშვება; მემკვიდრეობით გადაცემა
descendant *n* მემკვიდრე
descent *n* დაშვება; ანდერძით გადაცემა
describe *v* აღწერა
description *n* აღწერა
descriptive *adj* აღწერილობითი
desecrate *v* წაბილწვა
desegregate *v* სეგრეგაციის გაუქმება
desert *v* მიტოვება
desert *n* უდაბნო
deserted *adj* მიტოვებული
deserter *n* დეზერტირი
deserve *v* დამსახურება
deserving *adj* ღირსეული
design *n* დიზაინი; პროექტი
design *v* დაგეგმვა
designate *v* თანამდებობაზე დანიშვნა
designer *n* დიზაინერი
desirable *adj* სასურველი
desire *n* სურვილი
desire *v* სურვილის გამოხატვა
desist *v* შეწყვეტა
desk *n* საწერი მაგიდა
desolate *adj* უკაცრიელი
desolation *n* დანგრევა
despair *n* იმედგაცრუება

desperate *adj* სასოწარკვეთილი
despicable *adj* საზიზღარი
despise *v* შეზიზღება
despite *prep* მიუხედავად; თუმცა; მაინც
despondent *adj* დაღვრემილი
despot *n* დესპოტი
despotic *adj* დესპოტური
dessert *n* დესერტი
destination *n* დანიშნულების ადგილი
destiny *n* ბედისწერა
destitute *adj* ღატაკი
destroy *v* განადგურება
destruction *n* განადგურება
destructive *adj* გამანადგურებელი
detach *v* განცალკევება
detachable *adj* მოცილებადი
detail *n* დეტალი
detail *v* ჩამოთვლა
detailed *adj* დეტალური
detain *v* დაყოვნება
detect *v* გამოვლენა; დიაგნოსტიკა
detective *n* დეტექტივი
detector *n* დეტექტორი
detention *n* დაკავება
deter *v* თავის შეკავება
detergent *n* სარეცხი საშუალება
deteriorate *v* გაუარესება

D

deterioration *n* გაუარესება
determination *n* დადგენა
determine *v* განსაზღვრა
determined *adj* განსაზღვრული
detest *v* ზიზღი (ეზიზღება)
detestable *adj* საზიზღარი
detonate *v* დეტონირება
detonator *n* დეტონატორი
detour *n* შემოვლითი გზა
detriment *n* ზარალი
detrimental *adj* მავნე
devaluation *n* გაუფასურება
devalue *v* გაუფასურება
devastate *v* განადგურება
devastating *adj* გამანადგურებელი
devastation *n* აოხრება
develop *v* განვითარება
development *n* განვითარება
deviate *v* გადახრა
deviation *n* გადახრა
device *n* მოწყობილობა
devious *adj* ირიბი
devise *v* გამოგონება
devoid *adj* რაიმეს მოკლებული
devote *v* (თავის) მიძღვნა
devotion *n* თავდადება
devour *v* შთანთქმა (შთანთქავს)
devout *adj* გულწრფელად
dew *n* ცვარი
diabetes *n* დიაბეტი
diabetic *adj* დიაბეტური
diagnose *v* დიაგნოზის დადგენა
diagnosis *n* დიაგნოზი
diagonal *adj* დიაგონალური
diagram *n* დიაგრამა
dial *v* ნომრის აკრეფა
dial *n* ციფერბლატი
dial tone *n* გაბმული ზუმერი
dialect *n* დიალექტი
dialog *n* დიალოგი
diameter *n* დიამეტრი
diamond *n* ბრილიანტი; ალმასი; რომბი
diaper *n* სახვევი
diarrhea *n* დიარეა
diary *n* დღიური
dice *n* კამათლები
dice *v* კამათლის თამაში
dictate *v* კარნახი
dictator *n* დიქტატორი
dictatorial *adj* დიქტატორული
dictatorship *n* დიქტატურა
dictionary *n* ლექსიკონი
die *v* გარდაცვალება
die out *v* თანდათანობით გაქრობა
diesel *n* დიზელი
diet *n* დიეტა; კვებითი რეჟიმი
diet *v* დიეტის დაცვა
differ *v* განსხვავება
difference *n* სხვაობა

different *adj* განსხვავებული
differentiate *v* განსხვავება
differently *adv* სხვანაირად
difficult *adj* რთული
difficulty *n* სირთულე
diffuse *v* გაფრქვევა
dig *v* ამოთხრა
digest *v* საკვების გადამუშავება
digestion *n* საჭმლის მონელება
digit *n* ციფრი
digital *adj* ციფრული
dignified *adj* თავმოყვარე
dignify *v* განდიდება
dignity *n* ღირსება
digress *v* უკან დახევა
dilemma *n* დილემა
diligent *adj* ბეჯითი
dilute *v* გაზავება
dim *v* გამკრთალება
dim *adj* მკრთალი
dime *n* ათცენტიანი მონეტა
dimension *n* განზომილება
dimensional *adj* სივრცითი
diminish *v* შემცირება
dine *v* სადილად მიწვევა
diner *n* სასადილო
dining room *n* სასადილო ოთახი
dinner *n* სადილი
dinosaur *n* დინოზავრი
dip *n* ჩაშვება; საწებელი
dip *v* ჩაძირვა
diploma *n* დიპლომი
diplomacy *n* დიპლომატია
diplomat *n* დიპლომატი
diplomatic *adj* დიპლომატიური
dire *adj* საზარელი
direct *v* მიმართვა
direct *adv* პირდაპირ
direct *adj* პირდაპირი
direction *n* მიმართულება
directions *n* მიმართულებები
directly *adv* პირდაპირ
director *n* დირექტორი
directory *n* ცნობარი
dirt *n* ტალახი
dirty *adj* ჭუჭყიანი
disability *n* ქმედუუნარობა
disabled *adj* შრომის უნარს მოკლებული
disadvantage *n* არახელსაყრელი
disagree *v* არ დათანხმება
disagreement *n* უთანხმოება
disappear *v* გაუჩინარება
disappearance *n* გაუჩინარება
disappoint *v* იმედის გაცრუება
disappointing *adj* დასანანი
disappointment *n* იმედგაცრუება
disapproval *n* დაწუნება
disapprove *v* დაგმობა
disarm *v* განიარაღება
disaster *n* კატასტროფა
disastrous *adj* კატასტროფული

D

disband *v* დათხოვნა
disbelief *n* ურწმუნოება
disburse *v* ფულის გადახდა
disc *n* დისკი
disc jockey (DJ) *n* დჯ (DJ)
discard *v* გადაგდება
discern *v* გარჩევა
discharge *n* განტვირთვა
discharge *v* დაცლა
disciple *n* მოწაფე
discipline *n* დისციპლინა
disclose *v* გამოჩენა
discomfort *n* დისკომფორტი
disconnect *v* განცალკევება
discontinue *v* შეწყვეტა
discount *n* ფასდაკლება
discount *v* ფასის დაკლება
discourage *v* თავგზის აბნევა; დადარდიანება
discouragement *n* გადათქმევინება
discouraging *adj* თავგზააბნევი
discover *v* აღმოჩენა
discovery *n* აღმოჩენა
discredit *v* ეჭვქვეშ დაყენება
discreet *adj* ფრთხილი
discrepancy *n* აზრთა სხვაობა; განსხვავება
discretion *n* წინდახედულება
discriminate *v* გარჩევა
discrimination *n* დისკრიმინაცია
discuss *v* განხილვა
discussion *n* განხილვა
disdain *n* არად მიჩნევა
disease *n* დაავადება
disembark *v* ნაპირზე გამოსვლა
disenchanted *adj* ჯადოსგან გათავისუფლებული
disentangle *v* გამოხსნა
disfigure *v* დამახინჯება
disgrace *n* შერცხვენა
disgraceful *adj* სამარცხვინო
disgruntled *adj* უკმაყოფილო
disguise *n* შენიღბვა
disguise *v* შენიღბვა
disgust *n* ზიზღი
disgusted *adj* ზიზღის განმცდელი
disgusting *adj* საზიზღარი
dish *n* ჭურჭელი
dishearten *v* დადარდიანება
dishonest *adj* არაკეთილსინდისიერი
dishonesty *n* არაკეთილსინდისიერება
dishonor *n* სირცხვილი
dishonorable *adj* სამარცხვინო
dishwasher *n* ჭურჭლის სარეცხი მანქანა
disillusion *n* იმედგაცრუება
disinfect *v* დეზინფექციის გაკეთება
disinfectant *n* სადეზინფექციო საშუალება

disintegrate *v* შემადგენელ ნაწილებად დაყოფა
disintegration *n* დაშლა
disinterested *adj* უანგარო
disk *n* დისკი
disk drive *n* დისკწამყვანი
dislike *n* ანტიპათია
dislike *v* არ უყვარს
dislocate *v* გადაადგილება
dislodge *v* მოშორება; განდევნა
disloyal *adj* არალოიალური
dismal *adj* ნაღვლიანი
dismantle *v* დემონტაჟის გაკეთება
dismay *n* თავზარი
dismay *v* შეძრწუნება
dismiss *v* დათხოვნა
dismissal *n* გათავისუფლება
dismount *v* ცხენიდან ჩამოხტომა; ჩამოგდება
disobedience *n* ურჩობა
disobedient *adj* გაუგონარი
disobey *v* არ გაგონება
disorder *n* არეულობა
disorganized *adj* დეზორგანიზებული
disoriented *adj* დეზორიენტირებული
disown *v* საკუთრად არ ცნობა
disparity *n* უთანასწორობა
dispatch *v* გაგზავნა
dispense *v* დარიგება
dispenser *n* ფარმაცევტი
disperse *v* გაფანტვა
displace *v* გადანაცვლება
displacement *n* გადაადგილება
display *n* გამოფენა; ეკრანი
display *v* ჩვენებანა
displease *v* არ სიამოვნებს
displeasing *adj* უსიამოვო
disposable *adj* ერთჯერადი
dispose *v* განკარგულებაში ყოფნა
disprove *v* უარყოფა
dispute *v* დავა ვინმესთან
dispute *n* კამათი
disqualify *v* დისკვალიფიცირება
disregard *v* უყურადღებოდ მოქცევა
disrespect *n* უპატივცემულობა
disrespectful *adj* არათავაზიანი
disrupt *v* ზიანის მიყენება; ჩაშლა
disruption *n* დანგრევა
disruptive *adj* გამანადგურებელი
dissatisfied *adj* დაუკმაყოფილებელი
disseminate *v* გაფანტვა
dissent *v* წინააღმდეგია
dissident *adj* სხვაგვარად მოაზროვნე
dissipate *v* გაფანტვა
dissolve *v* გახსნა
dissuade *v* გადათქმევინება

D

D

distance *n* მანძილი
distant *adj* შორეული
distaste *n* ზიზღი
distasteful *adj* უსიამოვნო
distill *v* დისტილირება
distinct *adj* მკაფიო
distinction *n* გამიჯვნა
distinctive *adj* გამორჩეული
distinctly *adv* მკაფიოდ
distinguish *v* გარჩევა
distinguished *adj* გამოჩენილი
distort *v* დამახინჯება
distortion *n* დამახინჯება
distract *v* ყურადღების გადატანა
distraction *n* გულმავიწყობა
distraught *adj* მშფოთვარე
distress *n* დარდი; გაჭირვება
distressing *adj* გულსატკენი
distribute *v* განაწილება
distribution *n* განაწილება
district *n* ოლქი
distrust *v* ეჭვის შეტანა
distrust *n* უნდობლობა
distrustful *adj* უნდობელი
disturb *v* შეწუხება
disturbance *n* შეწუხება
disturbing *adj* შემაწუხებელი
ditch *n* თხრილი
dive *v* ყვინთვა
diver *n* მყვინთავი
diverse *adj* მრავალფეროვანი
diversify *v* გამრავალფეროვნება
diversion *n* გადახრა
diversity *n* ნაირსახეობა
divert *v* გადახრა
divide *v* გაყოფა
divine *adj* ღვთაებრივი
divinity *n* ღვთაება
divisible *adj* გასაყოფი
division *n* გაყოფა
divorce *n* განქორწინება
divorce *v* განქორწინება
divulge *v* გახმაურება
dizzy *adj* თავბრუდამხვევი
do *v* კეთება; დამხმარე ზმნა
docile *adj* მორჩილი
dock *v* გემის დოკში შეყვანა
dock *n* დოკი
doctor *n* ექიმი
document *n* დოკუმენტი
documentary *n* დოკუმენტური ფილმი
documentation *n* დოკუმენტაცია
dodge *v* თავიდან არიდება
dog *n* ძაღლი
doll *n* თოჯინა
dollar *n* დოლარი
dolphin *n* დელფინი
domain *n* დომენი; სამფლობელო; დარგი
dome *n* გუმბათი
domestic *adj* შინაური
domesticate *v* მოშინაურება

domesticated *adj* მოშინაურებული
dominant *adj* დომინანტური
dominate *v* დომინირება
domination *n* ბატონობა
domineering *adj* მბრძანებლური
donate *v* შეწირულების გაღება
donation *n* შესაწირი
done *adj* დამთავრებული
donkey *n* ვირი
donor *n* დონორი
doom *n* ბედისწერა
doomed *adj* განწირული
door *n* კარი
doorbell *n* კარის ზარი
doorknob *n* სახელური
doormat *n* ფეხსაწმენდი კართან
doorstep *n* ზღურბლი
doorway *n* შენობაში შესასვლელი
dormitory *n* საერთო საცხოვრებელი
dosage *n* დოზა
dot *n* წერტილი
double *adj* ორმაგი
double *v* გაორმაგება
double-check *v* კიდევ ერთხელ შემოწმება
double-click *v* კიდევ ერთხელ ჩაკეტვა
double-cross *v* მოტყუება
doubt *n* ეჭვი
doubt *v* ეჭვის შეტანა
doubtful *adj* საეჭვო
dough *n* ცომი
dove *n* მტრედი
down *adv* ქვევით
down *adj* ქვემოთ მიმართული
down *prep* ძირს
down payment *n* განვადებით გადახდა; პირველადი შენატანი
downfall *n* დაცემა
downhill *adv* ქვევითკენ
downpour *n* თავსხმა წვიმა
downsize *v* ზომის შემცირება
downstairs *adv* ქვედა სართულზე
downstairs *adj* ქვედა სართულზე განლაგებული
down-to-earth *adj* რეალისტური
downtown *n* ქალაქის ცენტრი
downturn *adj* შემცირებული
downward *adv* ძირს
doze *v* თვლემა
dozen *n* თორმეტი ცალი
draft *n* შაბლონი; პროექტი
draft *v* პროექტის შედგენა
drag *v* ზიდვა
dragon *n* დრაკონი
drain *v* დაშრობა
drainage *n* დრენაჟი

D

drainpipe *n* წყალსადენი მილი
drama *n* დრამა
dramatic *adj* დრამატული
dramatically *adv* დრამატულად
dramatize *v* დრამატიზირება
drapes *n* ფარდები
drastic *adj* გადამწყვეტი; მკვეთრი
draw *n* მოქაჩვა; ფრე
draw *v* ხატვა; შედგენა; ამოღება
drawback *n* ნაკლი
drawer *n* უჯრა
drawing *n* ნახაზი; ნახატი
dread *v* შიში
dreadful *adj* საშინელი
dream *n* სიზმარი; ოცნება
dream *v* სიზმრის ნახვა; ოცნება
drench *v* ძლიერ დასველება
dress *n* კაბა
dress *v* ჩაცმა
dress up *pv* გამოწყობა
dresser *n* კამერდინერი; სამზარეულოს კარადა
dressing *n* სანელებელი; გადასახვევი მასალა
dribble *v* წვეთვა; ბურთის ტარება
dried *adj* გამომშრალი
drift *v* დრეიფზე დადგომა
drift apart *pv* გაშორება
drill *n* ბურღი; სავარჯიშო
drill *v* ბურღვა
drink *v* დალევა
drink *n* სასმელი
drinkable *adj* დასალევად ვარგისი
drip *v* წვეთვა
drive *n* მგზავრობა; დისკის ჩასადები
drive *v* მანქანის ტარება
driver *n* მძღოლი
driver's license *n* მართვის მოწმობა
driveway *n* მისასვლელი გზა
drizzle *v* ჟინჟვლა
drizzle *n* ჟინჟღლი
drool *v* დენა
drop *v* დაცემა; კლება
drop *n* წვეთი
drop in *pv* შესვლა
drop off *pv* გამოსვლა
drop out *pv* გარიცხვა
dropout *n* გამოთიშვა
drought *n* გვალვა
drown *v* ჩაძირვა
drowsy *adj* ძილის მომგვრელი
drug *n* წამალი; ნარკოტიკი
drug addict *n* ნარკომანი
drugstore *n* აფთიაქი
drum *n* დოლი
drunk *adj* მთვრალი
dry *v* გამოშრობა

dry *adj* მშრალი
dry-clean *v* ქიმწმენდა
dryer *n* საშრობი
dual *adj* ორმაგი
dubious *adj* საეჭვო
duck *v* ჩაყვინთვა; თავის სწრაფად დახრა
duck *n* იხვი
duct *n* არხი; მილი
due *adj* სათანადო; დანიშნული
duel *n* დუელი
dues *n* საწევრო გადასახადები; ვალდებულებები
duet *n* დუეტი
dull *adj* ყრუ; უხალისო
dull *v* შესუსტება
duly *adv* სათანადოდ
dumb *adj* მუნჯი
dummy *n* მანეკენი
dump *v* დასამარება; დაცლა
dump *n* ნაგვის გროვა
dung *n* ნაკელი
dungeon *n* მიწისქვეშა საპყრობილე
dunk *v* ჩაყოფა
dupe *v* გულუბრყვილო
duplicate *v* დუბლირება
duplication *n* გაორმაგება
durable *adj* გამძლე
duration *n* ხანგრძლივობა
during *prep* განმავლობაში
dusk *n* ბინდი

dust *n* მტვერი
dust *v* მტვრის გაწმენდა
duster *n* მტვრის გადასაწმენდი ქსოვილი
dustpan *n* აქანდაზი
dusty *adj* მტვრიანი
duty *n* მოვალეობა
dwarf *n* ჯუჯა
dwell *v* ცხოვრება
dwelling *n* საცხოვრებელი
dwindle *v* შემცირება
dye *n* საღებავი
dye *v* შეღებვა
dying *adj* მომაკვდავი
dynamic *adj* დინამიური
dynamite *n* დინამიტი
dynasty *n* დინასტია**

E

each *adj* თითოეული; ყოველი
each *pron* თითოეული
each other *pron* ერთმანეთს; ერთმანეთი
eager *adj* მოწადინებული
eagerness *n* მისწრაფება
eagle *n* არწივი
ear *n* ყური
earache *n* ყურის ტკივილი
early *adv* ადრეულად

E

early *adj* ადრეული
earn *v* გამომუშავება; შემოსავლის მოტანა
earnestly *adv* დარწმუნებით
earnings *n* გასამრჯელო; მოგება
earphones *n* ყურსასმენები
earring *n* საყურე
Earth *n* დედამიწა
earthquake *n* მიწისძვრა
earwax *n* ყურის გოგირდი
ease *n* თავისუფლად მოქცევა
ease *v* შემსუბუქება (ტანჯვისა და მისთ)
easily *adv* ადვილად; უეჭველად
east *n* აღმოსავლეთი
east *adv* აღმოსავლეთით
east *adj* აღმოსავლეთისა
eastbound *adj* აღმოსავლეთის მიმართულებით მიმავალი
Easter *n* აღდგომა
eastern *adj* აღმოსავლური
easy *adj* ადვილი
easygoing *adj* უდარდელი
eat *v* ჭამა
eavesdrop *v* ფარულად ყურის დაგდება
ebb *v* უკან დახევა
e-book *n* ელ-წიგნი
eccentric *adj* ექსცენტრიული
echo *n* ექო
eclipse *n* დაბნელება, დაცემა
ecology *n* ეკოლოგია
economic *adj* ეკონომიური
economical *adj* ეკონომიური
economically *adv* ეკონომიურად
economics *n* ეკონომიკა
economist *n* ეკონომისტი
economize *v* დაზოგვა
economy *n* ეკონომიკა
ecstatic *adj* ექსტაზური
edge *n* კიდე
edgy *adj* მახვილი
edible *adj* საჭმელად ვარგისი
edit *v* რედაქტირება
edition *n* რედაქცია
editor *n* რედაქტორი
editorial *n* გაზეთის მოწინავე სტატია
educate *v* განათლების მიცემა
educated *adj* განათლებული
education *n* განათლება
educational *adj* საგანმანათლებლო
eerie *adj* შემაძრწუნებელი
effect *n* ეფექტი; შედეგი
effective *adj* ეფექტური
effectiveness *n* ეფექტურობა
efficiency *n* პროდუქტიულობა
efficient *adj* ეფექტური
effort *n* ძალისხმევა
egg *n* კვერცხი
egg white *n* კვერცხის ცილა
ego *n* ეგო

eight *n* რვა
eighteen *n* თვრამეტი
eighteenth *adj* მეთვრამეტე
eighth *adj* მერვე
eighty *n* ოთხმოცი
either *adv* აგრეთვე
either *pron* ან ---ან
either *adj* ერთერთი
eject *v* ამოგდება
elapse *v* ამოწურვა
elastic *adj* დრეკადი
elated *adj* აღტაცებული
elbow *n* იდაყვი
elder *n* უფროსი
elderly *adj* მოხუცებული
elect *v* არჩევა
election *n* არჩევანი
electric *adj* ელექტრული
electrical *adj* ელექტრონული
electrician *n* ელექტროტექნიკოსი
electricity *n* ელექტრობა
electrify *v* ელექტროფიკაციის მოხდენა
electrocute *v* სიკვდილით დასჯა ელექტროსკამზე დასმით
electronic *adj* ელექტრონული
elegance *n* ელეგანტურობა
elegant *adj* ელეგანტური
element *n* ელემენტი
elementary *adj* ელემენტარული
elementary school *n* დაწყებითი სკოლა
elephant *n* სპილო
elevate *v* ამაღლება
elevation *n* ამაღლება
elevator *n* ლიფტი
eleven *n* თერთმეტი
eleventh *adj* მეთერთმეტე
elf *n* ელფი
eligible *adj* არჩევის უფლების მქონე; შესაფერისი
eliminate *v* მოშორება; განადგურება
eloquence *n* მჭევრმეტყველება
else *adv* კიდევ
elsewhere *adv* სხვა ადგილას
elude *v* თავის არიდება
elusive *adj* ბუნდოვანი
e-mail (email) *n* ელექტრონული ფოსტა
e-mail (email) *v* ელ-ფოსტით გაგზავნა
emancipate *v* გათავისუფლება
embalm *v* დაბალზამება; დავიწყებისგან დაცვა
embark *v* დატვირთვა
embarrass *v* თავგზის აბნევა
embarrassed *adj* შეცბუნებული
embarrassing *adj* შემაცბუნებელი
embarrassment *n* დაბნეულობა
embassy *n* საელჩო
embellish *v* მორთვა

E

embers

E

embers *n* ნაცარი
embezzle *v* მითვისება
emblem *n* ემბლემა
embody *v* სულის შთაბერვა
emboss *v* ამოტვიფვრა
embrace *v* ჩახუტება
embroider *v* ამოქარგვა
embroidery *n* მოქარგული ნაკეთობა
emerald *n* ზურმუხტი
emerge *v* ზედაპირზე ამოსვლა; გამომჟღავნება
emergency *n* კრიტიკული მდგომარეობა
emigrant *n* ემიგრანტი
emigrate *v* გადასახლება
emission *n* ემისია
emit *v* გამოშვება
emotion *n* ემოცია
emotional *adj* ემოციური
empathy *n* თანაგრძნობა
emperor *n* იმპერატორი
emphasis *n* ხაზის გასმა
emphasize *v* განსაკუთრებული მნიშვნელობის მინიჭება
empire *n* იმპერია
employ *v* დაქირავება
employee *n* დაქირავებული მუშაკი
employer *n* დამსაქმებელი
employment *n* სამსახური; დასაქმება
empress *n* იმპერატორი ქალი
emptiness *n* სიცარიელე
empty *v* დაცლა
empty *adj* ცარიელი
enable *v* უფლების მიცემა
enchant *v* მოხიბვლა
enchanting *adj* მომხიბვლელი
encircle *v* გარშემოხვევა
enclose *v* თანდართვა
enclosure *n* დანართი; შემოღობილი ადგილი
encounter *n* მოულოდნელი შეხვედრა; დაჯახება
encounter *v* მოულოდნელად შეხვედრა
encourage *v* გამხნევება
encouraging *adj* გამამხნევებელი
encroach *v* შეჭრა
encyclopedia *n* ენციკლოპედია
end *n* დასასრული
end *v* დასრულება
end up *pv* დამთავრება
endanger *v* საფრთხეში ჩაგდება
endangered *adj* საფრთხეში მყოფი
ending *n* დასრულება
endless *adj* უსასრულო
endorse *v* დადასტურება
endorsement *n* დადასტურება
endure *v* გაძლება
enemy *n* მოწინააღმდეგე

energetic *adj* ენერგიული
energy *n* ენერგია
enforce *v* იძულება
engage *v* დაქირავება; დანიშვნა
engaged *adj* დაკავებული; დანიშნული
engagement *n* საქმიანობა; ნიშნობა
engine *n* ძრავა
engineer *n* ინჟინერი
English *n* ინგლისური ენა
engrave *v* გრავირება
engraving *n* გრავიურა
enhance *v* გაუმჯობესება
enjoy *v* სიამოვნების მიღება
enjoyable *adj* სასიამოვნო
enjoyment *n* სიამოვნების მიღება
enlarge *v* გაფართოება
enlighten *v* განათლება
enlist *v* ჯარში გაწვევა
enormous *adj* უზარმაზარი
enormously *adv* დიდად
enough *pron* საკმაოდ
enough *adv* საკმარისად
enough *adj* საკმარისი
enrage *v* განრისხება
enrich *v* გამდიდრება
enroll *v* რეგისტრაცია; გაწევრიანება
ensure *v* უზრუნველყოფა
entail *v* მოსდევს
entangle *v* გახლართვა
enter *v* შესვლა
enterprise *n* საწარმო
entertain *v* გართობა
entertainer *n* გამრთობი
entertaining *adj* გასართობი
entertainment *n* გართობა
enthusiasm *n* ენთუზიაზმი
enthusiastic *adj* ენთუზიაზმით აღსავსე
entice *v* შეცდენა
enticement *n* ცდუნება
enticing *adj* მაცდური
entire *adj* მთლიანი
entirely *adv* მთლიანად
entrance *n* შესვლა; შესასვლელი
entree *n* სადილის ძირითადი კერძი; შესვლის ნებართვა
entrenched *adj* თხრილებით გამაგრებული
entrepreneur *n* მეწარმე
entrust *v* დაკისრება
entry *n* შესასვლელი; შესავალი
envelope *n* კონვერტი
envious *adj* შურიანი
environment *n* გარემო
environmental *adj* გარემოსთან დაკავშირებული
environmentalist *n* გარემოს დაცვის სპეციალისტი

E

E

envy *v* შეშურება
envy *n* შური
epidemic *n* ეპიდემია
episode *n* ეპიზოდი
equal *adj* თანაბარი
equality *n* თანასწორობა
equate *v* გათანასწორება
equation *n* გასწორება; განტოლება
equator *n* ეკვატორი
equilibrium *n* წონასწორობა
equip *v* აღჭურვა
equipment *n* აღჭურვილობა
equivalent *adj* ეკვივალენტი
era *n* ერა
eradicate *v* ძირფესვიანად ამოგდება
erase *v* წაშლა
eraser *n* საშლელი
erect *v* აგება
erect *adj* მდგარი
erode *v* დანგრევა
erosion *n* ეროზია
errand *n* დავალება
erroneous *adj* მცდარი
error *n* შეცდომა
erupt *v* ამოტყორცნა
eruption *n* ამოტყორცნა
escalate *v* გამწვავება; ესკალატორზე ასვლა
escalator *n* ესკალატორი
escape *v* გაქცევა
esophagus *n* საყლაპავი მილი
especially *adv* განსაკუთრებით
espionage *n* ჯაშუშობა
espresso *n* ესპრესო
essay *n* ესე; ცდა
essence *n* არსი
essential *adj* აუცილებელი
establish *v* დაფუძნება
establishment *n* დაარსება
estate *n* საკუთრება
esteem *v* პატივისცემა
estimate *v* აღრიცხვა; მიახლოებით გაანგარიშება
estimate *n* აღრიცხვა
estranged *adj* ჩამოშორებული
etcetera *adv* და ასე შემდეგ
eternity *n* უკვდავება
ethical *adj* ეთიკური
ethics *n* ეთიკა
ethnic *adj* ეთნიკური
etiquette *n* ეტიკეტი
euphoria *n* ეიფორია
euro *n* ევრო
Europe *n* ევროპა
European *adj* ევროპელი
evacuate *v* ევაკუაციის მოხდენა
evade *v* თავის არიდება
evaluate *v* შეფასება
evaluation *n* შეფასება
evaporate *v* აორთქლება
evasive *adj* შეუმჩნეველი

eve *n* წინა ღამე
even *adj* ერთნაირი; ლუწი
even *adv* თუნდაც
even if *adv* თუნდაც თუ
even though *adv* რომც კი
evening *n* საღამო
evenly *adv* თანაბრად
event *n* ღონისძიება; შეჯიბრება
eventual *adj* საბოლოო
eventually *adv* საბოლოოდ
ever *adv* ოდესმე
everlasting *adj* სამარადისო
every *adj* თითოეული
everybody *pron* ყველა
everyday *adj* ყოველდღიური
everyone *pron* ყველა
everything *pron* ყველაფერი
everywhere *adv* ყველგან
evict *v* გაძევება
evidence *n* მტკიცებულება
evident *adj* აშკარა
evidently *adv* აშკარად
evil *adj* ბოროტი
evil *n* სიბოროტე
evoke *v* გამოხმობა
evolution *n* ევოლუცია
evolutionary *adj* ევოლუციური
evolve *v* განვითარება
exact *adj* ზუსტი
exactly *adv* ზუსტად
exaggerate *v* გაზვიადება
exam *n* გამოცდა
examination *n* შემოწმება
examine *v* შემოწმება
example *n* მაგალითი
exasperate *v* გაღიზიანება
excavate *v* ამოთხარა
exceed *v* გადამეტება
exceedingly *adv* უკიდურესად
excel *v* ჯობნა
excellence *n* სრულყოფილება
excellent *adj* შესანიშნავი
except *prep* გარდა
exception *n* გამონაკლისი
exceptional *adj* განსაკუთრებული
excerpt *n* ამონარიდი
excess *n* სიჭარბე
excessive *adj* ჭარბი
exchange *v* გაცვლა–გამოცვლა; უცხოური ვალუტა
excite *v* აღელვება
excited *adj* აღელვებული
excitement *n* აღელვება
exciting *adj* ამაღელვებელი
exclaim *v* შეძახება
exclamation *n* შეძახილი
exclude *v* გამორიცხვა
excluding *prep* გამოკლებით
excruciating *adj* მტანჯველი
excursion *n* ექსკურსია
excuse *v* ბოდიშის მოხდა; გამართლება

E

E

excuse *n* ბოდიში
execute *v* ასრულება
executive *n* აღმასრულებელი ხელისუფლება
exemplary *adj* სანიმუშო
exemplify *v* მაგალითის მოყვანა
exempt *adj* გათავისუფლებული
exemption *n* გათავისულება
exercise *n* ვარჯიში; სავარჯიშო
exercise *v* ვარჯიში
exert *v* ძალისხმევის გამოჩენა
exertion *n* ძალისხმევა
exhale *n* ამოსუნთქვა
exhaust *v* გამოლევა
exhaust *n* გამონაბოლქვი
exhausting *adj* დამქანცავი
exhaustion *n* დაქანცულობა
exhibit *v* ჩვენება
exhibition *n* გამოფენა
exhilarating *adj* გამამხნევებელი
exile *v* გაძევება; გადასახლება
exile *n* გაძევება
exist *v* ყოფნა
existence *n* არსებობა
exit *n* გასასვლელი
exotic *adj* ეგზოტიკური
expand *v* გაფართოება; განვითარება
expansion *n* გაფართოება
expect *v* მოლოდინი
expectancy *n* მოლოდინი
expectation *n* მოლოდინი
expedient *adj* მიზანშეწონილი
expedition *n* ექსპედიცია
expel *v* გამოგდება; გარიცხვა
expenditure *n* ხარჯი
expense *n* ხარჯი
expensive *adj* ძვირი
experience *n* გამოცდილება
experience *v* განცდა
experienced *adj* გამოცდილი
experiment *n* ექსპერიმენტი
expert *adj* დახელოვნებული
expert *n* ექსპერტი
expertise *n* ექსპერტიზა
expiration *n* ვადის ამოწურვა; ამოსუნთქვა
expire *v* ვადის ამოწურვა
explain *v* ახსნა
explanation *n* ახსნა-განმარტება
explicit *adj* ცალსახა
explicitly *adv* ცალსახად
explode *v* აფეთქება
exploit *v* ექსპლუატაციის გაწევა
exploration *n* გამოკვლევა
explore *v* შესწავლა
explorer *n* მკვლევარი
explosion *n* აფეთქება
explosive *adj* ფეთქებადი
export *v* ექპორტი
exporter *n* ექსპორტიორი

expose v გამოაშკარავება
exposed adj გამოაშკარავებული
exposure n ზემოქმედებისგან დაუცველობა; გამოფენა; მხილება
express v გამოხატვა
express adj სწრაფი
expression n გამოხატულება; გამომეტყველება
expressly adv ზუსტად
expulsion n გაძევება
exquisite adj დახვეწილი
extend v გაფართოება
extended family n დიდი ოჯახი
extension n გაგრძელება; დამატებითი ტელეფონი
extensive adj ვრცელი
extent n ხარისხი; მოცულობა; სიგრძე
exterior adj გარეგანი
exterminate v მოსპობა
external adj გარეგნული
extinct adj ჩამქრალი; გადაშენებული
extinguish v ჩაქრობა
extort v გამოძალვა
extortion n გამოძალვა
extra adv დამატებითი
extra adj დამატებითი
extract n ესტრაქტი; ამონარიდი წიგნიდან

extract v ამოღება
extraordinary adj არაჩვეულებრივი
extravagant adj ექსტრავაგანტური
extreme adj უკიდურესი
extremely adv უკიდურესად
extremist adj ექსტრემისტი
extroverted adj ექსტრავერტირებული
exult v ლხენა
eye n თვალი
eyebrow n წარბი
eye-catching adj თვალში საცემი
eyeglasses n სათვალე
eyelash n წამწამი
eyelid n ქუთუთო
eyeshadow n თვალის ჩრდილი
eyesight n მხედველობა
eyewitness n თვითმხილველი

F

fable n იგავ-არაკი; გამონაგონი
fabric n ქსოვილი
fabricate v გაყალბება
fabulous adj განსაცვიფრებელი
face v პირისპირ დგომა; მოპირკეთება

face *n* სახე
facet *n* წახნაგი
facial *adj* სახის
facilitate *v* ხელის შეწყობა; გაადვილება
F
facilities *n* საშუალებები
facility *n* მოწყობილობა; უნარი
fact *n* ფაქტი
factor *n* ფაქტორი
factory *n* ქარხანა
factual *adj* ფაქტობრივი
faculty *n* ფაკულტეტი
fad *n* ახირება
fade *v* ჭკნობა; გაუფერულება; გაქრობა
faded *adj* დამჭკნარი; ფერდაკარგული
fail *v* მარცხის განცდა; გამოცდაზე ჩაჭრა; გაკოტრება
failure *n* მარცხი
faint *v* გონების დაკარგვა
faint *adj* სუსტი
fair *adj* სამართლიანი; ქერა
fair *n* გამოფენა
fairy *n* ფერია
fairy tale *n* ზღაპარი
faith *n* რწმენა
faithful *adj* ერთგული
fake *v* ფალსიფიცირება
fake *adj* ყალბი
fake *n* ყალბი
fall *n* ვარდნა; შემოდგომა
fall *v* დაცემა
fall apart *pv* დაშლა; თავის დაკარგვა; ყურებამდე შეყვარება
fall asleep *pv* ჩაძინება
fall back *pv* უკანდახევა; დათმობა (გზის)
fall behind *pv* ჩამორჩენა
fall down *pv* წაქცევა
fall through *pv* ჩავარდნა
fallacy *n* შეცდომა
fallout *n* ნალექები
false *adj* მცდარი
falsify *v* ფალსიფიკაცია
falter *v* ყოყმანი; წაბორძიკება; ენის დაბმა
fame *n* რეპუტაცია
familiar *adj* კარგად ცნობილი
family *n* ოჯახი
famine *n* შიმშილი
famous *adj* ცნობილი
fan *n* მარაო; ვენტილიატორი; გულშემატკივარი
fanatic *adj* ფანატიკური
fancy *adj* წარმოსახვითი; მოდური
fang *n* ეშვი
fantastic *adj* ფანტასტიური
fantasy *n* ფანტაზია
far *adj* შორეული
far *adv* შორს

faraway *adj* შორეული
farce *n* ფარსი
fare *n* ბილეთის ღირებულება; საზრდო
farewell *n* გამომშვიდობება
farm *n* ფერმა
farmer *n* ფერმერი
farming *n* ფერმერობა
farmyard *n* ფერმის ეზო
farther *adv* უფრო შორს
fascinate *v* მოხიბვლა
fashion *n* მოდა
fashionable *adj* მოდური
fast *v* მარხულობა; დამაგრება
fast *adv* სწრაფად
fast *adj* სწრაფი
fast food *n* სწრაფი კვება
fasten *v* დამაგრება
fat *adj* მსუქანი
fat *n* ცხიმი
fatal *adj* ფატალური
fate *n* ბედისწერა
fateful *adj* საბედისწერო
father *n* მამა
fatherhood *n* მამობა
father-in-law *n* მამამთილი; სიმამრი
fatherly *adj* მამობრივი
fatigue *n* დაღლა
fatten *v* გასუქება
fatty *adj* ცხიმოვანი
faucet *n* ონკანი
fault *n* ნაკლი; შეცდომა; ბრალი
faulty *adj* არასრულყოფილი
favor *n* კეთილგანწყობილება
favorable *adj* ხელსაყრელი
favorite *adj* საყვარელი
favorite *n* ფავორიტი
fear *n* შიში
fear *v* შიში
fearful *adj* საშინელი
fearless *adj* უშიშარი
feasible *adj* შესრულებადი
feast *n* ლხინი
feat *n* გმირობა
feather *n* ბუმბული
feature *v* გამორჩეულობა; მთავარ როლში გამოყვანა; განთავსება გაზეთში
feature *n* დამახასიათებელი ნიშანი; სახის ნაკვთები; სტატია (გაზეთში, ჟურნალში)
February *n* თებერვალი
fed up *adj* მოსაბეზრებელი
federal *adj* ფედერალური
federation *n* ფედერაცია
fee *n* გასამრჯელო; მოსაკრებელი
feeble *adj* სუსტი
feed *v* კვება
feedback *n* უკუკავშირი
feel *v* შეგრძნება; შეხება
feeling *n* გრძნობა

F

feelings 76

F

feelings *n* გრძნობები
feet *n* ფეხები
feign *v* სიმულირება
fellow *n* ახალგაზრდა; ამხანაგი
fellow *adj* საერთო
საქმიანობით ან ინტერესებით გაერთიანებული
fellowship *n* მეგობრობა; გაერთიანება; წევრობა ; ასპირანტის ან უმცროსი მეცნიერის თანაშემწის სტიპენდია
felon *n* სისხლის სამართლის დამნაშავე
felony *n* სისხლის სამართლის დანაშაული
felt *n* ქეჩა
female *adj* ქალური; მდედრობითი
female *n* მდედრობითი სქესის წარმომადგენელი
feminine *adj* ქალური
fence *n* ღობე
fencing *n* შემოღობვა
fend *v* მოგერიება
fender *n* დამცავი გისოსი
ferocious *adj* სასტიკი
ferry *n* ბორანი
fertile *adj* ნაყოფიერი
fertility *n* ნაყოფიერება
fertilize *v* განაყოფიერება
fertilizer *n* სასუქი
fervent *adj* მგზნებარე
fester *v* დაჩირქება
festival *n* ფესტივალი
festive *adj* საზეიმო
festivity *n* დღესასწაული
fetch *v* რამის მოტანა; მიღწევა
feud *n* მოსისხლე მტრობა
fever *n* ციებ-ცხელება
few *pron* თითქმის არავინ
few *adj* ცოტა
fewer *adj* რამდენიმე
fiancé *n* საქმრო
fib *n* ჭორი
fiber *n* ბოჭკო
fickle *adj* ცვალებადი
fiction *n* მხატვრული ლიტერატურა
fictitious *adj* ფიქციური
fiddle *n* ვიოლინო
fidelity *n* ერთგულება; სიზუსტე; სისწორე
field *n* ველი; სფერო; არე; მოედანი
field trip *n* საწარმოო პრაქტიკა
fierce *adj* მრისხანე
fiery *adj* ცეცხლოვანი; მგზნებარე; ფიცხი
fifteen *n* თხუთმეტი
fifteenth *adj* მეთხუთმეტე
fifth *adj* მეხუთე
fiftieth *adj* ორმოცდამეათე
fifty *n* ორმოცდაათი
fifty-fifty *adv* თანაბრად
fig *n* ლეღვი

fight *v* ბრძოლა
fight *n* შებრძოლება
fighter *n* მეომარი
figure *n* ფიგურა; გარეგნული შესახედაობა; პიროვნება; ციფრი;რიცხვი
figure *v* წარმოდგენა
figure of speech *n* რიტორიკული ფიგურა
figure out *pv* გამოანგარიშება; გაგება; მიხვდომა
figure skating *n* ფიგურული ციგურაობა
file *v* მოქლიბვა; ქაღალდების ჩაკერება და შენახვა; დოკუმენტების წარდგენა
file *n* ფაილი; ქლიბი; ჩაკერებული ქაღალდები; საქმე
fill *v* შევსება
filling *n* ამოვსება; კბილის პლომბი; დატენვა; შუასადები; შიგთავსი; ფარში
film *n* ფილმი; კინოფირი; თხელი გარსი; აპკი
film *v* კინოგადაღება
filter *v* ფილტვრა
filter *n* ფილტრი
filth *n* სიბინძურე; უზნეობა; უხამსობა
filthy *adj* ბინძური; უხამსი; უწმაწური
fin *n* ფარფლი (თევზის); ხუთდოლარიანი ქაღალდი
final *adj* საბოლოო
final *n* ფინალი
finalist *n* ფინალისტი
finalize *v* დასრულება
finally *adv* საბოლოოდ
finance *v* დაფინანსება
finance *n* ფინანსები
financial *adj* ფინანსური
financially *adv* ფინანსურად
find *v* პოვნა
find out *pv* გარკვევა; გამოაშკარავება
fine *adj* მშვენიერი; წვრილი; თხელი; სათუთი
fine *n* ჯარიმა
fine print *n* წვრილი შრიფტი
finger *n* თითი
fingernail *n* ფრჩხილი
fingerprint *n* თითის ანაბეჭდი
fingertip *n* თითის წვერი
finish *v* დამთავრება
finished *adj* დამთავრებული
finite *adj* შეზღუდული
fire *n* ცეცხლი; სროლა
fire *v* ცეცხლის მოკიდება; სროლა; დათხოვნა (სამსახურიდან)
fire alarm *n* სახანძრო სიგნალიზაცია
fire department *n* სახანძრო დეპარტამენტი
fire extinguisher *n* ცეცხლსაქრობი

F

F

fire hydrant *n* სახანძრო ჰიდრანტი
firearm *n* ცეცხლსასროლი იარაღი
firecracker *n* ფოიერვერკი
firefighter *n* მეხანძრე
fireman *n* მეხანძრე
fireplace *n* ბუხარი
fireproof *adj* ცეცხლგამძლე
firewood *n* შეშა
fireworks *n* ფეიერვერკი
firm *adj* მტკიცე
firm *n* ფირმა
firmly *adv* მყარად
first *adv* უპირველეს ყოვლისა
first *adj* პირველი
first class *adj* პირველხარისხოვანი
first name *n* სახელი
fish *n* თევზი
fish *v* თევზის ჭერა
fisherman *n* მეთევზე
fishy *adj* თევზის; საეჭვო
fist *n* მუშტი
fit *adj* ვარგისი
fit *v* მორგება
fitness *n* ვარგისიანობა; ამტანობა; გამძლეობა
fitting *adj* გამოსადეგარი; შესაფერისი
fitting room *n* ტანსაცმლის გასასინჯი ოთახი
five *n* ხუთი
fix *v* ფიქსირება; შეკეთება
fixed *adj* მიმაგრებული
flag *n* დროშა
flagpole *n* ფლაგშტოკი
flamboyant *adj* კაშკაშა
flame *n* ალი
flammable *adj* აალებადი
flap *n* ქუდის ფარფლები; მსუბუქი დარტყმა
flare *n* კაშკაშა სინათლე; ელვარება; ანთება
flare up *pv* ანთება
flash *n* ბრწყინვა
flash *v* ანთება
flash drive *n* ფლეშ მეხსირება
flashlight *n* სასიგნალო ცეცხლი; შუქურის მოციმციმე შუქი
flashy *adj* მოჩვენებითი
flat *adj* ბრტყელი; დაცარიელებული; მინორული
flatten *v* გაბრტყელება
flatter *v* ქების შესხმა
flattery *n* პირფერობა
flaunt *v* ამაყად ფრიალი (დროშების); საქვეყნოდ გამოტანა
flavor *n* სურნელება; გემო
flaw *n* ნაკლი; ბზარი; ნაპრალი
flawed *adj* წუნიანი
flawless *adj* უნაკლო
flea *n* რწყილი

flee *v* თავის დაღწევა
fleece *n* ცხვრის მატყლი
fleet *n* ფლოტი; სვტო პარკი
fleeting *adj* სწრაფმავალი
flesh *n* ხორცი; სხეული
flex *v* მოხრა
flexibility *n* მოქნილობა
flexible *adj* მოქნილი
flick *v* წკიპურტის დარტყმა; გადაჭერა (მათრახის)
flicker *v* ციმციმი
flier *n* მფრინავი; ფლაერი
flight *n* ფრენა; გაქცევა; უკან დახევა
flight attendant *n* ბორტ - გამცილებელი
flimsy *adj* სუსტი
flip *v* გადაბრუნება; მსუბუქად დარტყმა
flirt *v* ფლირტაობა
float *v* წყლის ზედაპირზე ყოფნა
flock *n* ნახირი
flood *n* წყალდიდობა
flood *v* წყლით დაფარვა
floor *n* იატაკი; სართული
florist *n* ყვავილებით მოვაჭრე; მეყვავილე
floss *n* აბრეშუმის ძაფი
flour *n* ფქვილი
flourish *v* აყვავება
flow *n* დინება; ნაკადი
flow *v* დენა
flower *n* ყვავილი
flowerpot *n* საყვავილე
flu *n* გრიპი
fluctuate *v* მერყეობა
fluent *adj* თავისუფალი (მეტყველება)
fluently *adv* შეუფერხებლად (მეტყველება)
fluffy *adj* ფუმფულა
fluid *n* სითხე
flush *v* გაწითლება; გამორეცხვა
flute *n* ფლეიტა
flutter *v* ფრთების ქნევა; ფრთხიალი
fly *n* ბუზი
fly *v* ფრენა
foam *n* ქაფი
focus *n* ფოკუსი; ცენტრი
focus *v* ფოკუსირება
fog *n* ნისლი
foggy *adj* ნისლიანი
foil *v* გეგმების ჩაშლა
foil *n* ფოლგა
fold *v* დაკეცვა
folder *n* საქაღალდე
folks *n* ხალხი
folksy *adj* ხალხური
follow *v* მიდევნა; დევნა; თვალყურის დევნება
follower *n* მიმდევარი

F

F

following *adj* მომდევნო
fond *adj* მოყვარული
fondness *n* სინაზე
food *n* საკვები
fool *v* გაბრიყვება
fool *n* სულელი
foolish *adj* სულელური
foolproof *adj* საიმედო
foot *n* ფეხი; ფუტი
football *n* ფეხბურთი; ფეხბურთის ბურთი
footnote *n* სქოლიო; კომენტარები
footprint *n* ნაკვალევი
footstep *n* ნაბიჯი
footwear *n* ფეხსაცმელი
for *prep* -თვის
forbid *v* აკრძალვა
force *v* იძულება
force *n* ძალა
forceful *adj* დამაჯერებელი
forcibly *adv* იძულებით
forearm *n* მკლავი
forecast *v* პროგნოზირება
foreground *n* წინა პლანი
forehead *n* შუბლი
foreign *adj* უცხოური
foreigner *n* უცხოელი
foreman *n* ოსტატი
foremost *adj* მოწინავე; ძირითადი; მთავარი
foresee *v* განჭვრეტა
foreshadow *v* მოსწავება
foresight *n* წინასწარგანჭვრეტა
forest *n* ტყე
foretell *v* წინასწარმეტყველება
forever *adv* სამუდამოდ
forewarn *v* წინასწარ შეტყობინება
foreword *n* წინასიტყვაობა
forfeit *v* ჩამორთმევა
forge *v* გაყალბება
forgery *n* სიყალბე
forget *v* დავიწყება
forgetful *adj* გულმავიწყი
forgivable *adj* საპატიებელი
forgive *v* მიტევება
forgiveness *n* პატიება
fork *n* ჩანგალი; გზის განშტოება; მდინარის ტოტი
form *n* აგებულება; სახე; ტიპი; ფორმა (შესავსები)
form *v* ფორმირება
formal *adj* ოფიციალური
formality *n* ფორმალობა
formally *adv* ოფიციალურად
format *n* ფორმატი
formation *n* ჩამოყალიბება
former *adj* ყოფილი
formerly *adv* წინათ
formidable *adj* უზარმაზარი; მრისხანე
formula *n* ფორმულა
forsake *v* მიტოვება

fort *n* ფორტი
forthcoming *adj* მომავალი
forthright *adj* პირდაპირი; გულახდილი
fortify *v* გამაგრება
fortitude *n* მხნეობა
fortress *n* ციხე-სიმაგრე
fortunate *adj* იღბლიანი
fortune *n* ბედი
forty *n* ორმოცი
forward *v* წინ წაწევა; გაგზავნა
forward *adv* წინ
fossil *n* წიაღისეული
foster *v* სათუთად მოვლა
foul *n* რაიმე ცუდი; წესების დარღვევა; შეჯახება
foul *adj* უსუფთაო; უხეირო; ცუდი
foundation *n* საძირკველი; ფონდი
founder *n* დამფუძნებელი
fountain *n* შადრევანი
four *n* ოთხი
fourteen *n* თოთხმეტი
fourth *adj* მეოთხე; მეოთხედი
fox *n* მელია
foxy *adj* ქვეშქვეშა
fraction *n* წილადი
fracture *n* მოტეხილობა
fragile *adj* მსხვრევადი
fragment *n* ნატეხი; ფრაგმენტი
fragrance *n* არომატი
fragrant *adj* არომატული
frail *adj* მტვრევადი
frailty *n* მტვრევადობა
frame *n* ჩარჩო
frame *v* ჩარჩოში ჩასმა
framework *n* ჩარჩო; სტრუქტურა
frank *adj* გულწრფელი
frankly *adv* გულახდილად
frantic *adj* გაშმაგებული
fraternity *n* ძმობა; თემი
fraud *n* თაღლითობა
fraudulent *adj* თაღლითური
freckle *n* ჭორფლი
freckled *adj* ჭორფლიანი
free *v* გათავისუფლება
free *adj* თავისუფალი
freedom *n* თავისუფლება
freely *adv* თავისუფლად
freeway *n* უფასო ავტოსტრადა; ჩქაროსნული ავტომაგისტრალი
freeze *v* გაყინვა
freezer *n* საყინულე
freezing *adj* გამყინავი
freight *n* ტვირთი
frenzy *n* გაცოფება
frequency *n* სიხშირე
frequent *v* ხშირად მონახულება
frequent *adj* ხშირი
fresh *adj* ახალი

F

F

freshen *v* განახლება
freshman *n* პირველკურსელი
freshwater *adj* მტკნარი წყლის
friction *n* ხახუნი; უთანხმოება
Friday *n* პარასკევი
fried *adj* შემწვარი
friend *n* მეგობარი
friendly *adj* მეგობრული
friendship *n* მეგობრობა
fries *n* ფრანგული შემწვარი კარტოფილი
fright *n* შიში
frighten *v* შეშინება
frightened *adj* შეშინებული
frightening *adj* საშიში
frigid *adj* გულცივი
fringe *n* ქოჩორი; ფოჩი
frivolous *adj* არასერიოზული
frog *n* ბაყაყი
from *prep* დან, -გან
front *adj* წინა
front *n* წინა მხარე
frontier *n* საზღვარი
frost *n* ყინვა
frostbite *n* მოყინული ადგილი
frosty *adj* სუსხიანი
frown *v* შუბლის შეკვრა
frozen *adj* გაყინული
frugal *adj* მომჭირნე
fruit *n* ხილი
fruitful *adj* ნაყოფიერი
fruity *adj* ხილის
frustrate *v* ჩაშლა (გეგმებისა, განზრახვისა)
frustration *n* ჩაშლა (გეგმების); გაცრუება (იმედის); მარცხი
fry *v* შეწვა
frying pan *n* ტაფა
fuel *n* საწვავი
fugitive *n* გაქცეული; დეზერტირი
fulfill *v* განხორციელება
fulfillment *n* შესრულება
full *adj* სავსე; მთელი
fully *adv* სრულად
fumes *n* კვამლი
fumigate *v* შეხრჩოლება
fun *adj* გასართობი
fun *n* მხიარულება
function *n* ფუნქცია; საზეიმო ცერემონია
function *v* მუშაობა; ფუნქციის შესრულება
fund *v* ფინანსირება
fund *n* ფონდი
fundamental *adj* ფუნდამენტალური
funds *n* ფულადი სახსრები
funeral *n* დაკრძალვა
fungus *n* სოკო
funny *adj* სასაცილო
fur *n* ბეწვი
furious *adj* გამძვინვარებული
furiously *adv* მრისხანედ

furnace n ღუმელი
furnish v მომარაგება; გაწყობა (ავეჯით)
furniture n ავეჯი
furry adj ბეწვის
further adj შემდგომი; დამატებითი; უფრო დაშორებული
further adv უფრო შორს
furthermore adv გარდა ამისა; უფრო მეტიც
fury n სიბრაზე
fuse n დნობა; პატრუქი
fusion n შენადნობი; შერწყმა; გაერთიანება
fuss n ფუსფუსი
fuss v ფუსფუსი
fussy adj ფუსფუსა
futile adj გამოუსადეგარი
future n მომავალი
future adj მომავალი
fuzzy adj რბილბეწვიანი; ბუნდოვანი

G

gadget n მოწყობილობა; ტექნიკური სიახლე
gag n ალიკაპი; ხუმრობა
gag v პირზე ალიკაპის გაკეთება; ჩაჩუმება

gain v მიღება; გამომუშავება
gain n მოგება; მიღწევა
gal n გალონი; ქალიშვილი
galaxy n გალაქტიკა
gallant adj გალანტური
gallery n გალერეა
gallon n გალონი
gallop v გალოპი
galvanize v მოთუთიება, გალვანიზება
gamble v აზარტული თამაში; გარისკვა
game n თამაში
gang n ჯგუფი
gangster n ბანდიტი
gap n ნაპრალი; შუალედი
garage n ავტოფარეხი
garbage n ნაგავი
garbage can n ნაგვის ურნა
garden n ბაღი
gardener n მებაღე
garlic n ნიორი
garment n ტანსაცმელი
gas n აირი; გაზი
gas station n ავტოგასამართი სადგური
gash n ჭრილობა
gasoline n ბენზინი
gasp v ქოშინი; ამოოხვრა
gate n ჭიშკარი
gather v შეგროვება
gathering n წამოწყება

gauge 84

G

gauge *v* გაზომვა; გამოთვლა
gauge *n* საზომი ხელსაწყო
gauze *n* დოლბანდი
gaze *v* დაჟინებით მზერა
gear *n* მოწყობილობა; ტანისამოსი
gel *n* გელი
gem *n* ძვირფასი ქვა
gender *n* გენდერი; სქესი
gene *n* გენი
general *adj* საერთო; ზოგადი
general *n* გენერალი
generalize *v* განზოგადება
generally *adv* ზოგადად
generate *v* გენერირება
generation *n* თაობა
generator *n* გენერატორი; წარმომშობი
generic *adj* საერთო; უპატენტო
generosity *n* ხელგაშლილობა
generous *adj* გულუხვი
genetic *adj* გენეტიკური
genial *adj* გულკეთილი
genius *n* გენიოსი
gentle *adj* სათნო
gentleman *n* ჯენტლმენი
gently *adv* ნაზად
genuine *adj* ნამდვილი
geography *n* გეოგრაფია
geology *n* გეოლოგია
geometry *n* გეომეტრია
germ *n* ბაქტერია; ჩანასახი
gesture *n* ჟესტი
get *v* მიღება
get along *pv* შეწყობა
get away *pv* თავის დაღწევა
get back *pv* დაბრუნება
get behind *pv* ჩამორჩენა
get by *pv* თავის გატანა
get down *pv* დაჩაგვრა; დაწერა
get down to *pv* წამოწყება
get in *pv* შემოსვლა
get off *pv* თავის არიდება
get out *pv* გაქცევა; გამჟღავნება
get over *pv* გადალახვა (სირთულის)
get together *pv* შეკრება
get up *pv* ადგომა
geyser *n* გეიზერი
ghastly *adj* საზარელი; უსიცოცხლო
ghetto *n* გეტო
ghost *n* მოჩვენება
giant *n* გოლიათი
giant *adj* უზარმაზარი
gift *n* საჩუქარი; ნიჭი
gifted *adj* ნიჭიერი
gigantic *adj* გიგანტური
giggle *v* ხითხითი
gill *n* ლაყუჩები; ვიწრო ხეობა
gimmick *n* ხრიკი
ginger *n* ჯანჯაფილი; ჟღალი
gingerly *adv* წინდახედული
giraffe *n* ჟირაფი

girl *n* გოგონა
girlfriend *n* მეგობარი გოგონა
give *v* მიცემა
give away *pv* საჩუქრად მიცემა
give back *pv* დაბრუნება
give in *pv* დათმობა
give out *pv* გავრცელება; ამოწურვა
give up *pv* დანებება
glacier *n* მყინვარი
glad *adj* კმაყოფილი
gladiator *n* გლადიატორი
glamorous *adj* მომაჯადოებელი
glance *v* თვალის მოკვრა
glance *n* უეცარი მზერა
glare *n* კაშკაშა სინათლე; მრისხანე მზერა
glass *n* ჭიქა; შუშა
glasses *n* სათვალე; ჭიქები
gleam *n* სუსტი სინათლე
glide *v* სრიალი
glimmer *n* მბჟუტავი სინათლე; ალიონი
glimpse *n* თვალის მოკვრა; ციმციმი
glitch *n* ავარია (უეცარი)
glitter *v* კაშკაში
global *adj* გლობალური
globalization *n* გლობალიზაცია
globally *adv* გლობალურად
globe *n* გლობუსი
gloom *n* სიბნელე
gloomy *adj* ბნელი; სევდიანი
glorify *v* სახელის განთქმა; ქება
glorious *adj* დიდებული
glory *n* დიდება
gloss *n* ბზინვარება
glossary *n* გლოსარიუმი
glossy *adj* პრიალა
glove *n* ხელთათმანი
glow *v* ელვარება; გავარვარება
glowing *adj* მბრწყინავი; გავარვარებული
glue *v* დაწებება
glue *n* წებო
gnaw *v* ღრღნა
go *v* წასვლა
go ahead *pv* გაგრძელება
go around *pv* გავრცელება; ტრიალი
go away *pv* დატოვება
go back *pv* დაბრუნება
go down *pv* დაშვება
go in *pv* შესვლა
go on *pv* გაგრძელება
go out *pv* გასვლა
go over *pv* განხილვა
go through *pv* გავლა (რთული პერიოდის); დეტალურად მიმოხილვა
go under *pv* ჩასვლა
go up *pv* ასვლა
goal *n* მიზანი; გოლი
goalkeeper *n* მეკარე

G

goat *n* თხა
gobble *v* ყიყინი
God *n* ღმერთი
goddess *n* ქალღმერთი
godless *adj* ურწმუნო; უღმერთო
goggles *n* სათვალე
gold *n* ოქრო
gold *adj* ოქროსფერი
golden *adj* ოქროსი
golf *n* გოლფი
golf course *n* გოლფის კურსი
golfer *n* გოლფის მოთამაშე
good *n* კარგი; სარგებლობა
good *adj* ხარისხიანი; სასიამოვნო
good night *e* ღამე მშვიდობის
goodbye *e* ნახვამდის
good-looking *adj* ლამაზი
goodness *n* სიკეთე
goods *n* საქონელი
goodwill *n* კეთილმოსურნეობა
goof *n* სულელი; ოინი
goof *v* უსაქმურობა
goose *n* ბატი
gorge *n* ხეობა; გაუმაძღრობა
gorgeous *adj* შესანიშნავი
gorilla *n* გორილა
gory *adj* სისხლისმღვრელი
gossip *v* ჭორაობა
gossip *n* ჭორი
govern *v* მართვა
government *n* მთავრობა
governor *n* გუბერნატორი
gown *n* საშინაო ტანსაცმელი; მანტია
grab *v* ხელის ჩავლება; დაჭერა
grace *n* თავაზიანობა; მადლი
graceful *adj* ელეგანტური; ზრდილობიანი
gracefully *adv* ელეგანტურად; ზრდილობიანად
gracious *adj* ლმობიერი
grade *v* დახარისხება; შეფასება
grade *n* ქულა; საფეხური
gradual *adj* თანმიმდევრული
graduate *v* სასწავლო დაწესებულების დამთავრება
graduation *n* კურსის (სასწავლო დაწესებულების, უნივერსისტეტის) დამთავრება
graffiti *n* ქუჩის მხატვრობა
grain *n* მარცვალი
gram *n* გრამი
grammar *n* გრამატიკა
grand *adj* გრანდიოზული
grandchild *n* შვილიშვილი
granddaughter *n* შვილიშვილი(გოგონა)
grandfather *n* ბაბუა
grandmother *n* ბებია
grandparents *n* ბებია–ბაბუა
grandson *n* შვილიშვილი (ბიჭი)

grandstand *n* ტრიბუნა
granite *n* გრანიტი
granola *n* გრანოლა
grant *v* ბოძება; აღიარება
grant *n* საჩუქარი; ნებართვა
grape *n* ყურძენი
grapefruit *n* გრეიპფრუტი
grapevine *n* ვაზის ლერწამი
graph *n* გრაფიკი
graphic *adj* გრაფიკული ხელოვნება; მკაფიო
grasp *v* ხელის ჩაჭიდება; გაგება
grass *n* ბალახი
grasshopper *n* კალია
grassroots *adj* საფუძვლები
grateful *adj* მადლიერი
gratefully *adv* მადლიერებით
gratifying *adj* სასიამოვნო
gratitude *n* მადლიერება
gratuity *n* ფულადი დახმარება; ქრთამი
grave *adj* მნიშვნელოვანი
grave *n* საფლავი
gravel *n* ხრეში
gravestone *n* საფლავის ქვა
graveyard *n* სასაფლაო
gravitate *v* სწრაფვა; მიზიდვა
gravity *n* მიზიდულობა
gravy *n* ქრთამი; ცხიმი
gray *adj* ნაცრისფერი
gray *n* პირქუში
graze *v* ბალახობა; გაკაწვრა
grease *v* შეზეთვა
grease *n* ცხიმი
greasy *adj* ცხიმიანი
great *adj* უზარმაზარი; დიდებული
greatness *n* დიდებულება
greed *n* სიხარბე
greedy *adj* ხარბი
green *adj* მწვანე ფერისა; ახალთახალი
green *n* მწვანე
green bean *n* მწვანე ლობიო
greenhouse *n* სათბური
greet *v* მისალმება
greeting *n* მოკითხვა
gregarious *adj* გუნდური
grenade *n* ხელყუმბარა
grief *n* გულისტკივილი
grievance *n* მწუხარება
grieve *v* გლოვა
grill *v* გრილზე შეწვა
grill *n* გრილი
grim *adj* შეუპოვარი; უსიამოვნო
grimace *n* მანჭვა
grime *n* სიბინძურე
grin *n* ფართო ღიმილი
grin *v* ფართოდ გაღიმება
grind *v* დაფქვა
grip *v* ხელის მოჭიდება
grip *n* ხელის ჩაჭიდება

G

gripping *adj* მომჭერი
grisly *adj* საზიზღარი; შემზარავი
groan *n* კვნესა; ჭრიალი
groan *v* ამოოხვრა
groceries *n* სურსათი
grocery store *n* სურსათის მაღაზია
groin *n* საზარდული
groom *n* ნეფე; მეჯინიბე
groom *v* ცხოველის მოვლა; ცხოველის ვარცხნა
groove *n* ზედაპირის გაჭრა (დაღარვა); თხრილი
gross *adj* უხამსი
grotesque *adj* აბსურდული
grouch *v* ჩივილი
grouchy *adj* წუწუნა
ground *n* ნიადაგი
ground floor *n* ქვედა სართული
group *n* გუნდი
grow *v* გაზრდა; გამლიერება
grow up *pv* გაზრდა
growl *v* ღრენა; გრიალი
grown *adj* გაზრდილი
grown-up *n* ზრდასრული
grudge *n* ჯავრი
grueling *adj* დამღლელი
gruesome *adj* საშინელი
grumble *v* ჩივილი
grumpy *adj* ბრაზიანი
grunt *v* ბუზღუნი; ღრუტუნი
guacamole *n* გუაკამოლე
guarantee *n* გარანტია
guarantee *v* გარანტიის მიცემა
guarantor *n* გარანტორი
guard *v* დაცვა
guard *n* მცველი
guardian *n* მფარველი
guess *n* გამოცნობა
guess *v* მიხვედრა
guest *n* სტუმარი
guidance *n* ხელმძღვანელობა; დარიგება
guidance counselor *n* მრჩეველი
guide *n* გიდი; ორიენტირი
guide *v* ხელმძღვანელობა
guidebook *n* გზამკვლევი
guidelines *n* სახელმძღვანელო პრინციპები
guilt *n* ბრალი
guilty *adj* დამნაშავე
guitar *n* გიტარა
gulf *n* ყურე
gullible *adj* გულუბრყვილო
gulp *v* ყლაპვა
gulp *n* ყლუპი
gum *n* კევი; ღრძილი
gun *n* თოფი
gunfire *n* ცეცხლის გახსნა
gunman *n* მსროლელი
gunpowder *n* დენთი
gunshot *n* გასროლა (იარაღის)
gust *n* ქარის დაბერვა; გემოვნება

gusto n სიამოვნება
gut n ნაწლავი
guts n ნაწლავები
gutter n თხრილი
guy n ბიჭი
guzzle v ხარბად სმა ან ჭამა; ლოთობა
gymnasium (gym) n ტანვარჯიშის დარბაზი (სპორტული დარბაზი)
gymnast n ტანმოვარჯიშე
gymnastics n ტანვარჯიში
gypsy n ბოშა

H

habit n ჩვევა
habitable adj საცხოვრებლად გამოსადეგი
habitual adj ჩვეული
hack v გასხვლა; შეღწევა (კომპიუტერის გატეხვა)
hacker v ჰაკერი
haggle v ვაჭრობა
hair n თმა
hairbrush n სავარცხელი
haircut n ვარცხნილობა
hairdresser n დალაქი; სტილისტი
hairstyle n ვარცხნილობა

hairy adj ბეწვიანი
half adj ნახევარი
half n ნახევარი
half adv ნახევრად
half-hearted adj მშიშარა
halftime n ნახევარი დრო
hall n დარბაზი
hallucinate v ჰალუცინაციის ქონა
hallway n ჰოლი
halt v შეფერხება
halve v განახევრება
ham n ლორი
hamburger n ჰამბურგერი
hammer v დაჭედება
hammer n ჩაქუჩი
hammock n ჰამაკი
hamper n კალათა
hand n ხელი
hand down pv გადაცემა; ჩაწოდება
hand in pv ჩართვა
hand out pv გავრცელება
hand over pv მიწოდება
handbag n ხელჩანთა
handbook n წიგნაკი
handcuff v ხელბორკილის დადება
handcuffs n ხელბორკილები
handful n მცირე ოდენობა; მუჭა
handgun n პისტოლეტი

H

handicap *n* ჰანდიკაპი
handicapped *adj* შეზღუდული შესაძლებლობების მქონე
handkerchief *n* ხელსახოცი
handle *v* მოპყრობა
handle *n* სახელური
handmade *adj* ხელნაკეთი
handout *n* მოწყალეობა; პრესაში გამოქვეყნებული განცხადება
handrail *n* მოაჯირი
handshake *n* ხელის ჩამორთმევა
handsome *adj* სიმპატიური
handwriting *n* ხელნაწერი
handy *adj* ხელმარჯვე
hang *v* ჩამოკიდება; მოცდა
hang around *pv* ხეტიალი
hang on *pv* დაყრდნობა; ლოდინი
hang up *pv* ყურმილის დაკიდება; ჩამოკიდება
hanger *n* საკიდი
hang-up *n* ემოციური პრობლემა
happen *v* მოხდენა
happening *n* შემთხვევა
happiness *n* ბედნიერება
happy *adj* ბედნიერი
harass *v* შეწუხება
harassment *n* გაღიზიანება
harbor *n* ნავსადგური
hard *adv* ინტენსიურად; ძლიერად
hard *adj* მაგარი; რთული
harden *v* გამაგრება
hardly *adv* ძლივძლივობით; ძნელად
hardship *n* გასაჭირი
hardware *n* ტექნიკა ხელსაწყოები; ხელსაწყოები
hard-working *adj* შრომისმოყვარე
hardy *adj* გამოწრთობილი
hare *n* ბოცვერი
harm *n* ზიანი
harm *v* ზიანის მიყენება
harmful *adj* მავნე
harmless *adj* უვნებელი
harmonize *v* შეთანხმება
harmony *n* სიმშვიდე; ჰარმონია
harp *n* არფა
harpoon *n* ბარჯი
harrowing *adj* შემზარავი
harsh *adj* უხეში
harshly *adv* უხეშად
harvest *n* მოსავალი
harvest *v* მოსავლის აღება
hassle *n* დავა
hassle *v* ჩხუბი
haste *n* წინდაუხედაობა
hasten *v* აჩქარება
hastily *adv* ნაჩქარევად
hasty *adj* ნაჩქარევი
hat *n* ქუდი

hatch *v* გამოჩეკვა
hatchet *n* ცული
hate *n* ზიზღი
hate *v* შეზიზღება
hateful *adj* საზიზღარი
hatred *n* სიძულვილი
haul *v* თრევა
haunt *v* დევნა
haunted *adj* მოჩვენებებით დასახლებული
have *v* ქონა; ყოლა
haven *n* თავშესაფარი
havoc *n* განადგურება
hawk *n* შევარდენი
hay *n* თივა
haystack *n* თივის ზვინი
hazard *n* საშიშროება
hazardous *adj* სახიფათო
haze *n* ბურუსი
hazelnut *n* თხილი
hazy *adj* ნისლიანი; ბუნდოვანი
he *pron* ის (მამრობითი)
head *n* თავი
head for *pv* სწრაფვა
headache *n* თავის ტკივილი
heading *n* სათაური
headlight *n* მანქანის ფარი
headphones *n* ყურსასმენები
headquarters *n* სათაო ოფისი
headset *n* ყურსასმენი
heal *v* განკურნება
health *n* ჯანმრთელობა
healthcare *n* ჯანდაცვა
healthy *adj* ჯანმრთელი
heap *n* გროვა
heap *v* მოგროვება
hear *v* სმენა
hearing *n* სმენა
hearsay *n* ჭორები
heart *n* გული
heartbeat *n* გულისცემა
heartbreak *n* გულის გატეხვა
heartbroken *adj* გულგატეხილი
heartfelt *adj* გულწრფელი
heartless *adj* უგულო
hearty *adj* გულწრფელი
heat *v* გათბობა
heat *n* სიცხე
heater *n* გამათბობელი
heating *n* გათბობა
heatstroke *n* სითბური დარტყმა (მზის დარტყმა)
heaven *n* სამოთხე
heavenly *adj* ღვთაებრივი
heaviness *n* სიმძიმე
heavy *adj* მძიმე
hectic *adj* მშფოთვარე
heed *v* ყურადღების მიქცევა
heel *n* ქუსლი; ფრინველის დეზი
height *n* სიმაღლე
heighten *v* ამაღლება
heinous *adj* საშინელი

H

heir *n* მემკვიდრე (მამრობითი)
heiress *n* მემკვიდრე (მდედრობითი)
heist *n* ქურდობა
helicopter *n* ვერტმფრენი
hell *n* ჯოჯოხეთი
hello *e* გამარჯობა
helmet *n* ჩაფხუტი
help *n* დახმარება
help *v* დახმარება
helper *n* დამხმარე
helpful *adj* სასარგებლო
helpless *adj* უმწეო
hem *n* კიდე
hen *n* ქათამი
hence *adv* მაშასადამე
her *pron* ის (მდედრობითი)
her *adj* მისი (მდედრობითი)
herb *n* მცენარე
herd *v* შეგროვება; ჯოგად სიარული
herd *n* გუნდი
here *adv* აქ
hereafter *adv* შემდგომში
hereby *adv* ამგვარადა
hereditary *adj* მემკვიდრეობითი
heritage *n* მემკვიდრეობა
hermit *n* მწირი
hero *n* გმირი
heroic *adj* საგმირო
heroism *n* გმირობა
hers *pron* მისი (მდედრობითი)
herself *pron* ის თავად (მდედრობითი)
hesitant *adj* მერყევი
hesitate *v* მერყეობა
hesitation *n* მერყეობა
hey *e* ჰეი; მისალმება
heyday *n* ზენიტი
hi *e* გამარჯობა
hibernate *v* გამოზამთრება
hiccup *n* სლოკინი
hidden *adj* დამალული
hide *v* დამალვა
hideaway *n* სამალავი
hideous *adj* საშინელი
hierarchy *n* იერარქია
high *adj* მაღალი; მეტი
high *adv* მაღლა
high school *n* საშუალო სკოლა
highlight *v* ხაზგასმა; მნიშვნელობის მიცემა
highlight *n* უმთავრესი
highly *adv* ძალიან
high-tech *adj* მაღალ–ტექნოლოგიური
highway *n* გზატკეცილი
hijack *v* გატაცება
hijacker *n* გამტაცებელი
hike *n* ლაშქრობა
hike *v* ლაშქრობა
hilarious *adj* სასაცილო
hill *n* გორაკი
hillside *n* გორაკის ფერდობი

H

hilltop *n* გორაკის წვერი
hilly *adj* ბორცვიანი
him *pron* ის (მამრობითი)
himself *pron* ის თავად (მამრობითი)
hinder *v* ხელის შეშლა
hindrance *n* დაბრკოლება
hindsight *n* სამიზნე; წინდაუხედავობა
hinge *n* ანჯამა
hint *n* მინიშნება
hint *v* მინიშნება
hip *n* თეძო
hire *v* დაქირავება
his *pron* მისი (მამრობითი)
his *adj* მისი(მამრობითი)
hiss *v* სისინი
historian *n* ისტორიკოსი
historical *adj* ისტორიული
history *n* ისტორია
hit *n* დარტყმა; ჰიტი
hit *v* დარტყმა
hitch *n* მოწევა
hitchhike *n* მოგზაურობა ავტოსტოპით
hive *n* სკა
hoard *v* მომარაგება
hoarse *adj* ჩახლეჩილი
hoax *n* სიცრუე
hobby *n* ჰობი
hockey *n* ჰოკეი
hog *n* ტახი
hoist *v* ასვლა
hold *v* ფლობა
hold *n* ფლობა
hold back *pv* შეყოვნება
hold on to *pv* ჩაჭიდება
hold out *pv* მოთხოვნა
hold up *pv* შეჩერება
hold-up *n* დაყაჩაღება; შეფერხება
hole *n* ორმო
holiday *n* დღესასწაული
hollow *adj* ცარიელი
holy *adj* წმინდა
homage *n* პატივი
home *adj* ოჯახური
home *adv* სამშობლოში
home *n* საცხოვრებელი
homeland *n* სამშობლო
homeless *adj* უსახლკარო
homely *adj* უბრალო; შინაური
homemade *adj* ხელნაკეთი
homesick *adj* სახლს მონატრებული
hometown *n* მშობლიური ქალაქი
homework *n* საშინაო დავალება
homicide *n* მკვლელობა
honest *adj* გულწრფელი
honestly *adv* გულწრფელად
honesty *n* გულსწრფელობა

H

honey 94

H

honey *n* თაფლი
honeymoon *n* თაფლობისთვე
honk *v* ავტომობილის საყვირი; ბატების ყიყინი
honor *n* ღირსება
hood *n* კაპიუშონი; ძარას ზედი
hoodlum *n* ბოროტმოქმედი
hoof *n* ჩლიქი
hook *n* კაუჭი; ნამგალი
hoop *n* რგოლი
hop *v* ნახტომი
hope *n* იმედი
hope *v* იმედის ქონა
hopeful *adj* იმედის მომცემი
hopefully *adv* იმედით
hopeless *adj* უიმედი
horizon *n* ჰორიზონტი
horizontal *adj* ჰორიზონტალური
horn *n* საყვირი; რქა; მანქანის საყვიტი
horrendous *adj* შემაძრწუნებელი
horrible *adj* საშინელი
horrific *adj* საშინელი
horrify *v* შეძრწუნება
horror *n* საშინელება
horse *n* ცხენი
hose *n* შლანგი
hospital *n* საავადმყოფო
hospitality *n* სტუმართმოყვარეობა
hospitalize *v* ჰოსპიტალიზაცია
host *n* მასპინძელი; წამყვანი
hostage *n* მძევალი
hostess *n* მასპინძელი ქალი
hostile *adj* არაკეთილგანწყობილი
hostility *n* მტრობა
hot *adj* ცხელი; ცხარე
hotdog *n* ჰოთდოგი
hotel *n* სასტუმრო
hour *n* საათი
hourly *adv* საათობრივი
house *n* სახლი
household *n* სახლ–კარი
housekeeper *n* შინამოსამსახურე ქალი
housewife *n* დიასახლისი
housework *n* საოჯახო სამუშაო
hover *v* ლივლივი
how *adv* როგორ
however *conj* მიუხედავად ამისა
however *adv* როგორც არ
howl *n* ღმუილი
howl *v* ღმუილი
hub *n* რისამე ცენტრი
huddle *v* დაგროვება
hug *n* ჩახუტება
hug *v* ჩახუტება
huge *adj* უზარმაზარი
hull *n* გემის კორპუსი; გარსი
hum *v* ზუზუნი
human *n* ადამიანი
human *adj* ადამიანური
humane *adj* ადამიანური

humankind *n* კაცობრიობა
humble *adj* მდაბალი; თავმდაბალი
humbly *adv* მორიდებულად
humid *adj* ტენიანი
humidity *n* ტენიანობა
humiliate *v* დამცირება
humility *n* მორიდებულობა
humor *n* იუმორი
humorous *adj* იუმორისტული
hump *n* კუზი; ბორცვი
hunch *n* კუზი
hunchback *n* კუზიანი
hunched *adj* მოხრილი
hundred *n* ასი
hundredth *adj* მეასე
hunger *n* შიმშილი
hungry *adj* მშიერი
hunt *v* ნადირობა
hunter *n* მონადირე
hunting *n* ნადირობა
hurdle *n* ბარიერი
hurl *v* ტყორცნა
hurricane *n* გრიგალი
hurriedly *adv* ნაჩქარევად
hurry *v* აჩქარება
hurry *n* სიჩქარე
hurt *adj* დაზარალებული
hurt *v* ტკივილის მიყენება
hurtful *adj* საზიანო
husband *n* ქმარი
hush *v* გაჩუმება
husky *adj* ქერქიანი; ხმელი
hustle *v* დაჯახება
hut *n* ქოხი
hyena *n* აფთარი
hygiene *n* ჰიგიენა
hymn *n* ჰიმნი
hyphen *n* დეფისი
hypnosis *n* ჰიპნოზი
hypnotize *v* დაჰიპნოზება
hypocrisy *n* პირფერობა
hypocrite *n* პირფერი
hypothesis *n* ჰიპოთეზა
hypothetical *adj* სავარაუდო
hysteria *n* ისტერია
hysterical *adj* ისტერიული

I

I *pron* მე
ice *n* ყინული
ice cream *n* ნაყინი
ice cube *n* ყინულის კუბი
ice skate *v* ციგურებით სრიალი
iceberg *n* აისბერგი
icebox *n* მაცივარი
ice-cold *adj* ყინულივით ცივი
icicle *n* ყინულის ლოლუა
icon *n* ხატი
icy *adj* ყინულიანი
idea *n* იდეა

ideal *adj* სრულყოფილი
identical *adj* მსგავსი
identification *n* იდენტიფიკაცია
identify *v* იდენტიფიცირება; გაიგივება
identity *n* იდენტობა
ideology *n* იდეოლოგია
idiom *n* იდიომი
idiot *n* იდიოტი
idiotic *adj* უაზრო
idol *n* კერპი
idolize *v* თაყვანისცემა
if *conj* თუ
ignite *v* ანთება
ignition *n* აალება
ignorance *n* უვიცობა
ignorant *adj* უვიცი
ignore *v* იგნორირება
ill *adj* ავადმყოფი
illegal *adj* უკანონო
illegally *adv* უკანონოდ
illegible *adj* ძნელადსაკითხავი
illicit *adj* უკანონო
illiterate *adj* უწიგნური
illness *n* ავადმყოფობა
illogical *adj* არალოგიკური
illuminate *v* განათება
illusion *n* ილუზია
illustrate *v* ილუსტრირება; განმარტება
illustration *n* ილუსტრაცია
illustrious *adj* სახელოვანი
image *n* გამოსახულება
imaginary *adj* წარმოსახვითი
imagination *n* წარმოსახვა
imagine *v* წარმოდგენა
imbalance *n* წონასწორობის დაკარგვა
imitate *v* მიბაძვა
imitation *n* იმიტირება
immaculate *adj* უმწიკლო
immature *adj* დაუმწიფებელი
immaturity *n* უმწიფრობა
immediate *adj* დაუყოვნებელი
immediately *adv* დაუყოვნებლივ
immense *adj* უზარმაზარი
immerse *v* ჩაძირვა
immersion *n* ჩაძირვა
immigrant *n* ემიგრანტი
immigrate *v* იმიგრირება
immigration *n* იმიგრაცია
imminent *adj* ახლო
immobile *adj* უძრავი
immobilize *v* მოძრაობის შეზღუდვა
immoral *adj* ამორალური
immortal *adj* უკვდავი
immune *adj* იმუნიტეტის მქონე
immunity *n* იმუნიტეტი
immunize *v* იმუნიზაცია
impact *v* გავლენის მოხდენა
impact *n* ზემოქმედება
impair *v* დასუსტება
impartial *adj* მიუკერძოებელი

impatience *n* მოუთმენლობა
impatient *adj* მოუთმენელი
impeccable *adj* წუნდაუდებელი
impediment *n* დაბრკოლება
impending *adj* მოახლოებული
imperfection *n* არასრულყოფილება
impersonal *adj* ობიექტური
impersonate *v* განსახიერება
impertinence *n* თავხედობა
impertinent *adj* თავხედი
impetuous *adj* ფიცხი
implant *v* ჩარგვა
implement *v* განხორციელება
implicate *v* ჩარევა; გულისხმობა
implication *n* მალული აზრი; დასკვნა
implicit *adj* ნაგულისხმევი
implore *v* ვედრება
imply *v* გულისხმობა
impolite *adj* უზრდელი
import *v* იმპორტირება
importance *n* მნიშვნელობა
important *adj* მნიშვნელოვანი
impose *v* დაბეგვრა; თავს მოხვევა; დაწესება
imposing *adj* შთაბეჭდილების გამომწვევი
impossibility *n* შეუძლებელობა
impossible *adj* შეუძლებელი
impound *v* კონფისკაციის მოხდენა
impoverished *adj* გაღარიბებული
impractical *adj* არაპრაქტიკული
imprecise *adj* არაზუსტი
impress *v* ღრმა შთაბეჭდილების მოხდენა
impression *n* შთაბეჭდილება
impressive *adj* შთამბეჭდავი
imprison *v* დაპატიმრება
improbable *adj* შეუძლებელი
improper *adj* არასათანადო
improve *v* გაუმჯობესება
improvement *n* სრულყოფა
improvise *v* იმპროვიზაციების შეთხზვა
impulse *n* იმპულსი; დარტყმა
impulsive *adj* იმპულსური
impure *adj* ბინძური
in *adv* შიგ, შიგნით
in *prep* -ში
in depth *adv* საფუძვლიანად
inability *n* უუნარობა
inaccessible *adj* მიუდგომელი
inaccurate *adj* უზუსტო
inactive *adj* უმოქმედო
inadequate *adj* არაადეკვატური
inadequately *adv* არაადეკვატურად
inappropriate *adj* შეუსაბამო
inappropriately *adv* შეუსაბამოდ
inaugurate *v* ოფიციალური გახსნა; საზეიმო დანიშვნა თანამდებობაზე

I

inauguration *n* ინაუგურაცია
inbox *n* შემოსული წერილები
incalculable *adj* უთვალავი
incapable *adj* ქმედუუნარო
incapacitate *v* უფლების ან უნარიანობის ჩამორთმევა; უფლებების შეზღუდვა
incarcerate *v* ციხეში ჩასმა
incense *n* საკმეველი
I
incentive *n* სტიმული
inception *n* სათავე
incessant *adj* უწყვეტი
inch *n* დიუიმი
incident *n* ინციდენტი
incidentally *adv* შემთხვევით
incinerator *n* ნაგვის საწვავი ღუმელი; კრემატორიუმი
incite *v* წაქეზება
incitement *n* შეგულიანება
inclination *n* მიდრეკილება; დახრა
incline *v* დახრა
inclined *adj* რამისკენ მიდრეკილი
include *v* ჩართვა
including *prep* ჩათვლით
inclusive *adv* შემცველი
incoherent *adj* არათანმიმდევრული
incoherently *adv* არაჰარმონიულად
income *n* შემოსავალი
incoming *adj* შემოსული
incompatibility *n* შეუთავსებლობა
incompatible *adj* შეუთავსებელი
incompetence *n* არაკომპეტენტურობა
incompetent *adj* არაკომპეტენტური
incomplete *adj* არასრული
inconsiderate *adj* უყურადღებო
inconsistent *adj* არათანმიმდევრული
inconvenient *adj* მოუხერხებელი
incorrect *adj* მცდარი
increase *n* ზრდა
increase *v* ზრდა
increasing *adj* მზარდი
incredible *adj* წარმოუდგენელი
increment *n* მატება
incriminate *v* დაბრალება
incur *v* გამოწვევა; დაზარალება; დაკისრება
incurable *adj* განუკურნებადი
indecency *n* უხამსობა
indecision *n* ყოყმანი
indecisive *adj* გაუბედავი
indeed *adv* ნამდვილად
indefinite *adj* განუსაზღვრელი
indefinitely *adv* განუსაზღვრელად; ბუნდოვნად; გაურკვევლად

indent *v* დაკბილვა; აბზაცის გაკეტება; მოთხოვნა
independence *n* დამოუკიდებლობა
independent *adj* დამოუკიდებელი
in-depth *adj* სიღრმისეული
index *n* ინდექსი; რეგისტრი; საძიებელი
indicate *v* მითითება
indication *n* მითითება
indicator *n* ინდიკატორი
indifference *n* გულგრილობა
indifferent *adj* გულგრილი
indigestion *n* აშლა (კუჭის)
indirect *adj* ირიბი
indiscreet *adj* მოურიდებელი
indispensable *adj* სავალდებულო
indisposed *adj* არაგანწყობილი
indisputable *adj* უდავო
individual *adj* ინდივიდუალური
individual *n* პიროვნება
individually *adv* ინდივიდუალურად
indivisible *adj* განუყოფელი
indoor *adj* შიგნით მდებარე
indoors *adv* შენობაში
induce *v* შეგულიანება
indulge *v* განებივრება
indulgent *adj* შემწყნარებელი; წამქეზებელი
industrious *adj* შრომისმოყვარე
industry *n* მრეწველობა
ineffective *adj* უშედეგო
inefficient *adj* არაეფექტური
inequality *n* უთანასწორობა
inevitable *adj* გარდაუვალი
inevitably *adv* გარდაუვლად
inexcusable *adj* მიუტევებელი
inexpensive *adj* იაფი
inexperienced *adj* გამოუცდელი
inexplicable *adj* გაუგებარი
infallible *adj* უცდომელი
infamous *adj* სამარცხვინო
infancy *n* ჩვილის ასაკი
infant *n* ჩვილი
infect *v* ინფიცირება
infected *adj* ინფიცირებული
infection *n* ინფექცია
infectious *adj* ინფექციური
infer *v* დასკვნის გაკეტება
inferior *adj* ქვემდგომი
infested *adj* ინვაზირებული
infiltrate *v* გაჟონვა
infinite *adj* უსასრულო
infinitely *adv* უსაზღვროდ
inflammation *n* ალება
inflate *v* გაბერვა; ფასების გაზრდა
inflation *n* ინფლაცია
inflexible *adj* უდრეკი
inflict *v* ტკივილის მიყენება
influence *n* ზემოქმედება
influential *adj* გავლენიანი

I

inform v შეტყობნება
informal adj არაოფიციალური
informant n ინფორმატორი
information n ინფორმაცია
informer n ინფორმატორი
infrequent adj იშვიათი
infuriate v გააფთრება
ingenious adj გონებამახვილი
ingenuity n გამჭრიახობა
ingest v გადაყლაპვა
ingredient n ინგრედიენტი
inhabit v დასახლება
inhabitable adj საცხოვრებლად ვარგისი
inhabitant n მცხოვრები
inhale v შესუნთქვა
inherit v მემკვიდრეობით მიღება
inheritance n მემკვიდრეობა
inhibit v შეკავება
inhuman adj არაადამიანური
initial adj საწყისი
initial v ინიციალების დასმა
initial n სიტყვის პირველი ასო
initially adv საწყის ეტაპზე
initials n ინიციალები
initiate v წამოწყება
initiation n ინიცირება
initiative n ინიციატივა
inject v შეშხაპუნება
injection n ინიექცია
injure v დაზიანება

injured adj დაშავებული
injury n ჭრილობა
injustice n უსამართლობა
ink n მელანი
inland adv ქვეყნის შიგნით
inland adj ქვეყნის შიგნით განლაგებული
in-laws n ქორწინების შედეგად შეძენილი ნათესავები
inn n სასტუმრო
inner adj შიდა
innocence n უმანკოება
innocent adj უდანაშაულო
innovation n ინოვაცია
input n შენატანი
inquire v ცნობების შეკრება
inquiry n გამოკვლევა
inquisitive adj ცნობისმოყვარე
insane adj შეშლილი
insanity n შეშლილობა
insatiable adj გაუმაძღარი
inscription n წარწერა
insect n მწერი
insecure adj არასაიმედო
insecurity n შესაძლო საფრთხე; საშიშროება
insensitive adj უგრძნობელი
inseparable adj განუყოფელი
insert v ჩასმა
insertion n ჩასმა
inside prep -ში, შიგნიდან
inside adv შიგნით, შიგ

inside *adj* შიდა
inside out *adv* უკუღმა
insignificant *adj* უმნიშვნელო
insincere *adj* არაგულწრფელი
insinuate *v* ჩაგონება (ეჭვისა, უნდობლობისა); სიტყვის გადაკვრა
insinuation *n* ცილისწამება
insist *v* დაჟინებით მოთხოვნა
insolent *adj* ამპარტავანი; კადნიერი; თავხედი, უტიფარი; შეურაცხმყოფელი; საწყენი
insomnia *n* უძილობა
inspect *v* შემოწმება
inspection *n* ინსპექტირება
inspector *n* ინსპექტორი
inspiration *n* შთაგონება
inspire *v* ინსპირირება
instability *n* არამდგრადობა
install *v* ინსტალირება
installation *n* ინსტალაცია
installment *n* შენატანი; ვალდებულების ნაწილობრივი შესრულება
instance *n* ნიმუში; ცალკეული ფაქტი; შემთხვევა
instant *n* წამი
instantly *adv* მყისიერად
instead *adv* ნაცვლად
instigate *v* წაქეზება; პროვოცირება

instill *v* შთაგონება
instinct *n* ინსტინქტი; ალღო
institute *v* დაფუძნება; აღძვრა (საქმის)
institution *n* დაწესებულება
instruct *v* მითითების მიცემა
instruction *n* ინსტრუქცია
instructor *n* ინსტრუქტორი
instrument *n* ინსტრუმენტი
instrumental *adj* ინსტრუმენტული; ხელისშემწყობი
insufficient *adj* არასაკმარისი
insulate *v* იზოლირება
insulation *n* იზოლაცია
insult *n* შეურაცხყოფა
insult *v* შეურაცხყოფის მიყენება
insurance *n* დაზღვევა
insure *v* დაზღვევა; გარანტირება
intact *adj* ხელუხლებელი
integrate *v* ინტეგრირება
integration *n* ინტეგრაცია
integrity *n* ერთიანობა
intelligence *n* დაზვერვა; ინტელექტი
intelligent *adj* გონიერი
intelligently *adv* ჭკვიანად
intend *v* განზრახვის ქონა
intense *adj* დაძაბული
intensely *adv* ინტენსიურად

intensify v გაძლიერება
intensity n ინტენსივობა
intensive adj ინტენსიური
intensively adv ინტენსიურად
intention n განზრახვა
intentional adj წინასწარ განზრახული
interact v ურთიერთქმედება
interaction n ურთიერთმოქმედება
interactive adj ინტერაქტიული
intercept v ხელში ჩაგდება; ხელის შეშლა
interchange v გაცვლა
interest n ინტერესი; პროცენტი
interest v დაინტერესება
interested adj დაინტერესებული; მიკერძოებული
interesting adj საინტერესო
interfere v ხელის შეშლა
interference n ჩარევა
interior adj შინაგანი
intermediate adj შუალედური
intern v ინტერნირება
internal adj შინაგანი
internally adv შიგნით
international adj საერთაშორისო
internet n ინტერნეტი
interpret v განმარტება; თარგმნა
interpretation n ახსნა-განმარტება
interpreter n განმმარტებელი; თარჯიმანი
interrogate v გამოკითხვა
interrupt v შეწყვეტა
interruption n დროებით შეწყვეტა
intersect v გადაჯვარედინება
intersection n გადაკვეთა; გზაჯვარედინი
intertwine v გადახლართვა
interval n ინტერვალი; შესვენება; პაუზა
intervene v ჩარევა
interview n გასაუბრება
interview v ინტერვიუს ჩამორთმევა
intestine n ნაწლავი
intimacy n ინტიმურობა
intimate adj იდუმალი; ინტიმური; პირადი; ახლობელი
intimidate v დაფრთხობა
into prep -ში;
intolerable adj აუტანელი
intolerance n შეუწყნარებლობა
intrepid adj უშიშარი
intricate adj ჩახლართული
intrigue n ინტრიგა
intriguing adj ცნობისმოყვარეობის აღმძვრელი

introduce *v* წარდგენა
introduction *n* წარდგენა; შესავალი; წინასიტყვაობა
introvert *adj* ინტრავერტი
intrude *v* შეჭრა
intruder *n* დამპყრობი; სხვისი უფლებების მიმთვისებელი ადამიანი, მაზეზარი
intrusion *n* შემოჭრა
intuition *n* ინტუიცია
inundate *v* წყლით დაფარვა
invade *v* შემოსევა
invader *n* დამპყრობი
invalid *adj* შრომის უნარს მოკლებული; ძალადაკარგული
invalid *n* ინვალიდი
invalidate *v* ბათილად ცნობა
invaluable *adj* ფასდაუდებელი
invariably *adv* უცვლელად
invasion *n* შეჭრა; ხელყოფა (უფლების)
invent *v* გამოგონება
invention *n* გამოგონება
inventory *n* ინვენტარი
invest *v* ინვესტირება
investigate *v* გამოძიება
investigation *n* გამოძიება
investment *n* კაპიტალდაბანდება
investor *n* ინვესტორი
invincible *adj* დაუმარცხებელი
invisible *adj* უჩინარი
invitation *n* მოწვევა
invite *v* მოწვევა
invoice *n* ინვოისი
invoke *v* გამოწვევა; დაყრდნობა რაიმეზე; გამოყენება
involve *v* ჩართვა
involved *adj* ჩაბმული
involvement *n* ჩართულობა
inward *adj* შინაგანი
inwards *adv* შიგნით
irate *adj* გაბრაზებული
iron *v* დაუთოება; რკინით დახურვა; დაბორკვა
iron *n* რკინა; უთო
ironic *adj* ირონიული
ironing board *n* დასაუთოებელი მაგიდა
irony *n* ირონია
irrational *adj* არარაციონალური
irrationally *adv* არარაციონალურად
irrefutable *adj* უდავო
irregular *adj* არარეგულარული; უსწორმასწორო
irrelevant *adj* არარელევანტური
irresistible *adj* უძლეველი
irresponsible *adj* უპასუხისმგებლო
irreversible *adj* შეუქცევადი
irrigate *v* მორწყვა

irrigation *n* მორწყვა
irritate *v* გაღიზიანება
irritating *adj* გამაღიზიანებელი
Islam *n* ისლამი
Islamic *adj* ისლამური
island *n* კუნძული
isle *n* ნახევარკუნძული
isolate *v* იზოლირება
isolation *n* იზოლაცია
issue *n* საკითხი; გამოცემა
issue *v* გამოშვება
it *pron* ის, იგი (იხმარება უსულო საგნებისა და ცხოველების აღსანიშნავად); ეს (იხმარება უპირო კონსტრუქციებთან ასეთ შემთხვევებში არ ითარგმნება)
italics *adj* დახრილი
itch *v* ქავილი
itchy *adj* ქავილის გამომწვევი
item *n* პუნქტი; საკითხი; საგანი
itemize *v* პუნქტების მიხედვით ჩამოთვლა
itinerary *n* მარშრუტი; გზამკვლევი
its *adj* მისი, თავისი
itself *pron* თვით, თვითონ; თავისთავად; თავისთვის; თავისთავს
ivory *n* სპილოს ძვალი
ivy *n* სურო

I
J

J

jab *v* ხელის კვრა; ბიძგება; ჩარტყმა
jacket *n* ქურთუკი
jackpot *n* ჯეკპოტი
jagged *adj* დაკბილული
jaguar *n* იაგუარი
jail *n* საპყრობილე
jail *v* ციხეში ჩასმა
jam *v* მოჭერა; გაჭედვა; გადატვირთვა (ქუჩისა, გასასვლელისა)
jam *n* მურაბა; ჭყლეტა
janitor *n* კარისკაცი; მეეზოვე
January *n* იანვარი
jar *n* ქილა; უთანხმოება; დისჰარმონია
jasmine *n* ჟასმინი
jaw *n* ყბა
jazz *n* ჯაზი
jealous *adj* ეჭვიანი
jealousy *n* ეჭვიანობა
jeans *n* ჯინსი
jelly *n* ჟელე
jellyfish *n* მედუზა
jeopardize *v* საფრთხეში ჩაგდება
jerk *n* ხელის კვრა; ბრიყვი
jerk *v* უხეშად ბიძგება
jersey *n* მოქსოვილი ჟაკეტი

jet *n* ჭავლი; რეაქტიული თვითმფრინავი
Jew *n* ებრაელი
jewel *n* ძვირფასეულობა
jeweler *n* იუველირი
jewelry *n* ძვირფასეულობა
jewelry store *n* საიუველირო მაღაზია
Jewish *adj* ებრაული
jigsaw *n* ხერხი
job *n* სამუშაო; დავალება
jobless *adj* უმუშევარი
jog *v* ბიძგება; ნელა სვლა
join *v* გაერთიანება
joint *n* სახსარი; შეერთების ადგილი
jointly *adv* ერთად
joke *n* ხუმრობა
joke *v* ხუმრობა
joker *n* ჯოკერი; მასხარა
jokingly *adv* ხუმრობით
jolly *adj* მხიარული
jolt *n* ნჯღრევა
jolt *v* ნჯღრევა
journal *n* (სამედიცინო) ჟურნალი; დღიური
journalist *n* ჟურნალისტი
journey *n* მოგზაურობა
jovial *adj* მხიარული
joy *n* მხიარულება
joyful *adj* ხალისიანი
joyfully *adv* მხიარულად
joystick *n* ჯოისტიკი
jubilant *adj* მოლხინე
Judaism *n* იუდაიზმი
judge *n* მოსამართლე; არბიტრი
judge *v* განკითხვა
judgment *n* სასამართლო განაჩენი
jug *n* დოქი; საპატიმრო; სატუსაღო
juggle *v* ჟონგლირება; მოტყუება
juggler *n* ჟონგლიორი; შარლატანი; თაღლითი
juice *n* წვენი
juicy *adj* წვნიანი
July *n* ივლისი
jumbo *adj* გიგანტი
jump *n* ნახტომი; მოულოდნელი აწევა
jump *v* ხტუნაობა; მომატება (ფასების)
jump rope *adj* სახტუნელა
jumpy *adj* გულფიცხი
junction *n* შეერთება; შეერთების ადგილი
June *n* ივნისი
jungle *n* ჯუნგლები
junior *adj* უმცროსი
junk *v* გადაგდება; ნაჭრებად დაჭრა
junk *n* ნარჩენები; არტაშანი

J

Jupiter n იუპიტერი
jury n ჟიური; ნაფიცი მსაჯულები
just adv სწორედ; სავსებით; სრულიად
just adj სამართლიანი
justice n მართლმსაჯულება; მოსამართლე
justification n დასაბუთება
justify v დასაბუთება
justly adv სამართლიანად
juvenile adj არასრულწლოვანი
juvenile n ახალგაზრდა

K

kangaroo n კენგურუ
karate n კარატე
keep v შენარჩუნება
keep on pv გაგრძელება
keep out pv დაუშვებლობა
keep up pv შენარჩუნება
kennel n საძაღლე; ქოხი
ketchup v კეტჩუპი
kettle n ჩაიდანი
key n გასაღები; მნიშვნელოვანი ნაწილი; კლავიში; ხმის ტონი
key ring n გასაღების ბეჭედი
keyboard n კლავიატურა

kick v წიხლების კვრა
kick n პანღური
kickback n ქრთამი
kickoff n თამაშის დაწყება
kid n ბავშვი; თიკანი
kid v მოტყუება
kidnap v გატაცება
kidnapper n გამტაცებელი
kidney n თირკმელი
kill v მოკვლა
killer n მკვლელი
killing n მკვლელობა
kilogram (kilo) n კილოგრამი (კილო)
kilometer n კილომეტრი
kilowatt n კილოვატი
kind adj კეთილი
kind n ჯიში
kindle v ანთება
kindly adv კეთილად
kindness n სიკეთე
king n მეფე
kingdom n სამეფო
kiss n კოცნა
kiss v კოცნა
kitchen n სამზარეულო
kite n ქაღალდის ფრანი
kitten n კნუტი
knead v მოზელა (ცომის, თიხის); შერევა; არევა
knee n მუხლი
kneecap n სამუხლე

kneel v დაჩოქება
knife n დანა
knight n რაინდი
knit v ქსოვა; შეზრდა; შეხორცება
knob n თავი; კოპი; სახელური
knock n კაკუნი
knock v კაკუნი (კარზე)
knot n კვანძი
know v ცოდნა
know-how n ნოუ-ჰაუ
knowingly adv შეგნებულად
knowledge n ცოდნა
knuckle n სახსარი

L

label n იარლიყი
label v იარლიყის მიკვრა
labor n შრომა; სამუშაო ძალა
laboratory n ლაბორატორია
labyrinth n ლაბირინთი
lace n მაქმანი
lack n ნაკლებობა
lack v უქონლობა
lacrosse n ლაკროსი
ladder n კიბე
laden adj დატვირთული
ladle n ჩამჩა
lady n ქალბატონი
ladylike adj ქალური

lagoon n ლაგუნა
lake n ტბა
lamb n ბატკანი
lame adj კოჭლი
lament v წუწუნი
lamp n ნათურა; ლამპა
lamppost n საფარნე ბოძი
lampshade n აბაჟური
land n მიწა; ქვეყანა; მხარე; ნიადაგი
land v ნაპირზე გადმოსხმა
landfill n ნაგავსაყრელი
landing n ნაპირზე გადმოსხმა; დესანტი; დაფრენა; დასაჯდომი მოედანი
landlady n დიასახლისი
landlord n მიწათმფლობელი; მეიჯარე
landscape n პეიზაჟი
lane n ვიწრო ქუჩა; გასასვლელი
language n ენა
languish v ჭკნობა
lantern n ფარანი
lap n კალთა; რაუნდი (შეჯიბრებაში)
lapse n შეცდომა; ვადის გასვლა
laptop n ლეპტოპი
larceny n ქურდობა
lard n ღორის ქონი
large adj დიდი
largely adv უმეტესწილად

laser 108

laser *n* ლაზერი
lash *n* მათრახი; წამწამი
lash *v* გამათრახება
lash out *pv* მოულოდნელად წიხლის ჩაკვრა
lasso *n* ქამანდი
lasso *v* ქამანდით დაჭერა
last *v* გაგრძელება; გაძლება
last *adj* უკანასკნელი
last *adv* უკანასკნელად
last *n* უკანასკნელი
last name *n* გვარი
last night *adv* წუხელ
lasting *adj* ხანგრძლივი
lastly *adv* და ბოლოს
latch *n* ჩამკეტი
late *adv* გვიან
late *adj* გვიანი
lately *adv* ახლახან
later *adv* მოგვიანებით
later *adj* უფრო გვიან
lateral *adj* გვერდითი
latest *adj* ყველაზე უკანასკნელი
lather *n* საპნის ქაფი
latitude *n* გრძედი
latter *adj* უკანასკნელი
laugh *n* სიცილი
laugh *v* სიცილი
laughable *adj* სასაცილო
laughing stock *n* მასხარად აგდების საგანი
laughter *n* სიცილი
launch *v* გაშვება
laundry *n* სამრეცხაო
lavatory *n* საპირფარეშო
lavish *adj* მდიდრული
law *n* კანონი
lawful *adj* კანონიერი
lawmaker *n* კანონმდებელი
lawn *n* გაზონი
lawnmower *n* გაზონსაკრეჭი
lawsuit *n* სარჩელი
lawyer *n* ადვოკატი; იურისტი
laxative *adj* სასაქმებელი საშუალება
lay *v* დადება
lay off *pv* სამუშაოდან დროებით დათხოვნა; უმოქმედობა
layer *n* ფენა
layout *n* სიტუაციური გეგმა; მაკეტი; სქემა
laziness *n* სიზარმაცე
lazy *adj* ზარმაცი
lead *n* გაძღოლა; ბანქოში პირველი სვლა
lead *v* გაძღოლა; წინ გასწრება შეჯიბრებისას
leader *n* ლიდერი
leadership *n* ხელმძღვანელობა
leading *adj* მოწინავე
leaf *n* ფოთოლი; ფურცელი
leaflet *n* თხელი ბროშურა

league *n* ლიგა
leak *v* გამოჟონვა
leak *n* გაჟონვა
leakage *n* გაჟონვა; გამომჟღავნება (საიდუმლოების)
lean *v* დაღუნვა
lean *adj* მჭლე
lean back *pv* უკან გადახრა
lean on *pv* დაყრდნობა
leaning *n* დახრილი
leap *n* ნახტომი; მკვეთრი ცვლილება
leap *v* ხტუნვა
leap year *n* ნაკიანი წელიწადი
learn *v* სწავლა
learner *n* მოსწავლე
learning *n* სწავლება
lease *n* იჯარა; გაქირავება; საიჯარო ხელშეკრულება
lease *v* გაქირავება
leash *n* თასმა; საბელი; ღვედი
least *pron* ოდნავ
least *adv* სულ მცირე
least *adj* უმცირესი
leather *n* ტყავი
leave *v* წასვლა; მიტოვება; სამემკვიდრეოდ დატოვება; ნების მიცემა
leave out *pv* გვერდის ავლა
leaves *n* ფოთლები
lecture *n* ლექცია; ნოტაცია; საყვედური
lecture *v* ლექციის კითხვა; საყვედურის გამოცხადება
lecturer *n* ლექტორი
ledge *n* კიდე; კარნიზი; ყულფი
ledger *n* საბუღალტრო წიგნი
leech *n* წურბელა
left *n* მარცხენა მხარე; მარცხენა ხელი
left *adj* მარცხენა
left *adv* მარცხნივ
leftovers *n* ნარჩენები
leg *n* ფეხი; საყრდენი
legacy *n* მემკვიდრეობა
legal *adj* კანონიერი
legalize *v* დაკანონება
legally *adv* კანონიერად
legend *n* ლეგენდა; წარწერა; პირობითი აღნიშვნა
legendary *adj* ლეგენდარული
legible *adj* გარკვევით დაწერილი
legislate *v* დაკანონება
legislation *n* კანონმდებლობა
legislative *adj* საკანონმდებლო
legislature *n* საკანონმდებლო ორგანო
legitimate *adj* ლეგიტიმური
leisure *n* თავისუფალი დრო
lemon *n* ლიმონი
lemonade *n* ლიმონათი
lend *v* სესხება

L

length 110

length *n* სიგრძე
lengthen *v* გახანგრძლივება
lengthy *adj* ხანგრძლივი
leniency *n* შემწყნარებლობა
lenient *adj* ლმობიერი
lens *n* ლინზა; თვალის ბროლი
Lent *n* დიდი მარხვა
lentil *n* ოსპი
leopard *n* ლეოპარდი
leper *n* კეთროვანი
leprosy *n* კეთრი
less *adj* ნაკლები
less *adv* ნაკლებად
less *pron* ნაკლები რაოდენობა
lessen *v* შემცირება
lesser *adj* უფრო პატარა
lesson *n* გაკვეთილი
let *v* ნების დართვა
let down *pv* იმედის გაცრუება
let go *pv* გაშვება
let in *pv* შეშვება
let out *pv* გაშვება
lethal *adj* ლეტალური
letter *n* წერილი; ასო
lettuce *n* სალათის ფურცელი
level *n* დონე; დაბლობი; ბარი; ვაკე
level *v* გათანაბრება
lever *n* ბერკეტი
leverage *n* ბერკეტების სისტემა; მიზნის მისაღწევი საშუალება
levy *v* გადასახადის გადახდევინება
lewd *adj* უწმაწური
liability *n* ვალდებულებანი; პასუხისმგებლობა
liable *adj* ვალდებული; ექვემდებარება
liar *adj* მატყუარა
libel *n* ცილი
liberal *adj* ლიბერალური
liberate *v* განთავისუფლება
liberty *n* თავისუფლება
librarian *n* ბიბლიოთეკარი
library *n* ბიბლიოთეკა
lice *n* ტილები
license *n* ლიცენზია
license *v* ლიცენზიის მიცემა
license plate *n* სანომრე ნიშანი
lick *v* ლოკვა
lid *n* სარქველი
lie *v* ტყუილი; წოლა
lie *n* სიცრუე
lieutenant *n* ლეიტენანტი
life *n* სიცოცხლე
life jacket *n* სამაშველო ჟილეტი
lifeguard *n* მაშველი
lifeless *adj* უსიცოცხლო
lifestyle *n* ცხოვრების წესი
lifetime *adj* სიცოცხლის ხანგრძლიობა
lift *v* აწევა; გაფანტვა (ნისლის, ღრუბლების)

L

lift-off *n* ვერტიკალური აფრენა
ligament *n* იოგი
light *adj* მსუბუქი; ნათელი; არასერიოზული
light *v* ანთება
light *n* სინათლე
light bulb *n* ელექტრონათურა
lighten *v* შემსუბუქება; განათება
lighter *n* სანთებელა
lighthouse *n* შუქურა
lighting *n* განათება
lightly *adv* ადვილად
lightning *n* ელვა
lightweight *n* მცირეწონიანი ადამიანი
likable *adj* მიმზიდველი
like *adj* მსგავსი; ერთნაირი
like *v* მოწონება
like *prep* როგორც
like *conj* როგორც
likelihood *n* ალბათობა
likely *adv* შესაძლოა
likeness *n* მსგავსება
likewise *adv* ანალოგიურად
liking *n* გემოვნება
limb *n* კიდური
lime *n* კირი; ლაიმი
limit *n* ზღვარი
limit *v* შეზღუდვა
limitation *n* შეზღუდვა
limp *n* კოჭლობა
limp *v* სიკოჭლე
line *n* ხაზი; რიგი
line up *pv* რიგში დგომა
linen *n* თეთრეული
linger *v* დაყოვნება
lingering *adj* გაჭიანურებული
lining *n* სარჩული; მოპირკეთება
link *n* ბმული; კავშირი
link *v* დაკავშირება
lion *n* ლომი
lip *n* ტუჩი
lipstick *n* ტუჩსაცხები
liquid *adj* თხევადი
liquid *n* სითხე
liquor *n* (სპირტიანი) სასმელი
list *n* სია
list *v* ჩამოთვლა
listen *v* მოსმენა
listener *n* მსმენელი
liter *n* ლიტრი
literal *adj* სიტყვასიტყვითი
literally *adv* სიტყვასიტყვით
literate *adj* წიგნიერი
literature *n* ლიტერატურა
litter *n* ნაგავი; საკაცე
little *adj* პატარა
little *adv* ცოტა
little *pron* ცოტა რამ
live *adj* ცოცხალი; რეალური; აქტუალური
live *v* ცხოვრება; არსებობა

L

live off *pv* (ვიღაცის ან რაღაცის ხარჯზე) ცხოვრება
livelihood *n* შემოსავლის წყარო
lively *adj* ცოცხალი
liver *n* ღვიძლი
livestock *n* მეცხოველეობა
livid *adj* ფერწასული
living *adj* ცოცხალი
living room *n* მისაღები ოთახი
lizard *n* ხვლიკი
load *v* დატვირთვა; დამუხტვა; დატენა (თოფისა)
load *n* ტვირთი
loaded *adj* დატვირთული
loaf *n* მთელი პური; კომბოსტოს თავი
loan *v* სესხება
loan *n* სესხი
loathe *v* ზიზღის გრძნობა
lobby *n* დერეფანი
lobby *v* ლობირება
lobster *n* ლობსტერი
local *adj* ადგილობრივი
locate *v* განლაგება; ადგილმდებარეობის განსაზღვრა
located *adj* განლაგებული
location *n* მდებარეობა; ადგილი
lock *v* კლიტით დაკეტვა; ლოკაუტის გამოცხადება
lock *n* კუღლული; კლიტე
lock up *pv* ჩაკეტვა; საპყრობილეში ჩაგდება
locker *n* საკეტიანი პატარა კარადა ან უჯრა
locker room *n* გასახდელი ოთახი
locksmith *n* ზეინკალი
lofty *adj* ძალიან მაღალი; ქედმაღალი; დიდებული
log *n* მორი; სარეგისტრაციო ჩანაწერი
log *v* ტყის ჭრა; ჟურნალში შეტანა/რეგისტრირება
log in *pv* სისტემაში შესვლა
log off *pv* სისტემიდან გამოსვლა
logic *n* ლოგიკა
logical *adj* ლოგიკური
logically *adv* ლოგიკურად
logo *n* ლოგო
loiter *v* ხეტიალი
lollipop *n* კამფეტი
loneliness *n* მარტოობა
lonely *adv* მარტოხელა
lonesome *adj* სევდიანი
long *adj* გრძელი
long *adv* სიგრძე
long for *pv* დიდხანს
long-distance *adj* საქალაქთაშორისო
long-term *adj* გრძელვადიანი
look *v* ყურება
look *n* შეხედვა

look after *pv* ზრუნვა; თვალის გაყოლება
look at *pv* შეხედვა
look down *pv* ქედმაღლურად ყურება
look for *pv* ძებნა; იმედოვნება
look forward *pv* რისამე მოუთმენლად ლოდინი (to)
look into *pv* შეხედვა (შიგნით); გამოკვლევა (საკითხის)
look out *pv* ფხიზლად ყოფნა
look over *pv* გადათვალიერება
look through *pv* გადახედვა
looking glass *n* სარკე
looks *n* გარეგნობა
loom *n* საქსოვი დაზგა; მირაჟი
loophole *n* სათოფური; გვერდის ასავლელი საშუალება
loose *adj* თავისუფალი; ფართო; განიერი
loose *v* განთავისუფლება
loosely *adv* თავისუფალად
loosen *v* მოშვება; გახსნა; გაშლა; მორყევა; შესუსტება
loot *v* გაძარცვა
loot *n* ნაძარცვი
lose *v* დაკარგვა; წაგება
loser *n* დამარცხებული; უიღბლო ან უხეირო ადამიანი
loss *n* ზარალი; დანაკარგი
lost *adj* დაკარგული
lot *n* წილი; ბედი; ხვედრი; მიწის ნაკვეთი; პარტია (საქონლის, საგნების)
lot *adv* ბევრად
lot *pron* ბევრი
lotion *n* ლოსიონი
lottery *n* ლატარია
loud *adj* ხმამაღალი
loudly *adv* ხმამაღლა
loudspeaker *n* დინამიკი
lounge *n* უსაქმო დროსტარება; დასასვენებელი ოთახი; სავარძელი; შეზლონგი
louse *n* მკბენარი
lousy *adj* ტილიანი
lovable *adj* საყვარელი
love *n* სიყვარული
love *v* სიყვარული
lovely *adj* მომხიბლავი
lover *n* შეყვარებული
loving *adj* მოსიყვარულე
low *adj* დაბალი
low *adv* დაბლა
lower *adj* უფრო დაბალი
lowercase *n* პატარა ასოებით დაბეჭდილი
low-key *adj* სადა
lowly *adj* მორიდებულად
loyal *adj* ლოიალური
loyalty *n* ერთგულება
lubricate *v* გაპოხვა

L

lubrication *n* საპოხი მასალები
lucid *adj* ნათელი
luck *n* იღბალი
lucky *adj* იღბლიანი
lucrative *adj* მომგებიანი
ludicrous *adj* უაზრო
luggage *n* ბარგი
lukewarm *adj* ნელთბილი
lull *n* მყუდროება
lullaby *n* იავნანა
lumber *n* ხე-ტყე
luminous *adj* მნათი
lump *n* გუნდა; თოში (ყინულისა); ლოდი (ქვისა); გროვა
lunacy *n* შეშლილობა
lunatic *adj* შეშლილი
lunch *n* სადილი
lunchtime *n* სადილის დრო
lung *n* ფილტვი
lunge *v* დარტყმა; შეტევა; გამოხდომა; გაქანება
lure *v* შეტყუება
lurid *adj* ფერწასული; საზარელი; ავის მომასწავებელი
lurk *v* საფარში დამალვა; შეუმჩნევლად დარჩენა
lush *adj* წვნიანი; აყვავებული; ქორფა
lust *n* ვნება
lustful *adj* ვნებიანი
luxurious *adj* მდიდრული
luxury *n* ფუფუნება
lyrics *n* ლირიკა

M

macaroni *n* მაკარონი
machine *n* მანქანა
machine gun *n* ავტომატური იარაღი
mad *adj* გიჟი; გაცოფებული
madam *n* ქალბატონი
madden *v* გაგიჟება
madly *adv* გიჟურად
madman *n* გადარეული
madness *n* სიგიჟე
magazine *n* ჟურნალი
magenta *n* ალისფერი
magic *n* მაგია
magic *adj* ჟადოსნური
magical *adj* ჯადოსნური
magician *n* ჯადოქარი
magistrate *n* მაგისტრი
magnet *n* მაგნიტი
magnetic *adj* მაგნიტური
magnetism *n* მიმზიდველობა
magnificent *adj* ბრწყინვალე
magnify *v* გადიდება
magnitude *n* სიდიდე; მასშტაბი; ზომა

L M

maid *n* მოახლე
maiden *n* ქალიშვილი
maiden name *n* ქალწულობის სახელი
mail *n* ფოსტა
mail *v* ფოსტით გაგზავნა
mail order *n* საფოსტო შეკვეთა
mailbox *n* საფოსტო ყუთი
mailman *n* ფოსტალიონი
maim *v* დასახიჩრება
main *adj* ძირითადი
mainland *n* კონტინენტი
mainly *adv* ძირითადად
mainstream *n* მდინარის მთავარი შენაკადი
maintain *v* შენარჩუნება
maintenance *n* შენარჩუნება; გაგრძელება; მხარდაჭერა; დაცვა
majestic *adj* დიდებული
majesty *n* დიდებულება
major *n* მაიორი
major *adj* მთავარი
major in *pv* ძირითადი საგნის შესწავლა კოლეჯში/ უნივერსიტეტში
majority *n* უმრავლესობა
make *n* ფორმა; წარმოება; მუშაობა
make *v* კეთება
make up *pv* გრიმის გაკეთება
make up for *pv* კომპენსირება
maker *n* შემქმნელი
makeup *n* მაკიაჟი
malaria *n* მალარია
male *adj* მამაკაცური
male *n* მამრობითი
malfunction *n* გაუმართავად მუშაობა
malice *n* ღვარძლი
mall *n* ხეივანი
malnutrition *n* არასაკმარისი კვება
mammal *n* ძუძუმწოვარი ცხოველი
man *n* მამაკაცი
manage *v* მართვა
manageable *adj* მართვადი
management *n* მმართველობა
manager *n* მენეჯერი
mandate *n* მანდატი
mandatory *adj* სავალდებულო
maneuver *n* მანევრი
mangle *v* წურვა; ჩეხვა; პობა; კეპვა
manhandle *v* ხელით გადაადგილება; უხეში მოპყრობა
maniac *adj* მანიაკალური
manicure *n* მანიკური
manifest *v* გამომჟღავნება
manipulate *v* მანიპულირება
manipulation *n* მანიპულაცია
mankind *n* კაცობრიობა
manliness *n* ვაჟკაცურობა

M

manly

manly *adj* გაბედული
man-made *adj* ხელოვნური
manner *n* მეთოდი; საშუალება
mannerism *n* მანერა
manners *n* წეს-ჩვეულებები
manpower *n* მუშა ხელი
mansion *n* დიდი მდიდრული სახლი
manual *adj* მანუალური
manual *n* სახელმძღვანელო
manually *adv* ხელით
manufacture *v* წარმოება
manure *n* ნაკელი
manuscript *n* ხელნაწერი
many *adj* ბევრი
many *pron* უამრავი
map *n* რუკა
marble *n* მარმარილო
March *n* მარტი
march *n* მარში
march *v* მარშირება
mare *n* ფაშატი
margin *n* ზღვარი
marginal *adj* უმნიშვნელო
marinate *v* დამანირადება
marine *adj* საზღვაო
mark *v* მონიშვნა; მარკირება
mark *n* ნიშანი
mark down *pv* დაკლება
marker *n* მარკერი
market *n* ბაზარი
market *v* გასაღება
marmalade *n* მარმელადი
maroon *adj* წაბლისფერი
marriage *n* ქორწინება; ჯვრისწერა
married *adj* დაოჯახებული
marry *v* დაქორწინება
Mars *n* მარსი
marsh *n* ჭაობი
marshal *n* მარშალი
marvel *n* საოცრება
marvelous *adj* გასაოცარი
mascara *n* წამწამების საღებავი
mascot *n* თილისმა
masculine *adj* მამაკაცური
mash *v* არევ-დარევა
mask *n* ნიღაბი
mask *v* შენიღბვა
masquerade *v* თავის მოჩვენება
mass *n* მასა
massacre *n* ხოცვა-ჟლეტვა
massage *n* მასაჟი
massage *v* მასაჟის გაკეთება
masseuse *n* მასაჟისტი
massive *adj* მასიური
mast *n* ანძა
master *n* ოსტატი; მეპატრონე
master *v* დაძლევა
masterpiece *n* შედევრი
mat *n* რეზინის დასაფენი
match *n* ასანთი; ტურნირი
match *v* ასანთის ანთება; შეხამება; შეჯიბრება

M

matching *adj* შეხამებული
mate *n* ამხანაგი
material *n* მასალა; ქსოვილი
materialism *n* მატერიალიზმი
maternal *adj* დედობრივი
maternity *n* ორსულობა
math *n* მათემატიკა
mathematics *n* მათემატიკა
matriculate *v* უმაღლეს სასწავლებელში მიღება
matrimony *n* მეუღლეობა
matter *n* არსი
matter *v* მნიშვნელობის ქონა
mattress *n* მატრასი
mature *v* დამწიფება; მომწიფება
mature *adj* მწიფე; მომწიფებული
maturity *n* სრულწლოვნება
maul *v* დასახიჩრება
maximum *adj* მაქსიმალური
may *modal v* შესაძლებლობა; ნებართვა
May *n* მაისი
maybe *adv* შესაძლებელია
mayhem *n* უწესრიგობა
mayonnaise *n* მაიონეზი
mayor *n* მერი
maze *n* ლაბირინთი; დომხალი
me *pron* მე
meadow *n* მდელო
meager *adj* მწირი
meal *n* საკვები
mean *v* გულისხმობა
mean *adj* საშუალო
meaning *n* მუნწი; მნიშვნელობა
meaningful *adj* მრავალმნიშვნელოვანი
meaningless *adj* უაზრო
means *n* საშუალებები
meantime *adv* ამასობაში
meanwhile *adv* იმავდროულად
measles *n* წითელა
measure *n* ზომა; ღონისძიება
measure *v* გაზომვა
measurement *n* გაზომვა; მაჩვენებელი; პარამეტრი
meat *n* ხორცი
meatball *n* გუფთა
mechanic *n* მექანიკოსი
mechanism *n* მექანიზმი
medal *n* მედალი
meddle *v* სხვის საქმეში ჩარევა
media *n* მედია
mediate *v* შუამავლობა
mediator *n* მედიატორი
medical *adj* სამედიცინო
medication *n* მკურნალობა; სამკურნალო საშუალება
medicinal *adj* სამკურნალო
medicine *n* წამალი
medieval *adj* შუა საუკუნეების

M

mediocre *adj* მდარე
mediocrity *n* სიმდარე
meditate *v* ჩაფიქრება
meditation *n* მედიტაცია
medium *adj* საშუალო
meek *adj* მშვიდი
meet *v* შეხვედრა
meeting *n* შეხვედრა
melancholy *n* მელანქოლია
mellow *v* დამწიფება; დავარგება
mellow *adj* ტკბილი; გემრიელი
melodic *adj* მელოდიური
melody *n* მელოდია
melon *n* ნესვი
melt *v* დნობა
member *n* წევრი
membership *n* წევრობა
memento *n* მოგონება
memo *n* სამახსოვრო ჩანაწერი
memoirs *n* მემუარები
memorable *adj* სამახსოვრო
memorize *v* დამახსოვრება
memory *n* მეხსიერება
men *n* მამაკაცები
menace *n* მუქარა
mend *v* კემსვა; გასწორება; შეკეთება
mental *adj* გონებრივი
mentality *n* ფსიქიკა
mentally *adv* გონებრივად
mention *n* მოხსენიება

mention *v* ხსენება
menu *n* მენიუ
merchandise *n* საქონელი; ვაჭრობა
merchant *n* ვაჭარი
merciful *adj* გულმოწყალე
merciless *adj* შეუბრალებელი
Mercury *n* მერკური
mercy *n* წყალობა
mere *adj* ჭეშმარიტი
merely *adv* მხოლოდ
merge *v* შერწყმა
merger *n* გაერთიანება
merit *n* დამსახურება; ღირსება
mermaid *n* ქალთევზა
merry *adj* მხიარული
mesh *n* ბადე; ხაფანგი
mesmerize *v* მოხიბვლა
mess *n* არეულობა
mess around *pv* უსაქმოდ ხეტიალი
mess up *pv* გასვრა
message *n* შეტყობინება
messenger *n* კურიერი
messy *adj* უწესრიგო
metal *n* ლითონი
metallic *adj* ლითონისებრი
metaphor *n* მეტაფორა
meteor *n* მეტეორი
meter *n* მრიცხველი; მეტრი
method *n* მეთოდი
methodical *adj* მეთოდური

methodology *n* მეთოდოლოგია
meticulous *adj* მეწვრილმანე
metric *adj* მეტრული
microchip *n* მიკროჩიპი
microphone *n* მიკროფონი
microscope *n* მიკროსკოპი
microwave *n* მიკროტალღური ღუმელი
midday *n* შუადღე
middle *adj* საშუალო
middle *n* შუაგული
middleman *n* მსხვილი მოიჯარე
midnight *n* შუაღამე
midwife *n* ბებია ქალი
might *modal v* შესაძლებლობა
might *n* ძალა
mighty *adj* მძლავრი
migraine *n* შაკიკი
migrant *n* მიგრანტი
migrate *v* მიგრირება
mild *adj* ზომიერი
mile *n* მილი
mileage *n* მანძილი მილებში
milestone *n* საკვანძო მოვლენა
military *n* სამხედრო
milk *n* რძე
milky *adj* რძიანი
mill *n* წისქვილი; მეტალურგიული ქარხანა
millennium *n* ათასწლეული
milligram *n* მილიგრამი
millimeter *n* მილიმეტრი
million *n* მილიონინ
millionaire *adj* მილიონერი
mime *n* მიმიკა
mimic *v* მიბაძვა
mince *v* დაქუცმაცება
mind *v* გაპროტესტება
mind *n* გონება
mind-boggling *adj* გამაოგნებელი
mindful *adj* ყურადღებიანი
mindless *adj* უყურადღებო
mine *n* მაღარო; ნაღმი
mine *v* მადნის მოპოვება
mine *pron* ჩემი
miner *n* მეშახტე; მენაღმე
mineral *n* მინერალი
mingle *v* შერევა
miniature *n* მინიატურა
minimal *adj* მინიმალური
minimize *v* მინიმუმამდე დაყვანა
minimum *n* მინიმალური
miniskirt *n* მინი ქვედა ბოლო
minister *n* მინისტრი
minister *v* მომსახურება
ministry *n* სამინისტრო
minor *n* არასრულწლოვანი; მეორეხარისხოვანი საგანი
minor *v* მეორადი პროფესიის შესწავლა

M

minor

minor *adj* მცირე
minority *n* უმცირესობა
mint *n* პიტნა
minus *prep* გამოკლებული
minus *n* მინუსი
minus *adj* მოკლებული
minute *n* წუთი
miracle *n* სასწაული
miraculous *adj* სასწაულებრივი
mirage *n* მირაჟი
mirror *n* სარკე
misbehave *v* ცუდად მოქცევა
miscalculate *v* არასწორად გამოანგარიშება
miscellaneous *adj* სხვადასხვაგვარი
mischief *n* ზიანი
mischievous *adj* მავნე
misconstrue *v* არასწორად განმარტება
miserable *adj* საცოდავი
misery *n* უბედურება
misfit *n* ცუდად მორგებული
misfortune *n* მარცხი
misguided *adj* შეცდომაში შეყვანილი
misinterpret *v* არასწორად განმარტება
misjudge *v* სასამართლო გადაწყვეტილების არასწორად გამოტანა
mislead *v* შეცდომაში შეყვანა
misleading *adj* შეცდომაში შემყვანი
mismanage *v* ცუდად მართვა
misplace *v* არასწორ ადგილას დადება
misprint *n* ბეჭდვითი შეცდომა
miss *v* გაცდენა; მონატრება
missile *n* რაკეტა
missing *adj* არმყოფი; დაკარგული
mission *n* მისია
missionary *n* მისიონერი
misspell *v* შეცდომით წერა
mist *n* ნისლი
mistake *n* შეცდომა
mistake *v* შეცდომაში შეყვანა
mistaken *adj* მცდარი
Mister *n* ბატონი
mistreat *v* არასათანადო მოპყრობა
mistrust *v* ეჭვის შეტანა
mistrust *n* უნდობლობა
misty *adj* ნისლიანი
misunderstand *v* გაუგებრობა
misuse *n* არასწორი მოხმარება
mitigate *v* შემსუბუქება
mix *v* არევა
mixer *n* შემრევი
mixture *n* ნაზავი
mix-up *n* უწესრიგობა
moan *v* კვნესა; წუწუნი
mob *n* ბრბო

M

mobile *adj* მობილური
mobile phone *n* მობილური ტელეფონი
mobilize *v* მობილიზება
mock *v* დაცინვა
mode *n* მეთოდი; ფორმა
model *n* მოდელი
model *v* მოდელირება
model *adj* სანიმუშო
modem *n* მოდემი
moderate *adj* ზომიერი
moderation *n* ზომიერება
modern *adj* თანამედროვე
modernize *v* მოდერნიზება
modest *adj* მოკრძალებული
modesty *n* მორიდებულება
modification *n* მოდიფიკაცია
modify *v* გარდაქმნა
moist *adj* ნოტიო
moisture *n* ტენი
moisturize *v* დატენიანება
molar *n* დიდი ძირითადი კბილი
mold *v* დაობება; ფორმირება; მოდელირება
mold *n* ობი; ჩამოსასხმელი შაბლონი
moldy *adj* დაობებული
mole *n* ხალი; თხუნელა
mom *n* დედა
moment *n* მომენტი
momentarily *adv* მომენტალურად
monarch *n* მონარქი
monarchy *n* მონარქია
monastery *n* მონასტერი
monastic *adj* მონასტრული
Monday *n* ორშაბათი
money *n* ფული
monitor *v* დაკვირვება
monitor *n* მონიტორი
monk *n* ბერი
monkey *n* მაიმუნი
monologue *n* მონოლოგი
monopoly *n* მონოპოლია
monotonous *adj* ერთფეროვანი
monster *n* მონსტრი
monstrous *adj* საშინელი
month *n* თვე
monthly *adv* თვიურად
monument *n* მონუმენტი
monumental *adj* უკვდამყოფი
mood *n* ხასიათია
moody *adj* უხასიათო
moon *n* მთვარე
mop *n* იატაკის საწმენდი ჯოხი
mop *v* იატაკის წმენდა
moral *n* მორალი
moral *adj* მორალური
morally *adv* მორალურად
more *pron* მეტი
more *adv* უფრო მეტად
more *adj* უფრო მეტი
moreover *adv* გარდა ამისა

M

morning *n* დილა
mortal *adj* სასიკვდილო
mortality *n* სიკვდილიანობა
mortgage *n* გირაო
mortify *v* დამცირება
mortuary *n* მორგი
mosaic *n* მოზაიკა
mosque *n* მეჩეთი
mosquito *n* კოღო
moss *n* ხავსი
most *adj* უდიდესი
most *pron* უმრავლესობა
most *adv* ყველაზე მეტად
mostly *adv* უმეტესად
motel *n* მოტელი
moth *n* ჩრჩილი
mother *n* დედა
motherhood *n* დედობა
mother-in-law *n* დედამთილი; სიდედრი
motion *n* მოძრაობა
motion *v* სხეულის მოძრაობა
motionless *adj* უმოძრაო
motivate *v* წაქეზება
motivation *n* მოტივაცია
motive *n* მოტივი
motor *n* მოტორი
motorcycle *n* მოტოციკლი
motto *n* დევიზი
mound *n* ბორცვი; გროვა; ხროვა
mount *v* აწევა

mountain *n* მთა
mourn *v* დატირება
mourning *n* გლოვა
mouse *n* თაგვი; კომპიუტერის თაგვი
mouth *n* პირი
move *v* გადასვლა; ადგილის ცვლილება
move *n* სვლა
move back *pv* უკუსვლა
move forward *pv* წინსვლა
move out *pv* გადაბარგება ბინიდან
move up *pv* ამაღლება
movement *n* მოძრაობა
movie *n* ფილმი
movie theater *n* კინოთეატრი
mow *v* გათიბვა
much *adj* ბევრი
much *pron* ბევრი
much *adv* ძლიერ
mud *n* ტალახი
muddy *adj* ტალახიანი
muffle *v* გახვევა
muffler *n* ყელსახვევი
mug *n* კათხა
mug *v* სახის მანჭვა
mugging *n* ქუჩის ძარცვა
mule *n* ჯორი
multimedia *adj* მულტიმედია
multiple *adj* მრავლობითი
multiplication *n* გამრავლება

multiply *v* გამრავლება
multitude *n* უამრავი
mumble *v* ბუტბუტი
mummy *n* მუმია
mumps *n* ყბაყურა
munch *v* წკლაპუნი
murder *v* მკვლელობის ჩადენა
murder *n* მკვლელობა
murderer *n* მკვლელი
murky *adj* წყვდიადიანი
murmur *v* ბუზღუნი; შრიალი; ჩუხჩუხი; გზუილი
murmur *n* რაკრაკი
muscle *n* კუნთი
museum *n* მუზეუმი
mushroom *n* სოკო
music *n* მუსიკა
musical *adj* მუსიკალური
musician *n* მუსიკოსი
Muslim *adj* მუსლიმი
must *modal v* ვალდებულება
mustache *n* ულვაში
mustard *n* მდოგვი
muster *v* შეკრება
mute *adj* მუნჯი
mutual *adj* ორმხრივი
mutually *adv* ორმხრივად
muzzle *n* დრუნჩი
my *adj* ჩემი
myopic *adj* ახლომხედველი
myself *pron* მეთვითონ
mysterious *adj* იდუმალი
mystery *n* იდუმალება
mystic *adj* მისტიკოსი
mystify *v* საიდუმლოებით მოცვა
myth *n* მითი

N

nag *v* შარის მოდება; წუწუნი
nagging *adj* მუდამ უკმაყოფილო
nail *v* ლურსმანის ჩაჭედება; დაკავება; დაპატიმრება
nail *n* ფრჩხილი; ლურსმანი
naive *adj* გულუბრყვილო
naked *adj* გაშიშვლებული
name *n* სახელწოდება; სახელი, გვარი
name *v* სახელის დარქმევა
namely *adv* კერძოდ
nanny *n* ძიძა
nap *v* წათვლემა
nap *n* თვლემა
napkin *n* ხელსახოცი
narrate *v* თხრობა
narrow *adj* ვიწრო; შეზღუდული; მჭიდრო
nasty *adj* საზიზღარი
nation *n* ერი
national *adj* ეროვნული

nationality *n* ეროვნება
native *adj* მშობლიური; მკვიდრი
natural *adj* ბუნებრივი; ნორმალური
naturally *adv* ბუნებრივად
nature *n* ბუნება
naughty *adj* გაუგონარი
nausea *n* გულისრევა
navel *n* ჭიპი
navigate *v* ნავიგაცია
navigation *n* ნაოსნობა
navy *n* სამხედრო-საზღვაო ფლოტი
navy blue *n* მუქი ლურჯი
near *adv* ახლოს; ჩქარა; თითქმის
near *adj* უახლოესი
near *prep* ახლო
nearby *adj* ახლომდებარე
nearby *adv* მახლობლად
nearly *adv* კინაღამ
nearsighted *adj* ახლომხედველი
neat *adj* აკურატული
neatly *adv* აკურატულად
necessary *adj* აუცილებელი
necessity *n* საჭიროება
neck *n* კისერი; სრუტე
necklace *n* ყელსაბამი
necktie *n* ჰალსტუხი
need *n* საჭიროება; გაჭირვება
need *v* საჭიროება
needle *n* ნემსი
needless *adj* უსარგებლო
needy *adj* ღარიბი
negative *adj* უარყოფითი
negative *n* უარყოფითი პასუხი
neglect *n* უგულვებელყოფა; დაუდევრობა
neglect *v* უყურადღებოდ მოქცევა
neglected *adj* უგულებელყოფილი; მიტოვებული; მიშვებული
negotiate *v* მოლაპარაკების წარმოება
negotiation *n* მოლაპარაკება
neighbor *n* მეზობელი
neighborhood *n* სამეზობლო
neither *pron* არც ერთი, არც მეორე
neither *adv* არც ერთი
neither *adj* არავითარი
nephew *n* ძმისშვილი, დისშვილი; დისწული, ძმისწული
Neptune *n* ნეპტუნი
nerve *n* ნერვი; გამბედაობა; თავხედობა
nervous *adj* ნერვიული
nest *n* ბუდე
net *n* ბადე
network *n* ქსელი

N

neutral *adj* ნეიტრალური
neutral *n* ნეიტრალური სახელმწიფო
never *adv* არასოდეს
nevertheless *adv* მიუხედავად ამისა
new *adj* ახალი
newborn *n* ახალშობილი
newcomer *n* ახალბედა
newly *adv* ახლახან
newlywed *n* ახალდაქორწინებული
news *n* ახალი ამბები
newspaper *n* გაზეთი
newsstand *n* გაზეთების ჯიხური
next *adj* მომდევნო
next *adv* შემდეგ
next door *adj* მეზობლად
next to *adj* ახლომახლო
nibble *v* მოკბეჩა
nice *adj* სასიამოვნო
nicely *adv* კარგად
nickel *n* ნიკელი
nickname *n* მეტსახელი
niece *n* ძმისშვილი, დისშვილი; დისწული, ძმისწული (ქალი)
night *n* ღამე
nightgown *n* ღამის პერანგი
nightly *adj* ღამის
nightmare *n* კოშმარი
nighttime *n* ღამე
nine *n* ცხრა
nineteen *n* ცხრამეტი
ninety *n* ოთხმოცდაათი
ninth *adj* მეცხრე
nipple *n* ძუძუს თავი; საწოვარა (ბავშვისა)
no *adv* სრულებით არ
no *e* არა
no *adj* არავითარი
no one *pron* არავინ
nobility *n* კეთილშობილება
noble *adj* კეთილშობილი; მშვენიერი; შესანიშნავი
nobody *pron* არავინ
nocturnal *adj* ღამის
nod *v* თავის დაქნევა; თვლემა
noise *n* ხმაური
noisily *adv* ხმაურიანად
noisy *adj* ხმაურიანი
nominate *v* დასახელება
none *prep* არავინ; არაფერი
nonetheless *adv* მიუხედავად ამისა
nonsense *n* აბსურდი
nonstop *adv* გაუჩერებლად
noodles *n* ატრია
noon *n* შუადღე
nor *conj* არც
norm *n* ნორმა
normal *adj* ნორმალური
normally *adv* ჩვეულებრივ

north *n* ჩრდილოეთი
north *adv* ჩრდილოეთით
north *adj* ჩრდილოეთის
northeast *n* ჩრდილო აღმოსავლეთი
northern *adj* ჩრდილოეთის
northerner *n* ჩრდილოეთის მაცხოვრებელი
nose *n* ცხვირი
nostalgia *n* ნოსტალგია
nostril *n* ნესტო
nosy *adj* ცხვირა; ცნობისმოყვარე
not *adv* არა
notable *adj* გამოჩენილი
notably *adv* განსაკუთრებით
notary *n* ნოტარიუსი
notation *n* მონიშვნა
note *n* შენიშვნა; დიპლომატიური ნოტა; ნოტი
note *v* აღნიშვნა
notebook *n* პორტატული კომპიუტერი; რვეული
notepaper *n* საწერი ქაღალდი
noteworthy *adj* საყურადღებო
nothing *n* არარაობა; სიცარიელე
nothing *pron* არაფერი
notice *v* შემჩნევა
notice *n* შეტყობინება
noticeable *adj* შესამჩნევი
notification *n* შეტყობინება
notify *v* შეტყობინება
notion *n* ცნება
notorious *adj* ცუდი სახელის მქონე
notwithstanding *adv* მით უფრო
notwithstanding *prep* მიუხედავად
noun *n* არსებითი სახელი
nourish *v* კვება
nourishment *n* კვება
novel *n* რომანი
novelist *n* რომანისტი მწერალი
novelty *n* სიახლე
November *n* ნოემბერი
novice *n* ახალბედა
now *adv* ახლა
nowadays *adv* დღესდღეობით
nowhere *adv* არსად
noxious *adj* მავნე
nozzle *n* ტუჩი; პირი; საცმი
nuance *n* ნიუანსი
nuclear *adj* ბირთვული
nude *adj* შიშველი
nuisance *n* უსიამოვნება; აბეზარი ადამიანი
nullify *v* ანულირება
numb *adj* დაბუჟებული; დამუნჯებული
number *n* ნომერი; რიცხვი; რაოდენობა; ციფრი

N

numbness *n* დაბუჟება
numerous *adj* მრავალრიცხოვანი
nun *n* მონაზონი
nurse *v* გამოკვება (ბავშვის); ძიძაობა; მოვლა
nurse *n* მედდა
nursery *n* საბავშვო ბაგა-ბაღი; სანერგე; სანაშენე
nurture *v* გაზრდა (ჯიშის, სახეობის)
nut *n* კაკალი; გიჟი; ქანჩი
nutrition *n* კვება
nutritious *adj* ნოყიერი
nylon *n* ნეილონი

O

o'clock *adv* საათი
oak *n* მუხა
oar *n* ნიჩაბი
oasis *n* ოაზისი
oath *n* ფიცი
oatmeal *n* შვრიის ფაფა
obedience *n* მორჩილება
obedient *adj* მორჩილი
obese *adj* გასუქებული
obey *v* დამორჩილება
object *n* საგანი; მიზანი; განზრახვა
object *v* შეწინააღმდეგება

objection *n* შეპასუხება
objective *n* ობიექტური
objectively *adv* ობიექტურად
obligate *v* დავალდებულება
obligated *adj* დავალდებულებული
obligation *n* ვალდებულება
obligatory *adj* სავალდებულო
oblige *v* დავალდებულება
obliged *adj* ვალდებული
obliterate *v* წაშლა; მოსპობა; განადგურება
oblivious *adj* გულმავიწყი
oblong *adj* მოგრძო
obnoxious *adj* საძაგელი
obscene *adj* უშვერი
obscure *adj* ბნელით მოცული
observant *adj* დაკვირვებული; დამცველი; შემსრულებელი (კანონის, წესის)
observation *n* დაკვირვება
observatory *n* ობსერვატორია
observe *v* დაკვირვება
obsess *v* შეპყრობილი
obsession *n* აკვიატებული აზრით შეპყრობა
obsolete *adj* მოძველებული
obstacle *n* დაბრკოლება
obstinate *adj* ჯიუტი
obstruct *v* ხელის შეშლა
obstruction *n* დაბრკოლება
obtain *v* მიღება
obvious *adj* ცხადი

obviously

obviously *adv* ცხადად
occasion *n* შემთხვევა
occasionally *adv* დროდადრო
occupant *n* ოკუპანტი
occupation *n* ოკუპაცია
occupied *adj* ოკუპირებული; დაკავებული
occupy *v* დაპყრობა; სახლის, ბინის დაკავება
occur *v* ადგილის ქონა; აზრად მოსვლა
occurrence *n* შემთხვევა; გავრცელება
ocean *n* ოკეანე
October *n* ოქტომბერი
octopus *n* რვაფეხა
odd *adj* კენტი; საოცარი
oddity *n* უცნაურობა

O

odious *adj* ოდიოზური
odometer *n* ოდომეტრი
odor *n* სუნი
odorless *adj* უსუნო
odyssey *n* ოდისეა
of *prep* ვიღაცის, რაღაცის (კუთვნილება)
off *adv* შორს, განზე, ქვემოთ
off *prep* შორს, განზე, ქვემოთ
offend *v* შეურაცხყოფა; დარღვევა
offense *n* შეურაცხყოფა; დარღვევა
offensive *adj* შეურაცხმყოფელი
offer *n* შეთავაზება
offer *v* შეთავაზება
office *n* ოფისი; თანდამდებობა
officer *n* ოფიცერი; მოხელე
official *n* თანამდებობის პირი
official *adj* ოფიციალური
officially *adv* ოფიციალურად
officiate *v* ღვთისმსახურების შესრულება; მოვალეობის შესრულება
offline *adj* კავშირს გარეთ
offset *v* ურთიერთგაქვითვა; კომპენსირება; დაბალანსება
offspring *n* შთამომავალი; ნაყოფი; შედეგი
often *adv* ხშირად
oh *e* ოჰ! ახ!
oil *n* ნავთობი; ზეთი
oily *adj* ცხიმიანი
ointment *n* მალამო
okay *adv* კარგად
okay *adj* კარგი
old *adj* ძველი
old age *n* სიბერე
old-fashioned *adj* ძველმოდური
olive *n* ზეთისხილი
olive oil *n* ზეითუნის ზეთი
Olympics *n* ოლიმპიადა
omelet *n* ომლეტი
omen *n* მომასწავებელი ნიშანი
ominous *adj* ავბედითი
omission *n* გამოტოვება

omit *v* გამოტოვება
on *prep* რაღაცაზე მდებარეობა, - ზე
on *adv* რისამე ზედაპირზე მდებარეობა, -ზე
once *adv* ერთხელ
once *conj* როგორც კი
one *adj* ერთი
one *n* ერთი
one *pron* ერთი
oneself *pron* თავისი
ongoing *adj* მიმდინარე
onion *n* ხახვი
online *adj* ონლაინ
onlooker *n* დამთვალიერებელი
only *adj* ერთადერთი
only *adv* მხოლოდ
onto *prep* ზე, კენ, შინ
onward *adv* ამ დროიდან
opaque *adj* გაურკვეველი
open *adj* ღია; გულახდილი; ხელმისაწვდომი
open *v* გახსნა
opening *n* ხვრელი; გახსნა; დაწყება; ვაკანსია
open-minded *adj* გონებაგახსნი
openness *n* გულახდილობა; სიცხადე
opera *n* ოპერა
operate *v* მუშაობა; ოპერაცია
operation *n* ექსპლუატაცია; ოპერირება
opinion *n* მოსაზრება
opinionated *adj* თავდაჯერებული
opponent *n* ოპონენტი
opportunity *n* შესაძლებლობა
oppose *v* წინააღმდეგობის გაწევა
opposite *adv* პირისპირ; მოპირდაპირედ
opposite *prep* პირდაპირ
opposite *adj* საწინააღმდეგო
opposite *n* სრულიად განსხვავებული
opposition *n* წინააღმდეგობა
oppress *v* ჩაგვრა
oppressed *adj* დაჩაგრული
oppression *n* შევიწროება
optical *adj* ოპტიკური
optician *n* ოპტიკოსი
optimism *n* ოპტიმიზმი
optimistic *adj* ოპტიმისტური
option *n* არჩევანი
optional *adj* არჩევითი
opulence *n* შეძლებულობა
or *conj* ან
oracle *n* წინასწარმეტყველი
oral *adj* ზეპირი
orally *adv* ზეპირად
orange *adj* ნარინჯისფერი
orange *n* ფორთოხალი
orbit *n* ორბიტა
orchard *n* ხეხილის ბაღი
orchestra *n* ორკესტრი

ordeal

ordeal *n* განსაცდელი
order *v* ბრძანების გაცემა; შეკვეთა; წესრიგში მოყვანა
order *n* თანიმდევრობა; ბრძანება
ordinarily *adv* ჩვეულებრივად
ordinary *adj* ჩვეულებრივი
ore *n* მადანი
organ *n* ორგანო
organic *adj* ორგანული
organization *n* ორგანიზაცია
organize *v* ორგანიზება, დაარსება
organized *adj* ორგანიზებული
orientation *n* ორიენტაცია
oriented *adj* ორიენტირებული
origin *n* წარმოშობა
original *adj* პირველადი; ორიგინალური; ნამდვილი
original *n* დედანი
originally *adv* თავდაპირველად
originate *v* წარმოშობა
ornament *n* ორნამენტი
ornamental *adj* ორნამენტული
orphan *n* ობოლი
orphanage *n* ბავშვთა სახლი
orthodox *adj* მართლმადიდებელი
ostentatious *adj* მოჩვენებითი
ostrich *n* სირაქლემა
other *adj* სხვა
other *pron* სხვაგვარად
otherwise *adv* სხვარიგად; სხვა შემთხვევაში; წინააღმდეგ შემთხვევაში
ought to *modal v* უნდა
ounce *n* უნცია
our *adj* ჩვენი
ours *pron* ჩვენი
ourselves *pron* ჩვენ თვითონ
oust *v* განდევნა
out *adj* დასრულებული; გარე; ჩამქრალი
out *adv* გარეთ
outbreak *n* მოულოდნელი დასაწყისი
outburst *n* აფეთქება
outcast *adj* განდევნილი
outcome *n* შედეგი; გამოსავალი
outcry *n* შეძახილი
outdated *adj* მოძველებული
outdo *v* დაძლევა
outdoor *adv* ღია ცის ქვეშ
outdoors *adv* სახლგარეთ
outer *adj* გარე
outfit *n* ეკიპირება
outgoing *adj* გასული
outgrow *v* ზრდაში გასწრება; თავიდან მოშორება (ჩვევის)
outing *n* ქალაქგარეთ გასეირნება
outlast *v* მეტხანს გაგრძელება
outlaw *n* კანონგარეშე გამოცხადებული; გაძევებული
outlet *n* გამოსასვლელი; სავაჭრო პუნქტი
outline *n* კონტური; მონახაზი; ესკიზი

O

outline *v* შემოხაზვა; მოკლედ შეჯამება
outlive *v* ვინმეზე მეტი ცხოვრება
outlook *n* პერსპექტივა
outnumber *v* რიცხობრივად გადაჭარბება
outpatient *n* ამბულატორული განყოფილება საავადმყოფოში
outperform *v* რაიმის უკეთესად გაკეთება
outpouring *n* გრძნობის გამომჟღავნება
output *n* პროდუქცია; მწარმოებლურობა
outrage *n* უფლების შელახვა; ძალადობა; შეურაცხყოფა
outrageous *adj* მძვინვარე
outright *adj* პირდაპირ
outrun *v* გასწრება; ყველა საზღვრის გადალახვა
outset *n* დასაწყისი
outshine *v* დაბნელება
outside *prep* მიღმა
outside *n* გარეგანი მხარე
outside *adv* გარედან
outside *adj* გარეთ
outsider *n* აუტსაიდერი
outskirts *n* გარეუბანი
outspoken *adj* გულახდილი
outstanding *adj* წარჩინებული; გადაუხდელი (ვალი); შეუსრულებელი; გადაუჭრელი (საკითხი)
outward *adj* გარეშე
outweigh *v* გადაწონა
oval *adj* ოვალური
ovation *n* ოვაცია
oven *n* ღუმელი
over *prep* ზემოთ, ზევით, -ზე, -ზედ, -თავზე; იქით, გაღმა, გადაღმა; -თან, ახლოს, მახლობლად
over *adv* ზემოთ
overall *adj* საერთო
overall *adv* საერთო ჯამში
overbearing *adj* მობრძანებლური
overboard *adv* გემიდან ზღვაში
overcast *adj* მოღრუბლული
overcharge *v* ზედმეტი გადასახადი; გადატვირთვა
overcoat *n* პალტო
overcome *v* დაძლევა
overdo *v* გადამეტება
overdone *adj* გადამეტებული
overdose *n* ზედოზირება
overdue *adj* ვადაგადაცილებული
overestimate *v* გადაჭარბებით შეფასება
overflow *v* პირთამდე ავსება; ადიდება (მდინარის); დატბორვა
overgrown *adj* მცენარეულობით დაფარული

overhaul *v* საგულდაგულოდ შემოწმება; კაპიტალური რემონტის ჩატარება
overhead *adj* მიწისზედა; ზედნადები (ხარჯები)
overhear *v* მიყურადება
overlap *v* ნაწილობრივ დამთხვევა
overlook *v* აღმართვა; ზემოდან ყურება
overnight *adv* წინაღამით
overpower *v* ჩახშობა
overrun *v* საზღვრის გადალახვა; ქვეყნის აოხრება (მტრის მიერ); ზედმეტად დახარჯვა
overseas *adv* საზღვარგარეთ
oversee *v* მეთვალყურეობა
overshadow *v* დაბნელება; დაჩრდილვა
oversight *n* ზედამხედველობა; დაუდევრობა
overstate *v* გადამეტება
overstep *v* გადაბიჯება
overthrow *v* დამხობა
overtime *n* ზეგანაკვეთური სამუშაო
overturn *v* გადაყირავება; დამხობა; გადატრიალება
overview *n* ზოგადი მიმოხილვა
overweight *adj* ჭარბწონიანი
overwhelm *v* წალეკვა
owe *v* დავალებულია
owl *n* ბუ
own *adj* საკუთარი
own *pron* საკუთარი თავი
own *v* ფლობა
owner *n* მფლობელი
ownership *n* საკუთრება
ox *n* ხარი
oxygen *n* ჟანგბადი
oyster *n* ხამანწკა

P

pace *v* ნაბიჯით სიარული
pace *n* ტემპი
pacifier *n* დამამშვიდებელი საშუალება
pacify *v* დამშვიდება
pack *n* ფუთა
pack *v* შეფუთვა
package *n* შეკვრა
packed *adj* შეფუთული
packet *n* შეკვრა
pact *n* პაქტი
pad *n* შუასადები; რბილი სარჩული; ბლოკნოტი
pad *v* გაჭიმვა
padded *adj* რბილსადებიანი
padding *n* სატენი
paddle *n* ნიჩაბი

paddle *v* ნიჩბის მოსმა
padlock *n* ბოქლომი
page *n* გვერდი
pail *n* ვარცლი
pain *n* ტკივილი
painful *adj* მტკივნეული
painkiller *n* ტკივილის გამაყუჩებელი საშუალება
painless *adj* უმტკივნეულო
paint *v* ხატვა; ღებვა
paint *n* ხატვა; შეღებვა
paintbrush *n* ფუნჯი
painter *n* ფერმწერი; მღებავი
painting *n* ნახატი
pair *n* წყვილი
pajamas *n* პიჟამო
pal *n* მეგობარი
palace *n* სასახლე
palate *n* სასა
pale *adj* ფერმკრთალი
palm *n* ხელისგული
palpable *adj* ხელშესახები
paltry *adj* სრულიად უმნიშვნელო
pamper *v* განებივრება
pamphlet *n* პამფლეტი; ბროშურა
pan *n* ქვაბი
pancake *n* ბლინი
pancreas *n* კუჭქვეშა ჯირკვალი
pander *v* მაჭანკლობა
panel *n* მართვის პულტი
pang *n* მწვავე ტკივილი
panic *n* პანიკა
panorama *n* პანორამა
panther *n* ავაზა
pantry *n* საკუჭნაო
pants *n* შარვალი
paper *n* ქაღალდი
paperback *n* რბილყდიანი წიგნი
paperclip *n* ქაღალდის სამაგრი
paperwork *n* საბუთები
parable *n* არაკი
parachute *n* პარაშუტი
parade *n* საზეიმო სვლა
paradise *n* სამოთხე
paradox *n* პარადოქსი
paragraph *n* პარაგრაფი
parallel *adj* პარალელური
paralysis *n* დამბლა
paralyze *v* პარალიზება
parameter *n* პარამეტრი
paramount *adj* უდიდესი
paranoid *adj* პარანოიდული
paraphrase *v* პარაფრაზი
parasite *n* პარაზიტი
parcel *n* ამანათი
parch *v* მოხალვა
pardon *n* პატიება
pardon *v* პატიება
parent *n* მშობელი
parenthesis *n* ფრჩხილები
parish *n* სამრევლო

P

parishioner *n* მრევლთაგანი
parity *n* პარიტეტი
park *v* მანქანის დაყენება
park *n* პარკი
parking *n* სადგომი
parking lot *n* ავტოსადგომი
parliament *n* პარლამენტი
parrot *n* თუთიყუში
parsley *n* ოხრახუში
part *v* დაშორება
part *n* როლი
partial *adj* ნაწილობრივი
partially *adv* ნაწილობრივ
participant *n* მონაწილე
participate *v* მონაწილეობის მიღება
participation *n* მონაწილეობა
participle *n* მიმღეობა
particular *adj* განსაკუთრებული
particularly *adv* განსაკუთრებით
partition *n* გადატიხვრა
partly *adv* ნაწილობრივ
partner *n* კოპანიონი
partnership *n* პარტნიორობა
party *v* აღნიშნვა
party *n* წვეულება
pass *v* გადაცემა
pass *n* საშვი
pass around *pv* ჩამორიგება
pass away *pv* გარდაცვალება
pass out *pv* გარდაცვალება
passage *n* გასასვლელი
passenger *n* მგზავრი
passer-by *n* გამვლელი
passion *n* ვნება
passionate *adj* ვნებიანი
passive *adj* პასიური
passport *n* პასპორტი
password *n* პაროლი
past *prep* ფარგლებს გარეთ
past *adj* წარსული
past *n* წარსული დრო
pasta *n* მაკარონი
paste *n* პასტა; წებო
paste *v* ჩასმა
pastime *n* დროსტარება
pastor *n* მოძღვარი
pastry *n* ტკბილეოულობა
pasture *n* საძოვარი
pat *n* დროულად
patch *n* საკერებელი
patch *v* საკერებლის დადება
paternity *n* მამობა
path *n* ბილიკი
pathetic *adj* პათეთიკური
patience *n* მოთმინება
patient *adj* მომთმენი
patient *n* პაციენტი
patio *n* შიდა ეზო
patriarch *n* პატრიარქი
patriot *n* პატრიოტი
patriotic *adj* პატრიოტული
patrol *n* პატრული
patron *n* პატრონი

P

patronize *v* მფარველობა
pattern *n* ნიმუში
pause *v* პაუზა
pave *v* მოკირწყვლა
pavement *n* ქვაფენილი
paw *n* თათი
pawn *v* დალომბარდება
pay *v* გადახდა
pay *n* ხელფასი
pay back *pv* ფულის დაბრუნება; სამგიეროს გადახდა
pay off *pv* გადახდა
payable *adj* გადასახდელი
paycheck *n* ანაზღაურება
payment *n* გადახდა
pea *n* ბარდის მარცვალი
peace *n* მშვიდობა
peaceful *adj* მშვიდობიანი
peach *n* ატამი
peacock *n* ფარშევანგი
peak *n* უმაღლესი წერტილი
peanut *n* მიწისთხილი
pear *n* მსხალი
pearl *n* მარგალიტი
peasant *n* გლეხი
pebble *n* რიყის ქვა
peck *v* ჩანისკარტება
peculiar *adj* თავისებური
pedal *n* პედალი
pedestrian *n* ქვეითად მოსიარულე
peel *v* გაფცქვნა
peel *n* ქერქი
peep *v* შეჭვრეტა
peephole *n* ჭუჭრუტანა
peer *v* მზერა
peer *n* ტოლი
pelican *n* პელიკანი
pen *n* კალამი
penalize *v* დაჯარიმება
penalty *n* ჯარიმა
pencil *n* ფანქარი
pendant *n* სამკაული
pending *adj* მიმდინარე
pendulum *n* ქანქარა
penetrate *v* შეღწევა
penguin *n* პინგვინი
penicillin *n* პენიცილინი
peninsula *n* ნახევარკუნძული
penniless *adj* უფულო
penny *n* პენი
pension *n* პენსია
pentagon *n* ხუთკუთხა
pent-up *adj* დაფარული
people *n* ხალხი
pepper *n* ბულგარული წიწაკა
per *prep* -ით, -ში, -ზე
perceive *v* აღქმა
percent *n* პროცენტი
percentage *n* პროცენტული წილი
perception *n* აღქმა
perceptive *adj* აღსაქმელი

perennial *adj* მრავალწლოვანი
perfect *adj* სრულყოფილი
perfection *n* სრულყოფილება
perforate *v* გაბურღვა
perforation *n* ნაბურღი
perform *v* სამუშაოს შესრულება
performance *n* შესრულება; წარმოდგენა
performer *n* შემსრულებელი
perfume *n* სუნამო
perhaps *adv* შესაძლოა
peril *n* საფრთხე
perilous *adj* სახიფათო
perimeter *n* პერიმეტრი
period *n* პერიოდი
perish *v* გაფუჭება
perishable *adj* მალფუჭებადი
perjury *n* ცრუმოწმეობა
permanent *adj* მუდმივი
permeate *v* გაჟღენთა
permission *n* ნებართვა
permit *v* ნების დართვა
pernicious *adj* საზიანო
perpetrate *v* ჩადენა
persecute *v* დევნა
persevere *v* სიძნელეების მიუხედავად გაგრძელება
persist *v* დაჟინება
persistence *n* შეუპოვრობა
persistent *adj* შეუპოვარი
person *n* პიროვნება
personal *adj* პიროვნული
personality *n* პიროვნება
personnel *n* პერსონალი
perspective *n* პერსპექტივა
perspiration *n* ოფლი
perspire *v* გაოფლიანება
persuade *v* დარწმუნება
persuasion *n* დარწმუნება
persuasive *adj* დამარწმუნებელი
pertinent *adj* შესაფერისი
perturb *v* შეშფოთება
perverse *adj* გარყვნილი
pessimism *n* პესიმიზმი
pessimistic *adj* პესიმისტური
pest *n* პარაზიტი
pester *v* თავის მობეზრება
pesticide *n* პესტიციდი
pet *v* მოფერება
pet *n* შინაური ცხოველი
petal *n* ყვავილის ფურცელი
petite *adj* პატარა და კოხტა
petition *n* პეტიცია
petrified *adj* გაქვავებული
petroleum *n* ნავთობი
petty *adj* უმნიშვნელო
phantom *n* მოჩვენება
pharmacist *n* ფარმაცევტი
pharmacy *n* აფთიაქი
phase *n* ფაზა
phenomenal *adj* ფენომენალური
phenomenon *n* ფენომენი
philosopher *n* ფილოსოფოსი
philosophical *n* ფილოსოფიური

P

philosophy *n* ფილოსოფია
phobia *n* ფობია
phone *v* დარეკვა
phone *n* ტელეფონი
phony *adj* თაღლითი
photo *n* ფოტო
photocopier *n* ქსეროქსი
photocopy *n* ასლი
photograph *v* ფოტოსურათის გადაღება
photographer *n* ფოტოგრაფი
photography *n* ფოტოგრაფია
phrase *n* ფრაზა
physical *n* ფიზიკური; მატერიალური
physical *adj* ფიზიკური; მატერიალური
physically *adv* ფიზიკურად
physician *n* ექიმი
physics *n* ფიზიკა
pianist *n* პიანისტი
piano *n* პიანინო
pick *v* არჩევა
pick *n* ბასრი ხელსაწყო
pick up *pv* აღება
pickle *n* მარილწყალი
pickpocket *n* ჯიბის ქურდი
pickup *n* ხელში ჩაგდება
picnic *n* პიკნიკი
picture *v* აღწერა
picture *n* სურათი
picturesque *adj* თვალწარმტაცი
pie *n* ღვეზელი
piece *n* ნაჭერი
piecemeal *adv* ცალცალად
pier *n* ნავმისადგომი
pierce *v* ბურღვა
piercing *n* გამსჭვალავი
pig *n* ღორი
pigeon *n* მტრედი
piggy bank *n* ყულაბა
pile *v* გროვად დაყრა
pile *n* სვეტი
pile up *v* გროვად დაყრა
pilgrim *n* პილიგრიმი
pilgrimage *n* პილიგრიმობა
pill *n* აბი
pillage *v* ძარცვა-გლეჯა
pillar *n* სვეტი
pillow *n* ბალიში
pillowcase *n* ბალიშის პირი
pilot *n* მფრინავი
pimple *n* ფერისმჭამელა
pin *n* ქინძისთავი
pin *v* ქინძისთავით დამაგრება
pinch *n* ჩქმეტა
pinch *v* ჩქმეტა
pine *n* ფიჭვი
pineapple *n* ანანასი
pink *n* ვარდისფერი
pink *adj* ვარდისფერი
pinpoint *v* ქინძისთავის წვეტი
pint *n* პინტი
pioneer *n* გზის გამკვლევი

P

pipe *n* მილი
piracy *n* მეკობრეობა
pirate *n* მეკობრე
pistol *n* პისტოლეტი
pit *n* ორმო
pitch *n* სათამაშო მოედანი
pitch *v* სროლა
pitch-black *adj* კუპრივით შავი
pitcher *n* დოქი
pitchfork *n* ორთითი
pitfall *n* მახე
pitiful *adj* გულსაკლავი
pity *n* შებრალება
pizza *n* პიცა
placate *v* დამშვიდდება
place *n* ადგილი
place *v* მოთავსება
placid *adj* მშვიდი
plague *n* ჭირი
plain *adj* უსახური
plainly *adv* გარკვევით
plaintiff *n* მოსარჩელე
plan *n* გეგმა
plan *v* დაგეგმა
plane *n* თვითმფრინავი
planet *n* პლანეტა
plant *n* ქარხანა; მცენარე
plant *v* დარგვა
plastic *n* პლასტიკური
plate *n* თეფში; ფირფიტა
plateau *n* პლატო
platform *n* ბაქანი
platinum *n* პლატინა
plausible *adj* დამაჯერებელი
play *n* თამაში; პიესა
play *v* დაკვრა
player *n* მსახიობი; მოთამაშე
playful *adj* ცელქი
playground *n* სათამაშო მოედანი
plea *n* თხოვნა
plead *v* დაჟინებით თხოვნა
pleasant *adj* სასიამოვნო
please *e* გთხოვთ
please *v* სიამოვნება
pleased *adj* კმაყოფილი
pleasing *adj* სასიამოვნო
pleasure *n* სიამოვნება
pleat *n* ნაკეცი
pleated *adj* ნაკეცებიანი
pledge *n* გირაო
pledge *v* გირაო
plentiful *adj* უხვი
plenty *n* ბევრი
pliable *adj* დამთმობი
pliers *n* ბრტყელტუჩა
plot *v* გეგმის მოფიქრება
plot *n* მიწის ნაკვეთი
plow *v* ხვნა
pluck *v* მოკრეფა
plug *v* დაცობა
plug *n* საცობი
plum *n* ქლიავი
plumber *n* სანტექნიკოსი
plumbing *n* მილების გაყვანა

P

plummet *v* სწრაფად ვარდნა
plump *adj* ფუმფულა
plunder *v* ძარცვა
plunge *v* წყალში ჩახტომა
plural *n* მრავლობითი
plus *prep* დამატებითი
plus *adj* დამატებითი
plus *n* პლიუსი
plush *adj* პლუშის
pocket *n* ჯიბე
poem *n* პოემა
poet *n* პოეტი
poetry *n* პოეზია
poignant *adj* მწვავე
point *n* ბასრი ბოლო; იდეა
point *v* მითითება
pointed *adj* წვეტიანი
pointless *adj* უაზრო
poise *n* წონასწორობა
poison *v* მოწამვლა
poison *n* საწამლავი
poisonous *adj* მომწამლავი
poke *v* ჩარტყმა
polar *adj* პოლარული
pole *n* პოლუსი
police *n* პოლიცია
police station *n* პოლიციის დაწესებულება
policeman *n* პოლიციელი
policy *n* პოლიტიკა; პოლისი
polish *v* გაპრიალება
polish *n* პრიალი
polite *adj* თავაზიანი
politely *adv* თავაზიანად
politeness *n* თავაზიანობა
political *adj* პოლიტიკური
politician *n* პოლიტიკოსი
politics *n* პოლიტიკა
poll *n* არჩევნები
pollen *n* ყვავილის მტვერი
pollute *v* დაბინძურება
pollution *n* დაბინძურება
pond *n* გუბურა
ponder *v* აწონ-დაწონა
pony *n* პონი
pool *n* გუბე; აუზი
pool *v* საერთო ფონდში გაერთიანება
poor *adj* ღარიბი
poorly *adv* ღარიბულად
pop *v* ნაჩქარევი მოქმედება
popcorn *n* პოპკორნი
popsicle *n* ხილის ნაყინი ჩხირზე
popular *adj* პოპულარული
populate *v* ჩასახლება
population *n* მოსახლეობა
porcelain *n* ფაიფური
porch *n* აივანი
porcupine *n* მაჩვზღარბა
pore *n* ნასვრეტი
pork *n* ღორის ხორცი
porous *adj* ფოროვანი
port *n* ნავსადგური

P

portable *adj* პორტატული
porter *n* შვეიცარი
portion *n* ულუფა
portrait *n* პორტრეტი
portray *v* პორტრეტის დახატვა
pose *n* პოზა
pose *v* პოზირება
posh *adj* მდიდრული
position *n* პოზიცია
positive *adj* დადებითი
positively *adv* უდავოდ
possess *v* კუთვნება
possession *n* საკუთრება
possibility *n* შესაძლებლობა
possible *adj* შესაძლებელი
possibly *adv* შესაძლოა
post *n* ფოსტა
post *v* ფოსტით გაგზავნა
post office *n* საფოსტო განყოფილება
postage *n* საფოსტო ხარჯები
postcard *n* ღია ბარათი
poster *n* პლაკატი
posterity *n* შთამომავლობა
postman *n* ფოსტალიონი
postpone *v* გადადება
posture *n* პოზა
pot *n* ქილა
potato *n* კარტოფილი
potato chip *n* კარტოფილი
potent *adj* ძლიერმოქმედი
potential *adj* პოტენციური
potentially *adv* პოტენციურად
pottery *n* კერამიკა
pouch *n* ჩანთა
poultry *n* შინაური ფრინველი
pound *v* ბრახუნი
pound *n* გირვანქა სტერლინგი
pour *v* გადაღვრა
poverty *n* სიღარიბე
powder *n* პუდრი
power *n* ძალა; ენერგია
powerful *adj* ძლიერი
powerless *adj* უძლური
practical *adj* პრაქტიკული
practice *v* ვარჯიში
practice *n* პრაქტიკა
prairie *n* ტრამალი
praise *v* შეფასება
praise *n* შექება
praiseworthy *adj* სანაქებო
prank *n* ოინი
prawn *n* კრევეტი
pray *v* ლოცვა
prayer *n* მლოცველი
preach *v* ქადაგება
preacher *n* მოქადაგე
precarious *adj* სახიფათო
precaution *n* სიფრთხილე
precede *v* წინამავალი
precedent *n* პრეცედენტი
preceding *adj* წინამავალი
precious *adj* ძვირფასი

P

precipice *n* უფსკრული
precipitate *v* დალექვა
precipitation *n* დაუფიქრებელი აჩქარება
precise *adj* ზუსტი
precisely *adv* ზუსტად
precision *n* სიზუსტე
precocious *adj* ნაადრევი
predecessor *n* წინამორბედი
predicament *n* მძიმე მდგომარეობა
predict *v* წინასწარმეტყველება
predictable *adj* მოსალოდნელი
prediction *n* პროგნოზი
predisposed *adj* წინასწარ განწყობილი
preempt *v* პრევენცია
preface *n* წინასიტყვაობა
prefer *v* უპირატესობის მიცემა
preference *n* უპირატესობა
prefix *n* პრეფიქსი
pregnancy *n* ფეხმძიმობა
pregnant *adj* ფეხმძიმე
prehistoric *adj* პრეისტორიული
prejudice *n* ცრურწმენა
preliminary *adj* წინასწარი
premeditate *v* წინასწარმოფიქრებული
premier *adj* პრემიერ-მინისტრი
premise *n* წანამძღვარი
premises *n* დოკუმენტის შესავალი ნაწილი
premonition *n* წინათგრძნობა
preoccupation *n* მოუცლელობა
preparation *n* მომზადება
prepare *v* მომზადება
prepared *adj* მომზადებული
preposition *n* წინდებული
prerogative *n* პრეროგატივა
prescribe *v* წამლის გამოწერა
prescription *n* რეცეპტი
presence *n* დასწრება
present *n* საჩუქარი; აწმყო;
present *adj* აწინდელი
present *v* ჩუქება
presentation *n* წარდგენა
preserve *v* ნაკრძალი; დაკონსერვებული პროდუქტები
preside *v* თავმჯდომარეობა
president *n* პრეზიდენტი
press *v* ბეჭვდა
press *n* პრესა
pressing *adj* დაჟინებული
pressure *n* ზეწოლა
pressure *v* ზეწოლა
prestige *n* პრესტიჟი
prestigious *adj* პრესტიჟული
presumably *adv* სავარაუდოდ
presume *v* ვარაუდი
presuppose *v* წინასწარ ვარაუდი
pretend *v* თვალთმაქცი
pretense *n* თავის მოჩვენება

pretension *n* პრეტენზია
pretentious *adj* პრეტენზიული
pretty *adv* ლამაზად
pretty *adj* მიმზიდველი
prevalent *adj* გავრცელებული
prevent *v* ხელის შეშლა
prevention *n* ხელის შეშლა
preventive *adj* პროფილაქტიკური
preview *n* წინასწარი დათვალიერება
previous *adj* ადრინდელი
previously *adv* წინასწარ
prey *n* მსხვერპლი
price *n* ფასი
priceless *adj* ფასდაუდებელი
pricey *adj* საკმაოდ ძვირი
prick *v* ჩხვლეტა
pride *n* სიამაყე
priest *n* მღვდელი
primarily *adv* უპირველეს ყოვლისა
primary *adj* ძირითადი
prime *adj* ძირითადი
primitive *adj* პრიმიტიული
prince *n* უფლისწული
princess *n* პრინცესა
principal *n* დირექტორი
principal *adj* ძირითადი
principally *adv* უმთავრესად
principle *n* პრინციპი; საფუძველი
print *n* ანაბეჭდი; ნაკვალევი, შრიფტი
print *v* ბეჭდვა
printer *n* პრინტერი
prior *adj* წინასწარი
prioritize *v* პრიორიტეტის განსაზღვრა
priority *n* პრიორიტეტი
prison *n* ციხე
prisoner *n* პატიმარი
privacy *n* საიდუმლო
private *adj* პირადი
privilege *n* პრივილეგია
privileged *adj* პრივილიგირებული
prize *n* პრიზი
probability *n* მოსალოდნელი
probable *adj* შესაძლო
probably *adv* დაუჯერებლად
probe *v* გამოძიება
problem *n* პრობლემა
problematic *adj* პრობლემატური
procedure *n* პროცედურა
proceed *v* გაგრძელება
proceeds *n* ამონაგები
process *v* დამუშავება
process *n* პროცესი
procession *n* პროცესია
proclaim *v* გამოცხადება
proclamation *n* დეკლარაცია
procrastinate *v* გაჯანჯლება

procreate *v* შთამომავლობის გაჩენა
procure *v* მაჭანკლობა
prod *v* წაქეზება
prodigious *adj* საოცარი
prodigy *n* საოცრება
produce *n* წარმოება
produce *v* წარმოება
product *n* პროდუქტი
production *n* პროდუქცია
productive *adj* ნაყოფიერი
profession *n* პროფესია
professional *n* პროფესიონალი
professional *adj* პროფესიული
professionally *adv* პროფესიულად
professor *n* პროფესორი
proficiency *n* უნარიანობა
proficient *adj* გამოცდილი
profile *n* პროფილი
profit *n* მოგება
profitable *adj* სარფიანი
profound *adj* საფუძვლიანი
program *v* პროგრამა
program *n* პროგრამის შედგენა
programmer *n* პროგრამისტი
progress *n* პროგრესი
progress *v* წარმატების მიღწევა
progressive *adj* პროგრესული
prohibit *v* აკრძალვა
prohibition *n* აკრძალვა
project *v* დაპროექტება
project *n* პროექტი
projector *n* პროექტორი
prologue *n* პროლოგი
prolong *v* გახანგრძლივება
promenade *n* პრომენადი
prominent *adj* ამოზნექილი
promise *n* დაპირება
promise *v* დაპირება
promote *v* ხელის შეწყობა; რეკლამირება
promotion *n* ხელის შეწყობა; რეკლამა
prompt *adj* დაუყოვნებლივი
prone *adj* მიდრეკილი
pronoun *n* ნაცვალსახელი
pronounce *v* გამოთქმა
pronunciation *n* გამოთქმა
proof *n* მტკიცებულება
propaganda *n* პროპაგანდა
propel *v* ამოძრავება
propeller *n* პროპელერი
propensity *n* მიდრეკილება
proper *adj* სათანადო
properly *adv* სათანადოდ
property *n* საკუთრება
proportion *n* პროპორციულობა
proposal *n* შეთავაზება
propose *v* შეთავაზება
propose to *pv* შეთავაზება
proposition *n* წინადადება
prose *n* პროზა

prosecute *v* საქმის აღძვრა
prosecutor *n* ბრალმდებელი
prospect *n* პერსპექტივა
prosper *v* წარმატების მიღწევა
prosperity *n* კეთილდღეობა
prosperous *adj* წარმატებული
protect *v* დაცვა
protection *n* დაცვა
protein *n* პროტეინი
protest *n* პროტესტი
protest *v* პროტესტის გამოთქმა
protrude *v* გამოწევა
proud *adj* ამაყი
proudly *adv* ამაყად
prove *v* დამტკიცება
proven *adj* დამტკიცებული
provide *v* უზრუნველყოფა
provided *conj* უზრუნველყოფილი
providence *n* წინდახედულობა
province *n* პროვინცია
provision *n* უზრუნველყოფა
provisional *adj* დროებითი
provoke *v* პროვოცირება
prowl *v* მიპარვა
prowler *n* მაწანწალა
proximity *n* სიახლოვე
prudent *adj* წინდახედული
prune *v* გასხვლა
prune *n* შავი ქლიავი
pseudonym *n* ფსევდონიმი
psychiatrist *n* ფსიქიატრი
psychiatry *n* ფსიქიატრია
psychic *adj* ფსიქიკური
psychological *adj* ფსიქოლოგიური
psychologist *n* ფსიქოლოგია
psychology *n* ფსიქოლოგია
psychopath *n* ფსიქოფატი
puberty *n* სქესობრივი მოწიფულობა
public *adj* საზოგადოებრივი
public *n* საზოგადოებრიობა
publication *n* გამოქვეყნებული ნაშრომები
publicity *n* საჯაროობა
publicly *adv* საჯაროდ
publish *v* გამოქვეყნება
publisher *n* გამომცემელი
pudding *n* პუდინგი
puddle *n* წუმპე
puff *n* დაბერვა
puffy *adj* შესივებული
pull *v* მოზიდვა
pull ahead *v* წინ
pull up *v* აწიე
pulley *n* პოლიპლასტი
pulp *n* რბილობი
pulsate *v* პულსირება
pulse *n* პულსი
pulverize *v* დაფხვნა
pump *v* ამოტუმბვა
pump *n* ტუმბო

P

pumpkin *n* გოგრა
punch *v* პუნჩი
punctual *adj* პუნქტუალური
puncture *n* ნახვრეტი
punish *v* დასჯა
punishment *n* სასჯელი
pupil *n* მოსწავლე
puppet *n* თოჯინა
puppy *n* ლეკვი
purchase *n* ნაყიდი შეძენილი ნივთი
purchase *v* ყიდვა
pure *adj* წმინდა
puree *n* პიურე
purge *v* გასუფთავება
purify *v* გასუფთავება
purity *n* სიწმინდე
purple *adj* ალისფერი
purple *n* მეწამული
purpose *n* მიზანი
purposely *adv* განზრახ
purse *n* საფულე
pursue *v* დადევნება
push *n* ბიძგი
push *v* ხელის კვრა
pushy *adj* თავხედი
put *v* დადება
put aside *pv* გვერდზე გადადება
put away *pv* უარის თქმა (იდეაზე)
put off *pv* გადადება
put up with *pv* შეგუება
putrid *adj* აყროლებული
puzzle *n* თავსატეხი
puzzled *adj* დაბნეული
puzzling *adj* დამაბნეველი
pyramid *n* პირამიდა
python *n* პითონი

Q

quack *v* ყიყინი
quagmire *n* ჭაობი; რთული ან სახიფათო სიტუაცია
quail *n* მწყერი
quaint *adj* უცნაური
quake *v* კანკალი
qualification *n* კვალიფიკაცია
qualified *adj* კვალიფიცირებული
qualify *v* კვალიფიკაციის ქონა
quality *n* ხარისხი
quandary *n* დაბრკოლება
quantity *n* რაოდენობა
quarantine *n* კარანტინი
quarrel *n* შელაპარაკება
quarrel *v* ჩხუბი
quarrelsome *adj* კაპასი
quarry *n* კარიერი
quart *n* კვარტა
quarter *n* კვარტალი

quarterly *adj* კვარტალური
quash *v* ჩახშობა
queen *n* დედოფალი
quell *v* შესუსტება
quench *v* ჩაქრობა; გამოწრთობა
query *v* შეკითხვა
quest *n* ძიება
question *v* კითხვა
question *n* შეკითხვა
questionable *adj* საეჭვო
questionnaire *n* ანკეტა
queue *n* რიგი
quick *adj* სწრაფი
quickly *adv* სწრაფად
quicksand *n* მცურავი სილა
quiet *adj* მშვიდი
quietly *adv* მშვიდად
quilt *n* დალიანდაგება
quit *v* მიტოვება
quite *adv* საკმაოდ
quiver *v* თრთოლა
quiz *v* გამოკითხვის ჩატარება; დაცინვა
quiz *n* ვიქტორინა
quota *n* კვოტა
quotation *n* ციტატა
quote *n* კოტირება
quote *v* ციტირება
quotient *n* კოეფიციენტი

R

rabbi *n* რაბინი
rabbit *n* ბოცვერი
rabies *n* ცოფი
raccoon *n* ენოტი
race *n* რბოლა; ჯიში
race *v* შეჯიბრი სირბილში
racetrack *n* სარბენი ბილიკი
racing *n* რბოლა
racism *n* რასიზმი
racist *adj* რასისტი
rack *n* თაროები
racket *n* ჩოგანი
radar *n* რადარი
radiation *n* რადიაცია
radiator *n* რადიატორი
radical *adj* რადიკალური
radio *n* რადიო
radish *n* ბოლოკი
radius *n* რადიუსი
raffle *n* ხარახურა; გათამაშება
raft *n* ტივი
rag *n* ჩვარი
rage *n* გააფთრება
ragged *adj* დაგლეჯილი
raid *n* რეიდი
raid *v* თავდასხმა
rail *n* მოაჯირი; რელსი; რკინიგზა
railroad *n* რკინიგზა

Q
R

railway *n* რკინიგზის სადგური
rain *n* წვიმა
rain *v* წვიმა
rainbow *n* ცისარტყელა
raincoat *n* საწვიმარი
raindrop *n* წვიმის წვეთი
rainfall *n* ნალექი
rainforest *n* ტროპიკული ტყე
rainy *adj* წვიმიანი
raise *v* აწევა
raise *n* მომატება
raisin *n* ქიშმიში
rake *n* ფოცხი
rally *n* შეკრება
ram *n* ვერძი
ram *v* ჩატენა
ramification *n* განშტოება
ramp *n* დაქანება (გზაზე); თვითმფრინავის ტრაპი
rampage *v* გაშმაგება
rampant *adj* მძვინვარე
ranch *n* რანჩო
rancor *n* სიძულვილი
random *adj* შემთხვევითი
randomly *adv* შემთხვევით
range *n* დიაპაზონი; ასორტიმენტი
range *v* ვარირება
rank *v* მწკრივში ჩაყენება
rank *n* წოდება
ransack *v* ჩხრეკა
ransom *n* გამოსასყიდი
rapid *adj* სწრაფი
rapport *n* გულთბილი ურთიერთდამოკიდებულება
rare *adj* იშვიათი
rarely *adv* იშვიათად
rash *n* გამონაყარი კანზე
rash *adj* გაუფრთხილებელი
raspberry *n* ჟოლო
rat *n* ვირთხა
rate *n* განაკვეთი
rate *v* შეფასება
rather *adv* საკმაოდ
rating *n* რეიტინგი
ratio *n* პროპორცია
ration *v* გარკვეულ ულუფაზე დასმა
ration *n* რაციონი
rational *adj* გონივრული
rationale *n* გონივრული განმარტება
rationalize *v* რაციონალური დასაბუთება
rattle *v* გრუხუნი
ravage *v* აოხრება
rave *v* ბოდვა; მძვინვარება
raw *adj* უმი
ray *n* სხივი
razor *n* სამართებელი
reach *v* მიწვდომა; მიღწევა
reach *n* მისაწვდომობა
react *v* გამოხმაურება
reaction *n* რეაქცია

R

read *v* კითხვა
reader *n* მკითხველი
readily *adv* ხალისით
reading *n* კითხვა; ხელსაწყოს ჩვენება
ready *adj* მზა
real *adj* ნამდვილი
realistic *adj* რეალისტური
reality *n* სინამდვილე
realize *v* განხორციელება
really *adv* ნამდვილად
reap *v* მოსავლის აღება
reappear *v* ხელახლა გამოჩენა
rear *n* ზურგი
rear *v* მოშენება
rear *adj* უკანა
rearrange *v* გადაწყობა
reason *n* მიზეზი
reason *v* მსჯელობა
reasonable *adj* კეთილგონიერი
reassure *v* დარწმუნება
rebate *n* ფასდაკლება
rebel *n* მეამბოხე; აჯანყება
rebel *v* აჯანყება
rebellion *n* ამბოხი
reboot *v* გადატვირთვა
rebound *v* გახტომა
rebuff *v* მოგერიება
rebuild *v* ხელახლა აშენება
rebuke *v* საყვედური
rebut *v* შეწინააღმდეგება
recall *v* უკან გაწვევა
recant *v* უარის თქმა
recap *v* პროტექტორის განახლება
recede *v* უკან დახევა
receipt *n* ქვითარი
receive *v* მიღება
recent *adj* ახლახან მომხდარი
recently *adv* ახლახან
reception *n* მისაღები
receptionist *n* რეგისტრატორი
receptive *adj* ამთვისებელი
recess *n* შესვენება
recession *n* დავარდნა
recharge *v* ხელახლა დამუხტვა
recipe *n* რეცეპტი
reciprocal *adj* ორმხრივი
recital *n* გადმოცემა
recite *v* მოყოლა
reckless *adj* წინდაუხედავი
reckon *v* ანგარიშის გასწორება; თვლა; დათვლა; ვარაუდი
recline *v* წამოწოლა
recognition *n* აღიარება
recognize *v* აღიარება
recollect *v* გახსენება
recollection *n* მოგონება
recommend *v* რეკომენდაციის მიცემა
recommendation *n* რეკომენდაცია
recompense *v* კომპენსირება; დაჯილდოვება

reconsider v გადასინჯვა
reconstruct v გადაკეთება
record n ჩანაწერი
record v ჩაწერა
record player n ფირსაკრავი
recorder n მაგნიტოფონი
recording n ჩანაწერი
recount n გადათვლა
recoup v ზარალის ანაზღაურება
recourse n დახმარებისთვის მიმართვა
recover v დაბრუნება; გამოჯანმრთელება
recreate v ხელახლა შექმნა
recreation n ხელახლა შექმნა
recruit n ახალწვეული
recruit v გაწვევა
rectangle n მართკუთხედი
rectangular adj მართკუთხა
rectify v გასწორება
recuperate v მოკეთება
recur v განმეორება
recurrence n განმეორება
recycle v გადამუშავება
recycled adj გადამუშავებული
red adj წითელი
red n წითელი ფერი
redeem v გამოსყიდვა
redemption n გამოსყიდვა
redo v ხელახლა გაკეთება
reduce v შემცირება

redundant adj ზედმეტი
reef n რიფი
reel n დოლურა
reenactment n ხელახალი ამოქმედება
reentry n განმეორებითი შესვლა
refer v მიმართვა
referee n რეფერი
reference n ცნობარი
refill v ხელახლა შევსება
refine v გაწმენდა
refined adj გაუმჯობესებული
refinery n ნავთობგადამამუშავებელი ქარხანა
reflect v არეკვლა
reflection n ანარეკლი
reform n რეფორმა
reform v რეფორმირება
refrain v თავის შეკავება
refresh v გაგრილება
refreshing adj გამაცოცხლებელი
refreshment n მსუბუქი საჭმელი
refrigerate v გაგრილება
refrigerator n მაცივარი
refuel v ბენზინის ჩასხმა
refuge n თავშესაფარი
refugee n დევნილი
refund n ზარალის ანაზღაურება
refurbish v შელამაზება

refusal 150

refusal *n* უარის თქმა
refuse *n* უარის თქმა
refuse *v* უარის თქმა
refute *v* გაბათილება
regal *adj* სამეფო
regard *n* პატივისცემა
regard *v* პატივისცემა
regarding *prep* თაობაზე
regardless *adv* მიუხედავად
regards *n* გათვალისწინება
regime *n* რეჟიმი
regiment *n* ლეგიონი
region *n* რეგიონი
regional *adj* რეგიონალური
register *v* რეგისტრაცია
register *n* სარეგისტრაციო დავთარი
registration *n* რეგისტრაცია
regret *v* დანანება
regret *n* სინანული
regrettable *adj* დასანანი
regular *adj* რეგულარული
regularly *adv* რეგულარულად
regulate *v* რეგულირება
regulation *n* რეგულირება
rehabilitate *v* რეაბილიტირება
rehearsal *n* რეპეტიცია
rehearse *v* რეპეტიციის გავლა
reign *v* ბატონობა
reign *n* მეფობა
reimburse *v* ანაზღაურება
reimbursement *n* კომპენსაცია
reindeer *n* ჩრდილოეთის ირემი
reinforce *v* გამლიერება
reinforcements *n* არმატურა
reiterate *v* განმეორება
reject *v* უარყოფა
rejection *n* უარყოფა
rejoice *v* გამხიარულება
rejuvenate *v* გაახალგაზრდავება
relate *v* ურთიერთობის ქონა
related *adj* დაკავშირებული
relation *n* კავშირი
relationship *n* ურთიერთობა
relative *n* ნათესავი
relative *adj* შედარებითი
relax *v* მოდუნება
relaxation *n* მოდუნება
relaxed *adj* მოდუნებული
relaxing *adj* მოსადუნებელი
relay *v* გადაცემა
release *v* განთავისუფლება
release *n* განთავისუფლება
relentless *adj* შეუბრალებელი
relevance *n* დროულობა
relevant *adj* შესაფერისი
reliable *adj* საიმედო
reliance *n* ნდობა
reliant *adj* ვისიმე ნდობის მქონე
relief *n* შვება
relieve *v* შვების მოგვრა
relieved *adj* შვებამოგვრილი
religion *n* რელიგია

R

religious *adj* რელიგიური
relinquish *v* უარის თქმა
relish *v* მოხიბლა
relocate *v* სხვაგან გადასვლა
reluctant *adj* უხალისო
reluctantly *adv* უხალისოდ
rely *v* დაყრდნობა
remain *v* დარჩენა
remainder *n* ნაშთი
remaining *adj* რჩება
remains *n* ნარჩენები
remark *v* შენიშვნის გაკეთება
remarkable *adj* შესანიშნავი
remedy *n* წამალი
remember *v* მოგონება
remind *v* შეხსენება
reminder *n* შეხსენება
remnant *n* ნარჩენი
remodel *v* რეკონსტრუირება
remorse *n* სინდისის ქენჯნა
remorseful *adj* სინანულით სავსე
remote *adj* დისტანციური
remote control *n* დისტანციური რეგულირება
remove *v* ამოღება
renew *v* განახლება
renounce *v* ხელის აღება
renovate *v* განახლება
renovation *n* რეკონსტრუქცია
renowned *adj* ცნობილი
rent *n* ბინის ქირა
rent *v* გაქირავება
reorganize *v* რეორგანიზება
repair *v* შეკეთება
repay *v* ვალის გადახდა
repayment *n* ანაზღაურება
repeal *v* ანულირება
repeat *v* გამეორება
repel *v* უარყოფა
repellant *n* რეპელენტი
repent *v* მონანიება
repetition *n* განმეორება
repetitive *adj* განმეორებითი
replace *v* ჩანაცვლება
replacement *n* ჩანაცვლება
replay *n* გადათამაშება
replenish *v* შევსება
replica *n* რეპროდუქცია
replicate *v* ტირაჟირება
reply *n* პასუხი
reply *v* პასუხის გაცემა
report *n* ანგარიში
report *v* მოხსენება
report card *n* მოხსენებითი ბარათი
reporter *n* რეპორტიორი
represent *v* წარმომადგენლობა
representation *n* წარმომადგენელი
representative *n* წარმომადგენლობითი
repress *v* რეპრესირება
reprint *n* ხელახალი გამოცემა

reprisal n სამაგიეროს გადახდა
reproach v დაყვედრება
reproduce v რეპროდუცირება
reproduction n რეპროდუქცია
reptile n რეპტილია
republic n რესპუბლიკა
repudiate v უარყოფა
repugnant adj საზიზღარი
repulse v მოგერიება
repulsive adj საზიზღარი
reputation n რეპუტაცია
request v მოთხოვნა
request n სათხოვარი
require v მოთხოვნა
requirement n მოთხოვნა
reschedule v გადავადება
rescue v გადარჩენა
research v გამოკვლევა
research n სამეცნიერო კვლევა
researcher n მკვლევარი
resemblance n მსგავსება
resemble v მსგავსება
resent v აღშფოთება
resentment n აღშფოთება
reservation n რეზერვაცია
reserve v შენახვა
reserved adj თავშეკავებული
reservoir n რეზერვუარი
reset v გადატვირთვა
reside v ცხოვრება
residence n საცხოვრებელი ადგილი

resident n მცხოვრები
residential adj საცხოვრებელი
residue n ნარჩენი
resign v გადადგომა
resignation n გადადგომა
resilient adj მკვრივი
resist v წინააღმდეგობის გაწევა
resistance n წინააღმდეგობა
resolute adj გადამწყვეტი
resolution n გადაწყვეტილება
resolve v გადაწყვეტილება
resort v ხელახალი დახარისხება
resounding adj ხმამაღალი
resource n რესურსი
respect n პატივისცემა
respect v პატივისცემა
respectable adj რესპექტაბელური
respectful adj თავაზიანი
respective adj შესაბამისი
respiration n სუნთქვა
respond v რეაგირება
response n რეაგირება
responsibility n პასუხისმგებლობა
responsible adj პასუხისმგებელი
responsive adj გულისხმიერი
rest n დასვენება
rest v დასვენება
restaurant n რესტორანი

restful *adj* დამამშვიდებელი
restless *adj* მოუსვენარი
restore *v* აღდგენა
restrain *v* შეკავება
restraint *n* თავშეკავება
restrict *v* შეზღუდვა
restriction *n* შეზღუდვა
restroom *n* საპირფარეშო
result *n* შედეგი
result *v* შედეგის ქონა
resume *v* განახლება
resurface *v* ამოტივტივება
retail *n* საცალო ვაჭრობა
retailer *n* წვრილმანებით მოვაჭრე
retain *v* შეკავება
retaliate *v* სამაგიეროს გადახდა
retention *n* შენარჩუნება
retire *v* გადადგომა
retirement *n* გადადგომა
retract *v* უკან წაღება
retreat *v* უკან დახევა
retrieve *v* აღდგენა
retroactive *adj* უკუ ძალის მქონე
return *n* დაბრუნება
return *v* დაბრუნება
reunion *n* ხელახლა შეერთება
reunite *v* ხელახალი გაერთანება
reuse *v* მეორადი გამოყენება
reveal *v* გამჟღავნება
revealing *adj* გამოაშკარავებული
revel *v* ლხენა
revelation *n* აღმოჩენა
revenge *n* შურისძიება
revenue *n* საბიუჯეტო შემოსავალი
reverence *n* რევერანსი
reversal *n* ანულირება
reverse *v* მიმართულების შეცვლა
reverse *n* უკუსვლა
reversible *adj* შექცევადი
revert *v* ადრინდელ მდგომარეობაში დაბრუნება
review *n* მიმოხილვა
review *v* მიმოხილვა
revise *v* შესწორება
revision *n* შესწორება
revive *v* აღდგენა
revoke *v* გაუქმება
revolt *v* აჯანყება
revolting *adj* აღმაშფოთებელი
revolution *n* რევოლუცია
revolutionary *adj* რევოლუციური
revolutionize *v* გარევოლუციურება
revolve *v* ბრუნვა
revue *n* მიმოხილვა
reward *v* დაჯილდოება
reward *n* ჯილდო

rewarding 154

rewarding *adj* ხელშემწყობი
rewind *v* ფირის უკან გადახვევა
rhinoceros *n* მარტორქა
rhyme *v* გარითმვა
rhyme *n* რითმა
rhythm *n* რიტმი
rib *n* ნეკნი
ribbon *n* ბაფთა
rice *n* ბრინჯი
rich *adj* მდიდარი
rid *v* მოშორება
rid of *pv* თავიდან მოშორება
riddle *n* გამოცანა
ride *n* მგზავრობა
ride *v* ცხენით სიარული
ridge *n* მთის ქედი
ridicule *v* მასხრად აგდება
ridiculous *adj* სასაცილო
rifle *n* თოფი
rift *n* ბზარი
right *n* მართალი
right *adj* მარჯვენა
right *adv* სწორად
rigid *adj* უდრეკი
rigor *n* სიმკაცრე
rigorous *adj* დაჟინებითი
rim *n* ჩარჩო
ring *n* ბეჭედი
ring *v* რეკვა
ringtone *n* ზარის მელოდია
rinse *v* წყლით გავლება
riot *v* ამბოხებაში მონაწილეობის მიღება
riot *n* აჯანყება
rip *v* გარღვევა
ripe *adj* მწიფე
ripen *v* დამწიფება
rip-off *n* თაღლითობა
ripple *n* ჩუხჩუხი
rise *v* ადგომა
rise *n* აღმართი
risk *v* რისკზე წასვლა
risk *n* რისკი
risky *adj* სარისკო
ritual *n* რიტუალი
rival *n* მეტოქე
rivalry *n* კონკურენცია
river *n* მდინარე
riveting *adj* ყურადღების დამმაბავი
road *n* გზა
roam *v* ხეტიალი
roar *n* ღრიალი
roar *v* ღრიალი
roast *v* შეწვა
rob *v* გაქურდვა
robber *n* მძარცველი
robbery *n* ძარცვა
robe *n* მანტია; კაბა
robot *n* რობოტი
robust *adj* ჯანმაგარი
rock *n* კლდე
rock *v* ქანაობა

R

rocket *n* რაკეტა
rocky *adj* კლდოვანი
rod *n* წკეპლა
rodent *n* მღრღნელი
role *n* მნიშვნელობა
roll *v* კოტრიალი
roll *n* რულონი
roll over *pv* გადაგორება
romance *n* სასიყვარულო ურთიერთობა
romantic *adj* რომანტიკული
roof *n* სახურავი
rookie *adj* ახალწვეული
room *n* ოთახი
roommate *n* ოთახის მეზობელი
roomy *adj* თავისუფალი
rooster *n* მამალი
root *n* ფესვი
rope *n* თოკი
rose *n* ვარდი
rosy *adj* ვარდისფერი
rot *v* ლპობა
rotate *v* ბრუნვა
rotation *n* როტაცია
rotten *adj* დამპალი
rough *adj* უხეში
roughly *adv* უხეშად
round *adj* მრგვალი
round-trip *adj* ორმხრივი მგზავრობა
rouse *v* გაღვიძება
rousing *adj* გამამხნევებელი
route *n* მიმართულება
routine *n* რუტინა
routine *adj* რუტინული
row *v* ნიჩბის მოსმა
row *n* რიგი
rowdy *adj* ხმაურიანი
royal *adj* სამეფო
royalty *n* მეფის ოჯახის წევრები
rub *v* გახეხვა
rubber *n* საშლელი
rubber band *n* რეზინის სამაჯური
rubble *n* აგურის ქვის ნამსხვრევები
ruby *n* ლალი
rudder *n* საჭე
rude *adj* უხეში
rudely *adv* უხეშად
rudeness *n* უხეშობა
rudimentary *adj* ელემენტარული
rug *n* ნოხი
rugged *adj* უხეში
ruin *v* დანგრევა; განადგურება
ruin *n* ნანგრევები
rule *v* მართვა
rule *n* წესი
ruler *n* მმართველი; სახაზავი
rumble *v* გუგუნი
rumor *n* ჭორი

R

run *v* სირბილი
run *n* სირბილი
run away *pv* გაქცევა
run into *pv* ჩავარდნა
run out *pv* დამთავრება
run over *pv* გატანა
run up *pv* სწრაფად აღმართვა
runner *n* მორბენალი
runway *n* საფრენ-დასაფრენი ბილიკი
rupture *n* გასკდომა
rupture *v* გასკდომა
rural *adj* სოფლური
ruse *n* ხრიკი
rush *v* დაჩქარება
rust *v* დაჟანგება
rust *n* ჟანგი
rustic *adj* ტლანქი
rust-proof *adj* უჟანგავი
rusty *adj* ჟანგიანი
ruthless *adj* დაუნდობელი
rye *n* ჭვავი

R S

S

sabotage *v* დივერსიის მოწყობა
sabotage *n* საბოტაჟი
sack *n* ტომარა
sacred *adj* საღმრთო
sacrifice *n* მსხვერპლად შეწირვა
sad *adj* ნაღვლიანი
sadden *v* დანაღვლიანება
saddle *n* უნაგირი
sadly *adv* მწუხარედ
sadness *n* სევდა
safe *adj* უსაფრთხოდ
safe *n* უსაფრთხოება
safeguard *n* დაცვა
safely *adv* უსაფრთხოდ
safety *n* უსაფრთხოება
safety belt *adv* მაშველი ქამარი
sail *n* აფრა
sail *v* აფრააშვებული სვლა
sailboat *n* იალქნიანი გემი
sailor *n* მეზღვაური
saint *n* წმინდანი
salad *n* სალათა
salary *n* ხელფასი
sale *n* გაყიდვა
salesman *n* გამყიდველი
saleswoman *n* გამყიდველი ქალი
saliva *n* ნერწყვი
salmon *n* ორაგული
salon *n* სასტუმრო ოთახი; მცირე დარბაზი; სალონი
salsa *n* სალსა
salt *n* მარილი
salty *adj* მარილაინი
salvage *v* ხსნა

salvation *n* შველა
same *adj* იგივე
same *pron* ისეთივე
sample *n* ნიმუში
sanction *v* ნებართვის მიცემა
sanction *n* სანქცია
sanctity *n* სიწმინდე
sanctuary *n* ტაძარი
sand *n* ქვიშა
sandal *n* სანდალი
sandpaper *n* ზუმფარის ქაღალდი
sandwich *n* სენდვიჩი
sane *adj* კეთილგონიერი
sanity *n* კეთილგონიერება
sap *n* წვენი
sapphire *n* საფირონი
sarcasm *n* სარკაზმი
sarcastic *adj* სარკასტული
sardine *n* სარდინი
satellite *n* ხელოვნური თანამგზავრი
satire *n* სატირა
satisfaction *n* კმაყოფილება
satisfactory *adj* დამაკმაყოფილებელი
satisfied *adj* დაკმაყოფილებული
satisfy *v* დაკმაყოფილება
satisfying *adj* დამაკმაყოფილებელი
saturate *v* გაჯერება
Saturday *n* შაბათი
Saturn *n* სატურნი
sauce *n* საწებელი
saucepan *n* ქვაბი
saucer *n* ლამბაქი
sausage *n* ძეხვი
savage *adj* ველური
save *v* შენახვა
savings *n* დანაზოგი
savior *n* მაცხონებელი
savor *v* გემოს ჩატანება
saw *v* ხერხვა
saw *n* ხერხი
saxophone *n* საქსოფონი
say *v* თქმა
saying *n* სათქმელი
scab *n* მუნი
scaffolding *n* ფიცარნაგი
scald *v* დამდუღვრა
scale *n* მასშტაბი
scalp *n* სკალპი
scam *n* თაღლითობა
scan *v* სკანირება
scandal *n* სკანდალი
scanner *n* სკანერი
scapegoat *n* განტევების ვაცი
scar *n* ნაიარევი
scarce *adj* იშვიათი
scarcely *adv* ძლივს
scarcity *n* დეფიციტი
scare *v* შეშინება
scare away *pv* შეშინება

scared

scared *adj* შეშინებული
scarf *n* შარფი
scary *adj* მფრთხალი
scatter *v* გაფანტვა
scenario *n* სცენარი
scene *n* სცენა; მოქმედების ადგილი
scenery *n* პეიზაჟი
scenic *adj* სცენური
scent *n* ყნოსვა
scented *adj* დაყნოსა
schedule *n* განრიგი
schedule *v* დაგეგმვა
scheme *n* სქემა
scheme *v* სქემის შედგენა
scholar *n* სწავლული
scholarship *n* სტიპენდია
school *n* სკოლა
science *n* მეცნიერება
scientific *adj* სამეცნიერო
scientist *n* სწავლული
scissors *n* მაკრატელი
scoff *v* დაცინვა
scold *v* ლანძღვა
scooter *n* თვითგორია
scope *n* მასშტაბი
scorch *v* ამოწვა
score *n* ქულა
score *v* ქულის მიღება
scoreboard *n* ტაბლო
scorn *v* სიძულვილი
scornful *adj* დამცინავი
scorpion *n* მორიელი
scoundrel *n* არამზადა
scour *v* გაწმენდა
scout *n* მზვერავი
scramble *v* ცოცვა
scrambled *adj* აცოცებული
scrap *v* გადაგდება; დავა
scrap *n* ნაგლეჯი
scrape *v* გახეხვა
scratch *v* გაკაწვრა
scratch *n* ნაფხაჭნი
scream *n* ყვირილი
scream *v* ყვირილი
screech *v* ჩივილი
screen *v* ეკრანზე ჩვენება
screen *n* ეკრანი
screw *n* ხრახნი
screwdriver *n* სახრახნისი
scribble *v* ჯღაბნა
script *n* ხელნაწერი
scroll *n* გადასრიალება
scroll *v* გადასრიალება
scrub *v* ხეხვა
scrupulous *adj* კეთილსინდისიერი
scrutiny *n* გამომცდელი მზერა
sculptor *n* მოქანდაკე
sculpture *n* ქანდაკება
sea *n* ზღვა
seafood *n* ზღვის პროდუქტები
seagull *n* თოლია

S

seal *v* ბეჭდის დასმა
seal *n* ზღვის თევზი
seam *n* ნაწიბური
seamless *adj* ნაკერის გარეშე
seamstress *n* მკერავი
search *n* ძიება
search *v* ძიება
seashell *n* ზღვის ნიჟარა
seashore *n* ზღვის ნაპირი
seasick *adj* ზღვის ავადმყოფობით დაავადებული
season *v* საჭმლის შეკაზმვა
season *n* სეზონი
seasonal *adj* სეზონური
seasoning *n* სანელებელი
seat *n* საჯდომი
seat belt *n* ღვედი
secluded *adj* იზოლირებული
second *adj* მეორე
second *adv* მეორედ
second *n* წამი
secondary *adj* მეორადი
secrecy *n* საიდუმლოება
secret *n* საიდუმლო
secret *adj* საიდუმლო
secretary *n* მდივანი
secretive *adj* მდივანი
secretly *adv* ფარულად
section *n* განყოფილება
sector *n* სექტორი
secure *v* დაცვა
secure *adj* უსაფრთხო
securely *adv* უსაფრთხოდ
security *n* უსაფრთხოება
sedate *v* გაწონასწორება
seduce *v* ცდუნება
see *v* ხედვა
seed *n* თესლი
seedless *adj* უთესლო
seedy *adj* მარცვლოვანი
seek *v* ძიება
seem *v* ეტყობა
see-through *adj* გამჭოლი
segment *n* სეგმენტი
segregate *v* განცალკევება
segregation *n* სეგრეგაცია
seize *v* ხელის ტაცება
seizure *n* შეტევა
seldom *adv* იშვიათად
select *v* შერჩევა
selection *n* არჩევანი
self *n* თვითონ
self-conscious *adj* მორიდებული
self-defense *n* თვითდაცვა
self-employed *n* თვითდასაქმებული
self-esteem *n* თვითშეფასება
selfish *adj* ეგოისტური
selfishness *n* ეგოიზმი
self-respect *n* ღირსების გრძნობა
sell *v* გაყიდვა
seller *n* გამყიდველი
sellout *n* ღალატი

S

semester *n* სემესტრი
senate *n* საბჭო
senator *n* სენატორი
send *v* გაგზავნა
sender *n* გამგზავნი
senior *adj* ხანდაზმული ადამიანი
senior citizen *n* უფროსი თაობის მოქალაქე
seniority *n* უმცროს-უფროსობა
sensation *n* მგრძნობიარობა
sense *n* გრძნობა
sense *v* შეგრძნება
senseless *adj* უგრძნობი
sensible *adj* მგრძნობიარე
sensitive *adj* მგრძნობიარე
sentence *n* განაჩენი; წინადადება
sentence *v* მისჯა
sentiment *n* გრძნობა
sentimental *adj* სენტიმენტალური
separate *v* გამოყოფა
separate *adj* ცალკეული
separately *adv* განცალკევებით
separation *n* განცალკევება
September *n* სექტემბერი
sequel *n* შედეგი
sequence *n* თანამიმდევრობა
serenade *n* სერენადა
serene *adj* უშფოთველი
sergeant *n* სერჟანტი
series *n* სერია
serious *adj* სერიოზული
sermon *n* ქადაგება
serpent *n* გველი
servant *n* მსახური
serve *v* მომსახურება
service *n* სამსახური
session *n* სესია
set *v* დაყენება
set *n* ნაკრები
set off *pv* დაძვრა
set out *pv* გამგზავრება
set up *pv* აღმართვა
setback *n* შეფერხება
setting *n* პარამეტრი
settle *v* დასახლება
settle down *pv* დასახლება
settle for *pv* გადაწყვეტა
settlement *n* დასახლება
settler *n* ახალმოსახლე
setup *n* პარამეტრების დაყენება
seven *n* შვიდი
seventeen *n* ჩვიდმეტი
seventh *adj* მეშვიდე
seventy *n* სამოცდაათი
sever *v* გაყოფა
several *adj* რამდენიმე
several *pron* რამდენიმე ადამანი
severance *n* დაშორება
severe *adj* მკაცრი
sew *v* კერვა

S

sewage *n* საკანალიზაციო წყალი
sewer *n* საკანალიზაციო მილი
sewing *n* საკერავი
sex *n* სექსი
shabby *adj* გაცვეთილი
shack *n* ქოხმახი
shade *n* ჩრდილი
shadow *n* ლანდი
shady *adj* საჩრდილობელი
shake *v* შენჯღრევა
shaky *adj* აკანკალებული
shall *modal v* დამხმარე ზმნა
shallow *adj* თავთხელი
sham *n* მოჩვენებითი
shame *n* სირცხვილი
shame *v* სირცხვილის ქონა
shameful *adj* სასირცხვილო
shameless *adj* უსირცხვილო
shampoo *n* შამპუნი
shape *n* ფორმა
shape *v* ფორმის მიცემა
share *v* გაზიარება
share *n* წილი
shareholder *n* აქციონერი
shark *n* ზვიგენი; გაიძვერა, თაღლითი; ფულის გამომძალავი; მევახშე
sharp *adj* მახვილი
sharpen *v* გამწვავება
sharpener *n* ფანქრის სათლელი
shatter *v* დამსხვრევა
shattering *adj* გამანადგურებელი
shave *v* პირის გაპარსვა
she *pron* ის (გოგონა)
shear *v* ცხვრის გაკრეჭა
shed *n* ფარდული
shed *v* ღვრა
sheep *n* ცხვარი
sheet *n* ზეწარი
shelf *n* თარო
shell *n* ნიჟარა
shellfish *n* მოლუსკი
shelter *n* თავშესაფარი
shelter *v* შეკედლება
shepherd *n* მენახირე
sheriff *n* შერიფი
shield *v* დაფარვა
shield *n* ფარი
shift *n* ცვლა
shift *v* გადაადგილება
shin *n* კანჭი
shine *v* ბრჭყვიალი
shiny *adj* მბზინავი
ship *v* გემზე დატვირთვა
ship *n* ხომალდი
shipment *n* გემით გაგზავნა
shipwreck *n* ჩაძირვა
shipyard *n* ნავსაშენი
shirt *n* პერანგი
shiver *v* კანკალი
shock *v* დარტყმა

S

shock *n* შოკი
shocking *adj* საზიზღარი
shoddy *adj* უვარგისი
shoe *n* ფეხსაცმელი
shoe polish *n* ფეხსაცმლის საწმენდი
shoe store *n* ფეხსაცმლის მაღაზია
shoelace *n* ფეხსაცმლის თასმა
shoot *v* ცეცხლსასროლი იარაღით სროლა; ფილმის გადაღება
shop *n* მაღაზია
shop *v* ყიდვა
shoplifting *n* მაღაზიის ქურდობა
shopping *n* საყიდლებზე სიარული
shopping mall *n* დიდი სავაჭრო ცენტრი
shore *n* ნაპირი
short *adj* მოკლე
shortage *n* დანაკლისი
shortcoming *n* ხარვეზი
shortcut *n* გზამკვეთი
shorten *v* შემოკლება
shorthand *n* სტენოგრაფია
short-lived *adj* ხანმოკლე
shortly *adv* მალე
shorts *n* შორტები
shortsighted *adj* ახლომხედველი
short-term *adj* მოკლევადიანი
shot *n* გასროლა
shotgun *n* საფანტის თოფი
should *modal v* დამხმარე ზმნა პირობით დამოკიდებულ წინადადებებში
shoulder *n* მხარი
shout *n* ყვირილი
shout *v* ყვირილი
shove *v* ხელის კვრა
shovel *v* ამოთხრა
shovel *n* ნიჩაბი
show *n* გამოფენა
show *v* ჩვენება
show off *pv* თავის მოწონება
show up *pv* გამოჩენა
showdown *n* გეგმის გამოაშკარავება
shower *n* კოკისპირული წვიმა
shred *n* ნაკუწი
shred *v* ნაფლეთებად ქცევა
shrewd *adj* გონიერი
shriek *n* გულგამგმირავი ყვირილი
shriek *v* გულგამგმირავი ყვირილი
shrimp *n* წვრილი კრევეტი
shrine *n* საკურთხეველი
shrink *v* მოკუნტვა
shrub *n* ბუჩქი
shrug *v* მხრების აჩეჩვა
shudder *v* ჟრუანტელი
shuffle *v* კარტების არევა
shun *v* გაცლა

shut *v* დახურვა
shut off *pv* დაკეტვა
shut up *pv* ჩაკეტვა
shuttle *v* უკუქცევით-წინსვლითი მოძრაობის შესრულება
shy *adj* მორცხვი
shyness *n* სიმორცხვე
sibling *n* დედმამიშვილი
sick *adj* ავადმყოფი
sicken *v* დასნეულება
sickening *adj* გულისამრევი
sickle *n* ნამგალი
sickness *n* ავადმყოფობა
side *n* ცერად
side effect *n* გვერდითი ეფექტი
sideburns *n* ბაკები
sidestep *v* ნაბიჯი განზე
sidewalk *n* ტროტუარი
sideways *adv* გვერდულად
siege *n* ალყა
sift *v* გაცხრილვა
sigh *n* ამოოხვრა
sigh *v* ამოოხვრა
sight *n* მხედველობისხედვის არე
sightseeing *n* ღირსშესანიშნაობების დათვალიერება
sign *n* ნიშანი
sign *v* ხელის მოწერა
signal *n* სიგნალი
signal *v* სიგნალის მიცემა
signature *n* ხელმოწერა
significance *n* მნიშვნელოვანი
significant *adj* მრავლმნიშვნელოვანი
signify *v* აღნიშვნა
silence *n* დუმილი
silent *adj* გაჩუმებული
silhouette *n* სილუეტი
silk *n* აბრეშუმი
silly *adj* სულელი
silver *n* ვერცხლისფერი
silver *adj* ვერცხლისფერი
silverware *n* ვერცხლეული
similar *adj* მსგავსი
similarity *n* მსგავსება
simmer *v* წამოდუღება
simple *adj* მარტივი
simplicity *n* სიმარტივე
simplify *v* გაუბრალოება
simply *adv* მარტივად
simulate *v* სიმულირება
simulation *n* სიმულაცია
simultaneous *adj* ერთდროული
sin *n* ცოდვა
sin *v* ცოდვა
since *adv* მას შემდეგ, რაც
since *prep* იმ დროიდან
since *conj* შემდეგ
sincere *adj* გულწრფელი
sincerely *adv* გულწრფელად
sincerity *n* გულწრფელობა
sing *v* სიმღერა

S

singer *n* მომღერალი
single *adj* ერთი
single-handed *adj* ცალმხრივი
single-minded *adj* ერთმორწმუნე
sinister *adj* საზიზღარი
sink *v* ჩაძირვა
sink *n* ჩაძირვა
sip *v* ყლუპი
sir *n* ბატონო
siren *n* საყვირი
sister *n* მედდა
sister-in-law *n* რძალი, მული
sit *v* ჯდომა
site *n* სამშენებლო მოედანი
sitting *n* მჯდომარე
situated *adj* მდებარე
situation *n* სიტუაცია
six *n* ექვსი
sixteen *n* თექვსმეტი
sixth *adj* მეექვსე
sixty *n* სამოცი
sizable *adj* მოზრდილი
size *n* ზომა
skate *n* ციგურაობა
skate *v* ციგურაობა
skateboard *n* სკეიტბორდი
skeleton *n* ჩონჩხი
skeptic *n* სკეპტიკოსი
skeptical *adj* სკეპტიკური
sketch *n* მონახაზი
sketch *v* მოხაზვა
sketchy *adj* ესკიზური
ski *v* თხილამურით სრიალი
skill *n* სიმარჯვე
skilled *adj* კვალიფიცირებული
skillful *adj* კვალიფიციური
skim *v* ქროლა
skin *v* გატყავება
skin *n* კანი
skinny *adj* გამხდარი
skip *v* ნახტომი
skirmish *n* შეხლა-შემოხლა
skirt *n* ქვედატანი
skull *n* თავის ქალა
sky *n* ცა
skylight *n* ზეციური შუქი
skyscraper *n* ცათამბჯენი
slab *n* ფილა
slack *adj* სუსტი
slacken *v* შესუსტება
slacks *n* განიერი და გრძელი შარვალი
slam *v* ბრახუნი
slander *n* ავსიტყვაობა
slang *n* ჟარგონი
slanted *adj* გადაიხარა
slap *v* გალაწუნება
slash *v* გაკვეთა
slash *n* დანასერი
slaughter *v* დაკვლა
slave *n* მონა
slavery *n* მონობა
sleazy *adj* ბინძური
sled *n* მარხილი

S

sleep *v* დაძინება
sleep *n* ძილი
sleepy *adj* მძინარე
sleeve *n* სახელო
sleeveless *adj* უსახელო
sleigh *n* ციგა
slender *adj* ტანწერწეტა
slice *v* თხელ ნაჭრებად დაჭრა
slice *n* ნაჭერი
slide *v* გაცურება
slide *n* სლაიდი
slight *adj* უმნიშვნელო
slightly *adv* უმნიშვნელოდ
slim *adj* გამხდარი
slip *v* მოსრიალება
slip *n* სრიალი
slipper *n* ფლოსტი
slippery *adj* სრიალი
slit *v* გაჭრა
slit *n* ნაპრალი
slither *v* გასხლეტა
slob *n* ბოთე
slogan *n* ლოზუნგი
slope *n* ფერდობი
sloppy *adj* უწესრიგო
slot *n* სლოტი
slow *adj* ნელი
slow down *pv* შენელება
slow motion *n* შენელებული მოძრაობა
slowly *adv* ნელა
sluggish *adj* ნელი

slum *n* მიყრუებული ადგილი
slump *v* ჭაობი
slur *v* ცილისწამება
sly *adj* ცბიერი
smack *v* ტუჩების წმამუწი
small *adj* პატარა
smart *adj* ენამოსწრებული
smash *v* შეჯახება
smear *n* გაჭუჭყიანება
smear *v* გაჭუჭყიანება
smell *v* ყნოსვა
smell *n* ყნოსვა
smelly *adj* სუნიანი
smile *v* გაღიმება
smile *n* ღიმილი
smoke *n* ბოლი
smoke *v* თამბაქოს წევა
smooth *adj* გასწორება
smooth *v* გასწორება
smoothly *adv* სწორად
smoothness *n* სისწორე
smother *v* ხრჩოლვა
smug *adj* თავმომწონე
smuggle *v* კონტრაბანდისტობა
smuggler *n* კონტრაბანდისტი
snack *n* მსუბუქი საუზმე
snail *n* ლოკოკინა
snake *n* გველი
snap *v* დატკაცუნება
snapshot *n* მომენტალური ფოტო
snare *n* მახე

snatch *v* ხელის ჩავლება
sneak *v* გაპარვა
sneeze *n* დაცემინება
sneeze *v* დაცემინება
sniff *v* ქშინვა
sniper *n* სნაიპერი
snitch *v* მოპარვა
snob *n* სნობი
snooze *v* წამინება
snore *v* ხვრინვა
snow *v* დათოვა
snow *n* თოვლი
snowfall *n* თოვა
snowflake *n* ფიფქი
snowstorm *n* ქარბუქი
snub *v* ქედმაღლურად და დამამცირებლად მოექცევა
so *conj* ამგვარად
so *adv* ასე რომ
soak *v* გაჟღენთა
soak up *pv* შეწოვა
soaked *adj* გაჟღენთილი
soap *n* საპონი
soar *v* ნავარდი
sob *v* ქვითინი
sober *adj* ფხიზელი
so-called *adj* ეგრეთ წოდებული
soccer *n* ფეხბურთი
sociable *adj* თანაზიარი
social *adj* სოციალური
social network *n* სოციალური ქსელი
socialize *v* განსაზოგადოება
society *n* საზოგადოება
sock *n* წინდა
socket *n* მილმაბრა; როზეტი
soda *n* სოდა
sofa *n* დივანი
soft *adj* რბილი
soften *v* დარბილება
softly *adv* რბილად
software *n* პროგრამა
soggy *adj* ჭაობიანი
soil *v* დასვრა
soil *n* ნიადაგი
soiled *adj* ჭუჭყიანი
solace *n* ნუგეშისცემა
solar *adj* მზიანი
solder *v* კალით მიდუღება
soldier *n* ჯარისკაცი
sold-out *adj* გაყიდულია
sole *adj* ერთადერთი
sole *n* ერთადერთი
solely *adv* მხოლოდ
solemn *adj* საზეიმო
solicit *v* თხოვნა
solid *adj* მყარი
solid *n* მყარი
solidarity *n* სოლიდარობა
solidify *v* გამყარება
solitary *adj* მარტოხელა
solitude *n* მარტოობა
solo *adj* სოლო
solution *n* გამოსავალი

167 spare

solve *v* მოგვარება
somber *adj* მოღუშული
some *pron* დაახლოებით
some *adj* რამდენიმე
somebody *pron* ვიღაც
someday *adv* ერთხელაც
somehow *adv* როგორღაც
someone *pron* ვიღაც
something *pron* რაღაცა
sometimes *adv* ხანდახან
someway *adv* რამენაირად
somewhat *adv* ნაწილობრივ
somewhere *adv* სადღაც
son *n* ვაჟი
song *n* სიმღერა
son-in-law *n* სიძე
soon *adv* მალე
soothe *v* დამშვიდება
soothing *adj* მშვიდდება
sorcerer *n* ჯადოქარი
sorcery *n* ჯადოქრობა
sore *adj* მტკივნეული
sore *n* მტკივნეული
sorrow *n* მწუხარება
sorry *adj* უბადრუკი
sort *n* ნაირსახეობა
sort *v* ნაირსახეობა
sort out *v* მოწესრიგება
soul *n* სული
sound *v* ჟღერა
sound *n* ჟღერადობა
soundproof *adj* ხმაურდამხშობი
soup *n* წვნიანი
sour *adj* მჟავე
source *n* წყარო
south *n* სამხრეთი
south *adv* სამხრეთით
south *adj* სამხრეთისაკენ
southbound *adv* სამხრეთისაკენ მიმავალი
southeast *n* სამხრეთაღმოსავლეთი
southern *adj* სამხრეთული
southerner *n* სამხრეთელი
southwest *n* სამხრეთდასავლეთით
souvenir *n* სუვენირი
sovereign *adj* სუვერენული
sovereignty *n* სუვერენიტეტი
sow *v* დათესვა
spa *n* ბალნეოლოგიური კურორტი
space *n* სივრცე
space out *pv* სივრცე
spaceship *n* კოსმოსური ხომალდი
spacious *adj* ფართო
spaghetti *n* სპაგეტი
spam *n* სპამი
span *v* გახანგრძლივება
span *n* პერიოდი
spank *v* მიტყეპვა
spare *v* დაზოგვა
spare *adj* სათადარიგო

S

spare part *n* სათადარიგო ნაწილი
sparingly *adv* ყაირათიანად
spark *n* ნაპერწკალი
sparkle *v* შხეფების გასხმა
sparrow *n* ბეღურა
sparse *adj* მეჩხერი
spasm *n* სპაზმი
speak *v* ლაპარაკი
speaker *n* მოსაუბრე
spear *n* შუბი
spearhead *v* შუბის წვერი
special *adj* განსაკუთრებული
specialist *n* სპეციალისტი
specialize *v* სპეციალიზება
specially *adv* სპეციალურად
specialty *n* სპეციალობა
species *n* სახეობა
specific *adj* განსაკუთრებული
specifically *adv* განსაკუთრებით
specify *v* დაზუსტება
specimen *n* ნიმუში
speck *n* ლაქა
spectacle *n* სანახაობა
spectacular *adj* შთამბეჭდავი
spectator *n* მაყურებელი
speculate *v* სპეკულირება
speculation *n* სპეკულირება
speech *n* მეტყველება
speechless *adj* ენაჩავარდნილი
speed *v* სიჩქარე
speed *n* სიჩქარე
speed limit *n* ზღვრული სიჩქარე
speedy *adj* სწრაფი
spell *n* სიტყვების სწორად წერა; მოჯადოება
spell *v* დამარცვლით კითხვა
spelling *n* მართლწერა
spend *v* ხარჯვა
sperm *n* სპერმა
sphere *n* სფერო
spherical *adj* სფერული
spice *n* სანელებელი
spicy *adj* არომატული
spider *n* ობობა
spider web *n* აბლაბუდა
spike *n* დიდი ლურსმანი
spiky *adj* წვეტიანი
spill *n* გადმოვარდნა
spill *v* დაღვრა
spin *v* ბრუნვა
spinach *n* ისპანახი
spine *n* ხერხემალი
spineless *adj* უხერხემლო
spiral *adj* სპირალური
spirit *n* სული
spiritual *adj* სულიერი
spit *v* ფურთხი
spite *n* ღვარძლი
spiteful *adj* გულღვარძლიანი
splash *v* შხაპუნი
splendid *adj* ჩინებული
splendor *n* ბრწყინვალება

S

splint *n* ნატეხი
splinter *n* ნაფოტი
splinter *v* ნაფოტი
split *v* გახლეჩა
split *n* გახლეჩა
split up *pv* გაყოფა
spoil *v* გაფუჭება
spoils *n* ნადავლები
sponge *n* ღრუბელი
spongy *adj* ღრუბლოვანი
sponsor *v* დაფინანსება
sponsor *n* სპონსორი
spontaneous *adj* სპონტანური
spooky *adj* აჩრდილებიანი
spoon *n* კოვზი
spoonful *n* ერთი კოვზი
sporadic *adj* სპორადული
sport *n* სპორტი
sportsman *n* სპორტსმენი
sporty *adj* სპორტსმენული
spot *v* დალაქავება
spot *n* ლაქა
spotless *adj* სუფთა
spotlight *n* პროჟექტორი
spouse *n* მეუღლე
sprain *v* გაჭიმვა
sprawl *v* გადაშხლართვა
spray *n* შეშხეფება
spray *v* შეშხეფება
spread *v* გავრცელება
spreadsheet *n* ელექტრონული ცხრილები
spring *n* გაზაფხული
spring *v* ხტომა
sprinkle *v* დაპკურება
sprout *v* ყლორტების ამოყრა
spur *n* დეზი
spy *v* თვალთვალი
spy *n* ჯაშუში
squalid *adj* ბინძური
squander *v* გაფლანგვა
square *n* კვადრატი
squash *v* გაჭყლეტა
squat *v* ჯმუხი
squeak *v* წრიპინი
squeaky *adj* ჭრაჭუნა
squeamish *adj* ზიზღიანი
squeeze *v* გამოწურვა
squid *n* კალმარი
squint *v* ალმაცერი მზერა
squirrel *n* ციყვი
squirt *v* შესხურება
stab *v* ჩასობა
stability *n* სტაბილურობა
stabilize *v* სტაბილიზება
stable *adj* მდგრადი
stable *n* საჯინიბო
stack *v* ზვინად დადგმა
stack *n* საკვამური
stadium *n* სტადიონი
staff *n* პერსონალი
stage *n* თეატრალური სცენა
stagger *v* ტორტმანი
staggering *adj* მერყევი

S

stagnant *adj* ინერტული
stain *v* დალაქავება
stain *n* ლაქა
stair *n* საფეხური
staircase *n* კიბე
stairs *n* კიბეები
stake *n* მარგილი
stale *adj* გამხმარი
stalemate *n* გამოუვალი მდგომარეობა
stalk *v* კვალს მიყოლა
stalk *n* ყუნწი
stall *v* გაჩერება
stall *n* ჯიხური
stamina *n* სასიცოცხლო ენერგია
stammer *v* ენის ბორძიკით ლაპარაკი
stamp *n* საფოსტო მარკა; შტამპი
stamp *v* შტამპის დასმა
stamp out *pv* გასრესვა
stampede *n* პანიკური გაქცევა
stand *v* დაყენება
stand *n* სტენდი
stand for *pv* წარმოდგენა
stand out *pv* გამოყოფა
stand up *pv* ადგომა
standard *n* სტანდარტი
standard *adj* სტანდარტული
standardize *v* სტანდარტიზება
standstill *n* უმოქმედობა
staple *v* სამაგრით შეკვრა
staple *n* სტეპლერის ტყვია
stapler *n* სტეპლერი
star *n* ვარსკვლავი
starch *n* ქედმაღლობა
stare *v* მიშტერებით ყურება
stark *adj* უღიმღამო
start *n* დასაწყისი
start *v* დაწყება
startle *v* შეშინება
startled *adj* შეშინებული
starvation *n* შიმშილობა
starve *v* შიმშილობა
state *v* მტკიცება
state *n* სახელმწიფო
statement *n* მტკიცება
static *n* სტატიკური
station *n* სადგური
stationary *adj* სტაციონარული
stationery *n* საკანცელარიო ნივთები
statistic *n* სტატისტიკა
statistical *adj* სტატისტიკური
statistician *n* სტატისტიკოსი
statue *n* ქანდაკება
status *n* მდგომარეობა
staunch *adj* ერთგული
stay *n* დარჩენა
stay *v* დარჩენა
steady *adj* გულგაუტეხელი
steak *n* ბიფშტექსი
steal *v* მოპარვა

stealthy *adj* ფარული
steam *n* ორთქლი
steel *n* ფოლადი
steep *adj* ციცაბო
steer *v* მართვა
stem *n* ღერო
stench *n* სიმყრალე
stencil *n* ტრაფარეტი
step *v* ნაბიჯების ხმა
step *n* ნაბიჯი
step down *pv* ძირს დაშვება
step out *pv* ნაბიჯის აჩქარება
step up *pv* ასვლა
stepbrother *n* გერი ძმა
step-by-step *adv* ნაბიჯ-ნაბიჯ
stepdaughter *n* გერი
stepfather *n* მამინაცვალი
stepladder *n* პწკალები
stepmother *n* დედინაცვალი
stepsister *n* დედინაცვლი
stepson *n* გერი
stereo *n* სტერეო
stereotype *n* სტერეოტიპი
sterile *adj* სტერილური
sterilize *v* სტერილიზება
stern *adj* კუშტი
stern *n* სასტიკი
sternly *adv* სასტიკად
stew *n* მოშუშული ხორცი
stick *v* ჩასობა
stick *n* ჯოხი
stick around *pv* გარშემო
stick out *pv* გამოყოფა
stick to *pv* ატმასნება
sticker *n* ეტიკეტი
sticky *adj* წებოვანი
stiff *adj* ხეშეში
stiffen *v* გამაგრება
stiffness *n* სიხისტე
stifle *v* სულის შეგუბება
stifling *adj* მხუთავი
still *adv* მაინც
still *adj* უძრავად
stimulant *n* სტიმულატორი
stimulate *v* სტიმულირება
stimulating *adj* მასტიმულირებელი
stimulus *n* სტიმული
sting *v* გესვლა
sting *n* ნესტარი
stinging *adj* მკბენარა
stingy *adj* ძუნწი
stink *v* აყროლება
stink *n* სიმყრალე
stinking *adj* მყრალი
stipulate *v* შეპირობება
stir *v* მოძრაობა
stir up *pv* შეგულიანება
stitch *n* გვირისტულა
stitch *v* დაბლანდვა
stock *n* მარაგი
stock *v* მომარაგება
stocking *n* მარაგის შევსება
stockpile *n* რეზერვი

S

stoic *adj* სტოიკური
stomach *n* კუჭი
stone *n* ქვა
stool *n* ტაბურეტი
stop *n* გაჩერება
stop *v* შეწყვეტა
stop by *pv* შევლა
stop light *n* შუქის გაჩერება
storage *n* შენახვა
store *n* მაღაზია
store *v* შენახვა
storm *n* ქარიშხალი
stormy *adj* ბობოქარი
story *n* მოთხრობა
stove *n* ღუმელი
straight *adv* პირდაპირ
straight *adj* პირდაპირი
straighten *v* გასწორება
straightforward *adj* პირდაპირი
strain *v* დაჭიმვა
strain *n* დაჭიმულობა
strained *adj* დაძაბული
strainer *n* საცერი
strait *n* სრუტე
strand *n* თავთხელი
stranded *adj* გაჭირვებაში ჩავარდნილი
strange *adj* უცნაური
stranger *n* უცნობი
strangle *v* ხრჩობა
strap *n* თასმა
strap *v* შეკვრა
strategic *adj* სტრატეგიული
strategy *n* სტრატეგია
straw *n* ჩალა
strawberry *n* მარწყვი
stray *v* თემიდან გადახვევა
stray *adj* უპატრონო
stream *n* ნაკადი
street *n* ქუჩა
streetcar *n* ტრამვაი
streetlight *n* შუქნიშანი
strength *n* ძალა
strengthen *v* გამაგრება
strenuous *adj* ენერგიული
stress *n* სტრესი
stress *v* ხაზგასმით აღნიშვნა
stress out *pv* სტრესი
stressful *adj* ნერვების ამშლელი
stretch *n* გაზმორება
stretch *v* გაზმორება
stretcher *n* გასაჭიმი მოწყობილობა
strict *adj* მკაცრი
stride *v* გადაბიჯება
strife *n* ჩხუბი
strike *v* გაფიცვა
strike *n* გაფიცვა
striking *adj* თვალწარმტაცი
string *n* ზონარი
stringent *adj* სავალდებულო
strip *v* გახდა
strip *n* ზოლი
stripe *n* ზოლი

S

striped *adj* ზოლიანი
strive *v* ბრძოლა
stroke *n* დარტყმა
stroll *v* გასეირნება
stroller *adv* მოსეირნეები
strong *adj* ძლიერი
strongly *adv* ძლიერად
structure *n* სტრუქტურა
struggle *n* ჩხუბი
struggle *v* ჩხუბი
stub *n* სიგარეტის ნამწვი
stubborn *adj* ჯიუტი
stuck *adj* მიმაგრებული
student *n* სტუდენტი
studio *n* სტუდია
study *n* კაბინეტი
study *v* სწავლა
stuff *v* გატენა
stuff *n* ნივთიერება
stuffing *n* სატენი
stuffy *adj* შეხუთული
stumble *v* წაბორძიკება
stun *v* თავზარის დაცემა
stunning *adj* შემაძრწუნებელი
stupendous *adj* კოლოსალური
stupid *adj* გონებაჩლუნგი
stupidity *n* სისულელე
sturdy *adj* მტკიცე
stutter *v* ენაჩლუნგობა
style *n* სტილი
stylish *adj* მოდური
subdue *v* დამორჩელება
subdued *adj* დამორჩილებული
subject *v* განხილვა
subject *n* თემა
subjective *adj* სუბიექტური
sublime *adj* ამაღლებული
submarine *n* წყალქვეშა ნავი
submerge *v* მხედველობის არედან გაქრობა
submissive *adj* მორჩილი
submit *v* გაგზავნა
subscribe *v* გამოწერა
subscription *n* გამოწერა
subsequent *adj* შემდგომი
substance *n* ნივთიერება
substandard *adj* უხარისხო
substantial *adj* არსებითი
substitute *n* შემცვლელი
substitute *v* შემცვლელი
subtitle *n* სუბტიტრები
subtle *adj* დახვეწილი
subtotal *n* ქვეჯამი
subtract *v* გამოკლება
subtraction *n* გამოკლება
suburb *n* გარეუბანი
subway *n* მიწისქვეშა გადასასვლელი
succeed *v* მოხერხება
success *n* წარმატება
successful *adj* წარმატებული
successfully *adv* წარმატებულად
successor *n* მემკვიდრე
succulent *adj* წვნიანი

S

succumb v დამორჩილება
such adj ამგვარი
such as idiom როგორიც არის
suck v შეწოვა
sudden adj უეცარი
suddenly adv უეცრად
sue v საქმის აღძვრა
suffer v ტანჯვა
suffering n ტანჯვა
sufficient adj საკმარისი
suffocate v გაგუდვა
sugar n შაქარი
suggest v შეთავაზება
suggestion n წინადადება
suicide n თვითმკვლელობა
suit n კოსტიუმი; სასამართლო პროცესი
suitable adj შესაფერისი
suitcase n ჩემოდანი
sullen adj პირქუში
sum n თანხა
sum v თანხა
summarize v შეჯამება
summary n შემაჯამებელი
summer n ზაფხული
summit n სამიტი
summon v გამოძახება
sumptuous adj მდიდრული
sun n მზე
sun block n მზის ბლოკი
sunburn n მზით დამწვრობა
Sunday n კვირა

sundown n მზის ჩასვლა
sunglasses n სათვალე
sunken adj ჩაძირული
sunlight n მზის შუქი
sunny adj მზიანი
sunrise n მზის ამოსვლა
sunset n მზის ჩასვლა
sunshine n მზის კაშკაში
suntan n ნამზეური
super adj საუკეთესო
superb adj საუცხოო
superficial adj ზერელე
superfluous adj გადაჭარბებული
superior adj უმაღლესი
supermarket n სუპერმარკეტი
superpower n სუპერძალა
superstition n ცრუმორწმუნეობა
supervise v ზედამხედველობა
supervision n ზედამხედველობა
supervisor n ზედამხედველი
supper n ვახშამი
supple adj ელასტიკური
supplier n მიმწოდებელი
supplies n მარაგი
supply v მომარაგება
supply n მომარაგება
support n მხარდაჭერა
support v მხარის დაჭერა
supporter n მხარდამჭერი
supportive adj მხადამჭერი
suppose v ვარაუდი

supposing *conj* ვარაუდი
suppress *v* ჩახშობა
supremacy *n* უპირატესობა
supreme *adj* უზენაესი
surcharge *n* დამატებითი გადასახადი
sure *adj* დარწმუნებული
surely *adv* უეჭველად
surf *v* ზვირთცემა
surface *n* ზედაპირი
surfboard *n* სერფინგის დაფა
surfing *n* სერფინგი
surge *n* ზვირთი
surgeon *n* ქირურგი
surgery *n* ოპერაცია
surgical *adj* ქირურგიული
surname *n* გვარი
surpass *v* გადაჭარბება
surplus *n* სიჭარბე
surprise *n* გაოცება
surprise *v* გაოცება
surprised *adj* გაოცებული
surprising *adj* გასაოცარი
surrender *v* დანებაბა
surround *v* გარშემოხვევა
surroundings *n* მიდამოები
surveillance *n* მეთვალყურეობა
survey *v* ინსპექცია
survey *n* მიმოხილვა
survival *n* გადარჩენა
survive *v* ცოცხლად დარჩენა
survivor *n* გადარჩენილი
susceptible *adj* ამთვისებელი
suspect *v* ეჭვის შეტანა
suspect *n* საეჭვო
suspend *v* დროებით შეჩერება
suspenders *n* წვივსაკრავები
suspense *n* გაურკვევლობა
suspension *n* დროებითი შეჩერება
suspicion *n* ეჭვი
suspicious *adj* საეჭვო
sustain *v* შენარჩუნება
sustainable *adj* მყარი
sustenance *n* საარსებო საშუალებანი
swallow *v* გადაყლაპვა
swamp *n* ჭაობი
swamped *adj* დატბორილი
swan *n* გედი
swap *v* გაცვლა
swarm *n* გუნდი
swarm *v* თავის მოყრა
sway *v* ქანაობა
swear *v* დაფიცება
sweat *n* გაოფვლა
sweat *v* ოფლის დენა
sweater *n* სვიტერი
sweatpants *n* სპორტული შარვალი
sweaty *adj* ოფლიანი
sweep *v* გაწმენდა
sweet *adj* ტკბილი
sweeten *v* დატკბობა

S

sweetheart *n* სატრფო
sweets *n* ტკბილეული
swell *v* გასიება
swelling *n* შეშუპება
swift *adj* სწრაფი
swiftly *adv* სწრაფად
swim *v* ბანაობა
swim trunks *n* საცურაო ზოლები
swimmer *n* მოცურავე
swimming *n* ცურვა
swimming pool *n* საცურაო აუზი
swimsuit *n* საცურაო კოსტუმი
swindle *v* თაღლითობა
swindler *n* თაღლითი
swing *v* ქანაობა
swing *n* ქანაობა
swipe *v* გადაფურცვლა
switch *n* გადართვა
switch *v* გადართვა
switch off *pv* გამორთვა
switch on *pv* ჩართვა
swivel *v* სახსარი
swollen *adj* გასიება
sword *n* ხმალი
syllable *n* მარცვალი
symbol *n* სიმბოლო
symbolic *adj* სიმბოლური
symbolize *v* სიმბოლოებით გამოხატვა
symmetrical *adj* სიმეტრიული
symmetry *n* სიმეტრია
sympathetic *adj* სიმპათიური
sympathize *v* თანაგრძნობის გამოხატვა
sympathy *n* თანაგრძნობა
symphony *n* სიმფონია
symptom *n* სიმპტომი
synagogue *n* სინაგოგა
synchronize *v* სინქრონიზირება
synonym *n* სინონიმი
synthesis *n* სინთეზი
synthetic *adj* სინთეთიკური
syringe *n* შპრიცი
syrup *n* სიროფი
system *n* სისტემა
systematic *adj* სისტემატური

T

tab *n* ჩანართი
table *n* ცხრილი; მაგიდა; გარიგი
tablecloth *n* მაგიდის გადასაფარებელი
tablespoon *n* სუფრის კოვზი
tablet *n* პლანშეტი
tack *n* ჭიკარტი
tackle *v* მიმაგრება
tacky *adj* წებოვანი
taco *n* ტაკო

tact *n* ტაქტი
tactful *adj* ტაქტიანი
tactic *n* ტაქტიკა
tactical *adj* ტაქტიკური
tag *n* ტეგი
tail *n* კუდი
tailor *n* მკერავი
tainted *adj* დაბინძურებული
take *v* აღება
take apart *pv* მონაწილეობის მიღება
take away *pv* წაღება
take back *pv* უკან წაღება
take in *pv* აღება
take off *pv* გახდა
take out *pv* ამოღება
take over *pv* თავზე აღება
tale *n* ამბავი
talent *n* ტალანტი
talented *adj* ნიჭიერი
talk *n* ლაპარაკი
talk *v* საუბარი
talkative *adj* მოლაყბე
tall *adj* მაღალი
tame *v* მოთვინიერება
tame *adj* მოთვინიერებული
tan *v* გარუჯვა
tan *n* რუჯი
tangent *n* მხები
tangerine *n* მანდარინი
tangible *adj* ხელშესახები
tangle *n* აბურდული გორგალი
tangled *adj* აბურდული
tank *n* ავზი
tantrum *n* გაღიზიანება
tap *v* დაკაკუნება
tap *n* ონკანი
tape *n* ზონარი
tape *v* ზონრით შეკვრა
tape measure *n* საზომი ლენტი
tape recorder *n* მაგნიტოფონი
tapestry *n* გობელენი
tar *n* კუპრი
tarantula *n* ტარანტული
tardy *adj* აუჩქარებელი
target *n* სამიზნე
tarnish *v* დაბინძურება
tart *v* ბჟუტვა
tart *n* ბჟუტვა
task *n* დავალება
taste *n* გემოვნება
taste *v* გემოვნება
tasteful *adj* გემოვნებიანი
tasteless *adj* უგემოვნო
tasty *adj* გემრიელი
tattoo *n* სვირინგი
tavern *n* ტავერნა
tax *n* გადასახადი
taxi *n* ტაქსი
tea *n* ჩაი
teach *v* სწავლება
teacher *n* მასწავლებელი
team *n* გუნდი

teammate *n* თანაგუნდელი
teapot *n* ჩაიდანი
tear *v* დახევა
tear *n* ცრემლი
tease *v* დაცინვა
teaspoon *n* ჩაის კოვზი
technical *adj* ტექნიკური
technically *adv* ტექნიკურად
technician *n* ტექნიკოსი
technique *n* ტექნიკა
technology *n* ტექნოლოგია
tedious *adj* მასაბეზრებელი
teenage *adj* მოზარდი
teenager *n* მოზარდი
teeth *n* კბილები
telephone *n* ტელეფონი
telescope *n* ტელესკოპი
televise *v* სატელევიზიო გადაცემის წაყვანა
television *n* ტელევიზია
tell *v* თქმა, მოყოლა
teller *n* მთქმელი
telling *adj* მთქმელი
temper *n* განწყობილება
temperature *n* ტემპერატურა
tempest *n* ქარიშხალი
template *n* შაბლონი
temple *n* ტაძარი
temporarily *adv* დროებით
temporary *adj* დროებითი
tempt *v* ცდუნება
temptation *n* ცდუნება
tempting *adj* მაცდური
ten *n* ათი
tenacity *n* შეუპოვრობა
tenant *n* მოიჯარე
tend *v* სწრაფვა
tendency *n* ტენდენცია
tender *adj* მგრძნობიარე
tenderness *n* სინაზე
tennis *n* ჩოგბურთი
tenor *n* ტენორი
tense *adj* დაძაბული
tension *n* დაძაბულობა
tent *n* კარავი
tentacle *n* საცეცი
tentative *adj* დროებითი
tenth *adj* მეათე
tepid *adj* ნელთბილი
term *n* ვადა
terminal *n* ტერმინალი
terminate *v* შეწყვეტა
terminology *n* ტერმინოლოგია
terms *n* ვადები
terrace *n* ტერასა
terrain *n* ტერიტორია
terrestrial *adj* მიწიერი
terrible *adj* საშინელი
terrific *adj* შესანიშნავი
terrify *v* შეშინება
terrifying *adj* შემზარავი
territory *n* ტერიტორია
terror *n* შიში
terrorism *n* ტერორიზმი

T

terrorist *n* ტერორისტი
terrorize *v* ტერორიზირება
test *n* ტესტი
test *v* ტესტირება
testament *n* ანდერძი
testify *v* ჩვენების მიცემა
testimony *n* მტკიცებულება
text *n* ტექსტი
text *v* ტექსტური შეტყობინების გაგზავნა
text message *n* ტექსტური შეტყობინება
textbook *n* სახელმძღვანელო
texture *n* ტექსტურა
than *conj* ვიდრე
than *prep* ვიდრე
thank *v* მადლობა
thank you *n* გმადლობთ
thankful *adj* მადლობელი
thanks *n* მადლობა
that *pron* ის
that *conj* რომ
that *adj* რომელიც
thaw *v* ლღობა
the *a* განსაზღვრული არტიკლი
theater *n* თეატრი
theft *n* ქურდობა
their *adj* მათი
theirs *pron* მათი
them *pron* მათ
theme *n* თემა
theme park *n* თემა პარკი
themselves *pron* ისინი თვითონ
then *adv* შემდეგ
theory *n* თეორია
therapist *n* თერაპევტი
therapy *n* თერაპია
there *pron* იქ, იქითკენ
there *adv* იქ
therefore *adv* აქედან გამომდინარე
thermometer *n* თერმომეტრი
thermostat *n* თერმოსტატი
thesaurus *n* საგანძური
these *adj* ესენი
these *pron* ესენი
thesis *n* თეზისი
they *pron* ისინი
thick *adj* მსუქანი
thicken *v* შესქელება
thickness *n* სისქე
thief *n* ქურდი
thigh *n* ბარძაყი
thin *adj* წვრილი
thing *n* საგანი
think *v* ფიქრი
thinly *adv* წვრილად
third *adj* მესამე
thirst *v* წყურვილის გრძნობა
thirsty *adj* მოწყურებული
thirteen *n* ცამეტი
thirty *n* ოცდაათი

T

this *adj* ეს
this *pron* ეს
thorn *n* ეკალი
thorny *adj* ეკლიანი
thorough *adj* ვ
those *adj* ისინი
those *pron* ისინი
though *adv* თუმცა
though *conj* მიუხედავად ამისა
thought *n* ფიქრი
thoughtful *adj* დაფიქრებული
thousand *n* ათასი
thread *n* ძაფი
thread *v* ძაფის გაყრა
threat *n* მუქარა
threaten *v* დამუქრება
three *n* სამი
threshold *n* ზღურბლი
thrifty *adj* ეკონომიური
thrill *v* მღელვარება
thrill *n* ჟრუანტელი
thrilling *adj* ამაღელვებელი
thrive *v* წარმატების მიღწევა
throat *n* ყელი
throb *v* პულსირება
throne *n* ტახტი
through *adv* გავლით; -ით
through *prep* გავლით
throughout *prep* მთლიანად
throw *v* სროლა
throw away *pv* გადაგდება
throw up *pv* გადაყრა
thug *n* მკვლელი
thumb *n* ცერი
thumbtack *n* ჭიკარტი
thunder *n* ქუხილი
thunderbolt *n* ელვა
thunderstorm *n* ჭექა-ქუხილი
Thursday *n* ხუთშაბათი
thus *adv* ამგვარად
ticket *n* ბილეთი
tickle *n* ღიტინი
tickle *v* ხიცინი
ticklish *adj* დელიკატური
tidal wave *n* მოქცევის ტალღა
tide *n* ზღვის მიქცევ-მოქცევა
tidy *adj* სუფთა
tie *n* ყელსახვევი
tie *v* შემოხვევა
tiger *n* ვეფხვი
tight *adj* მჭიდრო
tight *adv* მჭიდროდ
tighten *v* შემჭიდროება
tile *n* კრამიტი
till *prep* -მდე
till *v* ხვნა
tilt *v* გადახრა
timber *n* ხე-ტყე
time *n* დრო
time *v* დროის გაზომვა
time limit *n* დროის ლიმიტი
timeless *adj* უდროოდ
timely *adj* დროულად
timer *n* ტაიმერი

T

times *prep* -ჯერ
timid *adj* მორცხვი
tin *n* თუნუქი
tingle *v* შუილი
tiny *adj* ციცქნა
tip *n* დამატებითი გასამრჯელო
tiptoe *v* ფეხაკრებით სიარული
tire *v* დაღლა
tire *n* საბურავი
tired *adj* დაღლილი
tireless *adj* დაუღლელი
tiresome *adj* დამღლელი
tissue *n* ქსოვილი
title *n* სათაური
to *prep* -კენ
toad *n* გომბეშო
toast *v* ტოსტერის გაკეთება
toast *n* შებრაწული პური
toaster *n* ტოსტერი
tobacco *n* თამბაქო
today *adv* დღეს
today *n* დღეს
toddler *n* ბავშვი, რომელიც სიარულს სწავლობს
toe *n* ფეხის თითი
toenail *n* ფეხის თითის ფრჩხილი
together *adv* ერთად
toil *v* მძიმე შრომა
toilet *n* ტუალეტი
toilet paper *n* ტუალეტის ქაღალდი
token *n* ნიშანი
tolerable *adj* მოსათმენი
tolerance *n* შემწყნარებლობა
tolerant *adj* შემწყნარებელი
tolerate *v* შეწყნარება
toll *n* სამგლოვიარო რეკვა
tomato *n* პამიდორი
tomb *n* აკლდამა
tombstone *n* საფლავის ფილა
tomorrow *adv* ხვალ
tomorrow *n* ხვალ
ton *n* ტონა
tone *n* ტონი
tongs *n* მარწუხი
tongue *n* ენა
tonight *adv* ამ საღამოს
tonight *n* იმავე დღის საღამო
too *adv* აგრეთვე
tool *n* ინსტრუმენტი
tooth *n* კბილი
toothache *n* კბილის ტკივილი
toothbrush *n* კბილის ჯაგრისი
toothpaste *n* კბილის პასტა
toothpick *n* კბილსაჩიჩქნი
top *adj* მოწინავე
top *n* მწვერვალი
topic *n* თემა
topical *adj* ადგილობრივი
topple *v* გადაყირავება
torch *n* ჩირაღდანი
torment *v* წვალება
tornado *n* ტორნადო

T

torrent *n* ნაკადი
torso *n* ტორსი
tortoise *n* კუ
torture *n* წამება
torture *v* წამება
toss *v* ქანაობა
total *adj* მთელი
total *n* სულ
totally *adv* მთლიანად
touch *n* შეხება
touch *v* შეხება
touch on *v* შეხება
touch up *v* ხელის შევლება
touching *adj* ამაღელვებელი
tough *adj* მკვრივი
toughen *v* გამყარება
tour *n* ტური
tourism *n* ტურიზმი
tourist *n* ტურისტი
tournament *n* ტურნირი
tow *v* ბუქსირით თრევა
tow truck *n* ბუქსირებადი მანქანა
toward *prep* მიმართულებით
towel *n* პირსახოცი
tower *n* კოშკი
towering *adj* კოშკიანი
town *n* ქალაქი
town hall *n* მუნიციპალიტეტი
toxic *adj* ტოქსიკური
toxin *n* ტოქსინი
toy *n* სათამაშო
trace *v* თვალთვალი
trace *n* ნაკვალევი
track *n* თვალთვალი
track *v* თვალთვალი
traction *n* წევა
tractor *n* ტრაქტორი
trade *n* ვაჭრობა; პროფესია
trade *v* ვაჭრობა
trader *n* ბითუმად მოვაჭრე
tradition *n* ტრადიცია
traditional *adj* ტრადიციული
traditionally *adv* ტრადიციულად
traffic *n* საგზაო მოძრაობა
traffic jam *n* მანქანების საცობი
traffic light *n* შუქნიშანი
tragedy *n* ტრაგედია
tragic *adj* ტრაგიკული
trail *v* დევნა
trail *n* კუდი
trailer *n* მისაბმელი
train *n* მატარებელი; სწავლება; წვრთნა
train *v* სწავლება
trainee *n* აღსაზრდელი
trainer *n* მწვრთნელი
training *n* სწავლება
trait *n* ხაზი
traitor *n* მოღალატე
trajectory *n* ტრაექტორია
tram *n* ტრამვაი
trample *v* გათელვა
trance *n* ტრანსი

T

tranquility *n* სიმშვიდე
transaction *n* ტრანზაქცია
transcend *v* საზღვარს გადაბიჯება
transcribe *v* გადაწერა
transfer *n* გადატანა
transfer *v* გადატანა
transform *v* გარდაქმნა
transformation *n* გარდაქმნა
transit *n* გადასვლა
transition *n* გარდამავალი პერიოდი
translate *v* თარგმნა
translator *n* თარჯიმანი
transmit *v* გადაცემა
transparent *adj* გამჭირვალე
transplant *v* გადანერგვა
transport *v* ტრანსპორტი
transportation *n* ტრანსპორტირება
trap *n* ხაფანგი
trap *v* ხაფანგის დაგება
trash *n* ნაგავი
trash can *n* ნაგვის ურნა
trashy *adj* ნაგავი
traumatic *adj* ტრავმული
traumatize *v* ტრავმატირება
travel *v* მგზავრობა
travel *n* მგზავრობა
traveler *n* მოგზაური
tray *n* ლანგარი
treacherous *adj* მოღალატური
treachery *n* ღალატი
tread *v* გათელვა
treason *n* ღალატი
treasure *n* გასაგნძური
treat *n* მკურნალობა
treat *v* მკურნალობა
treatment *n* მოპყრობა
treaty *n* ხელშეკრულება
tree *n* ხე
tremble *v* კანკალი
tremendous *adj* უზარმაზარი
tremor *n* თრთოლა
trench *n* თხრილი
trend *n* ტენდენცია
trendy *adj* ტრენდული
trespass *v* საზღვრის დარღვევა
trial *n* სასამართლო პროცესი
triangle *n* სამკუთხედი
tribe *n* ტომი
tribulation *n* მწუხარება
tribute *n* ხარკი
trick *n* ეშმაკობა
trick *v* ეშმაკობა
trickle *v* წვეთებად დაღვრა
tricky *adj* ოინბაზი
trigger *v* გამოწვევა
trigger *n* გამღიზიანებელი
trim *v* წესრიგში მოყვანა
trip *v* მგზავრობა
trip *n* მოგზაურობა
triple *adj* სამმაგი

tripod *n* შტატივი
triumph *n* ტრიუმფი
triumphant *adj* ტრიუმფალური
trivial *adj* ტრივიალური
trivialize *v* ტრივიალიზება
trolley *n* საზიზღარი
trombone *n* ტრომბონი
troops *n* ჯარი
trophy *n* ნადავლი
tropical *adj* ტროპიკული
trouble *n* უსიამოვნება
trouble *v* უსიამოვნება
troubled *adj* აღელვებული
troublesome *adj* დაუდგომელი
trousers *n* შარვალი
truce *n* დროებითი ზავი
truck *n* სატვირთო მანქანა
trucker *n* სატვირთო მანქანის მძღოლი
true *adj* ნამდვილი
truly *adv* გულწრფელად
trumped-up *adj* გამოგონებული
trumpet *n* საყვირი
trunk *n* ტანი
trust *n* ნდობა
trust *v* ნდობა
trustworthy *adj* საიმედო
truth *n* სიმართლე
truthful *adj* მართალი
try *v* ცდა
T-shirt *n* მაისური
tub *n* ვარცლი
tuba *n* ტუბა
tube *n* მილი
tuck *v* ნაკეცების გაკეთება
Tuesday *n* სამშაბათი
tug *v* ბუქსირზე აყვანა
tuition *n* სწავლება
tulip *n* ტიტა
tumble *v* გადავარდნა
tummy *n* მუცელი
tumor *n* სიმსივნე
tumult *n* მღელვარება
tumultuous *adj* ხმაურიანი
tuna *n* თინუსი
tune *n* აწყობა
tune *v* აწყობა
tunnel *n* გვირაბი
turbulence *n* ტურბულენტობა
turf *n* ტორფი
turkey *n* ინდაური
turmoil *n* არეულობა
turn *n* ბრუნი
turn *v* შემობრუნება
turn back *pv* უკან დაბრუნება
turn down *pv* უარის თქმა
turn in *pv* შემობრუნება
turn off *pv* გამორთვა
turn on *pv* ჩართვა
turn over *pv* გადაბრუნება
turn up *pv* აკეცილი
turtle *n* კუ
tusk *n* ეშვი

T

tutor *n* მეურვე
tweezers *n* პინცეტი
twelfth *adj* მეთორმეტედი ნაწილი
twelve *n* თორმეტი
twentieth *adj* მეოცედი ნაწილი
twenty *n* ოცი
twice *adv* ორჯერ
twig *n* შტო
twilight *n* ბინდი
twin *n* ორეული
twinkle *v* ციმციმი
twist *n* მოღუნვა
twist *v* მოღუნვა
twisted *adj* დაგრეხილი
twister *n* ენის გასატეხი
twitch *v* კრუნჩხვა
two *n* ორი
tycoon *n* სამრეწველო მაგნატი
type *v* ბეჭდვა
type *n* ტიპი
type writer *n* საბეჭდი მანქანა
typical *adj* ტიპიური
typo *n* ბეჭდური შეცდომა
tyranny *n* ტირანია
tyrant *n* ტირანი

U

ugly *adj* მახინჯი
ulcer *n* იარა
ultimate *adj* უკანასკნელი
ultimatum *n* ულტიმატუმი
umbrella *n* ქოლგა
umpire *n* მედიატორი
unable *adj* უუნარო
unanimous *adj* ერთსულოვანი
unarmed *adj* შეუიარაღებელი
unassuming *adj* მორიდებული
unattached *adj* მიუმაგრებელი
unavoidable *adj* გარდუვალი
unaware *adj* გაუფრთხილებელი
unbearable *adj* აუტანელი
unbeatable *adj* დაუმლეველი
unbelievable *adj* დაუჯერებელი
unbiased *adj* მიუკერძოებელი
unbroken *adj* გაუტეხელი
unbutton *v* შეხსნა
uncertain *adj* გაურკვეველი
uncle *n* ბიძა
unclear *adj* გაურკვეველი
uncomfortable *adj* უსიამოვნო
uncommon *adj* იშვიათი
unconscious *adj* უგონო მდგომარეობაში
uncontrollable *adj* უკონტროლო
unconventional *adj* არა ტრადიციული

unconvinced *adj* დაუჯერებელი
uncover *v* გამოაშკარავება
undecided *adj* გადაუწყვეტელი
undeniable *adj* უდაო
under *prep* ქვეშ
under *adv* ქვეშ
underage *adj* არასრულწლოვანი
undercover *adj* საიდუმლო
underdog *n* დამარცხებული მხარე
underestimate *v* არასწორი შეფასება
undergo *v* გადატანა, განცდა
underground *adj* საიდუმლოდ, მიწისქვეშ
underground *adv* მიწისქვეშა; საიდუმლო
underline *v* საფუძვლად უდევს
underlying *adj* საფუძვლად უდევს
undermine *v* ძირის გამოთხრა
underneath *prep* უფრო დაბლა
understand *v* მიხვედრა
understandable *adj* გასაგები
understanding *adj* ურთიერთგაგება
undertake *v* ხელის მოკიდება
underwater *adj* წყალქვეშა
underwater *adv* წყალქვეშა
underwear *n* საცვლები
underweight *adj* ნაკლებწონიანი

U

undeserved *adj* დაუმსახურებელი
undesirable *adj* არასასურველი
undisputed *adj* უდავო
undo *v* გაუქმება
undoubtedly *adv* უეჭველად
undress *v* გახდა
undue *adj* არასათანადო
unearth *v* ამოთხრა
uneasy *adj* მოუხერხებელი
uneducated *adj* უვიცი
unemployed *adj* უმუშევარი
unemployment *n* უმუშევრობა
unending *adj* დაუსრულებელი
unequal *adj* არა თანაბარი
unequivocal *adj* ცალსახა
uneven *adj* არათანაბარი
unexpected *adj* მოულოდნელი
unfair *adj* უსამართლო
unfaithful *adj* ორგული
unfamiliar *adj* უცნობი
unfasten *v* გახსნა
unfavorable *adj* არახელსაყრელი
unfinished *adj* დაუმთავრებელი
unfit *adj* შეუფერებელი
unfold *v* გაშლა
unforeseen *adj* გაუთვალისწინებელი
unforgettable *adj* დაუვიწყარი
unfortunately *adv* საუბედუროდ
unfounded *adj* დაუსაბუთებელი
unfriendly *adj* არაკეთილგანწყობილი

ungrateful *adj* უმადური
unhappy *adj* უბედური
unharmed *adj* უწყინარი
unhealthy *adj* არაჯანსაღი
unheard-of *adj* გაუგონარი
uniform *n* უნიფორმა
uniform *adj* უნიფორმასავით
uniformity *n* ერთფეროვნება
unify *v* გაერთიანება
unilateral *adj* ცალმხრივი
union *n* გაერთიანება
unique *adj* უნიკალური
unit *n* ერთეული
unite *v* გაერთიანება
united *adj* შეერთებული
unity *n* ერთიანობა
universal *adj* საყოველთაო
universe *n* სამყარო
university *n* უნივერსიტეტი
unjust *adj* უსამართლო
unjustified *adj* არაკანონზომიერი
unkind *adj* უმსგავსო
unknown *adj* უცნობი
unlawful *adj* უკანონო
unleash *v* სადავედან მოხსნა
unless *conj* მანამდე
unlike *adj* უმსგავსო
unlikely *adj* ნაკლებად სარწმუნო
unlimited *adj* განუსაზღვრელი
unload *v* გადმოტვირთვა
unlock *v* გახსნა
unlucky *adj* უბედური
unmarried *adj* დასაოჯახებელი
unmask *v* ნიღაბის ჩამოხსნა
unmistakable *adj* უშეცდომო
unnecessary *adj* უსარგებლო
unnoticed *adj* შეუმჩნეველი
unoccupied *adj* თავისუფალი
unofficial *adj* არაოფიციალური
unofficially *adv* არაოფიციალურად
unpack *v* გახსნა
unpleasant *adj* უსიამოვნო
unplug *v* გამოერთება
unpopular *adj* არაპოპულარული
unpredictable *adj* არაპროგნოზირებადი
unprofessional *adj* არაპროფესიონალური
unprotected *adj* დაუცველი
unqualified *adj* არაკვალიფიციური
unravel *v* გახსნა
unreal *adj* არარეალური
unreasonable *adj* არაგონივრული
unrelated *adj* დაუკავშირებელი
unreliable *adj* არასაიმედო
unrest *n* შფოთი
unsafe *adj* სახიფათო
unscrew *v* ამოხრახნა
unspeakable *adj* ენით აუწერელი

U

unstable *adj* ცვალებადი
unsteady *adj* მერყევი
unsuccessful *adj* წარუმატებელი
unsuitable *adj* შეუფერებელი
unsure *adj* არასაიმედო
unsuspecting *adj* ეჭვმიუტანელი
unthinkable *adj* წარმოუდგენელი
untie *v* გათავისუფლება
until *prep* ვიდრე
until *conj* ვიდრე
untimely *adj* უდროო
untouchable *adj* ხელშეუხებელი
untrue *adj* ყალბი
unusual *adj* უჩვეულო
unveil *v* გახმაურება საიდუმლოს
unwillingly *adv* უხალისოდ
unwind *v* გახსნა
unwrap *v* გახსნა
unzip *v* გახსნა
up *adv* მაღლა
up *prep* მაღლა
upbringing *n* აღზრდა
upcoming *adj* მოახლოებული
update *v* განახლება
upgrade *v* გადახალისება
upheaval *n* ამბოხი
uphill *adv* აღმართი
uphold *v* მხარში ამოდგომა
upholstery *n* მოპირკეთება
upon *prep* -ზე
uppercase *n* მთავრული
upright *adj* ვერტიკალური
uprising *n* ამბოხი
uproar *n* სიბრაზე
uproot *v* ამოძირკვა
upset *v* გადაყირავება
upset *adj* გულგატეხილი
upside-down *adv* თავდაყირა
upstairs *adv* ზედა სართულზე
upstairs *adj* ზედა სართულზე
uptight *adj* დაჭიმული
up-to-date *adj* თანამედროვე
upwards *adv* ზემოთ
Uranus *n* ურანი
urban *adj* ქალაქური
urge *n* დაჟინებით მოთხოვნა
urge *v* დაჟინებით მოთხოვნა
urgency *n* გადაუდებლობა
urgent *adj* გადაუდებელი
urinate *v* შარდვა
urine *n* შარდი
urn *n* ურნა
us *pron* ჩვენ
usage *n* გამოყენება
use *n* გამოყენება
use *v* გამოყენება
useable *adj* გამოსაყენებელი
used *adj* გამოყენებული
used to *idiom* ხოლმე
useful *adj* გამოსადეგი
useless *adj* გამოუსადეგარი
user *n* მომხმარებელი

U

user-friendly *adj* მომხმარებლისთვის მოსახერხებელი
usher *n* მეკარე
usual *adj* ჩვეული
usually *adv* ჩვეულებრივ
utensil *n* ჭურჭელი
utilize *v* გამოყენება
utmost *adj* მაქსიმალურად
utter *v* გამოცემა

V

vacancy *n* ვაკანსია
vacant *adj* თავისუფალი
vacate *v* გათავისუფლება
vacation *n* შვებულება
vaccinate *v* აცრა
vaccine *n* ვაქცინა
vacuum *n* სიცარიელე
vacuum *v* სიცარიელე
vagrant *n* მოხეტიალე
vague *adj* გაურკვეველი
vain *adj* ამაო
vainly *adv* ამაოდ
valiant *adj* გულადი
valid *adj* მოქმედი
validate *v* შემოწმება
validity *n* კანონიერება
valley *n* ველი

valuable *adj* ძვირფასი
value *v* დაფასება
value *n* მნიშვნელობა
valve *n* სარქველი
vampire *n* ვამპირი
van *n* ფურგონი
vandal *n* ვანდალი
vandalism *n* ვანდალიზმი
vandalize *v* დანგრევა
vanilla *n* ვანილი
vanish *v* გაქრობა
vanity *n* ამაოება
vanquish *v* დამარცხება
vapor *n* ორთქლი
variable *adj* ცვალებადი
variation *n* ცვლილება
varied *adj* განსხვავებული
variety *n* მრავალფეროვნება
various *adj* სხვადასხვაგვარი
varsity *n* უნივერსიტეტი
vary *v* შეცვლა
vase *n* ვაზა
vast *adj* ფართო
veal *n* ხბოს ხორცი
veer *v* გადახრა
vegetable *n* ბოსტნეული
vegetarian *n* ვეგეტარიანული
vegetation *n* აღმოცენება
vehicle *n* ტრანსპორტი
veil *n* გადასაფარებელი
vein *n* ვენა
velocity *n* სისწრაფე

velvet *n* ხავერდი
vengeance *n* შურისძიება
venom *n* ღვარძლი
vent *n* სავენტილაციო ხვრელი
ventilate *v* განიავება
ventilation *n* ვენტილაცია
venture *v* გაბედვა
venture *n* სახიფათო წამოწყება
verb *n* ზმნა
verbal *adj* სიტყვიერი
verbally *adv* ზეპირად
verbatim *adv* სიტყვა-სიტყვით
verdict *n* ვერდიქტი
verge *n* საზღვარი
verification *n* მტკიცება
verify *v* შემოწმება
versatile *adj* ცვალებადი
verse *n* ლექსი
versed *adj* გამოცდილი
version *n* ვერსია
versus *prep* პირისპირ
vertebra *n* ხერხემალი
vertical *adj* ვერტიკალური
very *adv* ძალიან
very *adj* ძალიან
vessel *n* ხომალდი
vest *n* ჟილეტი
veteran *n* ვეტერანი
veterinarian *n* ვეტერანი
veto *v* ვეტო
via *prep* გავლით
vibrant *adj* ვიბრირებადი
vibrate *v* ვიბრირება
vibration *n* ვიბრაცია
vice *n* ხარვეზი
vicinity *n* გარეუბანი
vicious *adj* ბიწიერი
victim *n* მსხვერპლი
victimize *v* მოტყუება
victor *n* გამარჯვებული
victorious *adj* გამარჯვებული
victory *n* გამარჯვება
video *n* ვიდეო
video game *n* ვიდეო თამაში
view *n* მიმოხილვა
view *v* მიმოხილვა
viewpoint *n* თვალსაზრისი
vigil *n* ფხიზლობა
vigorous *adj* ენერგიული
village *n* სოფელი
villager *n* სოფლელი
villain *n* საძაგელი
vindicate *v* დაცვა
vindictive *adj* შურისმაძიებელი
vine *n* ვაზი
vinegar *n* ძმარი
vineyard *n* ვენახი
violate *v* კანონის დარღვევა
violence *n* ძალადობა
violent *adj* იისფერი
violet *n* ია
violet *adj* იისფერი
violin *n* ვიოლინო
violinist *n* მევიოლინე

virgin n ქალწული
virile adj მხნე
virtual adj ვირტუალური
virtually adv ვირტუალურად
virtue n სათნოება
virtuous adj სათნო
virus n ვირუსი
visibility n ხილვადობა
visible adj ხილვადი
vision n მხედველობა
visit n ვიზიტი
visit v სტუმრობა
visitor n სტუმარი
visual adj ვიზუალური
visualize v თვალსაჩინოდ წარმოდგენა
vital adj სასიცოცხლო
vitality n სიცოცხლისუნარიანობა
vitamin n ვიტამინი
vivacious adj ცოცხალი
vivid adj კაშკაშა
vocabulary n ლექსიკონი
vocal adj ვოკალური
voice n ხმა
voice mail n ხმოვანი შეტყობინება
void adj გაუქმებული
volatile adj ცვალებადი
volcano n ვულკანი
volleyball n ხელბურთი
voltage n ძაბვა
volume n მოცულობა

voluntary adj ნებაყოფლობითი
volunteer n მოხალისე
volunteer v მოხალისედ ყოფნა
vomit v ღებინება
vote n ხმის მიცემა
vote v ხმის მიცემა
vouch for v თავდებად დადგომა
voucher n ვაუჩერი
vow v ფიცი
vowel n ხმოვანი
voyage n ვოიაჟი
voyager n ვოიაჯერი
vulgar adj ვულგარული
vulnerable adj დაუცველი
vulture n სვავი

W

wafer n ვაფლი
waffle n ვაფლი
wag v რხევა
wage n ხელფასი
wagon n ვაგონი
wail v დატირება
waist n წელი
wait v ლოდინი
waiter n ოფიციანტი კაცი
waitress n ოფიციანტი ქალი
waive v უარის თქმა

wake (up) *v* გაღვიძება
walk *v* სიარული
walk *n* ფეხით სეირნობა
wall *n* კედელი
wallet *n* საფულე
walnut *n* კაკლის ხე
walrus *n* ლომვეშაპი
waltz *n* ვალსი
wander *v* ხეტიალი
wanderer *n* მოხეტიალე
wane *v* შემცირება
want *v* სურვილი
war *n* ომი
ward *n* პალატა საავადმყოფოში; საკანი სატუსაღოში
warden *n* ციხის უფროსი
wardrobe *n* კარადა
warehouse *n* საწყობი
warfare *n* ომის წარმოების ხერხები
warm *v* გათბობა
warm *adj* თბილი
warm up *pv* გათბობა
warmth *n* სითბო
warn *v* გაფრთხილება
warning *n* გაფრთხილება
warp *v* გამრუდება
W
warped *adj* დაბრეცილი
warrant *n* გარანტია
warrant *v* უზრუნველყოფა
warranty *n* გარანტია
warrior *n* მებრძოლი
wart *n* მეჭეჭი
wary *adj* ფრთხილი
wash *v* გარეცხვა
washable *adj* რეცხვადი
washing machine *n* სარეცხი მანქანა
wasp *n* კრაზანა
waste *adj* ზედმეტი
waste *v* ფლანგვა
waste *n* წარმოების ნარჩენი
wastebasket *n* ნარჩენების კალათი
wasteful *adj* მფლანგველი
watch *v* თვალყურის დევნება
watch *n* მაჯის საათი
watch out *pv* ფრთხილად
watchful *adj* ფხიზელი
water *n* წყალი
water *v* წყალის დინება
water heater *n* წყლის გამაცხელებელი
waterfall *n* ჩანჩქერი
watermelon *n* საზამთრო
waterproof *adj* წყალგაუმტარი
watertight *adj* წყალგაუმტარი
watery *adj* გაწყალებული
wave *n* ტალღა
wave *v* ქანაობა
waver *v* ტორტმანი
wavy *adj* ტალღოვანი
wax *n* ცვილი

way *n* გზა; გამოსავალი
way in *n* შესასვლელი
way out *n* გამოსავალი მდგომარეობიდან
we *pron* ჩვენ
weak *adj* სუსტი
weaken *v* დასუსტება
weakness *n* სისუსტე
wealth *n* სიმდიდრე
wealthy *adj* მდიდარი
weapon *n* იარაღი
wear *v* ტარება
wear down *pv* ხმარება
wear out *pv* გაცვეთა
weary *adj* დაქანცული
weather *n* ამინდი
weave *v* წნვა
web *n* ქსელი
website *n* ვებსაიტი
wed *v* დაქორწინება
wedding *n* ქორწილი
wedge *n* სოლის ჩასობა
Wednesday *n* ოთხშაბათი
weed *n* სარეველა
weed *v* სარეველა
week *n* კვირა
weekday *n* კვირის დღე
weekend *n* უიკენდი
weekly *adv* ყოველკვირეულად
weep *v* ქვითინი
weigh *v* აწონა
weight *n* წონა
weird *adj* ბედისწერა
welcome *n* მისალმება
welcome *v* მისალმება
weld *v* ფრთხილი
welder *n* შემდუღებელი
welfare *n* კეთილდღეობა
well *adj* კარგად
well *n* კარგად
well *adv* კარგად
well-behaved *adj* კეთილზნიანი
well-dressed *adj* კარგად ჩაცმული
well-known *adj* კარგად ცნობილი
well-to-do *adj* კეთილმოწყობილი
west *n* დასავლეთი
west *adj* დასავლეთი
west *adv* დასავლეთი
westbound *adv* დასავლეთით
western *adj* დასავლეთის
westerner *adj* დასავლეთის მკვიდრი
wet *adj* სველი
whale *n* ვეშაპი
what *adj* რა
what *pron* რა
whatever *adj* ნებისმიერი
whatever *pron* რომელიც კი
wheat *n* ხორბალი
wheel *n* საჭე
wheelbarrow *n* ურიკა

wheelchair *n* ინვალიდის სავარძელი
wheeze *v* ხრიალი
when *conj* როდესაც
when *adv* როდის
whenever *adv* როდისღა, როდის
whenever *conj* ყოველთვის როდესაც
where *adv* სად
where *conj* სად
whereabouts *n* მიახლოებითი ადგილმდებარეობა
whereas *conj* რომლითაც
whereby *adv* რასთან
wherever *conj* საითკენაც არ
whether *conj* თუ
which *adj* რომელი
which *pron* რომელი
while *conj* იმ დროს, როდესაც
while *n* დროის მონაკვეთი
whim *n* კაპრიზი
whine *v* წუწუნი
whip *v* გამათრახება
whip *n* მათრახი
whirl *v* ტრიალი
whirlpool *n* მორევი
whiskers *n* ულვაშები
whisper *n* ჩურჩული
whisper *v* ჩურჩული
whistle *n* სასტვენი
whistle *v* სტვენა
white *n* თეთრი ფერი
white *adj* მოთეთრო
whiten *v* შეთეთრება
who *pron* ვინ
whoever *pron* ვისაც არ უნდა
whole *adj* მთელი
whole *n* მთლიანი
wholehearted *adj* მთელი გულით
wholesome *adj* სასარგებლო
whom *pron* რომელიც
whose *adj* ვისი
whose *pron* ვისი
why *adv* რატომ
wicked *adj* ცოდვილი
wide *adj* ფართო
widely *adv* ფართოდ
widen *v* გაფართოება
widespread *adj* ფართოდ გავრცელებული
widow *n* ქვრივი ქალი
widower *n* ქვრივი კაცი
width *n* სიგანე
wield *v* პყრობა
wife *n* ცოლი
wig *n* პარიკი
wiggle *v* რხევა
wild *adj* უკაცრიელი ადგილი
wild boar *n* ტახი
wilderness *n* უდაბნო
wildfire *n* ტყის ხანძარი
wildlife *n* ველური ბუნება

will *modal v* მომავლის საწარმოებელი მოდალური ზმნა
will *n* სურვილი
willing *adj* მოწადინებული
willingly *adv* სიამოვნებით
willingness *n* მზადყოფნა
willow *n* ტირიფი
wily *adj* ცბიერი
wimp *n* გაწბილება
win *v* გამარჯვება
win back *pv* უკან დაბრუნება
wind *v* დაქოქვა
wind *n* ქარი
wind up *pv* მომართვა
winding *adj* ქანაობა
windmill *n* ქარის წისქვილი
window *n* ფანჯარა
windshield *n* საქარე მინდა
windy *adj* ქარიანი
wine *n* ღვინო
winery *n* მეღვინეობა
wing *n* ფრთა
wink *v* ხამხამი
winner *n* მოგებული
winter *n* ზამთარი
wipe *v* გამშრალება
wire *n* სადენი
wireless *adj* უსადენო
wisdom *n* სიბრძნე
wise *adj* ბრძენი
wish *v* ნდომა

wish *n* სურვილი
wit *n* მახვილგონიერება
witch *n* ჯადოქარი
witchcraft *n* ჯადოქრობა
with *prep* -თან, ერთად
withdraw *v* გამოთხოვა
withdrawn *adj* გამოხმობილი
wither *v* ჭკნობა
withhold *v* შეკავება
within *prep* შიგნით
without *prep* გარეშე
withstand *v* წინააღმდეგობის გაწევა
witness *n* თვითმხილველი
witty *adj* მახვილგონიერი
wizard *n* ჯადოქარი
wobble *v* ქანაობა
wobbly *adj* მერყევი
wolf *n* მგელი
woman *n* ქალი
womb *n* საშვილოსნო
women *n* ქალები
wonder *n* გაოცება
wonder *v* გაოცება
wonderful *adj* შესანიშნავი
wood *n* ტყე
wooden *adj* ხის
wool *n* შალი
woolen *adj* შალის
word *n* სიტყვა
work *v* მუშაობა
work *n* სამუშაო

work out *pv* ვარჯიში
workable *adj* შრომისუნარიანი
workbook *n* სავარჯიშოების კრებული
worker *n* მუშა
workshop *n* სახელოსნო
world *n* მსოფლიო
worldly *adj* ამქვეყნიური
worldwide *adj* მთელ მსოფლიოში, მსოფლიო მასშტაბით
worm *n* ჭია, მატლი
worn-out *adj* გაცვეთილი
worried *adj* შეწუხებული
worry *n* შეწუხება
worry *v* შეწუხება
worse *adj* უარესად
worse *adv* უარესი
worsen *v* გაუარესება
worship *v* გაღმერთება
worst *adv* უარესად
worst *adj* უარესი
worst *n* უარესობა
worth *adj* ღირსი, ღირებული
worthless *adj* უსარგებლო
worthwhile *adj* საყურადღებო
worthy *adj* ღირსეული
would *modal v* იქნებოდა
would-be *adj* მოსალოდნელი
wound *n* ჭრილობა
wounded *adj* დაჭრილი
woven *adj* მოქსოვილი
wrap *v* შეფუთვა
wrapper *n* შემოსახვევი
wrapping *n* შემოსახვევი
wrath *n* წყრომა
wreath *n* გვირგვინი
wreck *v* ავარია
wreckage *n* ავარია
wrench *n* ღრძობა
wrestle *v* ჭიდაობა
wrestler *n* მოჭიდავე
wrestling *n* ჭიდაობა
wretched *adj* უვარგისი
wring *v* შეკუმშვა
wrinkle *n* ნაოჭი
wrinkled *adj* დანაოჭებული
wrist *n* მაჯა
write *v* წერა
writer *n* მწერალი
writing *n* ნაწერი
written *adj* ნაწერი
wrong *adj* მცდარი
wrong *adv* შეცდომით

X

X-mas *n* შობის დღესასწაული
X-ray *n* რენტგენის სხივი

Y

yacht n იახტა
yam n ნართი
yard n ეზო; იარდი
yarn n ამბავი
yawn v დამთქნარება
year n წელი
yearly adv ყოველწლიური
yearn v დარდი
yeast n საფუარი
yell v გამგმირავი ყვირილი
yellow adj ყვითელი
yellow n ყვითელი ფერი
yes adv კი
yesterday adv გუშინ
yesterday n გუშინ
yet adv ჯერ კიდევ არ
yet conj ჯერჯერობით
yield v შედეგის ან ნაყოფის გამოღება
yoga n იოგა
yogurt n იოგურტი
yolk n კვერცხის გული
you pron შენ, თქვენ
young adj ახალგაზრდა
youngster n ჭაბუკი
your pron თქვენი
your adj თქვენი
yours pron თქვენი
yourself pron თქვენ თვითონ
youth n ახალგაზრდობა
youthful adj ახალგაზრდული

Z

zeal n გულმოდგინება
zealous adj ბეჯითი
zebra n ზებრა
zero n ნული
zest n განსაკუთრებული გემო
zip code n საფოსტო ინდექსი
zipper n ელვა
zone n ზონა
zoo n ზოოპარკი
zoom v მიახლოება
zucchini n ზუჩინი

Georgian-English

Abbreviations

a - article - არტიკლი
adj - adjective - ზედსართავი სახელი
adv - adverb - ზმნიზედა
conj - conjunction - კავშირი
e - exclamation - ძახილი
n - noun - არსებითი სახელი
prep - preposition - წინდებული
pron - pronoun - ნაცვალსახელი
v - verb - ზმნა
pv - phrasal verb - ფრაზეული ზმნა
idiom - idiom - იდიომა
auxillary v - auxillary verb - დამხმარე ზმნა
modal v - modal verb - მოდალური ზმნა
abbr - abbreviation - აბრევიატურა
phrase - phrase - ფრაზა

ა

ა *a* a, a
აალება *n* ignition; inflammation
აალებადი *adj* flammable
აბაზანა *n* bath, bathtub; bathroom
აბაჟური *n* lampshade
აბეზარი *adj* bothersome
აბეზარი ადამიანი *n* nuisance
აბზაცის გაკეტება *v* indent
აბზინდით დამაგრება *v* buckle up
აბი *n* pill
აბლაბუდა *n* spider web, cobweb
აბრევიატურა *n* abbreviation
აბრეშუმი *n* silk
აბრეშუმის ძაფი *n* floss
აბსოლუტურად *adv* absolutely
აბსოლუტური *adj* absolute
აბსტრაქტული *adj* abstract
აბსურდი *n* nonsense
აბსურდული *adj* absurd; grotesque
აბურდული *adj* tangled
აბურდული გორგალი *n* tangle
აბუჩად აგდება *v* brush aside
აგება *v* erect
აგებულება *n* constitution
აგენტი *n* agent
აგვისტო *n* August
აგონია *n* agony
აგონიაში ყოფნა *v* agonize
აგრეთვე *adv* too
აგრეთვე *adv* either
აგრესია *n* aggression
აგრესიული *adj* aggressive
აგრესორი *n* aggressor
აგური *n* brick
აგურის ქვის ნამსხვრევები *n* rubble
ადამიანი *n* human
ადამიანური *adj* human; humane
ადაპტაცია *n* adaptation
ადაპტერი *n* adapter
ადაპტირება *v* adapt
ადაპტირებადი *adj* adaptable
ადგილი *n* location, place
ადგილის ქონა *v* occur
ადგილის ცვლილება *v* move
ადგილმდებარეობის განსაზღვრა *v* locate
ადგილობრივი *adj* local; topical
ადგომა *v* get up, rise, stand up
ადეკვატურად *adv* adequately
ადვილად *adv* easily; lightly
ადვილი *adj* easy
ადვოკატი *n* lawyer, attorney

ადიდება (მდინარის) v overflow
ადმინისტრატორი n administrator
ადმინისტრაცია n administration
ადმინისტრაციული adj administrative
ადმირალი n admiral
ადრე adv ahead
ადრეულად adv early
ადრეული adj early
ადრინდელ მდგომარეობაში დაბრუნება v revert
ადრინდელი adj previous
აეროდრომი n airfield
აეროპორტი n airport
ავადმყოფი adj ill, sick
ავადმყოფობა n ailment, illness, sickness
ავაზა n panther
ავარია n crash, wreck, wreckage
ავარია (უეცარი) n glitch
ავბედითი adj ominous
ავეჯი n furniture
ავზი n tank
ავიაბილეთის ფასი n airfare
ავიაკომპანია n airline
ავიაფოსტა n airmail
ავიაცია n aviation
ავის მომასწავებელი adj lurid
ავოკადო n avocado
ავსიტყვაობა n slander
ავტობუსი n bus
ავტობუსის გაჩერება n bus stop
ავტოგასამართი სადგური n gas station
ავტოგრაფი n autograph
ავტომანქანა n car
ავტომატურად adv automatically
ავტომატური adj automated, automatic
ავტომატური იარაღი n machine gun
ავტომობილი n auto, automobile
ავტომობილის საყვირი v honk
ავტორი n author
ავტორიტარული adj authoritarian
ავტორიტეტული adj authoritative
ავტოსადგომი n parking lot
ავტოსადგური n bus station
ავტოფარეხი n garage
აზარტული თამაში v gamble
აზრად მოსვლა v occur
აზრთა სხვაობა n discrepancy
ათასი n thousand
ათასწლეული n millennium

ათი *n* ten
ათლეტი *n* athlete
ათლეტური *adj* athletic
ათცენტიანი მონეტა *n* dime
ათწილადი *adj* decimal
ათწლეული *n* decade
აივანი *n* balcony; porch
აირი *n* gas
აისბერგი *n* iceberg
აკადემია *n* academy
აკადემიური *adj* academic
აკანკალებული *adj* shaky
აკეცილი *v* turn up
აკვანი *n* cradle
აკვარიუმი *n* aquarium
აკვედუკი *n* aqueduct
აკვიატებული აზრით შეპყრობა *n* obsession
აკინძვა *v* bind
აკლდამა *n* tomb
აკორდეონი *n* accordion
აკრი *n* acre
აკრობატი *n* acrobat
აკრძალვა *v* ban, forbid, prohibit, curb
აკრძალვა *n* ban; prohibition
აკურატულად *adv* neatly
აკურატული *adj* neat
აკუსტიკური *adj* acoustic
ალბათობა *n* likelihood
ალეა *n* alley
ალერგია *n* allergy
ალერგიული *adj* allergic
ალერსიანი *adj* benign
ალი *n* flame
ალიანსი *n* alliance
ალიაქოთი *n* clutter
ალიგატორი *n* alligator
ალიკაპი *n* gag
ალიონი *n* glimmer
ალისფერი *n* magenta
ალისფერი *adj* purple
ალკოჰოლი *n* alcohol
ალმასი *n* diamond
ალმაცერი მზერა *v* squint
ალტერნატივა *n* alternative
ალტერნატიულად *adv* alternatively
ალტერნატიული *adj* alternative
ალუბალი *n* cherry
ალუმინი *n* aluminum
ალღო *n* instinct
ალყა *n* siege
ალყის გარღვევა *v* break out
ალყის შემორტყმა *v* besiege
ამ დროიდან *adv* onward
ამ საღამოს *adv* tonight
ამანათი *n* parcel
ამაო *adj* vain
ამაოდ *adv* vainly
ამაოება *n* vanity
ამასთანავე *adv* conversely
ამასობაში *adv* meantime

ამაღელვებელი *adj* exciting, thrilling, alarming; touching
ამაღლება *v* elevate, heighten, move up
ამაღლება *n* elevation
ამაღლებული *adj* sublime
ამაყად *adv* proudly
ამაყად ფრიალი (დროშების) *v* flaunt
ამაყი *adj* proud
ამბავი *n* tale, yarn
ამბიცია *n* ambition
ამბიციური *adj* ambitious
ამბოხებაში მონაწილეობის მიღება *v* riot
ამბოხი *n* rebellion, uprising; upheaval
ამბულატორიული განყოფილება საავადმყოფოში *n* outpatient
ამგვარად *conj* so
ამგვარად *adv* thus
ამგვარადა *adv* hereby
ამგვარი *adj* such
ამერიკელი *adj* American
ამთვისებელი *adj* receptive; susceptible
ამინდი *n* weather
ამნეზია *n* amnesia
ამობურცული ადგილი *n* bulge
ამოგდება *v* eject
ამოვსება *n* filling
ამოზნექილი *adj* prominent
ამოთხარა *v* excavate
ამოთხრა *v* dig, unearth, shovel
ამონაგები *n* proceeds
ამონარიდი *n* excerpt
ამონარიდი წიგნიდან *n* extract
ამოოხვრა *v* gasp, groan, sigh
ამოოხვრა *n* sigh
ამორალური *adj* immoral
ამოსუნთქვა *n* expiration, exhale
ამოტვიფვრა *v* emboss
ამოტივტივება *v* resurface
ამოტუმბვა *v* pump
ამოტყორცნა *v* erupt
ამოტყორცნა *n* eruption
ამოქარგვა *v* embroider
ამოღება *v* draw, extract, remove, take out
ამოშლა *v* cross out
ამოძირკვა *v* uproot
ამოძრავება *v* propel
ამოწვა *v* scorch
ამოწურვა *v* give out; elapse
ამოჭრა *v* cut out
ამოხრახნა *v* unscrew
ამჟამად *adv* currently
ამტანობა *n* fitness
ამულეტი *n* charm

ამფიბიური *adj* amphibious
ამქვეყნიური *adj* worldly
ამწე *n* crane
ამხანაგი *n* fellow, mate
ამხანაგობა *n* companionship
ან *conj* or
ან ---ან *pron* either
ანაბეჭდი *n* print
ანაზღაურება *n* paycheck; repayment
ანაზღაურება *v* compensate, reimburse
ანალიზება *v* analyze
ანალიზი *n* analysis
ანალიტიკოსი *n* analyst
ანალიტიკური *adj* analytic
ანალოგია *n* analogy
ანალოგიურად *adv* likewise
ანანასი *n* pineapple
ანარეკლი *n* reflection
ანატომია *n* anatomy
ანბანი *n* alphabet
ანგარიშვალდებული *adj* accountable
ანგარიში *n* account, report
ანგარიშის გასწორება *v* reckon
ანგარიშის წარდგენა *v* bill
ანგელოზი *n* angel
ანგელოზის *adj* angelic
ანდერძი *n* testament

ანდერძით გადაცემა *n* descent
ანეკდოტი *n* anecdote
ანესთეზია *n* anesthesia
ანთება *v* ignite, kindle, light; blaze, flash, flare up
ანთება *n* flare
ანიმაცია *n* animation
ანკეტა *n* questionnaire
ანონიმობა *n* anonymity
ანონიმური *adj* anonymous
ანორმალურობა *n* abnormality
ანოტაცია *n* annotation
ანოტირება *v* annotate
ანტენა *n* antenna
ანტიბიოტიკი *n* antibiotic
ანტიდოტი *n* antidote
ანტიკვარული ნივთი *n* antique
ანტიკური *adj* ancient
ანტილოპა *n* antelope
ანტიპათია *n* dislike
ანულირება *v* nullify, repeal
ანულირება *n* reversal
ანძა *n* mast
ანჯამა *n* hinge
აორთქლება *v* evaporate
აოხრება *n* devastation
აოხრება *v* ravage
აპათია *n* apathy
აპკი *n* film

აპლოდისმენტი *n* applause
აპოსტროფი *n* apostrophe
აპრილი *n* April
არ გაგონება *v* disobey
არ დათანხმება *v* disagree
არ სიამოვნებს *v* displease
არ უყვარს *v* dislike
არ შემიძლია *v* cannot
არა *e* no
არა *adv* not
არა თანაბარი *adj* unequal
არა ტრადიციული *adj* unconventional
არაადამიანური *adj* inhuman
არაადეკვატურად *adv* inadequately
არაადეკვატური *adj* inadequate
არაბული *adj* Arabic
არაგანწყობილი *adj* indisposed
არაგონივრული *adj* unreasonable
არაგულწრფელი *adj* insincere
არად მიჩნევა *n* disdain
არაეფექტური *adj* inefficient
არავითარი *adj* neither; no
არავინ *pron* no one, nobody
არავინ *prep* none
არაზუსტი *adj* imprecise
არათავაზიანი *adj* disrespectful
არათანაბარი *adj* uneven
არათანმიმდევრული *adj* incoherent; inconsistent
არაკანონზომიერი *adj* unjustified
არაკეთილგანწყობილი *adj* hostile, unfriendly
არაკეთილსინდისიერება *n* dishonesty
არაკეთილსინდისიერი *adj* dishonest
არაკვალიფიციური *adj* unqualified
არაკი *n* parable
არაკომპეტენტური *adj* incompetent
არაკომპეტენტურობა *n* incompetence
არალოგიკური *adj* illogical
არალოიალური *adj* disloyal
არამდგრადობა *n* instability
არამზადა *n* scoundrel
არანორმალურად *adv* abnormally
არანორმალური *adj* abnormal
არაოფიციალურად *adv* unofficially
არაოფიციალური *adj* informal, unofficial
არაპოპულარული *adj* unpopular
არაპრაქტიკული *adj* impractical

არაპროგნოზირებადი *adj* unpredictable
არაპროფესიონალური *adj* unprofessional
არარაობა *n* nothing
არარაციონალურად *adv* irrationally
არარაციონალური *adj* irrational
არარეალური *adj* unreal
არარეგულარული *adj* irregular
არარელევანტური *adj* irrelevant
არარსებობა *n* absence
არასათანადო *adj* improper; undue
არასათანადო მოპყრობა *v* mistreat
არასაიმედო *adj* insecure, unsure; unreliable
არასაკმარისი *adj* deficient, insufficient
არასაკმარისი კვება *n* malnutrition
არასასურველი *adj* undesirable
არასერიოზული *adj* light; frivolous
არასოდეს *adv* never
არასრული *adj* incomplete
არასრულყოფილება *n* imperfection
არასრულყოფილი *adj* faulty
არასრულწლოვანი *adj* juvenile, underage
არასრულწლოვანი *n* minor
არასწორ ადგილას დადება *v* misplace
არასწორად გამოანგარიშება *v* miscalculate
არასწორად განმარტება *v* misconstrue, misinterpret
არასწორი მოხმარება *n* misuse
არასწორი შეფასება *v* underestimate
არაფერი *prep* none
არაფერი *pron* nothing
არაჩვეულებრივი *adj* extraordinary
არაძირითადი *adj* collateral
არახელსაყრელი *adj* adverse, unfavorable
არახელსაყრელი *n* disadvantage
არაჯანსაღი *adj* unhealthy
არაჰარმონიულად *adv* incoherently
არბიტრი *n* judge
არგუმენტი *n* argument
არდამსწრე *adj* absent
არე *n* field
არევა *v* mix

არევ-დარევა *v* mash
არეკვლა *v* reflect
არენა *n* arena
არეულობა *n* disorder, mess, turmoil
ართრიტი *n* arthritis
არითმეტიკული *n* arithmetic
არმატურა *n* reinforcements
არმია *n* army
არმყოფი *adj* missing
არომატი *n* fragrance
არომატული *adj* aromatic, fragrant; spicy
არსად *adv* nowhere
არსება *n* creature
არსებითად *adv* basically
არსებითი *adj* substantial
არსებითი სახელი *n* noun
არსებობა *v* live
არსებობა *n* existence
არსი *n* essence, core; matter
არტაშანი *n* junk
არტერია *n* artery
არტიკლი *n* article
არტილერია *n* artillery
არტიშოკი *n* artichoke
არფა *n* harp
არქაული *adj* archaic
არქეოლოგია *n* archaeology
არქივი *n* archive
არქიტექტორი *n* architect
არქიტექტურა *n* architecture
არშიყობა *n* courtship
არჩევა *v* choose, pick; elect
არჩევანი *n* choice, election, option, selection
არჩევითი *adj* optional
არჩევის უფლების მქონე *adj* eligible
არჩევნები *n* poll
არც *conj* nor
არც ერთი *pron* neither
არც ერთი *adv* neither
არც მეორე *pron* neither
არწივი *n* eagle
არხი *n* duct, channel, canal
ასაკი *n* age
ასაკოვანი *adj* aged
ასამბლეა *n* assembly
ასანთი *n* match
ასანთის ანთება *v* match
ასე რომ *adv* so
ასევე *adv* also
ასვლა *v* climb, ascend, go up, step up, come up; hoist
ასთმა *n* asthma
ასთმური *adj* asthmatic
ასი *n* hundred
ასიმილირება *v* assimilate
ასლი *n* copy, photocopy
ასო *n* letter
ასორტიმენტი *n* range; assortment
ასოციაცია *n* association

ასოციაციით დაკავშირება v associate
ასპექტი n aspect
ასპირანტის ან უმცროსი მეცნიერის თანაშემწის სტიპენდია n fellowship
ასპირინი n aspirin
ასრულება v execute
ასტეროიდი n asteroid
ასტროლოგი n astrologer
ასტროლოგია n astrology
ასტრონავტი n astronaut
ასტრონომი n astronomer
ასტრონომია n astronomy
ასტრონომიული adj astronomic
ასფალტი n asphalt
ატამი n peach
ატმასნება v stick to
ატრია n noodles
ატროფია v atrophy
აუდიო adj audio
აუდიტორია n audience; auditorium
აუზი n pool; basin
აურზაური v bustle
აუტანელი adj intolerable, unbearable
აუტსაიდერი n outsider
აუქციონზე გაყიდვა v auction
აუქციონი n auction
აუქციონის მომწყობი n auctioneer
აუქციონისტი n auctioneer
აუჩქარებელი adj tardy
აუცილებელი adj essential, necessary
აფეთქება n explosion, outburst
აფეთქება v blow up, burst, explode
აფთარი n hyena
აფთიაქარი n chemist
აფთიაქი n pharmacy
აფთიაქი n drugstore
აფრა n sail
აფრააშვებული სვლა v sail
აქ adv here
აქანდაზი n dustpan
აქედან გამომდინარე adv therefore
აქლემი n camel
აქსელერატორი n accelerator
აქტი n act
აქტივი n asset
აქტიური adj active
აქტუალური adj live
აქცენტი n accent
აქციონერი n shareholder
აღარ adv anymore
აღდგენა v restore, revive; retrieve
აღდგომა n Easter
აღება v take, pick up, take in

აღელვება v excite
აღელვება n excitement
აღელვებული adj excited; anxious; troubled
აღვირი n curb
აღზრდა n upbringing
აღზრდა v bring up
აღიარება v confess, acknowledge, recognize; grant
აღიარება n acknowledgment, recognition
აღმართვა v overlook; set up
აღმართი n rise
აღმართი adv uphill
აღმასრულებელი ხელისუფლება n executive
აღმაშფოთებელი adj revolting
აღმოსავლეთი n east
აღმოსავლეთით adv east
აღმოსავლეთის მიმართულებით მიმავალი adj eastbound
აღმოსავლეთისა adj east
აღმოსავლური adj eastern
აღმოჩენა v discover, revelation
აღმოჩენა n discovery
აღმოცენება v arise
აღმოცენება n vegetation
აღნიშვნა v celebrate, commemorate; denote, signify, note

აღნიშნვა v party
აღრიცხვა v estimate; account for
აღრიცხვა n estimate; census
აღსაზრდელი n trainee
აღსარება n confession
აღსაქმელი adj perceptive
აღტაცებული adj elated
აღფრთხოვანება n admiration
აღფრთხოვანება v admire
აღქმა n conception; perception
აღქმა v perceive
აღშფოთება v resent
აღშფოთება n resentment
აღძვრა (საქმის) v institute
აღწერა n description
აღწერა v picture
აღწერა v describe
აღწერა (მოსახლეობის) n census
აღწერილობითი adj descriptive
აღჭურვა v equip
აღჭურვილობა n equipment
აყალმაყალი n brawl
აყვავება v bloom, flourish
აყვავებული adj lush
აყროლება v stink
აყროლებული adj putrid
აშენება v build
აშკარა adj apparent, evident

აშკარად *adv* evidently
აშლა (კუჭის) *n* indigestion
აჩრდილებიანი *adj* spooky
აჩქარება *v* accelerate, hasten, hurry
აცოცება *v* climb
აცოცებული *adj* scrambled
აცრა *v* vaccinate
აწევა *v* lift, raise; mount
აწინდელი *adj* present
აწმყო *n* present
აწონა *v* weigh
აწონ-დაწონა *v* ponder
აწყობა *n* assembly; tune
აწყობა *v* assemble; tune
აჭიმი *n* braces
ახალბედა *n* newcomer, novice; colt
ახალგაზრდა *n* juvenile; fellow
ახალგაზრდა *adj* young
ახალგაზრდობა *n* adolescence, youth
ახალგაზრდული *adj* youthful
ახალდაქორწინებული *n* newlywed
ახალთახალი *adj* green
ახალი *adj* fresh, new
ახალი ამბები *n* news
ახალმოსახლე *n* settler
ახალშობილი *n* newborn
ახალწვეული *n* recruit
ახალწვეული *adj* rookie

ახირება *n* fad; crank
ახლა *adv* now
ახლახან *adv* recently, lately; newly
ახლახან მომხდარი *adj* recent
ახლო *adj* close, imminent
ახლო *prep* near
ახლობელი *adj* intimate
ახლომახლო *adj* next to
ახლომდებარე *adj* nearby
ახლომხედველი *adj* nearsighted, shortsighted
ახლომხედველი *adj* myopic
ახლოს *adv* near
ახლოს *prep* at
ახლოს მდებარე *adv* close
ახსნა *v* clarify, explain
ახსნა *n* clarification
ახსნა-განმარტება *n* explanation; interpretation
აჯანყება *n* rebel
აჯანყება *v* rebel
აჯანყება *v* revolt
აჯანყება *n* riot

ბ

ბაბუა *n* grandfather
ბადე *n* net, mesh
ბავშვები *n* children
ბავშვთა სახლი *n* orphanage
ბავშვი *n* toddler, kid, child
ბავშვის მოვლა *n* childcare
ბავშვის საწოლი *n* crib
ბავშვობა *n* childhood
ბავშვური *adj* childish
ბაზა (სამხედრო) *n* base
ბაზარი *n* market
ბათილად ცნობა *v* invalidate
ბაიტი *n* byte
ბაკალავრი *n* bachelor
ბაკები *n* sideburns
ბალანსი *n* balance
ბალახი *n* grass
ბალახობა *v* graze
ბალერინა *n* ballerina
ბალეტი *n* ballet
ბალზამი *n* balm
ბალთა *n* buckle
ბალიშების ამოდება *v* cushion
ბალიში *n* cushion, pillow
ბალიშის პირი *n* pillowcase
ბალნეოლოგიური კურორტი *n* spa
ბამბა *n* cotton
ბამბეულის ქსოვილი *n* denim
ბამბუკი *n* bamboo
ბამპერი *n* bumper
ბანაკი *n* camp
ბანანი *n* banana
ბანაობა *v* swim
ბანდიტი *n* gangster
ბანერი *n* banner
ბანკი *n* bank
ბანკის ჩეკი *n* check
ბანკში ჩადება *v* deposit
ბანქოს დასტა *n* deck
ბანქოში პირველი სვლა *n* lead
ბარათი *n* card
ბარაქიანი *adj* affluent
ბარბაროსი *n* barbarian
ბარბაროსული *adj* barbaric
ბარბექიუ *n* barbecue
ბარგი *n* baggage, luggage
ბარდის მარცვალი *n* pea
ბარიერი *n* barrier, hurdle
ბარიკადა *n* barricade
ბარმენი *n* bartender
ბარჟა *n* barge
ბარტერული ვაჭრობა *v* barter
ბარტყი *n* chick
ბარძაყი *n* thigh
ბარჯი *n* harpoon
ბასი *n* bass

ბასრი ბოლო *n* point
ბასრი ხელსაწყო *n* pick
ბატალიონი *n* battalion
ბატარეა *n* battery
ბატების ყიყინი *v* honk
ბატი *n* goose
ბატკანი *n* lamb
ბატონი *n* Mister
ბატონო *n* sir
ბატონობა *n* domination
ბატონობა *v* reign
ბატონყმობა *n* bondage
ბაფთა *n* ribbon
ბაქანი *n* platform
ბაქტერია *n* germ
ბაქტერიები *n* bacteria
ბაღი *n* garden
ბაყაყი *n* frog
ბებერა *n* blister
ბებია *n* grandmother
ბებია ქალი *n* midwife
ბებია–ბაბუა *n* grandparents
ბედავს *v* dare
ბედი *n* fortune
ბედისწერა *n* doom, fate
ბედისწერა *adj* weird
ბედისწერა *n* destiny
ბედნიერება *n* happiness
ბედნიერი *adj* blissful, happy
ბევრად *adv* lot
ბევრი *adj* many, much
ბევრი *pron* lot
ბევრი *n* plenty
ბევრი *pron* much
ბეისბოლი *n* baseball
ბეკონი *n* bacon
ბელი *n* cub
ბენეფიციარი *n* beneficiary
ბენზინი *n* gasoline
ბენზინის ჩასხმა *v* refuel
ბერი *n* monk
ბერიკაცი *n* buzzard
ბერკეტების სისტემა *n* leverage
ბერკეტი *n* lever
ბეტონი *n* concrete
ბეტონის *adj* concrete
ბეღელი *n* barn
ბეღურა *n* sparrow
ბეწვი *n* fur
ბეწვიანი *adj* hairy
ბეწვის *adj* furry
ბეჭდვა *v* print, type
ბეჭდვითი შეცდომა *n* misprint
ბეჭდის დასმა *v* seal
ბეჭდური შეცდომა *n* typo
ბეჭედი *n* ring
ბეჭვდა *v* press
ბეჯითი *adj* diligent; zealous
ბზარი *n* crack, rift; flaw
ბზინვარება *n* gloss
ბზუილი *v* murmur
ბიბლია *n* bible

ბიბლიოგრაფია *n* bibliography
ბიბლიოთეკა *n* library
ბიბლიოთეკარი *n* librarian
ბიბლიური *adj* biblical
ბიზნესმენი *n* businessman
ბიზონი *n* bison
ბითუმად მოვაჭრე *n* trader
ბიკინი *n* bikini
ბილბორდი *n* billboard
ბილეთი *n* ticket
ბილეთის ღირებულება *n* fare
ბილიარდი *n* billiards
ბილიკი *n* path
ბინა *n* apartment
ბინდი *n* dusk, twilight
ბინის დაკავება *v* occupy
ბინის ქირა *n* rent
ბინძური *adj* filthy, impure, sleazy, squalid
ბიოგრაფია *n* biography
ბირთვული *adj* nuclear
ბისკვიტი *n* biscuit
ბიულეტენი *n* bulletin
ბიუსტჰალტერი *n* bra
ბიუჯეტი *n* budget
ბიფშტექსი *n* steak
ბიცოლა *n* aunt
ბიძა *n* uncle
ბიძაშვილი *n* cousin
ბიძგება *v* jog; jab
ბიძგი *n* push

ბიწიერი *adj* vicious
ბიჭი *n* boy; guy
ბლაგვი *adj* blunt
ბლენდერი *n* blender
ბლინი *n* pancake
ბლოგერი *n* blogger
ბლოგი *n* blog
ბლოკადა *n* blockade
ბლოკი *n* block
ბლოკირება *n* blockage
ბლოკნოტი *n* pad
ბლუზა *n* blouse
ბმული *n* link
ბნელი *adj* gloomy, dark
ბნელით მოცული *adj* obscure
ბობოქარი *adj* stormy
ბოდვა *v* rave
ბოდიში *n* apology; excuse
ბოდიშის მოხდა *v* apologize; excuse
ბოთე *n* slob
ბოთლებში ჩამოსხმა *v* bottle
ბოთლი *n* bottle
ბოთლის ყელი *n* bottleneck
ბოიკოტირება *v* boycott
ბოკვერი *n* cub
ბოლი *n* smoke
ბოლო ვადა *n* deadline
ბოლოკი *n* radish
ბოლქვი *n* bulb
ბომბი *n* bomb

ბონუსი *n* bonus
ბორანი *n* ferry
ბორდიური *n* curb
ბოროტად გამოყენება *n* abuse
ბოროტად გამოყენება *v* abuse
ბოროტი *adj* evil
ბოროტმოქმედი *n* hoodlum
ბორტ - გამცილებელი *n* flight attendant
ბორტზე მყოფი *adv* aboard
ბორცვი *n* mound, hump
ბორცვიანი *adj* hilly
ბოსი *n* boss
ბოსტნეული *n* vegetable
ბოტანიკა *n* botany
ბოულინგი *n* bowling
ბოქლომი *n* padlock
ბოქსი *v* box
ბოქსი *n* boxing
ბოყინი *n* burp
ბოშა *n* gypsy
ბოცვერი *n* hare, rabbit
ბოძება *v* grant
ბოჭკო *n* fiber
ბქუტვა *v* tart
ბქუტვა *n* tart
ბრაზიანი *adj* grumpy
ბრალდება *n* accusation, charge
ბრალეულობა *n* culpability
ბრალი *n* fault, blame, guilt
ბრალმდებელი *n* prosecutor
ბრაუზერი *n* browser
ბრახუნი *v* pound, slam
ბრბო *n* crowd, mob
ბრენდი *n* brand
ბრილიანტი *n* diamond
ბრინჯაო *n* bronze
ბრინჯი *n* rice
ბრიფინგი *n* briefing
ბრიყვი *n* jerk
ბროკოლი *n* broccoli
ბროშურა *n* pamphlet, booklet, brochure
ბრტყელი *adj* flat
ბრტყელტუჩა *n* pliers
ბრუნვა *v* rotate, spin, revolve
ბრუნი *n* turn
ბრძანება *n* command, order
ბრძანების გაცემა *v* order, command
ბრძენი *adj* wise
ბრძოლა *v* battle, combat, fight; strive
ბრძოლა *n* battle, combat
ბრძოლის ასპარეზი *n* cockpit
ბრწყინვა *n* flash
ბრწყინვალე *adj* brilliant, magnificent
ბრწყინვალება *n* splendor
ბრჭყალები *n* clutch
ბრჭყალი *n* claw

ბრჭყვიალი v shine
ბუ n owl
ბუდე n nest
ბუდიზმი n Buddhism
ბუდისტი n Buddhist
ბუზი n fly
ბუზღუნი v grunt; murmur
ბულგარული წიწაკა n bell pepper, pepper
ბულდოზერი n bulldozer
ბულდოზერით მუშაობა v bulldoze
ბულვარი n boulevard
ბულიონი n broth
ბუმბული n feather
ბუმი n boom
ბუნაგი n den
ბუნდოვანი adj hazy, fuzzy; elusive
ბუნდოვნად adv indefinitely
ბუნება n nature
ბუნებრივად adv naturally
ბუნებრივი adj natural
ბუნკერი n bunker
ბურთი n ball
ბურთის გაგორება v bowl
ბურთის ტარება v dribble
ბურიტო n burrito
ბურუსი n haze
ბურღვა v bore, drill, pierce
ბურღი n drill
ბუტბუტი v mumble

ბუქსირებადი მანქანა n tow truck
ბუქსირზე აყვანა v tug
ბუქსირით თრევა v tow
ბუღალტერი n accountant, bookkeeper
ბუშტი n bubble
ბუჩქი n bush, shrub
ბუხარი n fireplace, chimney

გ

გაადვილება v facilitate
გააზრება v comprehend
გააფთრება v infuriate
გააფთრება n rage
გააქტიურება v activate
გაახალგაზრდავება v rejuvenate
გაბათილება v abolish; refute
გაბედვა n dare
გაბედვა v venture
გაბედულად adv bravely
გაბედულება n audacity
გაბედული adj audacious, bold, brave, manly
გაბედულობა n courage
გაბერვა v inflate
გაბერილი adj bloated
გაბმული ზუმერი n dial tone

გაბრაზებული *adj* angry, irate
გაბრიყვება *v* bluff, fool
გაბრტყელება *v* flatten
გაბურღვა *v* perforate
გაგება *v* figure out, grasp, apprehend
გაგზავნა *v* send, submit, forward, dispatch
გაგიჟება *v* madden
გაგრილება *v* cool, refrigerate; refresh
გაგრძელება *n* extension, continuation; maintenance
გაგრძელება *v* continue, go ahead, go on, carry on, proceed; last
გაგრძელება *v* keep on
გაგუდვა *v* choke, suffocate
გადაადგილება *v* dislocate, shift
გადაადგილება *n* displacement
გადაბარგება ბინიდან *v* move out
გადაბიჯება *v* overstep; stride
გადაბრუნება *v* flip, capsize, turn over
გადაგდება *v* scrap, junk, discard, throw away
გადაგვარება *v* degenerate
გადაგვარებული *adj* degenerate
გადაგორება *v* roll over

გადადგომა *v* resign; retire
გადადგომა *n* resignation; retirement
გადადება *v* defer, put off
გადადება *v* postpone
გადავადება *v* reschedule
გადავარდნა *v* tumble
გადათამაშება *n* replay
გადათვალიერება *v* look over
გადათვლა *n* recount
გადათქმევინება *n* discouragement
გადათქმევინება *v* dissuade
გადაიხარა *adj* slanted
გადაკეთება *v* customize, reconstruct
გადაკვეთა *n* intersection, crossing
გადაკვრით თქმა *v* insinuate
გადალახვა(სირთულის) *v* get over
გადამდები *adj* contagious
გადამეტება *v* exceed, overdo, overstate
გადამეტებული *adj* overdone
გადამუშავება *v* recycle
გადამუშავებული *adj* recycled
გადამწყვეტი *adj* drastic, crucial; decisive, resolute
გადამწყვეტი *adj* deciding
გადანაცვლება *v* displace
გადანერგვა *v* transplant

გადარეული *n* madman
გადართვა *n* switch
გადართვა *v* switch
გადარჩენა *v* rescue
გადარჩენა *n* survival
გადარჩენილი *n* survivor
გადასასვლელი *n* crossing, crosswalk
გადასაფარებელი *n* veil
გადასახადების ამკრეფი *n* collector
გადასახადი *n* tax
გადასახადის გადახდევინება *v* levy
გადასახდელი *adj* payable
გადასახვევი მასალა *n* dressing
გადასახლება *v* exile; emigrate
გადასვლა *v* move
გადასვლა *n* transit
გადასინჯვა *v* reconsider
გადასრიალება *n* scroll
გადასრიალება *v* scroll
გადასროლა *v* cast
გადატანა *v* transfer; undergo
გადატანა *n* transfer
გადატვირთვა *v* reboot, reset; overcharge
გადატვირთული *adj* congested
გადატიხვრა *n* partition
გადატრიალება *v* overturn
გადაუდებელი *adj* urgent
გადაუდებლობა *n* urgency
გადაუწყვეტელი *adj* undecided
გადაფურცვლა *v* swipe
გადაღვრა *v* pour
გადაღმა *adv* across
გადაღმა *prep* beyond
გადაყენება (თანამდებობიდან) *v* depose
გადაყირავება *v* overturn, topple; upset
გადაყლაპვა *v* ingest, swallow
გადაყრა *v* throw up
გადაშენებული *adj* extinct
გადაშხლართვა *v* sprawl
გადაცემა *v* pass, relay, transmit, hand down
გადაცემა *n* assignment
გადაწერა *v* transcribe
გადაწონა *v* outweigh
გადაწყვეტა *v* decide; settle for
გადაწყვეტილება *n* resolution
გადაწყვეტილება *v* resolve
გადაწყვეტილება *n* decision
გადაწყობა *v* rearrange
გადაჭარბება *v* surpass
გადაჭარბებით შეფასება *v* overestimate
გადაჭარბებული *adj* superfluous

გადაჭერა (მათრახის) *v* flick
გადაჭრა *v* cross
გადახალისება *v* upgrade
გადახდა *v* pay, pay off
გადახდა *n* payment
გადახედვა *v* look through
გადახლართვა *v* intertwine
გადახრა *n* diversion, deviation; aberration
გადახრა *v* divert, deviate, veer; tilt
გადაჯვარედინება *v* intersect
გადიდება *v* magnify
გადმოვარდნა *n* spill
გადმოტვირთვა *v* unload
გადმოცემა *v* convey
გადმოცემა *n* recital
გაერთიანება *n* association, fellowship; merger, union, fusion; conjunction
გაერთიანება *v* join, unify, unite
გავარვარება *v* glow
გავარვარებული *adj* glowing
გავლა (რთული პერიოდის) *v* go through
გავლენიანი *adj* influential
გავლენის მოხდენა *v* impact
გავლით *prep* through, via
გავლით *adv* through
გავრცელება *v* give out, hand out; circulate, spread, go around
გავრცელება *n* occurrence
გავრცელებული *adj* prevalent
გაზავება *v* dilute
გაზაფხული *n* spring
გაზეთების ჯიხური *n* newsstand
გაზეთი *n* newspaper
გაზეთიდან ამონაჭერი *n* clipping
გაზეთის მოწინავე სტატია *n* editorial
გაზვიადება *v* exaggerate
გაზი *n* gas
გაზიარება *v* share
გაზმორება *n* stretch
გაზმორება *v* stretch
გაზომვა *v* gauge, measure
გაზომვა *n* measurement
გაზონი *n* lawn
გაზონსაკრეჭი *n* lawnmower
გაზრდა *v* grow, grow up, boost; come up
გაზრდილი *adj* grown
გათავისულება *n* exemption
გათავისუფლება *v* absolve, free, emancipate; untie; vacate
გათავისუფლება *n* dismissal
გათავისუფლებული *adj* exempt
გათამაშება *n* raffle
გათანაბრება *v* level
გათანასწორება *v* equate

გათბობა *v* heat, warm, warm up
გათბობა *n* heating
გათეთრება *v* bleach
გათელვა *v* trample, tread
გათვალისწინება *n* consideration, regards
გათვალისწინება *v* consider
გათიბვა *v* mow
გათხუპნა *v* blur
გაიგივება *v* identify
გაიძვერა *n* crook
გაკაწვრა *v* graze, scratch
გაკვეთა *v* slash
გაკვეთილი *n* lesson
გაკიცხვა *v* condemn, censure
გაკოტრება *v* fail
გაკოტრებული *adj* bankrupt, broke
გაკრიტიკება *v* criticize
გალამაზება *v* beautify
გალანტური *adj* gallant
გალაქტიკა *n* galaxy
გალაწუნება *v* slap
გალერეა *n* gallery
გალვანიზება *v* galvanize
გალია *n* cage
გალობა *n* chant
გალონი *n* gallon; gal
გალოპი *v* gallop
გალღობა *v* defrost
გამაგრება *v* fortify, strengthen; harden, stiffen
გამათბობელი *n* heater
გამათრახება *v* lash, whip
გამამხნევებელი *adj* encouraging, exhilarating, rousing
გამანადგურებელი *adj* destructive, devastating, disruptive, shattering
გამაოგნებელი *adj* mind-boggling
გამართლება *v* excuse, acquit
გამართლება *n* acquittal
გამარჯვება *n* victory
გამარჯვება *v* win
გამარჯვებული *n* victor
გამარჯვებული *adj* victorious
გამარჯობა *e* hello, hi
გამაღიზიანებელი *adj* annoying, irritating
გამაყრუებელი *adj* deafening
გამაცოცხლებელი *adj* refreshing
გამაძლიერებელი *n* amplifier
გამბედავი *adj* daring
გამბედაობა *n* boldness, bravery
გამგზავნი *n* sender
გამგზავრება *v* depart, set out
გამგზავრება *n* departure
გამგმირავი ყვირილი *v* yell
გამდიდრება *v* enrich
გამეორება *v* repeat

გამვლელი *n* passer-by
გამიჯვნა *n* distinction
გამკლავება *v* cope
გამკრთალება *v* dim
გამო *prep* because of
გამოანგარიშება *v* figure out; count
გამოაშკარავება *v* find out, expose, uncover
გამოაშკარავებული *adj* exposed; revealing
გამოგდება *v* expel
გამოგონება *v* devise, invent
გამოგონება *n* invention
გამოგონებული *adj* trumped-up
გამოერთება *v* unplug
გამოვლენა *v* detect
გამოვლენა *v* debunk
გამოზამთრება *v* hibernate
გამოთვლა *v* gauge, calculate, compute
გამოთიშვა *n* dropout
გამოთქმა *v* pronounce
გამოთქმა *n* pronunciation
გამოთხოვა *v* withdraw
გამოკვება (ბავშვის) *v* nurse
გამოკვლევა *n* exploration; inquiry, checkup
გამოკვლევა *v* research
გამოკვლევა (საკითხის) *v* look into
გამოკითხვა *v* interrogate
გამოკითხვის ჩატარება *v* quiz
გამოკლება *v* deduct, subtract
გამოკლება *n* deduction, subtraction
გამოკლებადი *adj* deductible
გამოკლებით *prep* excluding
გამოკლებული *prep* minus
გამოლევა *v* exhaust
გამომეტყველება *n* expression
გამომჟღავნება *v* emerge; manifest
გამომჟღავნება (საიდუმლოების) *n* leakage
გამომუშავება *v* earn, gain
გამომშვიდობება *n* farewell
გამომშრალი *adj* dried
გამომცდელი მზერა *n* scrutiny
გამომცემელი *n* publisher
გამომწვევი *n* challenger
გამომწვევი *adj* defiant
გამონაბოლქვი *n* exhaust
გამონაგონი *n* fable; concoction
გამონაკლისი *n* exception
გამონაყარი კანზე *n* rash
გამოჟონვა *v* leak
გამორეცხვა *v* flush
გამორთვა *v* switch off, turn off

გამორიცხვა *v* exclude
გამორჩეული *adj* distinctive
გამორჩეულობა *v* feature
გამოსადეგარი *adj* fitting
გამოსადეგი *adj* useful
გამოსავალი *n* solution; way; outcome
გამოსავალი მდგომარეობიდან *n* way out
გამოსასვლელი *n* outlet
გამოსასყიდი *n* ransom
გამოსაყენებელი *adj* useable
გამოსაშვები *n* graduation
გამოსახვა *v* depict
გამოსახულება *n* image
გამოსვლა *v* come out; drop off
გამოსყიდვა *v* redeem
გამოსყიდვა *n* redemption
გამოტოვება *n* omission
გამოტოვება *v* omit
გამოუვალი მდგომარეობა *n* stalemate
გამოუსადეგარი *adj* futile, useless
გამოუცდელი *adj* inexperienced
გამოფენა *n* display, exhibition, fair, show
გამოქვაბული *n* cave
გამოქვეყნება *v* publish
გამოქვეყნებული ნაშრომები *n* publication
გამოღვიძებული *adj* awake
გამოყენება *v* use, utilize, invoke; apply
გამოყენება *n* usage, use; application
გამოყენებული *adj* used
გამოყოფა *v* separate, stand out, stick out; allocate
გამოყოფილი *n* allocation
გამოშვება *v* issue; emit
გამოშრობა *v* dry
გამოჩეკვა *v* hatch
გამოჩენა *v* appear, show up; disclose
გამოჩენილი *adj* outstanding, notable
გამოჩენილი *adj* distinguished
გამოცანა *n* riddle
გამოცდა *n* exam
გამოცდაზე ჩაჭრა *v* fail
გამოცდილება *n* experience
გამოცდილი *adj* experienced, proficient, versed
გამოცემა *n* issue
გამოცემა *v* utter
გამოცნობა *n* guess
გამოცოცხლება *v* animate
გამოცხადება *v* announce, proclaim
გამოცხადება *v* declare
გამოცხობა *v* bake
გამოძალვა *v* extort

გამოძალვა *n* extortion
გამოძახება *v* summon
გამოძიება *v* investigate, probe
გამოძიება *n* investigation
გამოწევა *v* protrude
გამოწერა *v* subscribe
გამოწერა *n* subscription
გამოწვა *v* char
გამოწვევა *v* cause, trigger, incur; invoke; challenge
გამოწვევა *n* challenge; defiance
გამოწრთობა *v* quench
გამოწრთობილი *adj* hardy
გამოწურვა *v* squeeze
გამოწყობა *v* dress up
გამოხატვა *v* express
გამოხატულება *n* expression
გამოხდომა *v* lunge
გამოხმაურება *v* react
გამოხმობა *v* evoke
გამოხმობილი *adj* withdrawn
გამოხსნა *v* disentangle
გამოჯანმრთელება *v* recover
გამოჯანმრთელება *n* comeback
გამოჯანმრთელებული *adj* convalescent
გამჟღავნება *v* get out; reveal
გამრავალფეროვნება *v* diversify
გამრავლება *v* breed, multiply
გამრავლება *n* multiplication
გამრთობი *n* entertainer
გამრუდება *v* warp
გამსჭვალავი *n* piercing
გამტაცებელი *n* hijacker, kidnapper
გამუქება *v* deepen; darken
გამღიზიანებელი *n* trigger
გამყარება *v* solidify; toughen
გამყიდველი *n* salesman, seller
გამყიდველი ქალი *n* saleswoman
გამყინავი *adj* freezing
გამშრალება *v* wipe
გამძვინვარებული *adj* furious
გამძლე *adj* durable
გამძლეობა *n* fitness
გამწვავება *v* escalate; sharpen
გამწმენდი *n* cleanser
გამჭვირვალე *adj* clear
გამჭირვალე *adj* transparent
გამჭოლი *adj* see-through
გამჭრიახობა *n* ingenuity
გამხდარი *adj* skinny, slim
გამხელა *v* confess
გამხიარულება *v* cheer, rejoice
გამხმარი *adj* stale
გამხნევება *v* cheer, encourage
-გან *prep* from
განადგურება *v* ruin, devastate, eliminate, obliterate, decimate, destroy

განადგურება *n* destruction, havoc
განათება *v* lighten, brighten, illuminate
განათება *n* lighting
განათლება *n* education
განათლება *v* enlighten
განათლების მიცემა *v* educate
განათლებული *adj* educated
განაკვეთი *n* rate
განაყოფიერება *v* fertilize
განაჩენი *n* sentence; condemnation
განაწილება *v* allot, distribute
განაწილება *n* distribution
განახევრება *v* halve
განახლება *v* freshen, renew, resume, renovate, update
განგაში *n* alarm, alert
განგაშის გამოცხადება *v* alert
განდევნა *v* dislodge, oust; chase away
განდევნილი *n* castaway
განდევნილი *adj* outcast
განდიდება *v* dignify
განებივრება *v* indulge, pamper
განვადებით გადახდა *n* down payment
განვითარება *v* expand, develop, evolve

განვითარება *n* development
განვითარების ციკლის გასვლა *v* cycle
განზე *adv* off
განზე *prep* off
განზოგადება *v* generalize
განზომილება *n* dimension
განზრახ *adv* deliberately, purposely
განზრახვა *n* object, intention
განზრახვის ქონა *v* intend
განთავისუფლება *v* liberate, release, loose
განთავისუფლება *n* release
განთავსება *n* deployment
განთავსება გაზეთში *v* feature
განთიადი *n* dawn
განიავება *v* air, ventilate
განიარაღება *v* disarm
განიერი *adj* loose
განიერი და გრძელი შარვალი *n* slacks
განივი *adj* cross
განკარგულებაში ყოფნა *v* dispose
განკითხვა *v* judge
განკურნება *v* cure, heal
განკურნებადი *adj* curable
განლაგება *n* deployment
განლაგება *v* locate
განლაგებული *adj* located

განმავლობაში *prep* during
განმარტება *v* interpret, illustrate; clear
განმარტება *n* clarification; definition
განმარტოებული *adj* aloof
განმეორება *v* recur; reiterate
განმეორება *n* recurrence; repetition
განმეორებითი *adj* repetitive
განმეორებითი შესვლა *n* reentry
განმმარტებელი *n* interpreter
განმუხტვა *v* defuse
განმცხადებელი *n* applicant
განრიგი *n* schedule
განრისხება *v* enrage
განსაზოგადოება *v* socialize
განსაზღვრა *v* define, determine
განსაზღვრული *adj* definite; determined
განსაზღვრული არტიკლი *a* the
განსაკუთრებით *adv* especially, notably, particularly, specifically
განსაკუთრებული *adj* exceptional, special; particular, specific
განსაკუთრებული გემო *n* zest
განსაკუთრებული მნიშვნელობის მინიჭება *v* emphasize
განსაცდელი *n* ordeal
განსაცვიფრებელი *adj* astounding, fabulous
განსახიერება *v* impersonate
განსხვავება *v* differ, differentiate
განსხვავება *n* discrepancy
განსხვავებული *adj* different, varied
განტევების ვაცი *n* scapegoat
განტვირთვა *n* discharge
განტოლება *n* equation
განუკურნებადი *adj* incurable
განუსაზღვრელად *adv* indefinitely
განუსაზღვრელი *adj* indefinite, unlimited
განუსაზღვრელი არტიკლი *a* an
განუყოფელი *adj* indivisible, inseparable
განქორწინება *n* divorce
განქორწინება *v* divorce
განყოფილება *n* compartment, section; department
განშტოება *v* branch out
განშტოება *n* ramification
განცალკევება *v* detach, disconnect; segregate
განცალკევება *n* separation
განცალკევებით *adv* asunder, separately

განცდა *v* undergo
განცდა *v* experience
განცვიფრება *v* astound
განცხადება *n* advertisement, announcement; application
განძრევა *v* budge
განწირული *adj* doomed
განწყობილება *n* temper
განჭვრეტა *v* anticipate, foresee
განხილვა *v* discuss, go over; subject
განხილვა *n* discussion
განხორციელება *v* implement, realize, fulfill, carry out
გაორმაგება *v* double
გაორმაგება *n* duplication
გაოფვლა *n* sweat
გაოფლიანება *v* perspire
გაოცება *v* amaze, astonish, surprise; daze, wonder
გაოცება *n* amazement, surprise, wonder
გაოცებული *adj* dazed, surprised
გაპარვა *v* sneak
გაპოხვა *v* lubricate
გაპრიალება *v* brush up, polish
გაპროტესტება *v* mind
გაჟონვა *n* leakage, leak
გაჟონვა *v* infiltrate
გაჟღენთა *v* permeate; soak
გაჟღენთილი *adj* soaked
გარანტია *n* guarantee, warrant, warranty
გარანტიის მიცემა *v* guarantee
გარანტირება *v* insure
გარანტორი *n* guarantor
გარგარი *n* apricot
გარდა *prep* besides, except
გარდა ამისა *adv* furthermore, moreover
გარდამავალი პერიოდი *n* transition
გარდაუვალი *adj* inevitable
გარდაუვლად *adv* inevitably
გარდაქმნა *n* conversion, transformation
გარდაქმნა *v* transform
გარდაქმნა *v* modify
გარდაცვალება *v* die, pass away; pass out
გარდაცვლილი *adj* deceased
გარდუვალი *adj* unavoidable
გარე *adj* out; outer
გარეგანი *adj* exterior
გარეგანი მხარე *n* outside
გარეგნობა *n* appearance, looks
გარეგნული *adj* external
გარედან *adv* outside
გარევოლუციურება *v* revolutionize

გარეთ *adv* out
გარეთ *adj* outside
გარემო *n* environment
გარემოება *n* circumstance
გარემოებითი *adj* circumstantial
გარემოს დაცვის სპეციალისტი *n* environmentalist
გარემოსთან დაკავშირებული *adj* environmental
გარეუბანი *n* suburb; vicinity
გარეუბანი *n* outskirts
გარეშე *adj* outward
გარეშე *prep* without
გარეცხვა *v* wash
გართობა *v* amuse, entertain
გართობა *n* amusement, entertainment
გართულება *v* complicate
გარიგება *v* deal
გარიგება *n* deal
გარიგების დადება *v* bargain
გარიგი *n* table
გარითმვა *v* rhyme
გარისკვა *v* gamble
გარიცხვა *v* expel; drop out
გარკვევა *v* find out
გარკვევით *adv* plainly
გარკვევით დაწერილი *adj* legible
გარკვევით წარმოთქმა *v* articulate
გარკვეულ ულუფაზე დასმა *v* ration
გარკვეული *adj* certain
გაროზგვა *v* chastise
გარსი *n* hull
გარუჯვა *v* tan
გარღვევა *v* rip
გარყვნა *v* corrupt
გარყვნილება *n* depravity
გარყვნილი *adj* perverse
გარშემო *prep* about
გარშემო *v* stick around
გარშემოხვევა *v* encircle, surround
გარჩევა *v* discern, distinguish; discriminate
გასაგები *adj* understandable
გასაგანძური *n* treasure
გასამრჯელო *n* earnings; fee
გასაოცარი *adj* marvelous; surprising
გასართობი *adj* amusing, entertaining, fun
გასასვლელი *n* exit; passage
გასასვლელი *n* lane, aisle
გასაუბრება *n* interview
გასაღება *v* market
გასაღები *n* key
გასაღების ბეჭედი *n* key ring
გასაყოფი *adj* divisible

გასაჩივრება *n* appeal
გასაჩივრება *v* appeal
გასაძლისი *adj* bearable
გასაჭიმი მოწყობილობა *n* stretcher
გასაჭირი *n* adversity, hardship
გასახდელი ოთახი *n* locker room
გასეირნება *v* stroll
გასვლა *v* go out
გასვრა *v* mess up
გასვრილი *adj* blurred
გასიება *v* swell
გასიება *adj* swollen
გასივება *v* bloat
გასკდომა *n* rupture
გასკდომა *v* rupture
გასრესვა *v* stamp out
გასროლა *n* shot
გასროლა (იარაღის) *n* gunshot
გასტრონომი *n* deli
გასული *adj* outgoing
გასუფთავება *v* clean, purify; purge
გასუქება *v* fatten
გასუქებული *adj* obese
გასწვრივ *prep* by; along
გასწორება *n* alignment; equation
გასწორება *v* align, straighten; mend, rectify; smooth
გასწორება *adj* smooth

გასწრება *v* outrun
გასხვლა *v* prune; hack
გასხლეტა *v* slither
გატანა *v* run over
გატაცება *v* kidnap
გატაცება *v* hijack
გატენა *v* stuff
გატეხა *v* break
გატუტუცებული ბავშვი *n* brat
გატყავება *v* skin
გაუარესება *v* aggravate, worsen
გაუარესება *n* deterioration
გაუარესება *v* deteriorate
გაუბედავი *adj* indecisive
გაუბრალოება *v* simplify
გაუგებარი *adj* inexplicable
გაუგებრობა *v* misunderstand
გაუგონარი *adj* unheard-of; naughty
გაუგონარი *adj* disobedient
გაუთვალისწინებელი *adj* unforeseen
გაუთვალისწინებელი სიტუაცია *n* contingency
გაუმართავად მუშაობა *n* malfunction
გაუმაძღარი *adj* insatiable
გაუმაძღრობა *n* gorge
გაუმჯობესება *v* enhance, improve

გაუმჯობესებული *adj* refined
გაურკვეველი *adj* opaque, uncertain, unclear, vague
გაურკვევლად *adv* indefinitely
გაურკვევლობა *n* suspense
გაუტეხელი *adj* unbroken
გაუფასურება *v* depreciate, devalue
გაუფასურება *n* depreciation, devaluation
გაუფერულება *v* fade
გაუფრთხილებელი *adj* unaware; rash
გაუქმება *v* cancel, undo, revoke, abrogate
გაუქმება *n* cancellation
გაუქმებული *adj* void
გაუჩერებლად *adv* nonstop
გაუჩინარება *v* disappear
გაუჩინარება *n* disappearance
გაუცნობიერებლად *adv* automatically
გაუწყლოება *v* dehydrate
გაუწყლოებული *adj* dehydrated
გაუხეშებული *adj* callous
გაფანტვა *v* disperse, disseminate, dissipate, scatter
გაფართოება *v* expand, broaden, enlarge, extend, widen, amplify
გაფართოება *n* expansion
გაფერადება *v* color
გაფიცვა *v* strike
გაფიცვა *n* strike
გაფლანგვა *v* squander
გაფრთხილება *v* beware, warn
გაფრთხილება *n* warning
გაფრქვევა *v* diffuse
გაფუჭება *v* spoil, perish; deprave; break down; deflate; botch
გაფცქვნა *v* peel
გაქანება *v* dash
გაქვავებული *adj* petrified
გაქირავება *v* lease, rent
გაქრობა *v* fade, vanish
გაქურდვა *v* rob
გაქცევა *v* get out, escape, run away
გაქცევა *n* flight
გაქცეული *n* fugitive
გაღარიბებული *adj* impoverished
გაღვიძება *v* rouse, wake (up)
გაღიზიანება *n* harassment; tantrum
გაღიზიანება *v* exasperate, irritate
გაღიმება *v* smile
გაღმა *prep* across
გაღმერთება *v* worship
გაღრმავება *v* deepen

გ

გაყალბება *v* forge, fabricate
გაყალბებული *adj* counterfeit
გაყიდვა *n* sale
გაყიდვა *v* sell
გაყიდულია *adj* sold-out
გაყინვა *v* freeze
გაყინული *adj* frozen
გაყოფა *v* divide, split up, sever
გაყოფა *n* division
გაშვება *v* launch; let go, let out
გაშიშვლებული *adj* naked
გაშლა *v* deploy; unfold
გაშმაგება *v* rampage
გაშმაგებული *adj* frantic
გაშორება *v* drift apart
გაჩერება *v* check; stall
გაჩერება *n* stop
გაჩუმება *v* hush
გაჩუმებული *adj* silent
გაცდენა *v* miss
გაცვეთა *v* wear out
გაცვეთილი *adj* shabby, worn-out
გაცვლა *v* interchange, swap
გაცვლა–გამოცვლა *v* exchange
გაცივება *v* chill
გაცლა *v* shun
გაცნობიერება *n* awareness
გაცოფება *n* frenzy
გაცოფებული *adj* mad
გაცურება *v* slide
გაცხრილვა *v* sift
გაძარცვა *v* burglarize, loot
გაძევება *n* expulsion, deportation, exile
გაძევება *v* exile, banish
გაძევება *v* evict
გაძევებული *n* outlaw
გაძლება *v* last, endure
გაძლიერება *v* grow, intensify; reinforce
გაძღოლა *n* lead; conduct
გაძღოლა *v* lead
გაწბილება *n* wimp
გაწევრიანება *v* enroll
გაწვევა *v* recruit
გაწითლება *v* flush, blush
გაწმენდა *v* clear, refine; scour; sweep
გაწმენდა *n* clearance
გაწონასწორება *v* balance; sedate
გაწონასწორებული *adj* balanced
გაწყალებული *adj* watery
გაწყობა (ავეჯით) *v* furnish
გაჭედილი *adj* crowded
გაჭიანურებული *adj* lingering
გაჭიმვა *v* pad; sprain
გაჭირვება *n* distress; need
გაჭირვებაში ჩავარდნილი *adj* stranded
გაჭრა *v* cut; slit

გაჭუჭყიანება *n* smear
გაჭუჭყიანება *v* smear
გაჭყლეტა *v* squash
გახანგრძლივება *v* lengthen; prolong; span
გახდა *v* strip, take off, undress
გახდომა *v* become
გახეხვა *v* rub; scrape
გახვევა *v* muffle
გახლართვა *v* entangle
გახლეჩა *v* split
გახლეჩა *n* split
გახმაურება *v* divulge
გახმაურება საიდუმლოს *v* unveil
გახსენება *v* recollect
გახსნა *v* open, unlock, break open; unfasten, unpack, unravel, unwind, unwrap, unzip; dissolve
გახსნა *n* opening
გახტომა *v* rebound
გაჯანჯლება *v* procrastinate
გაჯერება *v* saturate
გეგმა *n* plan
გეგმების ჩაშლა *v* foil
გეგმის გამოაშკარავება *n* showdown
გეგმის მოფიქრება *v* plot
გედი *n* swan
გეიზერი *n* geyser
გელი *n* gel
გემბანი *n* deck

გემზე დატვირთვა *v* ship
გემიდან ზღვაში *adv* overboard
გემით გაგზავნა *n* shipment
გემით მოგზაურობა *v* cruise
გემის დოკში შეყვანა *v* dock
გემის კორპუსი *n* hull
გემის ცხვირი *n* bow
გემო *n* flavor
გემოვნება *n* taste, liking; gust
გემოვნება *v* taste
გემოვნებიანი *adj* tasteful
გემოს ჩატანება *v* savor
გემრიელი *adj* tasty, delicious, mellow
გენდერი *n* gender
გენერალი *n* general
გენერატორი *n* generator
გენერირება *v* generate
გენეტიკური *adj* genetic
გენი *n* gene
გენიოსი *n* genius
გეოგრაფია *n* geography
გეოლოგია *n* geology
გეომეტრია *n* geometry
გერი *n* stepson
გერი *n* stepdaughter
გერი ძმა *n* stepbrother
გესვლა *v* sting
გეტო *n* ghetto
გვალვა *n* drought
გვამი *n* corpse
გვარი *n* name; last name, surname

გველი *n* serpent, snake
გვერდზე *adv* apart, aside
გვერდზე გადადება *v* put aside
გვერდი *n* page
გვერდით *prep* alongside, beside
გვერდითი *adj* lateral
გვერდითი ეფექტი *n* side effect
გვერდის ავლა *v* bypass; leave out
გვერდის ასავლელი საშუალება *n* loophole
გვერდულად *adv* sideways
გვიან *adv* late
გვიანი *adj* late
გვიანი საუზმე *n* brunch
გვირაბი *n* tunnel
გვირგვინი *n* crown; wreath
გვირილა *n* daisy
გვირისტულა *n* stitch
გზა *n* way, road
გზამკვეთი *n* shortcut
გზამკვლევი *n* itinerary, guidebook
გზატკეცილი *n* highway
გზაჯვარედი *n* crossroads
გზაჯვარედინი *n* intersection, crossing
გზის აცდენა *adv* astray
გზის გამკვლევი *n* pioneer
გზის განშტოება *n* fork
გთხოვთ *e* please
გიგანტი *adj* jumbo
გიგანტური *adj* gigantic
გიდი *n* guide
გიჟი *adj* mad, crazy
გიჟი *n* nut
გიჟურად *adv* madly
გირაო *n* bail, pledge; mortgage; certainty
გირაო *v* pledge
გირვანქა სტერლინგი *n* pound
გიტარა *n* guitar
გლადიატორი *n* gladiator
გლეხი *n* peasant
გლობალიზაცია *n* globalization
გლობალურად *adv* globally
გლობალური *adj* global
გლობუსი *n* globe
გლოვა *v* grieve
გლოვა *n* mourning
გლოსარიუმი *n* glossary
გმადლობთ *n* thank you
გმირი *n* hero
გმირობა *n* feat; heroism
გობელენი *n* tapestry
გოგონა *n* girl
გოგრა *n* pumpkin
გოლი *n* goal
გოლიათი *n* giant
გოლფი *n* golf

გოლფის კურსი *n* golf course
გოლფის მოთამაშე *n* golfer
გომბეშო *n* toad
გონება *n* mind
გონებაგახსნი *adj* open-minded
გონებამახვილი *adj* ingenious
გონებაჩლუნგი *adj* stupid
გონების დაკარგვა *v* faint
გონებრივად *adv* mentally
გონებრივი *adj* mental
გონიერი *adj* intelligent, shrewd
გონივრული *adj* rational
გონივრული განმარტება *n* rationale
გორაკი *n* hill
გორაკის ფერდობი *n* hillside
გორაკის წვერი *n* hilltop
გორილა *n* gorilla
გრადუსი *n* degree
გრავირება *v* carve; engrave
გრავიურა *n* engraving
გრამატიკა *n* grammar
გრამი *n* gram
გრანდიოზული *adj* grand
გრანიტი *n* granite
გრანოლა *n* granola
გრაფიკი *n* graph
გრაფიკული ხელოვნება *adj* graphic
გრდემლი *n* anvil
გრეიპფრუტი *n* grapefruit
გრიალი *v* growl

გრიგალი *n* hurricane
გრილზე შეწვა *v* grill
გრილი *adj* chilly, cool
გრილი *n* grill
გრიმის გაკეთება *v* make up
გრიპი *n* flu
გროვა *n* mound, heap; lump
გროვად დაყრა *v* pile, pile up
გრუხუნი *v* rattle
გრძედი *n* latitude
გრძელვადიანი *adj* long-term
გრძელი *adj* long
გრძელი სკამი *n* bench
გრძნობა *n* feeling, sentiment; sense
გრძნობები *n* feelings
გრძნობის გამომჟღავნება *n* outpouring
გუაკამოლე *n* guacamole
გუბე *n* pool
გუბერნატორი *n* governor
გუბურა *n* pond
გუგუნი *v* rumble
გულადი *adj* valiant
გულახდილად *adv* frankly
გულახდილი *adj* forthright, outspoken; open
გულახდილობა *n* openness
გულგამგმირავი ყვირილი *n* shriek
გულგამგმირავი ყვირილი *v* shriek

გულგატეხილი *adj* heartbroken
გულგატეხილი *adj* upset
გულგაუტეხელი *adj* steady
გულგრილი *adj* indifferent
გულგრილობა *n* indifference
გული *n* heart
გულითადი *adj* cordial
გულითადი მეგობარი *n* crony
გულის გატეხვა *n* heartbreak
გულის მოგება *v* cater
გულისამრევი *adj* sickening
გულისრევა *n* nausea
გულისტკივილი *n* grief
გულისცემა *n* heartbeat
გულისხმიერი *adj* responsive
გულისხმობა *v* mean; implicate, imply
გულკეთილი *adj* genial
გულმავიწყი *adj* forgetful, oblivious
გულმავიწყობა *n* distraction
გულმკერდი *n* chest
გულმოდგინება *n* zeal
გულმოწყალე *adj* merciful
გულსაკლავი *adj* pitiful
გულსატკენი *adj* distressing
გულსწრფელობა *n* honesty
გულუბრყვილო *adj* gullible, naive; devout
გულუბრყვილო *v* dupe
გულუხვი *adj* generous
გულფიცხი *adj* jumpy
გულღვარძლიანი *adj* spiteful
გულშემატკივართა კაპიტანი *n* cheerleader
გულშემატკივარი *n* fan
გულცივი *adj* frigid
გულცივობა *n* chill
გულწრფელად *adv* honestly, sincerely, truly
გულწრფელი *adj* candid, frank, honest, sincere; heartfelt, hearty
გულწრფელობა *n* candor, sincerity
გუმბათი *n* dome
გუნდა *n* lump
გუნდი *n* team, chorus, group; herd, swarm
გუნდური *adj* gregarious
გუფთა *n* meatball
გუშინ *adv* yesterday
გუშინ *n* yesterday

დ

და *conj* and
და ასე შემდეგ *adv* etcetera
და ბოლოს *adv* lastly
დაავადება *n* disease
დაათვალიერება *v* browse
დაარსება *v* organize

დაარსება *n* establishment
დაახლოებით *adv* approximately
დაახლოებით *pron* some
დაბა *n* borough
დაბადება *n* birth
დაბადების დღე *n* birthday
დაბადებული *adj* born
დაბალანსება *v* offset
დაბალზამება *v* embalm
დაბალი *adj* low; bass
დაბანა *v* bathe
დაბანაკება *v* camp
დაბეგვრა *v* impose
დაბერვა *v* blow
დაბერვა *n* puff
დაბინავება *v* accommodate
დაბინძურება *v* contaminate, pollute, tarnish
დაბინძურება *n* contamination, pollution
დაბინძურებული *adj* tainted
დაბლა *adv* low
დაბლანდვა *v* stitch
დაბნევა *v* confuse
დაბნელება *n* eclipse, blackout
დაბნელება *v* overshadow, outshine
დაბნეული *adj* confused, puzzled
დაბნეულობა *n* confusion; embarrassment

დაბომბვა *v* bomb
დაბორკვა *v* iron
დაბოყინება *v* belch, burp
დაბრალება *v* blame, incriminate
დაბრეცილი *adj* warped
დაბრკოლება *n* hindrance, impediment, obstacle, obstruction; quandary
დაბრკოლება *v* clog
დაბრმავება *v* blind
დაბრუნება *v* return, give back, bring back; recover, get back; come back, go back
დაბრუნება *n* comeback, return
დაბუჟება *n* numbness
დაბუჟებული *adj* numb
დაგეგმა *v* plan
დაგეგმვა *v* design; schedule
დაგვიანება *n* delay
დაგვიანება *v* delay
დაგვიანებული *adj* belated
დაგვირგვინება *v* crown
დაგლეჯილი *adj* ragged
დაგმობა *v* denounce, disapprove
დაგმობა *n* condemnation
დაგრეხილი *adj* twisted
დაგროვება *v* accumulate; huddle
დაგროვება *n* accumulation
დადანაშაულება *v* accuse

დ

დადარდიანება *v* discourage, dishearten
დადასტურება *v* authenticate, confirm, corroborate, endorse
დადასტურება *n* confirmation, endorsement
დადგენა *n* determination
დადგენილება *n* decree
დადება *v* lay, put
დადებითი *adj* positive
დადევნება *v* pursue
დადეპორტება *v* deport
დავა *v* argue; scrap
დავა *n* controversy; hassle
დავა ვინმესთან *v* dispute
დავალდებულება *v* obligate, oblige
დავალდებულებული *adj* obligated
დავალება *n* job, errand, task
დავალება *v* commit
დავალებულია *v* owe
დავარგება *v* mellow
დავარდნა *n* recession
დავარცხნა *v* comb
დავიწყება *v* forget
დავიწყებისგან დაცვა *v* embalm
დაზარალება *v* incur
დაზარალებული *adj* hurt
დაზელვა *v* knead
დაზეპირება *v* con
დაზვერვა *n* intelligence
დაზიანება *v* damage, injure
დაზოგვა *v* economize; spare
დაზუსტება *v* specify
დაზღვევა *v* insure
დაზღვევა *n* insurance
დათანხმება *v* agree, consent
დათარიღება *v* date
დათესვა *v* sow
დათვალიერება *n* checkup
დათვი *n* bear
დათვლა *v* reckon
დათმობა *v* bow out, concede, give in
დათმობა *n* concession
დათმობა (გზის) *v* fall back
დათოვა *v* snow
დათხოვნა *v* disband, dismiss
დათხოვნა (სამსახურიდან) *v* fire
დაინტერესება *v* care for; interest
დაინტერესებული *adj* interested
დაკავება *v* nail
დაკავება *n* detention
დაკავებული *adj* busy, occupied; engaged
დაკავშირება *v* connect, link; contact
დაკავშირებული *adj* related
დაკაკუნება *v* tap

დაკალიბრება v calibrate
დაკანონება v legalize; legislate
დაკარგვა v lose
დაკარგული adj missing, lost
დაკბილვა v indent
დაკბილული adj jagged
დაკეტვა v shut off
დაკეცვა v fold
დაკვირვება v observe, monitor; contemplate
დაკვირვება n observation
დაკვირვებული adj observant
დაკვლა v slaughter
დაკვრა v play
დაკისრება v incur, charge, entrust
დაკლება n cut
დაკლება v mark down
დაკმაყოფილება v satisfy
დაკმაყოფილებული adj satisfied
დაკნინება v belittle
დაკონსერვებული adj canned
დაკონსერვებული n conserve
დაკონსერვებული პროდუქტები v preserve
დაკრძალვა n funeral, burial
დალაქავება v blot, spot, stain
დალაქი n hairdresser
დალევა v drink
დალექვა v precipitate
დალეწვა v batter

დალიანდაგება n quilt
დალომბარდება v pawn
დალოცვა v bless
დალოცვა n blessing
დალოცვილი adj blessed
დალპობა v corrupt
დამაბნეველი adj confusing, puzzling
დამაგრება v fasten, clinch; fast
დამაკმაყოფილებელი adj satisfactory, satisfying
დამალვა v conceal, hide
დამალვა n cover-up
დამალული adj hidden
დამამშვიდებელი adj restful
დამამშვიდებელი საშუალება n pacifier
დამამცირებელი adj degrading, demeaning, derogatory
დამამძიმებელი adj burdensome
დამანირადება v marinate
დამარცვლით კითხვა v spell
დამარცხება v defeat, vanquish
დამარცხებული n loser
დამარცხებული მხარე n underdog
დამარწმუნებელი adj persuasive
დამარხვა v bury
დამატება n addition; complement

დამატება v add
დამატებითი adj further, additional, extra, plus
დამატებითი adv extra
დამატებითი prep plus
დამატებითი გადასახადი n surcharge
დამატებითი გასამრჯელო n tip
დამატებითი ტელეფონი n extension
დამახასიათებელი adj characteristic
დამახინჯება v deface, disfigure, distort
დამახინჯება n distortion
დამახსოვრება v memorize
დამაჯერებელი adj believable, convincing, plausible; forceful
დამბლა n paralysis
დამდუღვრა v scald
დამეგობრება v befriend
დამთავრება v finish; run out
დამთავრება v end up
დამთავრებული adj done, finished
დამთვალიერებელი n onlooker
დამთმობი adj pliable
დამთქნარება v yawn
დამთხვევა v coincide
დამთხვევა n coincidence

დამიზნება v aim
დამლაგებელი n cleaner
დამნაშავე adj guilty; delinquent
დამნაშავე n criminal, culprit
დამნაშავედ ცნობა v convict
დამოკიდებულება n attitude; dependence
დამოკიდებულება v depend
დამოკიდებული adj dependent
დამორჩელება v subdue
დამორჩილება v obey, succumb; cringe
დამორჩილება n conquest
დამორჩილებული adj subdued
დამოუკიდებელი adj independent
დამოუკიდებლობა n independence
დამოწმება v certify
დამპალი adj rotten
დამპყრობელი n conqueror
დამპყრობი n invader
დამსაქმებელი n employer
დამსახურება n merit
დამსახურება v deserve
დამსხვრევა v crumble, crush, shatter
დამსხვრეული adj broken
დამტკიცება v prove

დამტკიცებული *adj* proven
დამუნჯებული *adj* numb
დამუქრება *v* threaten
დამუშავება *v* process
დამუხრუჭება *v* brake
დამუხტვა *v* charge
დამფუძნებელი *n* founder
დამქანცავი *adj* exhausting
დამღლელი *adj* grueling, tiresome
დამშვიდდება *v* placate
დამშვიდება *v* calm down, cool down; pacify, soothe
დამცავი გისოსი *n* fender
დამცველი *n* defender
დამცინავი *adj* scornful
დამცირება *v* humiliate, mortify
დამწვრობა *n* burn
დამწიფება *v* mellow, mature, ripen
დამწუხრებული *adj* dejected
დამწყები *n* beginner
დამწყვდევა *v* confine
დამჭკნარი *adj* faded
დამხმარე *n* aide, assistant, helper
დამხმარე *adj* auxiliary
დამხმარე ზმნა *v* shall
დამხმარე ზმნა *v* do
დამხმარე ზმნა პირობით დამოკიდებულ წინადადებებში *v* should
დამხობა *v* overturn, overthrow
დან *prep* from
დანა *n* knife
დანაგვიანება *v* clog
დანაზოგი *n* savings
დანაკარგი *n* loss
დანაკლისი *n* shortage
დანანება *v* deplore, regret
დანაოჭებული *adj* wrinkled
დანართი *n* enclosure; attachment
დანასერი *n* slash
დანაღვლიანება *v* sadden
დანაშაული *n* crime
დანაშაულის გამოსყიდვა *v* atone
დანაშაულის ჩადენა *v* commit
დანახშირება *v* char
დანგრევა *v* ruin, demolish, vandalize; decay, erode
დანგრევა *n* demolition; desolation; disruption
დანებაბა *v* surrender
დანებება *v* give up
დანის პირი *n* blade
დანიშვნა *v* appoint, assign; engage
დანიშვნა *n* appointment
დანიშნულების ადგილი *n* destination
დანიშნული *adj* engaged; due

დ

დანჯღრეული *adj* cranky
დაობება *v* mold
დაობებული *adj* moldy
დაორსულება *v* conceive
დაოჯახებული *adj* married
დაპატიმრება *v* arrest; imprison; nail
დაპირება *n* promise
დაპირება *v* promise
დაპირისპირება *v* confront; counteract
დაპირისპირება *n* confrontation
დაპკურება *v* sprinkle
დაპროექტება *v* project
დაპყრობა *v* occupy; conquer
დაჟანგება *v* rust
დაჟინება *v* persist
დაჟინებით თხოვნა *v* plead
დაჟინებით მზერა *v* gaze
დაჟინებით მოთხოვნა *v* insist, urge
დაჟინებით მოთხოვნა *n* urge
დაჟინებითი *adj* rigorous
დაჟინებული *adj* pressing
დარბაზი *n* hall
დარბილება *v* soften
დარგვა *v* plant
დარგი *n* domain
დარდი *n* distress
დარდი *v* yearn
დარეგისტრირება (სასტუმროში) *v* check in
დარეკვა *v* phone
დარიგება *n* guidance
დარიგება *v* dispense
დარიჩინი *n* cinnamon
დარტყმა *n* hit; impulse; stroke
დარტყმა *v* hit; shock
დარღვევა *n* offense; breach
დარღვევა *v* offend
დარჩენა *v* remain, stay
დარჩენა *n* stay
დარწმუნება *v* assure, convince, persuade, reassure
დარწმუნება *n* persuasion
დარწმუნებით *adv* earnestly
დარწმუნებული *adj* certain, confident, sure, convinced
დარწმუნებულობა *n* assurance
დასაბუთება *n* justification
დასაბუთება *v* justify
დასავლეთი *n* west
დასავლეთი *adj* west
დასავლეთი *adv* west
დასავლეთით *adv* westbound
დასავლეთის *adj* western
დასავლეთის მკვიდრი *adj* westerner
დასალევად ვარგისი *adj* drinkable
დასამარება *v* dump

დასანანი *adj* disappointing, regrettable
დასაოჯახებელი *adj* unmarried
დასასვენებელი ოთახი *n* lounge
დასასრული *n* end
დასაუთოებელი მაგიდა *n* ironing board
დასაქმება *n* employment
დასაქოქი სახელური *n* crank
დასაწყისი *n* beginning, outset, start
დასახელება *v* nominate
დასახიჩრება *v* cripple, maim; maul
დასახლება *v* inhabit, settle; settle down
დასახლება *n* settlement
დასახლებული პუნქტი *n* community
დასვენება *n* rest
დასვენება *v* rest
დასვრა *v* soil
დასკდომა *v* crack
დასკვნა *n* implication; conclusion
დასკვნა *v* deduce
დასკვნითი *adj* conclusive
დასკვნის გაკეთება *v* infer
დასკვნის გამოტანა *v* conclude
დასნეულება *v* sicken
დასრულება *v* complete, end, finalize
დასრულება *n* ending
დასრულებული *adj* complete; out
დასუსტება *v* impair, weaken
დასწრება *n* attendance, presence
დასწრება *v* attend
დასჯა *v* chastise, punish
დატბორვა *v* overflow
დატბორილი *adj* swamped
დატენვა *n* filling
დატენიანება *v* dampen
დატენიანება *v* moisturize
დატვირთვა *v* load, charge
დატვირთვა *v* embark
დატვირთული *adj* laden, loaded
დატირება *v* mourn, wail
დატკაცუნება *v* snap
დატკბობა *v* bask; sweeten
დატკეპნა *v* compact
დატოვება *v* leave, go away
დატყვევება *v* captivate; capture
დაუდგომელი *adj* troublesome
დაუდევრად *adv* carelessly
დაუდევრობა *n* neglect, carelessness; oversight
დაუვიწყარი *adj* unforgettable

დაუთოება *v* iron
დაუკავშირებელი *adj* unrelated
დაუკმაყოფილებელი *adj* dissatisfied
დაუმარცხებელი *adj* invincible
დაუმთავრებელი *adj* unfinished
დაუმსახურებელი *adj* undeserved
დაუმწიფებელი *adj* immature
დაუნდობელი *adj* ruthless
დაუსაბუთებელი *adj* unfounded
დაუსრულებელი *adj* unending
დაუფიქრებელი აჩქარება *n* precipitation
დაუღლელი *adj* tireless
დაუყოვნებელი *adj* immediate
დაუყოვნებლივ *adv* immediately
დაუყოვნებლივი *adj* prompt
დაუშვებლობა *v* keep out
დაუცველი *adj* unprotected, vulnerable
დაუძლეველი *adj* compelling; unbeatable
დაუჯერებელი *adj* unbelievable; unconvinced
დაუჯერებლად *adv* probably
დაფა *n* chalkboard
დაფარვა *v* cover, shield; defray
დაფარული *adj* pent-up
დაფასება *v* appreciate, value
დაფასება *n* appreciation
დაფინანსება *v* finance, sponsor
დაფიქრებული *adj* thoughtful
დაფიცება *v* swear
დაფრთხობა *v* daunt, intimidate
დაფუძნება *v* institute, establish; base
დაფქვა *v* grind
დაფხვნა *v* pulverize
დაქანება (გზაზე) *n* ramp
დაქანცული *adj* weary
დაქანცულობა *n* exhaustion
დაქირავება *v* employ, hire; engage; charter
დაქირავებული მუშაკი *n* employee
დაქორწინება *v* marry, wed
დაქოქვა *v* wind
დაქუცმაცება *v* mince
დაღვრა *v* spill
დაღვრემილი *adj* despondent
დაღის დასმა *v* brand
დაღლა *v* tire
დაღლა *n* fatigue
დაღლილი *adj* tired
დაღუნვა *v* lean
დაყაჩაღება *n* hold-up

დაყენება *v* set; stand
დაყვედრება *v* reproach
დაყნოსა *adj* scented
დაყოვნება *v* detain; linger
დაყოლიება *v* coax
დაყრდნობა *v* hang on; lean on, rely
დაყრდნობა რაიმეზე *v* invoke
დაყრუება *v* deafen
დაშავება *v* bruise
დაშავებული *adj* injured
დაშვება *n* admission, admittance; descent
დაშვება *v* access, admit; descend, go down
დაშლა *v* fall apart, come apart
დაშლა *n* disintegration
დაშორება *v* part
დაშორება *n* severance
დაშრობა *v* drain
დაჩაგვრა *v* get down
დაჩაგრული *adj* oppressed
დაჩირქება *v* fester
დაჩოქება *v* kneel
დაჩრდილვა *v* overshadow
დაჩქარება *v* rush
დაცარიელებული *adj* flat
დაცემა *n* downfall; eclipse
დაცემა *v* drop, fall, decline
დაცემინება *n* sneeze
დაცემინება *v* sneeze

დაცვა *n* defense, protection, safeguard; maintenance
დაცვა *v* guard, protect, secure; vindicate
დაცინვა *v* mock, scoff, tease; quiz
დაცლა *v* dump, deplete, discharge, empty
დაცობა *v* choke; plug
დაძაბული *adj* strained, tense; intense
დაძაბულობა *n* tension
დაძალება *n* constraint
დაძახება *v* call
დაძველებული *adj* decrepit
დაძვრა *v* set off
დაძინება *v* sleep
დაძლევა *v* master, overcome; outdo
დაწებება *v* glue
დაწევა *v* catch up; cave in
დაწერა *v* get down
დაწესება *v* impose
დაწესებულება *n* institution
დაწინაურება *v* advance
დაწკაპუნება *v* click
დაწუნება *n* disapproval
დაწყება *v* begin, commence, start
დაწყება *n* opening
დაწყებითი სკოლა *n* elementary school

დაწყევლა *v* curse
დაჭდევა *v* dent
დაჭედება *v* hammer
დაჭერა *v* catch; grab
დაჭიმვა *v* strain
დაჭიმული *adj* uptight
დაჭიმულობა *n* strain
დაჭმუჭნა *v* crease
დაჭრილი *adj* wounded
დახარისხება *v* grade
დახარისხებული *adj* assorted
დახევა *v* tear
დახელოვნებული *adj* expert
დახვეწილი *adj* delicate, exquisite; subtle
დახვეწილობა *n* delicacy
დახლი *n* counter
დახმარება *n* aid, assistance, help
დახმარება *v* assist, help
დახმარების გაწევა *v* aid
დახმარებისთვის მიმართვა *n* recourse
დახრა *n* inclination
დახრა *v* incline
დახრილი *adj* italics
დახრილი *n* leaning
დახურდავება *v* change
დახურვა *v* close, shut
დახურვა *n* closure
დახურული *adj* closed
დახუჭუჭება *v* curl

დაჯარიმება *v* penalize
დაჯახება *n* encounter
დაჯახება *v* hustle
დაჯილდოება *v* reward
დაჯილდოვება *v* recompense; award
დაჰიპნოზება *v* hypnotize
დებატების გამართვა *v* debate
დებეტი *n* debit
დებიუტი *n* debut
დეგრადაცია *n* degradation
დეგრადირება *v* degrade
დედა *n* mom
დედა *n* mother
დედამთილი *n* mother-in-law
დედამიწა *n* Earth
დედანი *n* original
დედაქალაქი *n* capital
დედინაცვალი *n* stepmother
დედინაცვლი *n* stepsister
დედმამიშვილი *n* sibling
დედობა *n* motherhood
დედობრივი *adj* maternal
დედოფალი *n* queen
დევიზი *n* motto
დევნა *v* follow, chase, trail; haunt, persecute
დევნილი *n* refugee
დეზერტირი *n* fugitive
დეზერტირი *n* deserter
დეზი *n* spur

დეზინფექციის გაკეთება *v* disinfect
დეზოდორანტი *n* deodorant
დეზორგანიზებული *adj* disorganized
დეზორიენტირებული *adj* disoriented
დეიდა *n* aunt
დეიდაშვილი ან მამიდაშვილი *n* cousin
დეკანი *n* dean
დეკემბერი *n* December
დეკლარაცია *n* declaration, proclamation
დეკორატიული *adj* decorative
დეკორაცია *n* decoration
დეკორი *n* décor
დელეგატი *n* delegate
დელეგაცია *n* delegation
დელიკატური *adj* ticklish
დელფინი *n* dolphin
დემოკრატია *n* democracy
დემოკრატიული *adj* democratic
დემონსტრაცია *n* demo
დემონსტრაციული *adj* demonstrative
დემონსტრირება *v* demonstrate
დემონტაჟის გაკეთება *v* dismantle
დემორალიზება *v* demoralize
დენა *v* flow; drool
დენთი *n* gunpowder; charge
დეპოზიტი *n* deposit
დეპრესია *n* depression
დერეფანი *n* corridor; lobby
დესანტი *n* landing
დესერტი *n* dessert
დესპოტი *n* despot
დესპოტური *adj* despotic
დეტალი *n* detail
დეტალურად მიმოხილვა *v* go through
დეტალური *adj* detailed
დეტექტივი *n* detective
დეტექტორი *n* detector
დეტონატორი *n* detonator
დეტონირება *v* detonate
დეფექტი *n* bug
დეფექტური *adj* defective
დეფისი *n* hyphen
დეფიციტი *n* deficit; scarcity
დეფორმაცია *n* deformity
დეფორმირება *v* deform
დიაბეტი *n* diabetes
დიაბეტური *adj* diabetic
დიაგნოზი *n* diagnosis
დიაგნოზის დადგენა *v* diagnose
დიაგნოსტიკა *v* detect
დიაგონალური *adj* diagonal
დიაგრამა *n* chart, diagram
დიალექტი *n* dialect

დ

დიალოგი *n* dialog
დიამეტრი *n* diameter
დიაპაზონი *n* range
დიარეა *n* diarrhea
დიასახლისი *n* landlady; housewife
დიდად *adv* enormously
დიდება *n* glory
დიდებულება *n* greatness, majesty
დიდებული *adj* great, majestic; lofty, glorious
დიდი *adj* big, large
დიდი ასო *n* capital letter
დიდი ლოდი *n* boulder
დიდი ლურსმანი *n* spike
დიდი მარხვა *n* Lent
დიდი მდიდრული სახლი *n* mansion
დიდი ნატეხი *n* chunk
დიდი ოჯახი *n* extended family
დიდი სავაჭრო ცენტრი *n* shopping mall
დიდი ტკივილი *n* anguish
დიდი ძირითადი კბილი *n* molar
დიდხანს *v* long for
დიეტა *n* diet
დიეტის დაცვა *v* diet
დივანი *n* couch, sofa
დივერსიის მოწყობა *v* sabotage
დიზაინერი *n* designer
დიზაინი *n* design
დიზელი *n* diesel
დილა *n* morning
დილემა *n* dilemma
დილერი *n* dealer
დინამიკი *n* loudspeaker
დინამიტი *n* dynamite
დინამიური *adj* dynamic
დინასტია *n* dynasty
დინება *n* flow, current
დინოზავრი *n* dinosaur
დიპლომატი *n* diplomat
დიპლომატია *n* diplomacy
დიპლომატიური *adj* diplomatic
დიპლომატიური ნოტა *n* note
დიპლომი *n* diploma
დირექტორი *n* principal
დირექტორი *n* director
დირიჟორი *n* conductor
დირიჟორის ჯოხი *n* baton
დისკვალიფიცირება *v* disqualify
დისკი *n* disk
დისკი *n* disc
დისკის ჩასადები *n* drive
დისკომფორტი *n* discomfort
დისკრიმინაცია *n* discrimination
დისკუსია *n* debate

დისკწამყვანი n disk drive
დისტანცია n course
დისტანციური adj remote
დისტანციური რეგულირება n remote control
დისტილირება v distill
დისშვილი n nephew; niece
დისციპლინა n discipline
დისწული n nephew; niece
დისჰარმონია n jar
დიუიმი n inch
დიქტატორი n dictator
დიქტატორული adj dictatorial
დიქტატურა n dictatorship
დიქტორი n announcer
დნობა n fuse
დნობა v melt
დოზა n dosage
დოკი n dock
დოკუმენტაცია n documentation
დოკუმენტი n document
დოკუმენტის შესავალი ნაწილი n premises
დოკუმენტური ფილმი n documentary
დოლარი n dollar
დოლბანდი n gauze
დოლი n drum
დოლურა n reel
დომენი n domain
დომინანტური adj dominant
დომინირება v dominate
დომხალი n maze
დონე n level
დონორი n donor
დოქი n jug, pitcher
დრაკონი n dragon
დრამა n drama
დრამატიზირება v dramatize
დრამატულად adv dramatically
დრამატული adj dramatic
დრეიფზე დადგომა v drift
დრეკადი adj elastic
დრენაჟი n drainage
დრო n time
დროდადრო adv occasionally
დროებით adv temporarily
დროებით შეჩერება v suspend
დროებით შეწყვეტა n interruption
დროებითი adj provisional, temporary, tentative
დროებითი ზავი n truce
დროებითი შეჩერება n suspension
დროის გაზომვა v time
დროის ლიმიტი n time limit
დროის მონაკვეთი n while
დროსტარება n pastime
დროულად n pat

დროულად *adj* timely
დროულობა *n* relevance
დროშა *n* flag
დრუნჩი *n* muzzle
დუბლირება *v* duplicate
დუბლირება *n* backup
დუელი *n* duel
დუეტი *n* duet
დუმილი *n* silence
დურგალი *n* carpenter
დუღილი *v* boil
დღე *n* daytime
დღე *n* day
დღეს *adv* today
დღეს *n* today
დღესასწაული *n* festivity, holiday
დღესდღეობით *adv* nowadays
დღის წესრიგი *n* agenda
დღიური *n* journal, diary
დღიური *adv* daily
დჯ (DJ) *n* disc jockey (DJ)

ე

ებრაელი *n* Jew
ებრაული *adj* Jewish
ეგზოტიკური *adj* exotic
ეგო *n* ego
ეგოიზმი *n* selfishness
ეგოისტური *adj* selfish
ეგრეთ წოდებული *adj* so-called
ევაკუაციის მოხდენა *v* evacuate
ევოლუცია *n* evolution
ევოლუციური *adj* evolutionary
ევრო *n* euro
ევროპა *n* Europe
ევროპელი *adj* European
ეზო *n* yard
ეთიკა *n* ethics
ეთიკური *adj* ethical
ეთნიკური *adj* ethnic
ეიფორია *n* euphoria
ეკალი *n* thorn
ეკვატორი *n* equator
ეკვივალენტი *adj* equivalent
ეკიპაჟი *n* crew
ეკიპირება *n* outfit
ეკლესია *n* church
ეკლიანი *adj* thorny
ეკოლოგია *n* ecology
ეკონომიკა *n* economics
ეკონომიკა *n* economy
ეკონომისტი *n* economist
ეკონომიურად *adv* economically
ეკონომიური *adj* economic, economical, thrifty
ეკრანზე ჩვენება *v* screen
ეკრანი *n* display; screen
ელასტიკური *adj* supple

ელეგანტურად *adv* gracefully
ელეგანტური *adj* graceful, elegant
ელეგანტურობა *n* elegance
ელემენტარული *adj* elementary, rudimentary
ელემენტი *n* element
ელექტრობა *n* electricity
ელექტრონათურა *n* light bulb
ელექტრონული *adj* electrical; electronic
ელექტრონული ფოსტა *n* e-mail (email)
ელექტრონული ცხრილები *n* spreadsheet
ელექტროტექნიკოსი *n* electrician
ელექტროფიკაციის მოხდენა *v* electrify
ელექტრული *adj* electric
ელექტრული დენი *n* current
ელვა *n* lightning; thunderbolt; zipper
ელვარება *v* glow
ელვარება *n* flare
ელფი *n* elf
ელ-ფოსტით გაგზავნა *v* e-mail (email)
ელჩი *n* ambassador
ელ-წიგნი *n* e-book
ემბლემა *n* emblem
ემიგრანტი *n* emigrant, immigrant
ემისია *n* emission
ემიჯნება *v* adjoin
ემოცია *n* emotion
ემოციური *adj* emotional
ემოციური პრობლემა *n* hang-up
ენა *n* language, tongue
ენამოსწრებული *adj* smart
ენაჩავარდნილი *adj* speechless
ენაჩლუნგობა *v* stutter
ენერგია *n* power, energy
ენერგიული *adj* bouncy, energetic, vigorous; strenuous
ენთუზიაზმი *n* enthusiasm
ენთუზიაზმით აღსავსე *adj* enthusiastic
ენით აუწერელი *adj* unspeakable
ენის ბორძიკით ლაპარაკი *v* stammer
ენის გასატეხი *n* twister
ენის დაბმა *v* falter
ენოტი *n* raccoon
ენციკლოპედია *n* encyclopedia
ეპიდემია *n* epidemic
ეპიზოდი *n* episode
ერა *n* era
ერთად *adv* jointly, together; along

ე

ერთად *prep* with
ერთადერთი *adj* only, sole
ერთადერთი *n* sole
ე
ერთგვარი *adj* certain
ერთგულება *n* fidelity, allegiance, loyalty, dedication
ერთგული *adj* committed, faithful, staunch
ერთდროული *adj* simultaneous
ერთერთი *adj* either
ერთეული *n* unit
ერთი *adj* one, single
ერთი *n* one
ერთი *pron* one
ერთი კოვზი *n* spoonful
ერთიანობა *n* integrity, unity
ერთმანეთი *pron* each other
ერთმანეთს *pron* each other
ერთმორწმუნე *adj* single-minded
ერთნაირი *adj* even; like
ერთსულოვანი *adj* unanimous
ერთფეროვანი *adj* monotonous
ერთფეროვნება *n* uniformity
ერთხელ *adv* once
ერთხელაც *adv* someday
ერთჯერადი *adj* disposable
ერი *n* nation
ეროვნება *n* nationality
ეროვნული *adj* national
ეროზია *n* erosion
ეს *adj* this
ეს *pron* this
ესაზღვრება *v* bound
ესე *n* essay
ესენი *adj* these
ესენი *pron* these
ესთეტიკური *adj* aesthetic
ესკალატორზე ასვლა *v* escalate
ესკალატორი *n* escalator
ესკიზი *n* outline
ესკიზური *adj* sketchy
ესპრესო *n* espresso
ესტრაქტი *n* extract
ეტიკეტი *n* decorum, etiquette; sticker
ეტლი *n* carriage, coach
ეტყობა *v* seem
ეფექტი *n* effect
ეფექტური *adj* effective; efficient
ეფექტურობა *n* effectiveness
ექვემდებარება *adj* liable
ექვსი *n* six
ექიმი *n* physician
ექიმი *n* doctor
ექო *n* echo
ექსპორტი *v* export
ექსკურსია *n* excursion
ექსპედიცია *n* expedition
ექსპერიმენტი *n* experiment

ექსპერტი *n* expert
ექსპერტიზა *n* expertise
ექსპლუატაცია *n* operation
ექსპლუატაციის გაწევა *v* exploit
ექსპორტიორი *n* exporter
ექსტაზური *adj* ecstatic
ექსტრავაგანტური *adj* extravagant
ექსტრავერტირებული *adj* extroverted
ექსტრემისტი *adj* extremist
ექსცენტრიული *adj* eccentric
ეშვი *n* fang; tusk
ეშმაკობა *n* trick
ეშმაკობა *v* trick
ეწინააღმდეგება *v* contradict
ეჭვი *n* doubt, suspicion; challenge
ეჭვიანი *adj* jealous
ეჭვიანობა *n* jealousy
ეჭვის შეტანა *v* distrust, doubt, mistrust, suspect
ეჭვმიუტანელი *adj* unsuspecting
ეჭვქვეშ დაყენება *v* discredit

ვ

ვ *adj* thorough
ვაგონი *n* carriage, wagon, coach
ვადა *n* term
ვადაგადაცილებული *adj* overdue
ვადები *n* terms
ვადის ამოწურვა *n* expiration
ვადის ამოწურვა *v* expire
ვადის გასვლა *n* lapse
ვაზა *n* vase
ვაზი *n* vine
ვაზის ლერწამი *n* grapevine
ვაკანსია *n* opening, vacancy
ვალდებულება *n* obligation, commitment; burden
ვალდებულება *v* must
ვალდებულებანი *n* liability
ვალდებულებები *n* dues
ვალდებულების ნაწილობრივი შესრულება *n* installment
ვალდებული *adj* liable, bound, obliged
ვალი *n* debt
ვალის გადახდა *v* repay
ვალსი *n* waltz
ვალუტა *n* currency
ვამპირი *n* vampire
ვანდალი *n* vandal

3

ვანდალიზმი *n* vandalism
ვანილი *n* vanilla
ვაჟი *n* son
ვაჟკაცურობა *n* manliness
ვარაუდი *v* assume, presume, suppose, reckon
ვარაუდი *n* assumption, conjecture
ვარაუდი *conj* supposing
ვარგისი *adj* fit
ვარგისიანობა *n* fitness
ვარდი *n* rose
ვარდისფერი *adj* pink, rosy
ვარდისფერი *n* pink
ვარდნა *n* fall, decline; decadence
ვარირება *v* range
ვარსკვლავი *n* star
ვარსკვლავით აღნიშვნა *n* asterisk
ვარცლი *n* pail; tub
ვარცხნილობა *n* haircut, hairstyle
ვარჯიში *v* practice; work out
ვარჯიში *n* exercise
ვარჯიში *v* exercise
ვაუჩერი *n* voucher
ვაფლი *n* wafer; waffle
ვაქცინა *n* vaccine
ვაშლი *n* apple
ვაჭარი *n* merchant
ვაჭრობა *n* trade; merchandise
ვაჭრობა *v* haggle, trade
ვახშამი *n* supper
ვებსაიტი *n* website
ვეგეტარიანული *n* vegetarian
ვედრება *v* implore
ველი *n* field; valley
ველოსიპედი *n* bike, bicycle; cycle
ველოსიპედით სეირნობა *n* cycling
ველოსიპედისტი *n* cyclist
ველური *adj* savage
ველური ბუნება *n* wildlife
ვენა *n* vein
ვენახი *n* vineyard
ვენტილაცია *n* ventilation
ვენტილიატორი *n* fan
ვერ *v* cannot
ვერდიქტი *n* verdict
ვერსია *n* version
ვერტიკალური *adj* upright, vertical
ვერტიკალური აფრენა *n* lift-off
ვერტმფრენი *n* helicopter
ვერცხლეული *n* silverware
ვერცხლისფერი *n* silver
ვერცხლისფერი *adj* silver
ვერძი *n* ram
ვეტერანი *n* veteran; veterinarian
ვეტო *v* veto
ვეფხვი *n* tiger

ვეშაპი *n* whale
ვიბრაცია *n* vibration
ვიბრირება *v* vibrate
ვიბრირებადი *adj* vibrant
ვიდეო *n* video
ვიდეო თამაში *n* video game
ვიდრე *conj* than; until
ვიდრე *prep* than; until
ვიზიტი *n* visit
ვიზუალური *adj* visual
ვითომ *adv* allegedly
ვინ *pron* who
ვინმე *pron* anybody, anyone
ვინმეზე მეტი ცხოვრება *v* outlive
ვიოლინო *n* fiddle, violin
ვირთევზა *n* cod
ვირთხა *n* rat
ვირი *n* donkey
ვირტუალურად *adv* virtually
ვირტუალური *adj* virtual
ვირუსი *n* virus
ვისაც არ უნდა *pron* whoever
ვისი *adj* whose
ვისი *pron* whose
ვისიმე ნდობის მქონე *adj* reliant
ვისიმე სახელით *n* behalf
ვიტამინი *n* vitamin
ვიქტორინა *n* quiz
ვიღაც *pron* somebody, someone
ვიწრო *adj* narrow
ვიწრო ქუჩა *n* lane
ვიწრო ხეობა *n* gill
ვნება *n* lust; passion
ვნებიანი *adj* lustful; passionate
ვოიაჟი *n* voyage
ვოიაჟერი *n* voyager
ვოკალური *adj* vocal
ვრცელი *adj* extensive
ვულგარული *adj* vulgar
ვულკანი *n* volcano

ზ

ზამთარი *n* winter
ზარალი *n* loss; detriment
ზარალის ანაზღაურება *v* recoup
ზარალის ანაზღაურება *n* refund
ზარბაზანი *n* cannon
ზარი *n* bell; call
ზარის მელოდია *n* ringtone
ზარმაცი *adj* lazy
ზაფხული *n* summer
ზე *prep* onto
-ზე *prep* per; on, upon; at
-ზე *adv* on
ზებრა *n* zebra
ზეგავლენის მოხდენა *v* affect

ზეგანაკვეთური სამუშაო *n* overtime
ზედა სართულზე *adv* upstairs
ზედა სართულზე *adj* upstairs
ზედამხედველი *n* supervisor
ზედამხედველობა *n* oversight, supervision
ზედამხედველობა *v* supervise
ზედაპირზე ამოსვლა *v* emerge
ზედაპირი *n* surface
ზედმეტად დახარჯვა *v* overrun
ზედმეტი *adj* redundant; waste
ზედმეტი გადასახადი *v* overcharge
ზედნადები (ხარჯები) *adj* overhead
ზედოზირება *n* overdose
ზედსართავი სახელი *n* adjective
ზეთი *n* oil
ზეთისხილი *n* olive
ზეითუნის ზეთი *n* olive oil
ზეიმი *n* celebration
ზეინკალი *n* locksmith
ზემოდან ყურება *v* overlook
ზემოთ *adv* over; upwards
ზემოთ *prep* over, above
ზემოქმედება *n* impact
ზემოქმედება *n* influence
ზენიტი *n* heyday
ზეპირად *adv* orally, verbally
ზეპირი *adj* oral
ზერელე *adj* superficial
ზეციური *adj* celestial
ზეციური შუქი *n* skylight
ზეწარი *n* sheet
ზეწოლა *n* pressure
ზეწოლა *v* pressure
ზვავი *n* avalanche
ზვიგენი *n* shark
ზვინად დადგმა *v* stack
ზვირთი *n* surge
ზვირთცემა *v* surf
ზიანი *n* damage, harm; mischief
ზიანის მიყენება *v* harm
ზიანის მომტანი *adj* damaging
ზიდვა *v* drag
ზიზღი *n* contempt; disgust, hate
ზიზღი *n* distaste
ზიზღი (ეზიზღება) *v* detest
ზიზღიანი *adj* squeamish
ზიზღის განმცდელი *adj* disgusted
ზიზღის გრძნობა *v* loathe
ზმნა *n* verb
ზმნიზედა *n* adverb
ზოგადად *adv* generally
ზოგადი *adj* general
ზოგადი მიმოხილვა *n* overview
ზოლი *n* strip; stripe
ზოლიანი *adj* striped

ზომა *n* measure, magnitude, size
ზომიერება *n* moderation
ზომიერი *adj* mild, moderate
ზომის შემცირება *v* downsize
ზონა *n* zone
ზონარი *n* string; tape
ზონრით შეკვრა *v* tape
ზოოპარკი *n* zoo
ზრდა *n* increase
ზრდა *v* increase
ზრდასრული *n* adult
ზრდასრული *n* grown-up
ზრდაში გასწრება *v* outgrow
ზრდილობა *n* decency
ზრდილობიანად *adv* gracefully
ზრდილობიანი *adj* graceful
ზრუნვა *v* look after, care, care about
ზრუნვა *n* care
ზუზუნი *v* buzz, hum
ზუზუნი *n* buzz
ზუმფარის ქაღალდი *n* sandpaper
ზურგი *n* back, rear
ზურგჩანთა *n* backpack
ზურმუხტი *n* emerald
ზუსტად *adv* accurately, exactly, precisely; expressly
ზუსტი *adj* accurate, exact, precise
ზუჩინი *n* zucchini
ზღაპარი *n* fairy tale
ზღვა *n* sea
ზღვარი *n* ceiling, limit; margin
ზღვის ავადმყოფობით დაავადებული *adj* seasick
ზღვის თევზი *n* seal
ზღვის მიქცევ-მოქცევა *n* tide
ზღვის ნაპირი *n* seashore
ზღვის ნიჟარა *n* seashell
ზღვის პროდუქტები *n* seafood
ზღვრული სიჩქარე *n* speed limit
ზღურბლი *n* threshold
ზღურბლი *n* doorstep

თ

თაგვი *n* mouse
თავაზიანად *adv* politely
თავაზიანი *adj* courteous, polite, respectful
თავაზიანობა *n* grace, courtesy, politeness
თავბრუდამხვევი *adj* dizzy
თავგადასავალი *n* adventure
თავგზააამბნევი *adj* discouraging
თავგზის აბნევა *v* discourage

თავქნის აბნევა *v* embarrass
თავდადება *n* devotion
თავდამსხმელი *n* attacker
თავდაპირველად *adv* originally
თავდასხმა *v* attack; raid
თავდასხმა *n* attack
თავდაყირა *adv* upside-down
თავდაჯერებული *adj* opinionated
თავდებად დადგომა *v* vouch for
თავზარი *n* dismay
თავზარის დაცემა *v* stun
თავზე აღება *v* take over
თავთხელი *adj* shallow
თავთხელი *n* strand
თავი *n* chapter; head; knob
თავიდან არიდება *v* dodge
თავიდან ასაცილებელი *adj* avoidable
თავიდან აცილება *v* avoid; back out
თავიდან მოშორება *v* rid of
თავის არიდება *v* elude, evade; get off
თავის გამოსყიდვა *v* buy off
თავის გატანა *v* get by
თავის დაკარგვა *v* fall apart
თავის დაკვრა *v* bow
თავის დამცირება *v* demean
თავის დაქნევა *v* nod
თავის დაღწევა *v* break away, break free, flee, get away; bail out
თავის დაცვა *v* defend
თავის თავზე აღება *v* assume
თავის თავზე აღება *n* assumption
თავის მობეზერება *v* pester
თავის მობეზრება *v* annoy, bother
თავის მოყრა *v* swarm
თავის მოჩვენება *v* masquerade
თავის მოჩვენება *n* pretense
თავის მოწონება *v* show off
თავის სწრაფად დახრა *v* duck
თავის ტკივილი *n* headache
თავის ქალა *n* skull
თავის შეკავება *v* abstain, refrain; deter
თავის შეკავება *n* abstinence
თავისებური *adj* peculiar
თავისთავად *pron* itself
თავისთავს *pron* itself
თავისთვის *pron* itself
თავისი *adj* its
თავისი *pron* oneself
თავისუფლად *adv* loosely
თავისუფალი *adj* loose, roomy; free; unoccupied, vacant
თავისუფალი (მეტყველება) *adj* fluent
თავისუფალი დრო *n* leisure

თავისუფლად *adv* freely
თავისუფლად მოქცევა *n* ease
თავისუფლება *n* freedom, liberty
თავმდაბალი *adj* humble
თავმომწონე *adj* smug
თავმოყვარე *adj* dignified
თავმოყრა *v* club
თავმჯდომარე *n* chairman
თავმჯდომარეობა *v* preside
თავს მოხვევა *v* impose
თავსატეხი *n* puzzle
თავსახური *n* covering
თავსებადი *adj* compatible
თავსებადობა *n* compatibility
თავსხმა წვიმა *n* downpour
თავშეკავება *n* restraint
თავშეკავებული *adj* reserved
თავშესაფარი *n* refuge, shelter, haven; asylum
თავხედი *adj* cheeky, cocky, insolent, impertinent; pushy
თავხედობა *n* impertinence
თათი *n* paw
თაიგული *n* bunch
თალისმანი *n* charm
თამაში *n* play; game
თამაშიდან გასვლა *v* chicken out
თამაშის დაწყება *n* kickoff
თამბაქო *n* tobacco

თამბაქოს წევა *v* smoke
-თან *prep* by; with; at
თანაარსებობა *v* coexist
თანაბარი *adj* equal
თანაბრად *adv* evenly, fifty-fifty
თანაგრძნობა *n* compassion, empathy, sympathy
თანაგრძნობის გამოხატვა *v* sympathize
თანაგუნდელი *n* teammate
თანავარსკვლავედი *n* constellation
თანაზიარი *adj* sociable
თანამგრძნობი *adj* compassionate
თანამდებობაზე დანიშვნა *v* designate
თანამდებობის პირი *n* official
თანამდებობრივი დაქვეითება *v* demote
თანამედროვე *adj* contemporary, modern, up-to-date
თანამზრახველი *n* accomplice
თანამიმდევრობა *n* sequence
თანამოსაუბრე *n* companion
თანამშრომელი *n* collaborator
თანამშრომლობა *v* collaborate, cooperate
თანამშრომლობა *n* cooperation

თანასაკუთრებაში არსებული ბინა n condo
თანასწორობა n equality
თანატოლი n contemporary
თანაფარდობაში ყოფნა v correlate
თანახმად prep according to
თანდათანობით გაქრობა v die out
თანდამდებობა n office
თანდართვა v enclose
თანიმდევრობა n order
თანმიმდევრობა n consistency
თანმიმდევრულად adv coherently; consistently
თანმიმდევრული adj coherent; consistent, consecutive, gradual
თანმხლები n attendant
თანხა n sum
თანხა v sum
თანხვედრა v converge
თანხლება v accompany
თანხმობა n consent; concert
თანხმოვანი n consonant
თაობა n generation
თაობაზე prep regarding
თარგმნა v interpret, translate
თარიღი n date
თარო n shelf
თაროები n rack

თარჯიმანი n interpreter, translator
თასი n bowl
თასმა n leash, strap; band
თაფლი n honey
თაფლობისთვე n honeymoon
თაღლითი n crook, cheater, con man, swindler; juggler
თაღლითი adj phony
თაღლითობა v defraud, swindle
თაღლითობა n fraud, scam
თაღლითობა n rip-off
თაღლითური adj fraudulent
თაყვანისმცემელი n admirer
თაყვანისცემა v adore; idolize
თახვი n beaver
თბილი adj warm
თეატრალური სცენა n stage
თეატრი n theater
თებერვალი n February
თევზი n fish
თევზის adj fishy
თევზის ჭერა v fish
თეზისი n thesis
თეთრეული n linen
თეთრი ფერი n white
თემა n subject, theme, topic
თემა პარკი n theme park
თემი n community; fraternity
თემიდან გადახვევა v stray
თეორია n theory

თერაპევტი n therapist
თერაპია n therapy
თერთმეტი n eleven
თერმომეტრი n thermometer
თერმოსტატი n thermostat
თესვა v crop
თესლი n seed
თეფში n plate
თექვსმეტი n sixteen
თეძო n hip
თვალების ასახვევი ნაჭერი n blindfold
თვალების ხამხამი v blink
თვალთვალი v spy, trace, track
თვალთვალი n track
თვალთმაქცი v pretend
თვალი n eye
თვალის ახვევა v blindfold
თვალის ბროლი n lens
თვალის გაყოლება v look after
თვალის კატარაქტა n cataract
თვალის მოკვრა n glimpse
თვალის მოკვრა v glance
თვალის მოჭრა v dazzle
თვალის ჩრდილი n eyeshadow
თვალნათლივ adv apparently
თვალსაზრისი n viewpoint
თვალსაჩინო adj conspicuous

თვალსაჩინოდ წარმოდგენა v visualize
თვალყურის დევნება v follow, watch
თვალში საცემი adj eye-catching
თვალწარმტაცი adj breathtaking, picturesque, striking
თვე n month
თვით pron itself
თვითგორია n scooter
თვითდასაქმებული n self-employed
თვითდაცვა n self-defense
თვითმკვლელობა n suicide
თვითმფრინავი n airplane, plane
თვითმფრინავის ტრაპი n ramp
თვითმხილველი n bystander, eyewitness, witness
თვითნებური adj arbitrary
თვითონ pron itself
თვითონ n self
თვითშეფასება n self-esteem
-თვის prep for
თვიურად adv monthly
თვლა v reckon
თვლა n count
თვლემა v nod; doze
თვლემა n nap

თვრამეტი *n* eighteen
თივა *n* hay
თივის ზვინი *n* haystack
თითი *n* finger
თითის ანაბეჭდი *n* fingerprint
თითის წვერი *n* fingertip
თითო *adv* apiece
თითოეული *adj* each, every
თითოეული *pron* each
თითქმის *adv* near; almost
თითქმის არავინ *pron* few
თიკანი *n* kid
თილისმა *n* mascot
თინუსი *n* tuna
თირკმელი *n* kidney
თიხა *n* clay
თმა *n* hair
თოვა *n* snowfall
თოვლი *n* snow
თოთო ბავშვი *n* baby
თოთხმეტი *n* fourteen
თოკი *n* cord, rope
თოლია *n* seagull
თორმეტი *n* twelve
თორმეტი ცალი *n* dozen
თოფი *n* gun, rifle
თოში (ყინულისა) *n* lump
თოჯინა *n* puppet
თოჯინა *n* doll
თრევა *v* haul
თრთოლა *v* quiver
თრთოლა *n* tremor
თუ *conj* if; whether
თუთიყუში *n* parrot
თუმცა *prep* despite
თუმცა *conj* although
თუმცა *adv* though
თუნდაც *adv* even
თუნდაც თუ *adv* even if
თუნუქი *n* tin
თქვენ *pron* you
თქვენ თვითონ *pron* yourself
თქვენი *pron* your, yours
თქვენი *adj* your
თქმა *v* tell, say
თხა *n* goat
თხევადი *adj* liquid
თხელ ნაჭრებად დაჭრა *v* slice
თხელი ბროშურა *n* leaflet
თხელი გარსი *n* film
თხილამურით სრიალი *v* ski
თხილი *n* hazelnut
თხოვნა *n* plea
თხოვნა *v* solicit
თხრილებით გამაგრებული *adj* entrenched
თხრილი *n* gutter; trench
თხრილი *n* ditch
თხრობა *v* narrate
თხუთმეტი *n* fifteen
თხუნელა *n* mole

ი

ია n violet
იაგუარი n jaguar
იავნანა n lullaby
იალქნიანი გემი n sailboat
იანვარი n January
იარა n ulcer
იარაღი n arms, weapon
იარდი n yard
იარლიყი n label
იარლიყის მიკვრა v label
იატაკი n floor
იატაკის საწმენდი ჯოხი n mop
იატაკის წმენდა v mop
იაფი adj cheap, inexpensive
იახტა n yacht
იგავ-არაკი n fable
იგივე adj same
იგნორირება v ignore
იდაყვი n elbow
იდეა n point, idea
იდენტიფიკაცია n identification
იდენტიფიცირება v identify
იდენტობა n identity
იდეოლოგია n ideology
იდეოლოგიური დამუშავება v brainwash
იდიომი n idiom
იდიოტი n idiot
იდუმალება n mystery
იდუმალი adj intimate; mysterious
იერარქია n hierarchy
იერიში v assault
ივლისი n July
ივნისი n June
იზოლაცია n insulation; isolation
იზოლირება v insulate; isolate
იზოლირებული adj secluded
-ით prep per
-ით adv through
იისფერი adj violet; violent
ილუზია n illusion
ილუსტრაცია n illustration
ილუსტრირება v illustrate
იმ დროიდან prep since
იმ დროს conj while
იმავდროულად adv meanwhile
იმავე დღის საღამო n tonight
იმედგაცრუება n despair, disappointment, disillusion
იმედი n hope
იმედით adv hopefully
იმედის გაცრუება v let down
იმედის გაცრუება v disappoint
იმედის მომცემი adj hopeful
იმედის ქონა v hope
იმედოვნება v look for

იმიგრაცია *n* immigration
იმიგრირება *v* immigrate
იმიტირება *n* imitation
იმიტომ *conj* because
იმპერატორი *n* emperor
იმპერატორი ქალი *n* empress
იმპერია *n* empire
იმპორტირება *v* import
იმპროვიზაციების შეთხზვა *v* improvise
იმპულსი *n* impulse
იმპულსური *adj* impulsive
იმუნიზაცია *v* immunize
იმუნიტეტი *n* immunity
იმუნიტეტის მქონე *adj* immune
ინაუგურაცია *n* inauguration
ინგლისური ენა *n* English
ინგრედიენტი *n* ingredient
ინდაური *n* turkey
ინდექსი *n* index
ინდივიდუალურად *adv* individually
ინდივიდუალური *adj* individual
ინდიკატორი *n* indicator
ინერტული *adj* stagnant
ინვაზირებული *adj* infested
ინვალიდი *n* invalid
ინვალიდის სავარძელი *n* wheelchair
ინვენტარი *n* inventory
ინვესტირება *v* invest
ინვესტორი *n* investor
ინვოისი *n* invoice
ინიექცია *n* injection
ინიციალები *n* initials
ინიციალების დასმა *v* initial
ინიციატივა *n* initiative
ინიცირება *n* initiation
ინოვაცია *n* innovation
ინჟინერი *n* engineer
ინსპექტირება *n* inspection
ინსპექტორი *n* inspector
ინსპექცია *v* survey
ინსპირირება *v* inspire
ინსტალაცია *n* installation
ინსტალირება *v* install
ინსტინქტი *n* instinct
ინსტრუმენტი *n* instrument, tool
ინსტრუმენტული *adj* instrumental
ინსტრუქტორი *n* instructor
ინსტრუქცია *n* instruction
ინტეგრაცია *n* integration
ინტეგრირება *v* integrate
ინტელექტი *n* intelligence
ინტენსივობა *n* intensity
ინტენსიურად *adv* hard; intensely; intensively
ინტენსიური *adj* intensive
ინტერაქტიული *adj* interactive

ი

ინტერესი *n* interest; concern
ინტერვალი *n* interval
ინტერვიუს ჩამორთმევა *v* interview
ინტერნეტი *n* internet
ინტერნირება *v* intern
ინტიმური *adj* intimate
ინტიმურობა *n* intimacy
ინტრავერტი *adj* introvert
ინტრიგა *n* intrigue
ინტუიცია *n* intuition
ინფექცია *n* infection
ინფექციური *adj* infectious
ინფიცირება *v* infect
ინფიცირებული *adj* infected
ინფლაცია *n* inflation
ინფორმატორი *n* informant, informer
ინფორმაცია *n* information
ინციდენტი *n* incident
იოგა *n* yoga
იოგი *n* ligament
იოგურტი *n* yogurt
ირგვლივ *adv* about
ირგლივ *prep* around
ირემი *n* deer
ირიბი *adj* devious; indirect
ირონია *n* irony
ირონიული *adj* ironic
ის *pron* it; that
ის (გოგონა) *pron* she
ის (მამრობითი) *pron* he, him
ის (მდედრობითი) *pron* her
ის თავად (მამრობითი) *pron* himself
ის თავად (მდედრობითი) *pron* herself
ისარი *n* arrow
ისარივით გაფრენა *v* dart
ისეთივე *pron* same
ისინი *pron* they; those
ისინი *adj* those
ისინი თვითონ *pron* themselves
ისლამი *n* Islam
ისლამური *adj* Islamic
ისპანახი *n* spinach
ისტერია *n* hysteria
ისტერიული *adj* hysterical
ისტორია *n* history
ისტორიკოსი *n* historian
ისტორიული *adj* historical
იუდაიზმი *n* Judaism
იუველირი *n* jeweler
იუმორი *n* humor
იუმორისტული *adj* humorous
იუპიტერი *n* Jupiter
იურისტი *n* lawyer
იქ *pron* there
იქ *adv* there
იქითკენ *pron* there
იქნებოდა *v* would
იღბალი *n* luck
იღბლიანი *adj* fortunate, lucky

იღლია n armpit
იშვიათად adv rarely, seldom
იშვიათი adj infrequent, rare, scarce, uncommon
იძულება v coerce, enforce, compel; constrain
იძულება n coercion, compulsion
იძულება v force
იძულებით adv forcibly
იძულებითი adj compulsive
იხვი n duck
იჯარა n lease

კ

კაბა n robe; dress
კაბელი n cable
კაბინეტი n cabinet; study
კაბრიოლეტი n cab
კავი n clamp
კავშირი n link, bond, connection, relation
კავშირის ქონა v concern
კავშირს გარეთ adj offline
კაზინო n casino
კათხა n mug
კაკალი n nut
კაკაო n cocoa
კაკლის ხე n walnut
კაკუნი n knock
კაკუნი (კარზე) v knock
კალათა n basket, hamper
კალათბურთი n basketball
კალამი n pen
კალატოზი n bricklayer
კალენდარი n calendar
კალთა n lap
კალია n grasshopper
კალიბრი n caliber
კალით მიდუღება v solder
კალკულატორი n calculator
კალკულაცია n calculation
კალმარი n squid
კალორია n calorie
კამათი n dispute
კამათლები n dice
კამათლის თამაში v dice
კამერა n camera; cell
კამერდინერი n dresser
კამეჩი n buffalo
კამპანია n campaign
კამპანიაში მონაწილეობა v campaign
კამპუსი n campus
კამუფლაჟი n camouflage
კამფეტი n lollipop
კანარის ჩიტი n canary
კანდიდატი n candidate
კანი n skin
კანიბალი n cannibal
კანიონი n canyon
კანისტრა n canister

კანკალი v quake, shiver, tremble
კანოე n canoe
კანონგარეშე გამოცხადებული n outlaw
კანონი n law
კანონიერად adv legally
კანონიერება n validity
კანონიერი adj legal, lawful
კანონის დარღვევა v violate
კანონის მუხლი n article
კანონმდებელი n lawmaker
კანონმდებლობა n legislation
კანონპროექტი n bill
კანტალუპი n cantaloupe
კანფეტი n candy
კანცელარიის მუშაკი n clerk
კანცელარიული adj clerical
კანცეროგენური adj cancerous
კანცლერი n chancellor
კანჭი n shin
კაპასი adj quarrelsome
კაპიტალდაბანდება n investment
კაპიტალი n capital
კაპიტალური რემონტის ჩატარება v overhaul
კაპიტანი n captain
კაპიტულაცია v capitulate
კაპიუშონი n hood
კაპრიზი n whim
კარადა n closet, cupboard, wardrobe
კარავი n tent
კარამელი n caramel
კარანტინი n quarantine
კარატე n karate
კარაქი n butter
კარგად adv nicely; okay, well
კარგად adj well
კარგად n well
კარგად ჩაცმული adj well-dressed
კარგად ცნობილი adj familiar, well-known
კარგი n good
კარგი adj okay
კარი n door
კარიერა n career
კარიერი n quarry
კარიკატურა n caricature
კარის ზარი n doorbell
კარისკაცი n janitor
კარკასი n carcass
კარნახი v dictate
კარნიზი n ledge
კარტების არევა v shuffle
კარტოფილი n potato; potato chip
კარტრიჯი n cartridge
კასეროლი n casserole
კასკადი n cascade
კასრი n barrel
კასტა n caste
კატა n cat

კატალოგი *n* catalog
კატალოგში შეტანა *v* catalog
კატასტროფა *n* calamity, catastrophe, disaster
კატასტროფული *adj* disastrous
კატეგორია *n* class, category
კატეგორიზაცია *v* categorize
კაუჭი *n* crook; hook
კაფე *n* café
კაფეტერია *n* cafeteria
კაფსულა *n* capsule
კაქტუსი *n* cactus
კაშკაშა *adj* flamboyant; vivid
კაშკაშა სინათლე *n* flare, glare
კაშკაში *v* glitter
კაცობრიობა *n* humankind, mankind
კბენა *v* bite
კბენა *n* bite
კბილები *n* teeth
კბილი *n* tooth
კბილის პასტა *n* toothpaste
კბილის პლომბი *n* filling
კბილის პროთეზი *n* dentures
კბილის ტკივილი *n* toothache
კბილის ჯაგრისი *n* toothbrush
კბილსაჩიჩქნი *n* toothpick
კევი *n* gum
კეთება *v* do; make
კეთელი *n* wall
კეთილად *adv* kindly
კეთილგანწყობა *n* benevolence
კეთილგანწყობილება *n* favor
კეთილგანწყობილი *adj* affable; benevolent
კეთილგანწყობის მოპოვება *v* court
კეთილგონიერება *n* sanity
კეთილგონიერი *adj* reasonable; sane
კეთილდღეობა *n* prosperity; welfare
კეთილზნიანი *adj* well-behaved
კეთილი *adj* kind
კეთილმოსურნეობა *n* goodwill
კეთილმოწყობილი *adj* well-to-do
კეთილმოწყობილობა *n* amenities
კეთილსინდისიერი *adj* scrupulous
კეთილშობილება *n* nobility
კეთილშობილი *adj* noble
კეთრი *n* leprosy
კეთროვანი *n* leper
კემსვა *v* mend
კენ *prep* onto
-კენ *prep* to

კენგურუ *n* kangaroo
კენკრა *n* berry
კენტი *adj* odd
კეპვა *v* mangle
კეპი *n* cap
კერამიკა *n* pottery
კერამიკული *n* ceramic
კერვა *v* sew
კერპი *n* idol
კერძოდ *adv* namely
კეტჩუპი *v* ketchup
კეფაზე დახვეული გრძელი თმა *n* bun
კექსი *n* cupcake
კვადრატი *n* square
კვალიფიკაცია *n* qualification
კვალიფიკაციის ქონა *v* qualify
კვალიფიცირებული *adj* qualified; skilled
კვალიფიციური *adj* skillful
კვალს მიყოლა *v* stalk
კვამლი *n* fumes
კვანძი *n* knot
კვარტა *n* quart
კვარტალი *n* block; quarter
კვარტალური *adj* quarterly
კვება *v* feed; nourish
კვება *n* nourishment, nutrition
კვებითი რეჟიმი *n* diet
კვერცხი *n* egg
კვერცხის გული *n* yolk
კვერცხის ცილა *n* egg white
კვირა *n* Sunday; week
კვირის დღე *adj* weekday
კვირტი *n* bud
კვიცი *n* colt
კვნესა *v* moan
კვნესა *n* groan
კვოტა *n* quota
კი *adv* yes
კიბე *n* ladder; staircase
კიბეები *n* stairs
კიბო *n* cancer
კიბორჩხალა *n* crab
კიდე *n* ledge; hem
კიდე *n* edge
კიდევ *adv* else
კიდევ ერთხელ შემოწმება *v* double-check
კიდევ ერთხელ ჩაკეტვა *v* double-click
კიდობანი *n* ark
კიდური *n* limb
კივილი *v* cry
კითხვა *v* ask, question; read
კითხვა *n* reading
კილოგრამი (კილო) *n* kilogram (kilo)
კილოვატი *n* kilowatt
კილომეტრი *n* kilometer
კინაღამ *adv* nearly
კინო *n* cinema
კინოგადაღება *v* film

კინოთეატრი *n* movie theater
კინოფილმი *n* film
კირი *n* lime
კისერი *n* neck
კისტა *n* cyst
კიტრი *n* cucumber
კლავიატურა *n* keyboard
კლავიში *n* key
კლარნეტი *n* clarinet
კლასელი *n* classmate
კლასი *n* class
კლასიკოსი *n* classic
კლასიკური *adj* classic; classical
კლასიფიცირება *v* classify
კლდე *n* cliff; rock
კლდოვანი *adj* rocky
კლება *v* drop
კლიენტი *n* client, customer
კლიენტის მოთხოვნილებაზე მორგება *v* customize
კლიენტურა *n* clientele
კლიმატი *n* climate
კლინიკა *n* clinic
კლიტე *n* lock
კლიტით დაკეტვა *v* lock
კლონირება *v* clone
კლონირება *n* cloning
კლუბი *n* club
კმაყოფილება *n* satisfaction
კმაყოფილი *adj* content, glad, pleased
კნუტი *n* kitten
კოდექსი *n* code
კოდი *n* code
კოეფიციენტი *n* quotient
კოვზი *n* spoon
კოკისპირული წვიმა *n* shower
კოლაბორაცია *n* collaboration
კოლაჟი *n* collage
კოლეგა *n* counterpart, colleague
კოლექციონერი *n* collector
კოლეჯი *n* college
კოლონა *n* column
კოლონია *n* colony
კოლონიზაცია *n* colonization
კოლონიზება *v* colonize
კოლოსალური *adj* colossal, stupendous
კომა *n* coma
კომბინაცია *n* combination
კომბოსტო *n* cabbage
კომბოსტოს თავი *n* loaf
კომედია *n* comedy
კომენდანტის საათი *n* curfew
კომენტარები *n* footnote
კომენტარი *n* commentary; comment
კომენტატორი *n* commentator
კომენტირება *v* comment
კომერცია *n* commerce

კომერციული *adj* commercial
კომეტა *n* comet
კომიკოსი *n* comedian
კომიკური *adj* comical
კომიტეტი *n* committee
კომპანია *n* company, corporation
კომპასი *n* compass
კომპაქტური *adj* compact
კომპენსაცია *n* compensation, reimbursement
კომპენსირება *v* recompense; offset; make up for
კომპეტენტური *adj* competent
კომპეტენცია *n* competence
კომპიუტერი *n* computer
კომპიუტერის თაგვი *n* mouse
კომპლექტი *n* complement
კომპლიმენტი *n* compliment
კომპოზიტორი *n* composer
კომპონენტი *n* component
კომპოსტი *n* compost
კომპრომენტირება *v* compromise
კომპრომისზე წასვლა *v* compromise
კომპრომისი *n* compromise
კომუნიზმი *n* communism
კომუნიკაცია *v* communicate
კომუნისტი *adj* communist
კომფორტი *n* comfort

კომფორტული *adj* comfortable
კონგრესი *n* congress
კონდიციონერი *n* conditioner
კონვერტაცია *v* convert
კონვერტი *n* envelope
კონვერტირებადი *n* convertible
კონკრეტული *adj* concrete
კონკურენტი *n* competitor, contestant
კონკურენტუნარიანი *adj* competitive
კონკურენცია *n* rivalry
კონკურსი *n* contest
კონსენსუსი *n* consensus
კონსერვატიული *adj* conservative
კონსერვაცია *n* conservation
კონსიგნაცია *n* consignment
კონსოლი *n* console
კონსოლიდაცია *v* consolidate
კონსტიტუცია *n* constitution
კონსტიტუციური *adj* constitutional
კონსტრუქციული *adj* constructive
კონსულტანტი *n* consultant
კონსულტაცია *n* consultation; counseling
კონსულტაციის გაწევა *v* consult

კონტაქტი *n* contact
კონტეინერი *n* container
კონტექსტი *n* context
კონტინენტი *n* continent, mainland
კონტინენტური *adj* continental
კონტრაბანდისტი *n* smuggler
კონტრაბანდისტობა *v* smuggle
კონტრასტი *n* contrast
კონტრიბუტორი *n* contributor
კონტროლი *n* checkup; control
კონტროლირება *v* control
კონტური *n* outline, contour
კონუსი *n* cone
კონფერენცია *n* conference
კონფიდენციალური *adj* confidential
კონფისკაცია *v* confiscate
კონფისკაციის მოხდენა *v* impound
კონფლიქტი *n* conflict
კონფლიქტური *adj* conflicting
კონფორმისტი *adj* conformist
კონცენტრაცია *n* concentration
კონცენტრირება *v* centralize, concentrate
კონცერტი *n* concert
კონცეფცია *n* concept
კონცხი *n* cape

კ

კოოპერატიული *adj* cooperative
კოორდინატები *n* coordinate
კოორდინატორი *n* coordinator
კოორდინაცია *n* coordination
კოორდინაციის გაწევა *v* coordinate
კომპანიონი *n* partner
კოპი *n* knob; bump
კოპირება *v* copy
კორესპონდენტი *n* correspondent
კორესპონდენცია *n* correspondence
კორონაცია *n* coronation
კორპი *n* cork
კორპორატიული *adj* corporate
კორტი *n* court
კორუმპირებული *adj* corrupt
კორუფცია *n* corruption
კოსმეტიკური *n* cosmetic
კოსმოსური *adj* cosmic
კოსმოსური ხომალდი *n* spaceship
კოსტიუმი *n* suit
კოსტუმი *n* costume
კოტეჯი *n* cottage
კოტირება *n* quote
კოტრიალი *v* roll
კოფეინი *n* caffeine
კოღო *n* mosquito

კოშკი *n* tower
კოშკიანი *adj* towering
კოშმარი *n* nightmare
კოცნა *n* kiss
კოცნა *v* kiss
კოცონი *n* bonfire, campfire
კოჭი *n* ankle
კოჭლი *adj* cripple, lame
კოჭლობა *n* limp
კრაზანა *n* wasp
კრამიტი *n* tile
კრატერი *n* crater
კრახი *v* collapse
კრეატიულობა *n* creativity
კრება *n* congregation
კრედიტორი *n* creditor
კრევეტი *n* prawn
კრეკერი *n* cracker
კრემატორიუმი *n* incinerator
კრემაცია *v* cremate
კრემისებრი *adj* cream
კრიზისი *n* crisis
კრიკეტი *n* cricket
კრიმინალური *adj* criminal
კრისტალი *n* crystal
კრიტერიუმები *n* criteria
კრიტიკა *n* criticism
კრიტიკოსი *n* critic
კრიტიკული *adj* critical
კრიტიკული მდგომარეობა *n* emergency
კროსვორდი *n* crossword puzzle
კრუნჩხვა *n* convulsion; cramp
კრუნჩხვა *v* twitch
კუ *n* tortoise, turtle
კუბი *n* cube
კუბო *n* coffin
კუბური *adj* cubic
კუდი *n* tail; trail
კუზი *n* hump, hunch
კუზიანი *n* hunchback
კუთვნება *v* belong; possess
კუთვნილი ნივთები *n* belongings
კუთხე *n* angle, corner
კუთხეში მომწყვდევა *v* corner
კულისებსმიღმა *adv* backstage
კულმინაცია *n* climax
კულმინაცია *v* culminate
კულტი *n* cult
კულტივაცია *n* cultivation
კულტივირება *v* cultivate
კულტურა *n* culture
კულტურული *adj* cultural
კულული *n* lock; curl
კუნთების მოძრაობის კოორდინაცია *n* coordination
კუნთი *n* muscle
კუნძული *n* island
კუპონი *n* coupon
კუპრი *n* tar
კუპრივით შავი *adj* pitch-black
კურატორი *n* curator

კურიერი *n* courier, messenger
კურსი *n* course
კურსორი *n* cursor
კუშტი *adj* stern
კუჭი *n* stomach
კუჭქვეშა ჯირკვალი *n* pancreas

ლ

ლაბირინთი *n* maze, labyrinth
ლაბორატორია *n* laboratory
ლაგუნა *n* lagoon
ლაზერი *n* laser
ლაიმი *n* lime
ლაკონური *adj* concise
ლაკროსი *n* lacrosse
ლალი *n* ruby
ლამაზად *adv* pretty
ლამაზი *adj* beautiful, good-looking
ლამბაქი *n* saucer
ლამპა *n* lamp
ლანგარი *n* tray
ლანდი *n* shadow
ლანძღვა *v* cuss, scold
ლაპარაკი *v* speak
ლაპარაკი *n* talk
ლატარია *n* lottery
ლაქა *n* speck, spot, stain

ლაყუჩები *n* gill
ლაშქრობა *n* hike
ლაშქრობა *v* hike
ლეგენდა *n* legend
ლეგენდარული *adj* legendary
ლეგიონი *n* regiment
ლეგიტიმური *adj* legitimate
ლეიტენანტი *n* lieutenant
ლეკვი *n* cub; puppy
ლეოპარდი *n* leopard
ლეპტოპი *n* laptop
ლერწამი *n* cane
ლეტალური *adj* lethal
ლექსი *n* verse
ლექსიკონი *n* vocabulary
ლექსიკონი *n* dictionary
ლექტორი *n* lecturer
ლექცია *n* lecture
ლექციის კითხვა *v* lecture
ლეღვი *n* fig
ლიბერალური *adj* liberal
ლიგა *n* league
ლიდერი *n* chief, leader
ლივლივი *v* hover
ლითონი *n* metal
ლიმონათი *n* lemonade
ლიმონი *n* lemon
ლინზა *n* lens
ლირიკა *n* lyrics
ლიტერატურა *n* literature
ლიტრი *n* liter
ლიფტი *n* elevator

ლიცენზია *n* license
ლიცენზიის მიცემა *v* license
ლმობიერება *n* clemency
ლმობიერი *adj* gracious; lenient
ლობიო *n* beans
ლობირება *v* lobby
ლობსტერი *n* lobster
ლოგიკა *n* logic
ლოგიკურად *adv* logically
ლოგიკური *adj* logical
ლოგინის გადასაფარებელი *n* bedspread
ლოგო *n* logo
ლოდი (ქვისა) *n* lump
ლოდინი *v* hang on, await, wait
ლოზუნგი *n* slogan
ლოთობა *v* guzzle
ლოთონისებრი *adj* metallic
ლოიალური *adj* loyal
ლოკაუტის გამოცხადება *v* lock
ლოკვა *v* lick
ლოკოკინა *n* snail
ლომვეშაპი *n* walrus
ლომი *n* lion
ლორი *n* ham
ლოსიონი *n* lotion
ლოყა *n* cheek
ლოცვა *v* pray
ლპობა *n* decay
ლპობა *v* rot
ლტოლვა *n* craving
ლუდი *n* beer
ლუდის ხარშვა *v* brew
ლუდსახარში ქარხანა *n* brewery
ლურსმანი *n* nail
ლურსმანის ჩაჭედება *v* nail
ლურჯი *adj* blue
ლურჯი ფერი *n* blue
ლუწი *adj* even
ლღობა *v* thaw
ლხენა *v* exult; revel
ლხინი *n* feast

ლ მ

მ

მაგალითად *n* instance
მაგალითი *n* example
მაგალითის მოყვანა *v* exemplify
მაგარი *adj* hard
მაგია *n* magic
მაგიდა *n* table
მაგიდის გადასაფარებელი *n* tablecloth
მაგისტრი *n* magistrate
მაგნიტი *n* magnet
მაგნიტოფონი *n* recorder, tape recorder
მაგნიტური *adj* magnetic

მაგრამ conj but
მადა n appetite
მადანი n ore
მადის მომგვრელი n appetizer
მადლი n grace
მადლიერება n gratitude
მადლიერებით adv gratefully
მადლიერი adj grateful
მადლობა v thank
მადლობა n thanks
მადლობელი adj thankful
მადნის მოპოვება v mine
მავნე adj detrimental, harmful, noxious; mischievous
მათ pron them
მათეთრებელი საშუალება n bleach
მათემატიკა n math
მათემატიკა n mathematics
მათი adj their
მათი pron theirs
მათრახი n lash, whip
მათხოვარი n beggar
მაიმუნი n ape, monkey
მაინც prep despite
მაინც adv still
მაიონეზი n mayonnaise
მაიორი n major
მაისი n May
მაისური n T-shirt
მაკარონი n macaroni, pasta
მაკეტი n layout
მაკიაჟი n makeup
მაკრატელი n scissors
მალამო n ointment
მალარია n malaria
მალე adv shortly, soon
მალული აზრი n implication
მალფუჭებადი adj perishable
მამა n dad, father
მამაკაცები n men
მამაკაცი n man
მამაკაცური adj masculine
მამაკაცური adj male
მამალი n rooster
მამამთილი n father-in-law
მამაცი adj courageous
მამიდა n aunt
მამინაცვალი n stepfather
მამობა n fatherhood, paternity
მამობრივი adj fatherly
მამრობითი n male
მანამდე prep before
მანამდე conj unless
მანდარინი n tangerine
მანდატი n mandate
მანევრი n maneuver
მანეკენი n dummy
მანერა n mannerism
მანიაკალური adj maniac
მანიკური n manicure
მანიპულაცია n manipulation
მანიპულირება v manipulate
მანჟეტი n cuff

მანსარდა *n* attic
მანტია *n* robe, gown
მანუალური *adj* manual
მანქანა *n* machine
მანქანების საცობი *n* traffic jam
მანქანის დაყენება *v* park
მანქანის საყვირი *n* horn
მანქანის ტარება *v* drive
მანქანის ფარი *n* headlight
მანძილი *n* distance
მანძილი მილებში *n* mileage
მანჭვა *n* grimace
მარაგი *n* stock, supplies
მარაგის შევსება *n* stocking
მარანი *n* cellar
მარაო *n* fan
მარგალიტი *n* pearl
მარგილი *n* stake
მართალი *n* right
მართალი *adj* truthful
მართვა *v* administer, govern, manage, rule
მართვა *v* steer
მართვადი *adj* manageable
მართვის მოწმობა *n* driver's license
მართვის პულტი *n* panel
მართკუთხა *adj* rectangular
მართკუთხედი *n* rectangle
მართლმადიდებელი *adj* orthodox
მართლმსაჯულება *n* justice
მართლწერა *n* spelling
მარილაინი *adj* salty
მარილი *n* salt
მარილწყალი *n* pickle
მარკერი *n* marker
მარკირება *v* mark
მარმარილო *n* marble
მარმელადი *n* marmalade
მარსი *n* Mars
მარტი *n* March
მარტივად *adv* simply
მარტივი *adj* simple
მარტო *adj* alone
მარტოობა *n* loneliness, solitude
მარტორქა *n* rhinoceros
მარტოხელა *n* bachelor
მარტოხელა *adv* lonely
მარტოხელა *adj* solitary
მარშალი *n* marshal
მარში *n* march
მარშირება *v* march
მარშრუტი *n* itinerary
მარცვალი *n* grain; syllable
მარცვლეული *n* cereal
მარცვლოვანი *adj* seedy
მარცხენა *adj* left
მარცხენა მხარე *n* left
მარცხენა ხელი *n* left
მარცხი *n* failure, misfortune
მარცხი *v* collapse

მარცხის განცდა *v* fail
მარცხნივ *adv* left
მარწუხი *n* tongs
მარწყვი *n* strawberry
მარხილი *n* sled
მარხულობა *v* fast
მარჯანი *n* coral
მარჯვენა *adj* right
მას შემდეგ *adv* since
მას შემდეგ *conj* after
მასა *n* mass
მასაბეზრებელი *adj* tedious
მასალა *n* material
მასაჟი *n* massage
მასაჟის გაკეთება *v* massage
მასაჟისტი *n* masseuse
მასიური *adj* massive
მასპინძელი *n* host
მასპინძელი ქალი *n* hostess
მასტიმულირებელი *adj* challenging; stimulating
მასშტაბი *n* magnitude, scale, scope
მასწავლებელი *n* teacher
მასხარა *n* joker
მასხარად აგდების საგანი *n* laughing stock
მასხრად აგდება *v* ridicule
მატარებელი *n* train
მატარებელი (რაღაცის) *n* bearer
მატება *n* increment
მატერიალიზმი *n* materialism
მატლი *n* worm
მატრასი *n* mattress
მატყუარა *adj* crooked, deceitful, liar
მაუწყებლობა *v* broadcast
მაქმანი *n* lace
მაქსიმალურად *adj* utmost
მაქსიმალური *adj* maximum
მაღაზია *n* shop, store
მაღაზიის ქურდობა *n* shoplifting
მაღალი *adj* high; tall
მაღალ–ტექნოლოგიური *adj* high-tech
მაღარო *n* mine
მაღვიძარა *n* alarm clock
მაღლა *adv* above, high, up
მაღლა *prep* up
მაყურებელი *n* spectator
მაშასადამე *adv* hence
მაშველი *n* lifeguard
მაშველი ქამარი *adv* safety belt
მაჩვენებელი *n* measurement
მაჩვზღარბა *n* porcupine
მაცდური *adj* deceptive; enticing, tempting
მაცივარი *n* cooler, icebox, refrigerator
მაცხონებელი *n* savior
მაწანწალა *n* prowler

მაჭანკლობა *v* pander; procure
მახე *n* pitfall; snare
მახვილგონიერება *n* wit
მახვილგონიერი *adj* witty
მახვილი *adj* edgy, sharp
მახინჯი *adj* ugly
მახლობლად *adv* nearby
მაჯა *n* wrist
მაჯის საათი *n* watch
მბზინავი *adj* shiny
მბჟუტავი სინათლე *n* glimmer
მბრძანებლობა *v* boss around
მბრძანებლობის მოყვარული *adj* bossy
მბრძანებლური *adj* domineering
მბრწყინავი *adj* glowing
მგალობელთა გუნდი *n* choir
მგელი *n* wolf
მგზავრი *n* passenger
მგზავრობა *n* drive, ride, travel
მგზავრობა *v* travel, trip
მგზავრობა სამუშაო ადგილამდე და უკან *v* commute
მგზნებარე *adj* fiery, ardent, fervent
მგრძნობიარე *adj* sensible; sensitive, tender
მგრძნობიარობა *n* sensation
მდაბალი *adj* humble
მდარე *adj* mediocre
მდგარი *adj* erect
მდგომარეობა *n* status
მდგრადი *adj* stable
-მდე *prep* till
მდებარე *adj* situated
მდებარეობა *n* location
მდედრობითი *adj* female
მდედრობითი სქესის წარმომადგენელი *n* female
მდელო *n* meadow
მდიდარი *adj* rich, wealthy
მდიდრული *adj* lavish, luxurious, posh, deluxe, sumptuous
მდივანი *n* clerk, secretary
მდივანი *adj* secretive
მდინარე *n* river
მდინარის მთავარი შენაკადი *n* mainstream
მდინარის ტოტი *n* fork
მდინარის შენაკადი *n* creek
მდოგვი *n* mustard
მდუღარე *adj* boiling
მე *pron* I, me
მეათე *adj* tenth
მეამბოხე *n* rebel
მეასე *adj* hundredth
მებაღე *n* gardener
მებრძოლი *n* combatant, warrior
მეგობარი *n* buddy, friend, pal

მეგობარი გოგონა *n* girlfriend
მეგობრობა *n* fellowship
მეგობრობა *n* friendship
მეგობრული *adj* amicable, friendly
მედალი *n* medal
მედდა *n* nurse; sister
მედია *n* media
მედიატორი *n* mediator; umpire
მედიტაცია *n* meditation
მედუზა *n* jellyfish
მეეზოვე *n* janitor
მეექვსე *adj* sixth
მევიოლინე *n* violinist
მეზობელი *n* neighbor
მეზობლად *adj* next door
მეზღვაური *n* sailor
მეთაური *n* commander
მეთევზე *n* fisherman
მეთერთმეტე *adj* eleventh
მეთვალყურეობა *v* oversee
მეთვალყურეობა *n* surveillance
მეთვითონ *pron* myself
მეთვრამეტე *adj* eighteenth
მეთოდი *n* manner, mode, method
მეთოდოლოგია *n* methodology
მეთოდური *adj* methodical
მეთორმეტედი ნაწილი *adj* twelfth
მეთხუთმეტე *adj* fifteenth
მეიჯარე *n* landlord
მეკარე *n* goalkeeper; usher
მეკობრე *n* pirate
მეკობრეობა *n* piracy
მელანი *n* ink
მელანქოლია *n* melancholy
მელია *n* fox
მელოდია *n* melody
მელოდიური *adj* melodic
მელოტი *adj* bald
მემკვიდრე *n* descendant, successor
მემკვიდრე (მამრობითი) *n* heir
მემკვიდრე (მდედრობითი) *n* heiress
მემკვიდრეობა *n* heritage, inheritance, legacy
მემკვიდრეობით გადაცემა *v* descend
მემკვიდრეობით მიღება *v* inherit
მემკვიდრეობითი *adj* hereditary
მემუარები *n* commentary; memoirs
მენაღმე *n* miner
მენახირე *n* shepherd
მენეჯერი *n* manager
მენიუ *n* menu
მეოთხე *adj* fourth

მეოთხედი *adj* fourth
მეომარი *n* fighter
მეომრული *adj* belligerent
მეორადი *adj* secondary
მეორადი გამოყენება *v* reuse
მეორადი პროფესიის შესწავლა *v* minor
მეორე *adj* second
მეორედ *adv* second
მეორეხარისხოვანი საგანი *n* minor
მეოცედი ნაწილი *adj* twentieth
მეპატრონე *n* master
მერე *adv* afterward
მერვე *adj* eighth
მერი *n* mayor
მერია *n* city hall
მერკური *n* Mercury
მერყევი *adj* unsteady, wobbly; hesitant; staggering
მერყეობა *v* fluctuate; hesitate
მერყეობა *n* hesitation
მესამე *adj* third
მეტალურგიული ქარხანა *n* mill
მეტაფორა *n* metaphor
მეტეორი *n* meteor
მეტი *adj* high
მეტი *pron* more
მეტოქე *n* contender, rival

მეტრი *n* meter
მეტრული *adj* metric
მეტსახელი *n* nickname
მეტყველება *n* speech
მეტხანს გაგრძელება *v* outlast
მეურვე *n* custodian; tutor
მეურვეობა *n* custody
მეუღლე *n* spouse
მეუღლეობა *n* matrimony
მეფე *n* king
მეფის ოჯახის წევრები *n* royalty
მეფობა *n* reign
მექანიზმი *n* mechanism
მექანიკოსი *n* mechanic
მექრთამეობა *n* bribery
მეღვინეობა *n* winery
მეყვავილე *n* florist
მეშახტე *n* miner
მეშვიდე *adj* seventh
მეჩეთი *n* mosque
მეჩხერი *adj* sparse
მეცნიერება *n* science
მეცხოველეობა *n* livestock
მეცხრე *adj* ninth
მეწამული *n* purple
მეწარმე *n* entrepreneur
მეწვრილმანე *adj* meticulous
მეჭეჭი *n* wart
მეხანძრე *n* firefighter, fireman
მეხსიერება *n* memory

მეხუთე *adj* fifth
მეჯვარე *n* best man
მეჯინიბე *n* groom
მეჯლისი *n* ball
მზა *adj* ready
მზადება *n* arrangement
მზადყოფნა *n* willingness
მზარდი *adj* increasing
მზარეული *n* cook
მზე *n* sun
მზერა *v* peer
მზვერავი *n* scout
მზიანი *adj* solar; sunny
მზით დამწვრობა *n* sunburn
მზის ამოსვლა *n* sunrise
მზის ბლოკი *n* sun block
მზის კაშკაში *n* sunshine
მზის შუქი *n* daylight, sunlight
მზის ჩასვლა *n* sundown, sunset
მზრუნველი *n* caretaker
მზრუნველი *adj* caring
მთა *n* mountain
მთავარ როლში გამოყვანა *v* feature
მთავარი *adj* foremost, chief, major
მთავრობა *n* government
მთავრული *n* uppercase
მთელი *adj* total, whole
მთელი გულით *adj* wholehearted
მთელი პური *n* loaf
მთვარე *n* moon
მთვრალი *adj* drunk
მთის ქედი *n* ridge
მთლიანად *adv* entirely, totally
მთლიანად *prep* throughout
მთლიანი *adv* altogether
მთლიანი *adj* entire
მთლიანი *n* whole
მთლიანის ნაწილს *prep* of
მთქმელი *n* teller
მთქმელი *adj* telling
მიახლოება *v* approach; zoom
მიახლოებით *adv* around
მიახლოებით გაანგარიშება *v* estimate
მიახლოებითი *adj* approximate
მიახლოებითი ადგილმდებარეობა *n* whereabouts
მიბაძვა *v* imitate, mimic
მიგრანტი *n* migrant
მიგრირება *v* migrate
მიდამოები *n* surroundings
მიდგომა *n* approach
მიდევნა *v* follow, adhere
მიდრეკილება *n* inclination, propensity, aptitude
მიდრეკილი *adj* prone
მიერ *prep* by
მიზანი *n* goal, object, aim, purpose

მ

მიზანშეწონილი *adj* expedient
მიზეზი *n* cause, reason
მიზიდვა *v* gravitate, attract
მიზიდულობა *n* gravity
მიზნის მისაღწევი საშუალება *n* leverage
მით უფრო *adv* notwithstanding
მითვისება *v* embezzle
მითი *n* myth
მითითება *v* indicate; point
მითითება *n* indication
მითითების მიცემა *v* instruct
მიკერძოება *n* bias
მიკერძოებული *adj* interested; biased
მიკროსკოპი *n* microscope
მიკროტალღური ღუმელი *n* microwave
მიკროფონი *n* microphone
მიკროჩიპი *n* microchip
მილების გაყვანა *n* plumbing
მილი *n* duct, pipe, tube
მილი *n* mile
მილიარდერი *n* billionaire
მილიარდი *n* billion
მილიგრამი *n* milligram
მილიმეტრი *n* millimeter
მილიონერი *adj* millionaire
მილიონინ *n* million
მილოცვა *v* congratulate
მილოცვა *n* congratulations
მილძაბრა *n* socket
მიმაგრება *v* affix, attach; tackle
მიმაგრებული *adj* attached, fixed; stuck
მიმართვა *v* apply; refer
მიმართვა *v* direct
მიმართვა (რაიმესკენ) *v* channel
მიმართვა სიტყვით *v* address
მიმართულება *n* course, route
მიმართულება *n* direction
მიმართულებები *n* directions
მიმართულებით *prep* toward
მიმართულების შეცვლა *v* reverse
მიმბაძველი *n* copier
მიმდევარი *n* cheerleader; follower
მიმდინარე *adj* current; ongoing; pending
მიმზიდველი *adj* appealing, attractive, pretty, likable; challenging
მიმზიდველობა *n* magnetism, attraction
მიმიკა *n* mime
მიმოქცევა *v* circulate
მიმოხილვა *n* review, survey; view; revue
მიმოხილვა *v* review; view
მიმღეობა *n* participle
მიმწოდებელი *n* supplier
მინდობა *v* confide

მინდორი n champ
მინერალი n mineral
მინი ქვედა ბოლო n miniskirt
მინიატურა n miniature
მინიმალური adj minimal
მინიმალური n minimum
მინიმუმამდე დაყვანა v minimize
მინისტრი n minister
მინიშნება n clue, hint
მინიშნება v hint
მინიჭება v bestow
მინორული adj flat
მინუსი n minus
მიპარვა v prowl
მირაჟი n loom; mirage
მისაბმელი n trailer
მისალმება v greet, welcome
მისალმება n welcome
მისალმება e hey
მისალოცი adj complimentary
მისამართი n address
მისამართის დაწერა v address
მისასვლელი გზა n driveway
მისაღები adj acceptable
მისაღები adv alright
მისაღები n reception
მისაღები ოთახი n living room
მისაღწევი adj attainable
მისაწვდომობა n reach
მისი adj its

მისი (მამრობითი) pron his
მისი (მდედრობითი) adj her
მისი (მდედრობითი) pron hers
მისი (მამრობითი) adj his
მისია n mission
მისიონერი n missionary
მისტიკოსი adj mystic
მისწრაფება v aspire
მისწრაფება n eagerness
მისჯა v sentence
მიტანა v deliver
მიტევება v forgive
მიტოვება v abandon, desert
მიტოვება v forsake, quit
მიტოვება n abandonment
მიტოვებული adj neglected, deserted; derelict
მიტყეპვა v spank
მიუდგომელი adj inaccessible
მიუკერძოებელი adj unbiased
მიუკერძოებელი adj impartial
მიუმაგრებელი adj unattached
მიუტევებელი adj inexcusable
მიუხედავად prep despite, notwithstanding
მიუხედავად adv regardless
მიუხედავად ამისა conj however, though
მიუხედავად ამისა adv nevertheless, nonetheless
მიღება v gain, get, obtain; accept, receive

მიღება *n* acceptance
მიღმა *prep* outside
მიღმა *adv* beyond
მიღწევა *v* reach, achieve, attain; fetch
მიღწევა *n* gain; accomplishment, achievement
მიყრუებული ადგილი *n* slum
მიყუდება *v* back
მიყურადება *v* overhear
მიშვებული *adj* neglected
მიშტერებით ყურება *v* stare
მიჩნევა *v* believe; deem
მიცემა *v* give
მიძღვნა *v* dedicate
მიძღვნა (თავის) *v* devote
მიძღვნილი *adj* dedicated
მიწა *n* land
მიწათმფლობელი *n* landlord
მიწერა *v* attribute
მიწვდომა *v* reach
მიწიერი *adj* terrestrial
მიწის ნაკვეთი *n* plot
მიწისზედა *adj* overhead
მიწისთხილი *n* peanut
მიწისქვეშ *adj* underground
მიწისქვეშა *adv* underground
მიწისქვეშა გადასასვლელი *n* subway
მიწისქვეშა საპყრობილე *n* dungeon
მიწისძვრა *n* earthquake
მიწოდება *v* hand over
მიხაკისფერი *n* carnation
მიხვდომა *v* figure out
მიხვედრა *v* guess; conceive; understand
მიჯაჭვა *v* chain
მიჯახუნება *v* bang
მკაფიო *adj* graphic, distinct
მკაფიოდ *adv* distinctly
მკაცრი *adj* austere, severe, strict
მკაცრი სასჯელი *n* chastisement
მკბენარა *adj* stinging
მკბენარი *n* louse
მკერავი *n* seamstress, tailor
მკერდი *n* breast
მკვახე *adj* crude
მკვდარი *adj* dead
მკვეთრად *adv* abruptly
მკვეთრი *adj* drastic
მკვეთრი ცვლილება *n* leap
მკვეხარა *adj* boastful
მკვიდრი *adj* native
მკვლევარი *n* explorer, researcher
მკვლელი *n* assassin, killer, murderer; thug
მკვლელობა *n* homicide, killing, murder
მკვლელობის ჩადენა *v* murder

მკვრივი *adj* resilient, tough
მკითხველი *n* reader
მკლავი *n* arm; forearm
მკრთალი *adj* dim
მკურნალობა *n* medication; treat; meaning
მკურნალობა *v* treat
მლოცველი *n* prayer
მმართველი *n* ruler
მმართველობა *n* management
მნათი *adj* luminous
მნიშვნელობა *n* importance, value
მნიშვნელობის მიცემა *v* highlight
მნიშვნელობის ქონა *v* matter
მნიშვნელოვანი *adj* grave, important; considerable
მნიშვნელოვანი *n* significance
მნიშვნელოვანი მიღწევა *n* breakthrough
მნიშვნელოვანი ნაწილი *n* key
მნიშვნელოვნად *adv* considerably
მნიშნველობა *n* role
მოახლე *n* maid
მოახლოებული *adj* impending, upcoming
მოაჯირი *n* rail, handrail
მობილიზება *v* mobilize

მობილური *adj* mobile
მობილური ტელეფონი *n* cell phone, mobile phone
მობრძანებლური *adj* overbearing
მოგება *n* earnings, gain, profit
მოგებული *n* winner
მოგერიება *v* fend; rebuff; repulse
მოგვარება *v* solve
მოგვიანებით *adv* afterward, later
მოგზაური *n* traveler
მოგზაურობა *n* journey, trip
მოგზაურობა ავტოსტოპით *n* hitchhike
მოგონება *n* memento; recollection
მოგონება *v* remember
მოგროვება *v* crowd; heap
მოგრძო *adj* oblong
მოდა *n* fashion
მოდელი *n* model
მოდელირება *v* mold; model
მოდემი *n* modem
მოდერნიზება *v* modernize
მოდიფიკაცია *n* modification
მოდუნება *v* chill out, relax
მოდუნება *n* relaxation
მოდუნებული *adj* relaxed
მოდური *adj* classy, fancy; fashionable, stylish

მოედანი *n* field
მოვალე *n* debtor
მოვალეობა *n* duty
მოვალეობის შესრულება *v* officiate
მოვლა *v* nurse
მოვლა *n* custody
მოზაიკა *n* mosaic
მოზარდი *n* adolescent, teenager
მოზარდი *adj* teenage
მოზიდვა *v* pull
მოზრდილი *adj* sizable
მოთავსება *v* place
მოთამაშე *n* player
მოთეთრო *adj* white
მოთვინიერება *v* tame
მოთვინიერებული *adj* tame
მოთმინება *n* patience
მოთუთიება *v* galvanize
მოთხოვნა *v* request, require; indent; hold out
მოთხოვნა *n* demand, requirement; claim
მოთხოვნა *v* demand
მოთხოვნის წაყენება *v* claim
მოთხრობა *n* story
მოიჯარე *n* tenant
მოკავშირე *n* ally
მოკავშირე *v* ally
მოკაშკაშე *adj* ablaze
მოკბეჩა *v* nibble
მოკეთება *v* recuperate
მოკვეთა *v* amputate
მოკვლა *v* kill
მოკითხვა *n* greeting
მოკირწყვლა *v* pave
მოკლე *adj* brief, short
მოკლე შერთვა *n* circuit
მოკლე ხმოვანი სიგნალის გამოცემა *v* beep
მოკლებული *adj* minus
მოკლედ *adv* briefly
მოკლედ გადმოცემა *v* brief
მოკლედ შეჯამება *v* outline
მოკლევადიანი *adj* short-term
მოკრეფა *v* pluck
მოკრივე *n* boxer
მოკრუნჩხული *adj* cramped
მოკრძალებული *adj* modest
მოკუნტვა *v* shrink
მოლაპარაკება *n* negotiation
მოლაპარაკების წარმოება *v* negotiate
მოლარე *n* cashier
მოლაყბე *adj* talkative
მოლოდინი *n* anticipation, expectancy
მოლოდინი *v* expect
მოლოდინი *n* expectation
მოლუსკი *n* shellfish
მოლხინე *adj* jubilant
მომავალი *adj* forthcoming; future

მომავალი *n* future
მომავლის საწარმოებელი მოდალური ზმნა *v* will
მომაკვდავი *adj* dying
მომარაგება *v* hoard, stock, supply; furnish
მომარაგება *n* supply
მომართვა *v* wind up
მომასწავებელი ნიშანი *n* omen
მომატება *v* augment
მომატება *n* raise
მომატება (ფასების) *v* jump
მომაჯადოებელი *adj* glamorous
მომგებიანი *adj* lucrative
მომდევნო *adj* following, next, consequent
მომდინარეობს *v* derive
მომენტალურად *adv* momentarily
მომენტალური ფოტო *n* snapshot
მომენტი *n* moment
მომზადება *n* preparation
მომზადება *v* prepare
მომზადებული *adj* prepared
მომზადებული (საჭმელზე) *adj* cooked
მომთმენი *adj* patient
მომთხოვნი *adj* demanding
მომიჯნავე *adj* adjacent, adjoining
მომსახურება *v* minister; serve
მომღერალი *n* singer
მომწამლავი *adj* poisonous
მომწიფება *v* mature
მომწიფებული *adj* mature
მომჭერი *n* clamp
მომჭერი *adj* gripping
მომჭირნე *adj* frugal
მომხიბვლელი *adj* charming, enchanting
მომხიბლავი *adj* delightful, lovely
მომხმარებელი *n* consumer, user
მომხმარებლისთვის მოსახერხებელი *adj* user-friendly
მომხრე *n* cheerleader
მონა *n* slave
მონადირე *n* hunter
მონაზონი *n* nun
მონათესავე *adj* congenial
მონანიება *n* atonement
მონანიება *v* repent
მონარქი *n* monarch
მონარქია *n* monarchy
მონასტერი *n* monastery
მონასტრული *adj* monastic
მონატრება *v* miss
მონაცემები *n* data
მონაცემთა ბაზა *n* database
მონაცვლეობა *v* alternate

მ

მონაცვლეობითი *adj* alternate
მონაწილე *n* participant
მონაწილეობა *n* participation
მონაწილეობის მიღება *v* participate; take apart
მონახაზი *n* outline, sketch
მონეტა *n* coin
მონიტორი *n* monitor
მონიშვნა *v* mark
მონიშვნა *n* notation
მონობა *n* slavery
მონოლოგი *n* monologue
მონოპოლია *n* monopoly
მონსტრი *n* monster
მონტაჟი *n* assembly
მონუმენტი *n* monument
მოპარვა *v* steal; snitch
მოპასუხე *n* defendant
მოპირდაპირედ *adv* opposite
მოპირკეთება *n* lining; upholstery
მოპირკეთება *v* face
მოპყრობა *v* handle
მოპყრობა *n* treatment
მორალი *n* moral
მორალურად *adv* morally
მორალური *adj* moral
მორბენალი *n* runner
მორგება *v* adjust
მორგება *v* fit
მორგი *n* mortuary
მორევი *n* whirlpool
მორთვა *v* adorn, decorate, embellish
მორი *n* log
მორიგება *v* compromise
მორიდებულად *adj* lowly
მორიდებულად *adv* humbly
მორიდებულება *n* modesty
მორიდებული *adj* bashful, self-conscious; unassuming
მორიდებულობა *n* humility
მორიელი *n* scorpion
მორჩილება *n* obedience
მორჩილი *adj* docile, obedient, submissive
მორცხვი *adj* shy, timid
მორწმუნე *n* believer
მორწყვა *v* irrigate
მორწყვა *n* irrigation
მოსაბეზრებელი *adj* fed up
მოსადუნებელი *adj* relaxing
მოსავალი *n* harvest
მოსავლის აღება *v* harvest; reap
მოსაზრება *n* opinion
მოსათმენი *adj* tolerable
მოსაკრებელი *n* fee
მოსალოდნელი *adj* predictable; would-be
მოსალოდნელი *n* probability
მოსამართლე *n* judge
მოსამართლე *n* justice

მოსარჩელე *n* plaintiff
მოსასმენი *adj* audible
მოსასხამი *n* cloak
მოსაუბრე *n* speaker
მოსაწყენი *adj* boring
მოსახლეობა *n* population
მოსდევს *v* entail
მოსეირნეები *adv* stroller
მოსვლა *v* come
მოსვლა *adj* coming
მოსისხლე მტრობა *n* feud
მოსიყვარულე *adj* affectionate, loving
მ
მოსმენა *n* audition
მოსმენა *v* listen
მოსპობა *v* obliterate, annihilate, exterminate
მოსრიალება *v* slip
მოსწავება *v* foreshadow
მოსწავლე *n* learner, pupil
მოტანა *v* bring
მოტაცება *v* abduct
მოტაცება *n* abduction
მოტელი *n* motel
მოტეხილობა *n* fracture
მოტივაცია *n* motivation
მოტივი *n* motive
მოტორი *n* motor
მოტოციკლი *n* bike; motorcycle
მოტყუება *v* con, cheat, deceive, double-cross, victimize; kid; juggle
მოუთმენელი *adj* impatient
მოუთმენლობა *n* impatience
მოულოდნელად შეხვედრა *v* encounter
მოულოდნელად წიხლის ჩაკვრა *v* lash out
მოულოდნელი *adj* unexpected
მოულოდნელი აწევა *n* jump
მოულოდნელი დასაწყისი *n* outbreak
მოულოდნელი შეხვედრა *n* encounter
მოურიდებელი *adj* indiscreet
მოუსვენარი *adj* restless
მოუქნელი *adj* awkward, cumbersome
მოუცლელობა *n* preoccupation
მოუხერხებელი *adj* clumsy; uneasy
მოუხერხებეული *adj* inconvenient
მოფერება *v* caress, pet
მოფიქრება *v* deliberate
მოქადაგე *n* preacher
მოქალაქე *n* citizen
მოქალაქეობა *n* citizenship
მოქალაქეობრივი *adj* civic
მოქანდაკე *n* sculptor
მოქარგული ნაკეთობა *n* embroidery
მოქაჩვა *n* draw
მოქლიბვა *v* file

მოქმედება *v* act
მოქმედება *n* action
მოქმედების ადგილი *n* scene
მოქმედი *adj* valid
მოქნილი *adj* flexible
მოქნილობა *n* flexibility
მოქრთამვა *v* corrupt, bribe
მოქსოვილი *adj* woven
მოქსოვილი ჟაკეტი *n* jersey
მოქცევა *v* conduct, behave
მოქცევის ტალღა *n* tidal wave
მოღალატე *n* traitor
მოღალატური *adj* treacherous
მოღრუბლული *adj* overcast
მოღუნვა *v* bend, twist
მოღუნვა *n* twist
მოღუშული *adj* somber
მოყვარული *adj* amateur; fond
მოყინული ადგილი *n* frostbite
მოყოლა *v* tell; recite
მოშენება *v* rear
მოშვება *v* loosen
მოშინაურება *v* domesticate
მოშინაურებული *adj* domesticated
მოშლა *v* frustrate; decay
მოშორება *v* eliminate, rid; dislodge
მოშრებით *adv* away
მოშუშული ხორცი *n* stew
მოჩვენება *n* ghost, phantom
მოჩვენებებით დასახლებული *adj* haunted
მოჩვენებითი *adj* flashy, ostentatious
მოჩვენებითი *n* sham
მოცდა *v* hang
მოცეკვავე *n* dancer
მოცილებადი *adj* detachable
მოცულობა *n* extent; volume
მოცურავე *n* swimmer
მოძველებული *adj* antiquated, outdated, obsolete
მოძრაობა *n* motion, movement
მოძრაობა *v* stir
მოძრაობის შეზღუდვა *v* immobilize
მოძღვარი *n* confessor; pastor
მოწადინებული *adj* eager, willing
მოწამვლა *v* poison
მოწაფე *n* apprentice, disciple
მოწევა *n* hitch
მოწესრიგება *v* sort out
მოწვევა *v* convene; invite
მოწვევა *n* invitation
მოწინააღმდეგე *n* adversary, enemy
მოწინააღმდეგის ბანაკში გადასვლა *v* defect
მოწინავე *adj* foremost, leading, top; advanced
მოწიფულობა *n* adulthood

მოწიწება *n* awe
მოწმობა *n* certificate
მოწნული თასმა *n* braid
მოწოდება *n* calling
მოწონება *v* approve, like
მოწონება *n* approval
მოწყალება *n* clemency; handout
მოწყალების თხოვნა *v* beg
მოწყენილი *adj* bored
მოწყენილობა *n* boredom
მოწყობა *v* arrange
მოწყობილობა *n* gear; gadget, device
მოწყობილობა *n* facility
მოწყურებული *adj* thirsty
მოჭერა *v* clench
მოჭიდავე *n* wrestler
მოხაზვა *v* sketch
მოხალვა *v* parch
მოხალისე *n* volunteer
მოხალისედ ყოფნა *v* volunteer
მოხდენა *v* happen
მოხდომა *v* come about
მოხელე *n* officer
მოხელთება *v* catch on
მოხერხება *v* succeed
მოხერხებული *adj* convenient; deft
მოხერხებულობა *n* convenience
მოხეტიალე *n* vagrant, wanderer
მოხიბვლა *v* charm, enchant, fascinate, mesmerize
მოხიბლა *v* relish
მოხიბლული *v* delighted
მოხმარება *n* consumption
მოხმობა *v* call, beckon
მოხრა *v* bend down; flex
მოხრილი *adj* crooked, bent, curved; hunched
მოხსენება *v* report
მოხსენება დავალებიდან დაბრუნებისთანავე *v* debrief
მოხსენებითი ბარათი *n* report card
მოხსენიება *n* mention
მოხუცებული *adj* elderly
მოჯადოება *n* spell
მოჯადოება *v* bewitch
მჟავა *n* acid
მჟავე *adj* sour
მრავალმნიშვნელოვანი *adj* meaningful
მრავალრიცხოვანი *adj* numerous
მრავალფეროვანი *adj* diverse
მრავალფეროვნება *n* change; variety
მრავალწლოვანი *adj* perennial
მრავლმნიშვნელოვანი *adj* significant

მრავლობითი *adj* multiple
მრავლობითი *n* plural
მრგვალი *adj* round
მრგვალსახიანი *adj* chubby
მრევლთაგანი *n* parishioner
მრევლი *n* congregation
მრეწველობა *n* industry
მრისხანე *adj* formidable; fierce
მრისხანე მზერა *n* glare
მრისხანედ *adv* furiously
მრიცხველი *n* meter
მრუდი *n* curve
მრჩეველი *n* adviser, counselor, guidance counselor
მრწამსი *n* confession
მსახიობი *n* player; actor
მსახიობი ქალი *n* actress
მსახურთუფროსი *n* butler
მსახური *n* servant
მსგავსება *n* likeness, resemblance, similarity
მსგავსება *v* resemble
მსგავსი *adj* like, alike, identical, similar
მსმენელი *n* listener
მსოფლიო *n* world
მსოფლიო მასშტაბით *adj* worldwide
მსროლელი *n* gunman
მსუბუქად დარტყმა *v* flip
მსუბუქი *adj* light
მსუბუქი დარტყმა *n* flap

მსუბუქი საუზმე *n* snack
მსუბუქი საჭმელი *n* refreshment
მსუქანი *adj* burly; fat; thick
მსხალი *n* pear
მსხვერპლად შეწირვა *n* sacrifice
მსხვერპლი *n* casualty, victim; prey
მსხვილი მოიჯარე *n* middleman
მსხვილი ნაწლავი *n* colon
მსხვილფეხა რქოსანი პირუტყვი *n* cattle
მსხვრევადი *adj* breakable, fragile
მსჯელობა *v* reason
მტანჯველი *adj* agonizing, excruciating
მტევანი *n* cluster
მტვერი *n* dust
მტვრევადი *adj* brittle, frail
მტვრევადობა *n* frailty
მტვრიანი *adj* dusty
მტვრის გადასაწმენდი ქსოვილი *n* duster
მტვრის გაწმენდა *v* dust
მტკივნეული *adj* painful, sore
მტკივნეული *n* sore
მტკიცე *adj* adamant, assertive; firm, sturdy
მტკიცე რწმენა *n* confidence

მტკიცება *v* affirm, allege, assert, state
მტკიცება *n* assertion, statement; verification
მტკიცებითი *adj* affirmative
მტკიცებულება *n* evidence, proof, testimony
მტკნარი წყლის *adj* freshwater
მტრედი *n* dove; pigeon
მტრობა *n* animosity, hostility
მუდამ უკმაყოფილო *adj* nagging
მუდმივად *adv* constantly
მუდმივი *adj* permanent
მუზეუმი *n* museum
მული *n* sister-in-law
მულტიმედია *adj* multimedia
მულტფილმი *n* cartoon
მუმია *n* mummy
მუნი *n* scab
მუნიციპალიტეტი *n* town hall
მუნჯი *adj* dumb; mute
მურაბა *n* jam
მუსიკა *n* music
მუსიკალური *adj* musical
მუსიკოსი *n* musician
მუსლიმი *adj* Muslim
მუქარა *n* menace, threat
მუქი ლურჯი *n* navy blue
მუყაო *n* cardboard
მუშა *n* worker
მუშა ხელი *n* manpower
მუშაობა *v* operate, function, work
მუშაობა *n* make
მუშტი *n* fist
მუცელი *n* abdomen, belly, tummy
მუჭა *n* handful
მუხა *n* oak
მუხლი *n* knee
მუხლუხი *n* caterpillar
მუხრუჭი *n* brake
მფარველი *n* guardian
მფარველობა *v* patronize
მფლანგველი *adj* wasteful
მფლობელი *n* owner
მფრთხალი *adj* scary
მფრინავი *n* aviator, pilot; flier
მღებავი *n* painter
მღელვარება *n* commotion, tumult
მღელვარება *v* thrill
მღვდელი *n* clergyman, priest
მღვიმე *n* cavern
მღრღნელი *n* rodent
მყარად *adv* firmly
მყარი *adj* solid; sustainable
მყარი *n* solid
მყვინთავი *n* diver
მყიდველი *n* buyer
მყინვარი *n* glacier
მყისიერად *adv* instantly
მყრალი *adj* stinking

მყუდრო *adj* cozy
მყუდროება *n* lull
მშენებელი *n* builder
მშენებლობა *n* construction
მშვენიერი *adj* noble
მშვიდად *adv* quietly
მშვიდდება *adj* soothing
მშვიდი *adj* calm, composed, placid, quiet
მშვიდი *adj* meek
მშვიდობა *n* peace
მშვიდობიანი *adj* peaceful
მშიერი *adj* hungry
მშიშარა *n* coward
მშიშარა *adj* half-hearted
მშიშრულად *adv* cowardly
მშობელი *n* parent
მშობიარობა *n* delivery
მშობლიური *adj* native
მშობლიური ქალაქი *n* hometown
მშრალი *adj* dry
მშრალი ნამცხვარი *n* cookie
მშფოთვარე *adj* boisterous; hectic
მშფოთვარე *adj* distraught
მცდარი *adj* erroneous, false, incorrect, mistaken, wrong
მცდელობა *v* attempt
მცენარე *n* plant, herb
მცენარეულობით დაფარული *adj* overgrown
მცველი *n* guard
მცირე *adj* minor
მცირე დარბაზი *n* salon
მცირე ოდენობა *n* handful
მცირეწონიანი ადამიანი *n* lightweight
მცოდნე *adj* aware
მცურავი *adv* afloat
მცურავი სილა *n* quicksand
მცხობელი *n* baker
მცხოვრები *n* inhabitant, resident
მძარცველი *n* burglar, robber
მძევალი *n* hostage
მძვინვარე *adj* outrageous; rampant
მძვინვარება *v* rave
მძიმე *adj* depressing; heavy
მძიმე *n* comma
მძიმე მდგომარეობა *n* predicament
მძიმე შრომა *v* toil
მძინარე *adj* asleep; sleepy
მძლავრი *adj* mighty
მძღოლი *n* chauffeur, driver
მწარე *adj* bitter
მწარედ *adv* bitterly
მწარმოებლურობა *n* output
მწერალი *n* writer
მწერი *n* insect
მწვავე *adj* acute; poignant
მწვავე ტკივილი *n* pang

მ

მწვანე *n* green
მწვანე ლობიო *n* green bean
მწვანე ფერისა *adj* green
მწვერვალი *n* top
მწვრთნელი *n* coach, trainer
მწირი *n* hermit
მწირი *adj* meager
მწიფე *adj* mature, ripe
მწკრივი *n* column
მწკრივში ჩაყენება *v* rank
მწუხარება *n* grievance; sorrow; tribulation
მწუხარედ *adv* sadly
მწყემსი *n* cowboy
მწყერი *n* quail
მწყობრიდან გამოსვლა *n* breakdown
მჭედელი *n* blacksmith
მჭევრმეტყველება *n* eloquence
მჭიდრო *adj* narrow; dense, tight
მჭიდროდ *adv* closely; tight
მჭლე *adj* lean
მხადამჭერი *adj* supportive
მხარდამჭერი *n* supporter
მხარდაჭერა *n* support, backing; maintenance
მხარე *n* land
მხარი *n* shoulder
მხარის დაჭერა *v* support
მხარში ამოდგომა *v* back up; up hold

მხატვარი *n* artist
მხატვრული *adj* artistic
მხატვრული ლიტერატურა *n* fiction
მხები *n* tangent
მხედველობა *n* vision
მხედველობა *n* eyesight
მხედველობის არედან გაქრობა *v* submerge
მხედველობისხედვის არე *n* sight
მხეცი *n* beast
მხიარულად *adv* joyfully
მხიარულება *n* joy, fun
მხიარული *adj* cheerful, jolly, jovial
მხიარული *adj* merry
მხილება *v* denounce
მხილება *n* exposure
მხნე *adj* virile
მხნეობა *n* fortitude
მხოლოდ *adv* only, solely; alone; merely
მხრების აჩეჩვა *v* shrug
მხუთავი *adj* stifling
მჯდომარე *n* sitting

ნ

ნაადრევი *adj* precocious
ნაბიჯების ხმა *v* step
ნაბიჯი *n* footstep, step
ნაბიჯი განზე *v* sidestep
ნაბიჯით სიარული *v* pace
ნაბიჯის აჩქარება *v* step out
ნაბიჯ-ნაბიჯ *adv* step-by-step
ნახვრეტი *n* perforation
ნაგავი *n* litter, garbage, trash
ნაგავი *adj* trashy
ნაგავსაყრელი *n* landfill
ნაგვის გროვა *n* dump
ნაგვის საწვავი ღუმელი *n* incinerator
ნაგვის ურნა *n* garbage can, trash can
ნაგლეჯი *n* scrap
ნაგულისხმევი *adj* implicit
ნადავლები *n* spoils
ნადავლი *n* trophy
ნადირობა *v* hunt
ნადირობა *n* hunting
ნადუღი კრემი *n* custard
ნავარდი *v* soar
ნავთობი *n* oil, petroleum
ნავი *n* boat
ნავიგაცია *v* navigate
ნავმისადგომი *n* pier
ნავსადგური *n* harbor, port
ნავსაშენი *n* shipyard
ნაზად *adv* gently
ნაზავი *n* mixture
ნათელი *adj* light, bright, lucid; clear
ნათესავი *n* relative
ნათესაური *adj* akin
ნათლად *adv* clearly
ნათურა *n* bulb; lamp
ნაიარევი *n* scar
ნაირსახეობა *n* diversity; sort
ნაირსახეობა *v* sort
ნაკადი *n* flow, stream; torrent
ნაკელი *n* dung, manure
ნაკერის გარეშე *adj* seamless
ნაკეცებიანი *adj* pleated
ნაკეცების გაკეთება *v* tuck
ნაკეცი *n* crease, pleat
ნაკვალევი *n* print, footprint; trace
ნაკიანი წელიწადი *n* leap year
ნაკლებად *adv* less
ნაკლებად სარწმუნო *adj* unlikely
ნაკლები *adj* less
ნაკლები რაოდენობა *pron* less
ნაკლებობა *n* lack
ნაკლებწონიანი *adj* underweight
ნაკლი *n* flaw, fault, blemish, defect, drawback

ნ

ნაკრები *n* set
ნაკრძალი *v* preserve
ნაკუწი *n* shred
ნალექები *n* fallout
ნალექი *n* rainfall; deposit
ნამგალი *n* hook; sickle
ნამდვილად *adv* indeed, really
ნამდვილი *adj* original, genuine, real, true
ნამზეური *n* suntan
ნამსხვრევები *n* debris
ნამცეცი *n* crumb
ნამცხვარი *n* cake
ნანგრევები *n* ruin
ნაოსნობა *n* navigation
ნაოჭი *n* wrinkle
ნაპერწკალი *n* spark
ნაპირზე *adv* ashore
ნაპირზე გადმოსხმა *v* land
ნაპირზე გამოსვლა *v* disembark
ნაპირი *n* coast, shore
ნაპრალი *n* gap, crevice, slit; flaw
ნარევი *n* compound
ნართი *n* yam
ნარინჯისფერი *adj* orange
ნარკომანი *n* drug addict
ნარკოტიკი *n* drug
ნარჩენები *n* junk; leftovers; remains
ნარჩენების კალათი *n* wastebasket
ნარჩენი *n* remnant, residue
ნასამართლეობა *n* conviction
ნასვრეტი *n* pore
ნატეხი *n* fragment, bit; splint
ნაფიცი მსაჯულები *n* jury
ნაფლეთებად ქცევა *v* shred
ნაფოტი *n* chip; splinter
ნაფოტი *v* splinter
ნაფხაჭნი *n* scratch
ნაღდი ფული *n* cash
ნაღები *n* cream
ნაღებიანი *adj* creamy
ნაღველი *n* bile
ნაღვლიანი *adj* dismal; sad
ნაღმი *n* mine
ნაყარი *adj* bulky
ნაყიდი შეძენილი ნივთი *n* purchase
ნაყინი *n* ice cream
ნაყოფი *n* offspring
ნაყოფიერება *n* fertility
ნაყოფიერი *adj* fertile, fruitful, productive
ნაშთი *n* remainder
ნაშრომი *n* creation
ნაშუადღევი *n* afternoon
ნაჩქარევად *adv* hastily, hurriedly
ნაჩქარევი *adj* hasty
ნაჩქარევი მოქმედება *v* pop
ნაცარი *n* cinder, embers
ნაცემი *adj* beaten

ნ

ნაცვალსახელი *n* pronoun
ნაცვლად *adv* instead
ნაცნობობა *n* acquaintance
ნაცრისფერი *adj* gray
ნაძარცვი *n* loot
ნაწარმოები *n* composition
ნაწერი *n* writing
ნაწერი *adj* written
ნაწიბური *n* seam
ნაწილობრივ *adv* partially, partly, somewhat
ნაწილობრივ დამთხვევა *v* overlap
ნაწილობრივი *adj* partial
ნაწლავები *n* guts
ნაწლავი *n* bowel, gut, intestine
ნაჭერი *n* piece, slice
ნაჭრებად დაჭრა *v* junk
ნახაზი *n* drawing
ნახატი *n* drawing; painting
ნახევარი *adj* half
ნახევარი *n* half
ნახევარი დრო *n* halftime
ნახევარკუნძული *n* isle, peninsula
ნახევრად *adv* half
ნახევრად ღია *adj* ajar
ნახვამდის *e* bye, goodbye
ნახვრეტი *n* puncture
ნახირი *n* flock
ნახტომი *v* bounce; hop, skip
ნახტომი *n* leap, jump
ნახშირზე დაწვა *v* charbroil
ნახშირი *n* charcoal
ნდობა *n* confidence; reliance; trust
ნდობა *v* credit; trust
ნდობით აღჭურვილი პირი *n* confidant
ნდომა *v* wish
ნებართვა *n* clearance; grant, permission
ნებართვა *v* may
ნებართვის მიცემა *v* sanction
ნებაყოფლობითი *adj* voluntary
ნების დართვა *v* let, allow, permit
ნებისმიერი *pron* any
ნებისმიერი *adj* whatever
ნეილონი *n* nylon
ნეიტრალური *adj* neutral
ნეიტრალური სახელმწიფო *n* neutral
ნეკნი *n* rib
ნელა *adv* slowly
ნელა სვლა *v* jog
ნელთბილი *adj* lukewarm, tepid
ნელი *adj* slow, sluggish
ნემსი *n* needle
ნეპტუნი *n* Neptune
ნერვების ამშლელი *adj* stressful

ნ

ნერვი *n* nerve
ნერვიული *adj* nervous
ნერწყვი *n* saliva
ნესვი *n* melon
ნესტარი *n* sting
ნესტიანი *adj* damp
ნესტო *n* nostril
ნეტარება *n* bliss
ნეფე *n* groom
ნიადაგი *n* land, ground, soil
ნიავი *n* breeze
ნიანგი *n* crocodile
ნიახური *n* celery
ნივთიერება *n* stuff, substance
ნიკაპი *n* chin
ნიკელი *n* nickel
ნიმუში *n* pattern, sample, specimen
ნიორი *n* garlic
ნიჟარა *n* shell
ნისკარტი *n* beak
ნისლი *n* fog, mist
ნისლიანი *adj* hazy, foggy
ნისლიანი *adj* misty
ნიუანსი *n* nuance
ნიღაბი *n* mask
ნიღაბის ჩამოხსნა *v* unmask
ნიშანი *n* checkmark, mark, sign, token
ნიშნობა *n* engagement
ნიჩაბი *n* oar, paddle; shovel
ნიჩბის მოსმა *v* paddle, row

ნიჭი *n* gift
ნიჭიერი *adj* gifted, talented
ნოემბერი *n* November
ნომერი *n* number
ნომრის აკრეფა *v* dial
ნორმა *n* norm
ნორმალური *adj* natural, normal
ნოსტალგია *n* nostalgia
ნოტარიუსი *n* notary
ნოტაცია *n* lecture
ნოტი *n* note
ნოტიო *adj* moist
ნოუ-ჰაუ *n* know-how
ნოყიერი *adj* nutritious
ნოხი *n* rug
ნუგეში *n* consolation
ნუგეშისმცემელი *n* comforter
ნუგეშისცემა *v* cheer up, console
ნუგეშისცემა *n* solace
ნული *n* zero
ნუში *n* almond
ნჯღრევა *n* jolt
ნჯღრევა *v* jolt

ო

ოაზისი *n* oasis
ობი *n* mold
ობიექტურად *adv* objectively
ობიექტური *adj* impersonal
ობიექტური *n* objective
ობობა *n* spider
ობოლი *n* orphan
ობსერვატორია *n* observatory
ოდეკოლონი *n* cologne
ოდენობა *n* amount
ოდესმე *adv* ever
ოდიოზური *adj* odious
ოდისეა *n* odyssey
ოდნავ *pron* least
ოდომეტრი *n* odometer
ოვალური *adj* oval
ოვაცია *n* ovation
ოთახი *n* room
ოთახის მეზობელი *n* roommate
ოთხი *n* four
ოთხმოცდაათი *n* ninety
ოთხმოცი *n* eighty
ოთხშაბათი *n* Wednesday
ოინბაზი *adj* tricky
ოინი *n* goof; prank
ოკეანე *n* ocean
ოკუპანტი *n* occupant
ოკუპაცია *n* occupation
ოკუპირებული *adj* occupied
ოლიმპიადა *n* Olympics
ოლქი *n* county; district
ომი *n* war
ომის წარმოების ხერხები *n* warfare
ომლეტი *n* omelet
ონკანი *n* faucet, tap
ონლაინ *adj* online
ოპერა *n* opera
ოპერაცია *v* operate
ოპერაცია *n* surgery
ოპერირება *n* operation
ოპონენტი *n* challenger, opponent
ოპტიკოსი *n* optician
ოპტიკური *adj* optical
ოპტიმიზმი *n* optimism
ოპტიმისტური *adj* optimistic
ორაგული *n* salmon
ორაზროვანი *adj* ambiguous
ორბიტა *n* orbit
ორგანიზაცია *n* organization
ორგანიზება *v* organize
ორგანიზებული *adj* organized
ორგანო *n* organ
ორგანული *adj* organic
ორგული *adj* unfaithful
ორენოვანი *adj* bilingual
ორეული *n* twin
ორთითი *n* pitchfork
ორთქლი *n* steam, vapor

ორთქლის ქვაბი *n* boiler
ორი *n* two
ორიგინალური *adj* original
ორიენტაცია *n* orientation
ორიენტირებული *adj* oriented
ორიენტირი *n* guide
ორივე *adj* both
ორივე *pron* both
ორკესტრი *n* orchestra
ორმაგი *adj* double, dual
ორმო *n* hole, pit
ორმოცდაათი *n* fifty
ორმოცდამეათე *adj* fiftieth
ორმოცი *n* forty
ორმხრივად *adv* mutually
ორმხრივი *adj* mutual, reciprocal
ორმხრივი მგზავრობა *adj* round-trip
ორნამენტი *n* ornament
ორნამენტული *adj* ornamental
ორსაგდულიანი მოლუსკი *n* clam
ორსართულიანი საწოლიღლი *n* bunk bed
ორსულობა *n* maternity
ორშაბათი *n* Monday
ორწერტილი *n* colon
ორჯერ *adv* twice
ოსპი *n* lentil
ოსტატი *n* master; foreman
ოფისი *n* office
ოფიცერი *n* officer
ოფიციალურად *adv* formally, officially
ოფიციალური *adj* formal, official
ოფიციალური გახსნა *v* inaugurate
ოფიციანტი კაცი *n* waiter
ოფიციანტი ქალი *n* waitress
ოფლი *n* perspiration
ოფლიანი *adj* sweaty
ოფლის დენა *v* sweat
ოქრო *n* gold
ოქროსი *adj* golden
ოქროსფერი *adj* gold
ოქტომბერი *n* October
ოცდაათი *n* thirty
ოცი *n* twenty
ოცნება *n* dream
ოცნება *v* daydream
ოცნება *v* dream
ოხრახუში *n* parsley
ოჯახი *n* family
ოჯახური *adj* home
ოჰ! ახ! *e* oh

პ

პაემანი *n* date
პაექრობა *v* contend
პათეთიკური *adj* pathetic
პალატა *n* chamber
პალატა საავადმყოფოში *n* ward
პალმა *n* palm
პალტო *n* overcoat
პალტოს საკიდი *n* coat hanger
პამიდორი *n* tomato
პამფლეტი *n* pamphlet
პანიკა *n* panic
პანიკური გაქცევა *n* stampede
პანორამა *n* panorama
პანღური *n* kick
პარაგრაფი *n* paragraph
პარადოქსი *n* paradox
პარაზიტი *n* parasite, pest
პარალელური *adj* parallel
პარალიზება *v* paralyze
პარამეტრების დაყენება *n* setup
პარამეტრი *n* measurement; parameter, setting
პარანოიდული *adj* paranoid
პარასკევი *n* Friday
პარაფრაზი *v* paraphrase
პარაშუტი *n* parachute
პარიკი *n* wig
პარიკმახერი *n* barber
პარიტეტი *n* parity
პარკი *n* park
პარლამენტი *n* parliament
პაროლი *n* password
პარტია *n* batch
პარტნიორობა *n* partnership
პასიური *adj* passive
პასპორტი *n* passport
პასტა *n* paste
პასტელი *n* crayon
პასუხი *n* answer, reply
პასუხის გაცემა *v* answer, reply
პასუხისმგებელი *adj* responsible
პასუხისმგებლობა *n* liability, responsibility
პატარა *adj* little, small
პატარა ასოებით დაბეჭდილი *n* lowercase
პატარა და კოხტა *adj* petite
პატარა საწოლი ოთახი (საერთო საცხოვრებელში) *n* cubicle
პატარა უბე *n* cove
პატარძალი *n* bride
პატიება *v* condone; pardon
პატიება *n* forgiveness, pardon
პატივი *n* homage
პატივისცემა *v* esteem, regard, respect

პატივისცემა *n* regard; respect
პატივმოყვარე *adj* conceited
პატიმარი *n* prisoner
პატიმრობა *n* custody, confinement
პატიოსნება *n* fairness
პატრიარქი *n* patriarch
პატრიოტი *n* patriot
პატრიოტული *adj* patriotic
პატრონი *n* patron
პატრული *n* patrol
პატრუქი *n* fuse
პაუზა *n* interval
პაუზა *v* pause
პაქტი *n* pact
პაციენტი *n* patient
პედალი *n* pedal
პეიზაჟი *n* landscape, scenery
პელიკანი *n* pelican
პენი *n* penny
პენიცილინი *n* penicillin
პენსია *n* pension
პეპელა *n* butterfly
პერანგი *n* shirt
პერიმეტრი *n* perimeter
პერიოდი *n* period, span
პერპექტივა *n* perspective
პერსონალი *n* personnel, staff
პერსონაჟი *n* character
პერსპექტივა *n* outlook, prospect
პესიმიზმი *n* pessimism
პესიმისტური *adj* pessimistic
პესტიციდი *n* pesticide
პეტიცია *n* petition
პიანინო *n* piano
პიანისტი *n* pianist
პიესა *n* play
პითონი *n* python
პიკნიკი *n* picnic
პილიგრიმი *n* pilgrim
პილიგრიმობა *n* pilgrimage
პინგვინი *n* penguin
პინტი *n* pint
პინცეტი *n* tweezers
პიჟამო *n* pajamas
პირადი *adj* intimate, private
პირადი დაცვა *n* bodyguard
პირამიდა *n* pyramid
პირდაპირ *adv* direct, directly, straight
პირდაპირ *prep* opposite
პირდაპირ *adj* outright
პირდაპირი *adj* forthright, direct, straight, straightforward
პირველადი *adj* original
პირველადი შენატანი *n* down payment
პირველი *adj* first
პირველი კლასის *adj* classy
პირველკურსელი *n* freshman
პირველხარისხოვანი *adj* first class
პირზე ალიკაპის გაკეთება *v* gag

პ

პირთამდე ავსება *v* overflow
პირი *n* nozzle; brim
პირი *n* mouth
პირის გაპარსვა *v* shave
პირის წყლაპუნი *n* champ
პირისპირ *adv* opposite
პირისპირ *prep* versus
პირისპირ დგომა *v* face
პირმოთნეობა *n* adulation
პირობა *n* condition
პირობითი *adj* conditional
პირობითი აღნიშვნა *n* legend
პიროვნება *n* individual, person; personality
პიროვნული *adj* personal
პირსახოცი *n* towel
პირფერი *n* hypocrite
პირფერობა *n* flattery; hypocrisy
პირფერობა *v* coax
პირქუში *adj* bleak; sullen
პირქუში *n* gray
პისტოლეტი *n* handgun, pistol
პიტნა *n* mint
პიურე *n* puree
პიცა *n* pizza
პლაკატი *n* poster
პლანეტა *n* planet
პლანშეტი *n* tablet
პლაჟი *n* beach
პლასტიკური *n* plastic
პლატინა *n* platinum
პლატო *n* plateau
პლიუსი *n* plus
პლუშის *adj* plush
პობა *v* mangle
პოეზია *n* poetry
პოემა *n* poem
პოეტი *n* poet
პოვნა *v* find
პოზა *n* pose, posture
პოზირება *v* pose
პოზიცია *n* position
პოლარული *adj* polar
პოლიპლასტი *n* pulley
პოლისი *n* policy
პოლიტიკა *n* policy; politics
პოლიტიკოსი *n* politician
პოლიტიკური *adj* political
პოლიტიკური მკვლელობის ჩადენა *v* assassinate
პოლიცია *n* police
პოლიციელი *n* cop, policeman
პოლიციის დაწესებულება *n* police station
პოლკოვნიკი *n* colonel
პოლუსი *n* pole
პონი *n* pony
პოპკორნი *n* popcorn
პოპულარული *adj* popular
პორტატული *adj* portable
პორტატული კომპიუტერი *n* notebook

პ

პორტრეტი *n* portrait
პორტრეტის დახატვა *v* portray
პორტფელი *n* briefcase
პოტენციურად *adv* potentially
პოტენციური *adj* potential
პრაქტიკა *n* practice
პრაქტიკული *adj* practical
პრევენცია *v* preempt
პრეზიდენტი *n* president
პრეისტორიული *adj* prehistoric
პრემიერ-მინისტრი *adj* premier
პრეროგატივა *n* prerogative
პრესა *n* press
პრესაში გამოქვეყნებული განცხადება *n* handout
პრესტიჟი *n* prestige
პრესტიჟული *adj* prestigious
პრეტენზია *n* claim; pretension
პრეტენზიული *adj* pretentious
პრეფიქსი *n* prefix
პრეცედენტი *n* precedent
პრიალა *adj* glossy
პრიალი *n* polish
პრივილეგია *n* privilege
პრივილიგირებული *adj* privileged
პრიზი *n* prize
პრიმიტიული *adj* primitive
პრინტერი *n* printer
პრინცესა *n* princess
პრინციპი *n* principle
პრიორიტეტი *n* priority
პრიორიტეტის განსაზღვრა *v* prioritize
პრობლემა *n* problem
პრობლემატური *adj* problematic
პროგნოზი *n* prediction
პროგნოზირება *v* forecast
პროგრამა *v* program
პროგრამა *n* software
პროგრამის შედგენა *n* program
პროგრამისტი *n* programmer
პროგრესი *n* advance, progress
პროგრესული *adj* progressive
პროდუქტი *n* product
პროდუქტიულობა *n* efficiency
პროდუქცია *n* output, production
პროექტი *n* design, blueprint, draft; project
პროექტის შედგენა *v* draft
პროექტორი *n* projector
პროვინცია *n* province
პროვოცირება *v* instigate, provoke
პროზა *n* prose
პროლოგი *n* prologue
პრომენადი *n* promenade

პ

პროპაგანდა *n* propaganda
პროპაგანდის გაწევა *v* advocate
პროპელერი *n* propeller
პროპორცია *n* ratio
პროპორციულობა *n* proportion
პროჟექტორი *n* spotlight
პროსპექტი *n* avenue
პროტეინი *n* protein
პროტესტი *n* protest
პროტესტის გამოთქმა *v* protest
პროტექტორის განახლება *v* recap
პროფესია *n* trade, profession
პროფესიონალი *n* professional
პროფესიულად *adv* professionally
პროფესიული *adj* professional
პროფესორი *n* professor
პროფილაქტიკური *adj* preventive
პროფილი *n* profile
პროცედურა *n* procedure
პროცენტი *n* interest; percent
პროცენტული წილი *n* percentage
პროცესი *n* process
პროცესია *n* procession
პუდინგი *n* pudding
პუდრი *n* powder
პულსი *n* pulse
პულსირება *v* pulsate, throb
პუნქტების მიხედვით ჩამოთვლა *v* itemize
პუნქტი *n* item
პუნქტუალური *adj* punctual
პუნჩი *v* punch
პური *n* bread
პყრობა *v* wield
პწკალები *n* stepladder

ჟ

ჟადოსნური *adj* magic
ჟანგბადი *n* oxygen
ჟანგვა *v* corrode
ჟანგი *n* rust
ჟანგიანი *adj* rusty
ჟარგონი *n* slang
ჟასმინი *n* jasmine
ჟელე *n* jelly
ჟესტი *n* gesture
ჟილეტი *n* vest
ჟინჟვლა *v* drizzle
ჟინჟღლი *n* drizzle
ჟირაფი *n* giraffe
ჟიური *n* jury
ჟოლო *n* raspberry
ჟონგლიორი *n* juggler
ჟონგლირება *v* juggle

ქრუანტელი *v* shudder
ქრუანტელი *n* thrill
ჟურნალი *n* magazine
ჟურნალი (სამედიცინო) *n* journal
ჟურნალისტი *n* journalist
ქლიავი *n* ginger
ქლარუნით შეჯახება *v* clash
ჟღერა *v* sound
ჟღერადობა *n* sound

რ

რა *adj* what
რა *pron* what
რა თქმა უნდა *adv* certainly; all right
რაბინი *n* rabbi
რადარი *n* radar
რადიატორი *n* radiator
რადიაცია *n* radiation
რადიკალური *adj* radical
რადიო *n* radio
რადიუსი *n* radius
რაიმე *pron* anything
რაიმე ცუდი *n* foul
რაიმეზე დამოკიდებული *adj* addicted
რაიმეს მოკლებული *adj* devoid
რაიმის უკეთესად გაკეთება *v* outperform
რაინდი *n* knight
რაკეტა *n* missile, rocket
რაკრაკი *n* murmur
რამდენადაც *prep* as
რამდენიმე *adj* some, several; fewer
რამდენიმე ადამანი *pron* several
რამენაირად *adv* someway
რამის მოტანა *v* fetch
რამისკენ მიდრეკილი *adj* inclined
რანჩო *n* ranch
რაოდენობა *n* number, quantity
რასთან *adv* whereby
რასიზმი *n* racism
რასისტი *adj* racist
რატომ *adv* why
რაუნდი (შეჯიბრებაში) *n* lap
რაღაცა *pron* something
რაც *adv* since
რაც შეეხება *prep* concerning
რაციონალური დასაბუთება *v* rationalize
რაციონი *n* ration
რბილად *adv* softly
რბილბეწვიანი *adj* fuzzy
რბილი *adj* soft
რბილი სარჩული *n* pad

რბილობი *n* pulp
რბილსადებიანი *adj* padded
რბილყდიანი წიგნი *n* paperback
რბოლა *n* race; racing
რგოლი *n* hoop
რეაბილიტირება *v* rehabilitate
რეაგირება *v* respond
რეაგირება *n* response
რეალისტური *adj* down-to-earth, realistic
რეალური *adj* live
რეაქტიული თვითმფრინავი *n* jet
რეაქცია *n* reaction
რეგიონალური *adj* regional
რეგიონი *n* region
რეგისტრატორი *n* receptionist
რეგისტრაცია *v* enroll, register
რეგისტრაცია *n* registration
რეგისტრი *n* index
რეგულარულად *adv* regularly
რეგულარული *adj* regular
რეგულირება *n* adjustment, regulation
რეგულირება *v* regulate
რეგულირებადი *adj* adjustable
რედატირება *v* edit
რედაქტორი *n* editor
რედაქცია *n* edition

რევერანსი *n* reverence
რევოლუცია *n* revolution
რევოლუციური *adj* revolutionary
რეზერვაცია *n* reservation
რეზერვი *n* stockpile
რეზერვუარი *n* reservoir
რეზინის დასაფენი *n* mat
რეზინის სამაჯური *n* rubber band
რეიდი *n* raid
რეიტინგი *n* rating
რეკვა *v* call; ring
რეკლამა *n* promotion, commercial
რეკლამირება *v* promote, advertise
რეკომენდაცია *n* recommendation
რეკომენდაციის მიცემა *v* recommend
რეკონსტრუირება *v* remodel
რეკონსტრუქცია *n* renovation
რელიგია *n* religion
რელიგიური *adj* religious
რელსებიდან გადახვევა *v* derail
რელსი *n* rail
რენტგენის სხივი *n* X-ray
რეორგანიზება *v* reorganize
რეპელენტი *n* repellant
რეპეტიცია *n* rehearsal

რეპეტიციის გავლა *v* rehearse
რეპორტაჟი *n* coverage
რეპორტიორი *n* reporter
რეპრესირება *v* repress
რეპროდუქცია *n* replica, reproduction
რეპროდუცირება *v* reproduce
რეპტილია *n* reptile
რეპუტაცია *n* fame; reputation
რეჟიმი *n* regime
რესპექტაბელური *adj* respectable
რესპუბლიკა *n* republic
რესტორანი *n* restaurant
რესურსი *n* resource
რეფერი *n* referee
რეფორმა *n* reform
რეფორმირება *v* reform
რეცეპტი *n* prescription
რეცეპტი *n* recipe
რეცხვადი *adj* washable
რვა *n* eight
რვაფეხა *n* octopus
რვეული *n* notebook
რთული *adj* hard, complex, complicated
რთული *adj* difficult
რთული ან სახიფათო სიტუაცია *n* quagmire
რთული მდგომარეობა *v* jam
რთული სიტყვა *n* compound
რიგი *n* line, queue, row
რიგში დგომა *v* line up
რითმა *n* rhyme
რისამე მოუთმენლად ლოდინი (to) *v* look forward
რისამე ცენტრი *n* hub
რისკზე წასვლა *v* risk
რისკი *n* risk
რისხვა *n* anger
რიტმი *n* rhythm
რიტორიკული ფიგურა *n* figure of speech
რიტუალი *n* ritual
რიფი *n* reef
რიყის ქვა *n* pebble
რიცხვი *n* number
რიცხობრივად გადაჭარბება *v* outnumber
რკალი *n* arch
რკინა *n* iron
რკინიგზა *n* rail, railroad
რკინიგზის სადგური *n* railway
რკინით დახურვა *v* iron
რკო *n* acorn
რობოტი *n* robot
როგორ *adv* how
როგორიც არის *idiom* such as
როგორღაც *adv* somehow
როგორც *adv* as
როგორც *prep* like
როგორც *conj* like

როგორც არ *adv* however
როგორც კი *conj* once
როდესაც *conj* while; when
როდის *adv* whenever, when
როდისღა *adv* whenever
როზეტი *n* socket
როლი *n* part
რომ *conj* because; that
რომანი *n* novel
რომანისტი მწერალი *n* novelist
რომანტიკული *adj* romantic
რომბი *n* diamond
რომელი *adj* which
რომელი *pron* which
რომელიმე *adj* any
რომელიც *adj* that
რომელიც *pron* whom
რომელიც კი *pron* whatever
რომელიც სიარულს სწავლობს *n* toddler
რომლითაც *conj* whereas
რომც კი *adv* even though
როტაცია *n* rotation
როცა *conj* as
რუკა *n* map
რულონი *n* roll
რუტინა *n* routine
რუტინული *adj* routine
რუტინული სამუშაო *n* chore
რუხი წერო *n* crane
რუჯი *n* tan
რქა *n* horn
რჩება *adj* remaining
რჩევა *n* advice
რჩევა *v* counsel
რჩევის მიცემა *v* advise
რძალი *n* sister-in-law
რძალი *n* daughter-in-law
რძე *n* milk
რძიანი *adj* milky
რძის მეურნეობა *n* dairy
რძის ფერმა *n* dairy farm
რწმენა *n* belief, faith
რწმენა *v* believe
რწყილი *n* flea
რხევა *v* wag; wiggle

ს

სააგენტო *n* agency
საავადმყოფო *n* hospital
საავტორო უფლება *n* copyright
საათი *n* clock; hour
საათი *adv* o'clock
საათის ისრის მიმართულებით *adv* clockwise
საათობრივი *adv* hourly
საარსებო საშუალებანი *n* sustenance

საარჩევნო ბიულეტენი *n* ballot
საბავშვო ბაგა-ბაღი *n* nursery
საბანაო ხალათი *n* bathrobe
საბანი *n* blanket
საბანკო ანგარიში *n* bank account
საბედისწერო *adj* fateful
საბელი *n* leash
საბეჭდი მანქანა *n* type writer
საბიუჯეტო შემოსავალი *n* revenue
საბოლოო *adj* eventual; definitive, final
საბოლოოდ *adv* eventually, finally
საბოტაჟი *n* sabotage
საბრძოლო მასალა *n* ammunition
საბუთები *n* paperwork
საბურავი *n* tire
ს
საბუღალტრო წიგნი *n* ledger
საბჭო *n* council; senate
საგადახდო ქვითარი *n* bill
საგანი *n* item, object, thing
საგანმანათლებლო *adj* educational
საგანძური *n* thesaurus
საგზაო მოძრაობა *n* traffic
საგზაო საცობი *n* block
საგმირო *adj* heroic
საგონებელში ჩაგდება *v* baffle
საგულდაგულოდ შემოწმება *v* overhaul
სად *adv* where
სად *conj* where
სადა *adj* low-key
სადავედან მოხსნა *v* unleash
სადავო *adj* contentious, controversial
სადგომი *n* parking
სადგური *n* station
სადებეტო ბარათი *n* debit card
სადეზინფექციო საშუალება *n* disinfectant
სადენი *n* wire
სადილად მიწვევა *v* dine
სადილი *n* lunch
სადილი *n* dinner
სადილის დრო *n* lunchtime
სადილის ძირითადი კერძი *n* entree
სადმე *adv* anywhere
სადმე უკანონოდ შეჭრა *v* break in
სადურგლო *n* carpentry
სადღაც *adv* somewhere
საელჩო *n* embassy
საერთაშორისო *adj* international
საერთო *adj* general, generic, common; overall

საერთო საქმიანობით ან ინტერესებით გაერთიანებული *adj* fellow
საერთო საცხოვრებელი *n* dormitory
საერთო ფონდში გაერთიანება *v* pool
საერთო ჯამში *adv* overall
საეჭვო *adj* doubtful, dubious, questionable, suspicious
საეჭვო *n* suspect
საეჭვო *adj* fishy
სავალალო *adj* deplorable
სავალდებულო *adj* mandatory, compulsory, obligatory, stringent; indispensable
სავარაუდო *adj* hypothetical
სავარაუდოდ *adv* presumably
სავარცხელი *n* comb; hairbrush
სავარძელი *n* lounge; armchair
სავარჯიშო *n* drill, exercise
სავარჯიშოების კრებული *n* workbook
სავაჭრო გარიგება *n* bargain
სავაჭრო პუნქტი *n* outlet
სავენტილაციო ხვრელი *n* vent
სავსე *adj* full
სავსებით *adv* just
საზამთრო *n* watermelon
საზარდული *n* groin
საზარელი *adj* ghastly; lurid; dire
საზეიმო *adj* festive; solemn
საზეიმო დანიშვნა თანამდებობაზე *v* inaugurate
საზეიმო სვლა *n* parade
საზეიმო ცერემონია *n* function
საზიანო *adj* hurtful, pernicious
საზიზღარი *adj* grisly, despicable, detestable, disgusting, nasty, repugnant, repulsive; shocking; sinister, hateful
საზიზღარი *n* trolley
საზოგადოება *n* community, society
საზოგადოებრივი *adj* public
საზოგადოებრიობა *n* public
საზომი ლენტი *n* tape measure
საზომი ხელსაწყო *n* gauge
საზრდო *n* fare
საზღვაო *adj* marine
საზღვარგარეთ *adv* abroad, overseas
საზღვარი *n* border, boundary, frontier, verge
საზღვარს გადაბიჯება *v* transcend
საზღვრის გადალახვა *v* overrun

საზღვრის დარღვევა *v* trespass
სათადარიგო *adj* spare
სათადარიგო ნაწილი *n* spare part
სათავე *n* inception
სათამაშო *n* toy
სათამაშო მოედანი *n* playground; pitch
სათანადო *adj* due; proper
სათანადოდ *adv* appropriately, duly, properly
სათაო ოფისი *n* headquarters
სათაური *n* heading, title
სათბური *n* greenhouse
სათვალე *n* glasses, eyeglasses, goggles, sunglasses
სათლი *n* bucket
სათნო *adj* gentle; virtuous
სათნოება *n* virtue
სათოფური *n* loophole
სათუთად მოვლა *v* cherish; foster
სათქმელი *n* saying
სათხოვარი *n* request
საიდუმლო *n* privacy; secret
საიდუმლო *adj* clandestine, secret, undercover
საიდუმლო *adv* underground
საიდუმლოდ *adj* underground
საიდუმლოება *n* secrecy
საიდუმლოებით მოცვა *v* mystify
საიდუმლოს გასაღები *n* clue
საითკენაც არ *conj* wherever
საიმედო *adj* dependable, foolproof, reliable, trustworthy
საიმედოობა *n* credibility
საინტერესო *adj* interesting
საიუველირო მაღაზია *n* jewelry store
საკაბელო ტელევიზია *n* cable television
საკაზმი *n* condiment
საკათედრო *n* cathedral
საკამათო *adj* debatable
საკანალიზაციო მილი *n* sewer
საკანალიზაციო წყალი *n* sewage
საკანი *n* cell
საკანი სატუსაღოში *n* ward
საკანონმდებლო *adj* legislative
საკანონმდებლო ორგანო *n* legislature
საკანცელარიო ნივთები *n* stationery
საკაცე *n* litter
საკერავი *n* sewing
საკერებელი *n* patch
საკერებლის დადება *v* patch
საკეტიანი პატარა კარადა ან უჯრა *n* locker
საკვამური *n* chimney, stack
საკვანძო მოვლენა *n* milestone

ს

საკვები *n* food, meal
საკვების გადამუშავება *v* digest
საკვების ჩხირები *n* chopsticks
საკიდი *n* hanger
საკითხი *n* item; issue
საკლასო დაფა *n* blackboard
საკლასო ოთახი *n* classroom
საკმაოდ *adv* quite, rather
საკმაოდ *pron* enough
საკმაოდ ძვირი *adj* pricey
საკმარისად *adv* enough
საკმარისი *adj* enough, sufficient
საკმეველი *n* incense
საკრედიტო *n* credit
საკრედიტო ბარათი *n* credit card
საკუთარი *adj* own
საკუთარი თავი *pron* own
საკუთრად არ ცნობა *v* disown
საკუთრება *n* ownership, possession; property, estate
საკურთხეველი *n* altar, shrine
საკუჭნაო *n* pantry
სალათა *n* salad
სალათის ფურცელი *n* lettuce
სალარო *n* box office
სალონი *n* salon
სალსა *n* salsa
სამაგალითო *n* classic
სამაგიეროს გადახდა *n* reprisal
სამაგიეროს გადახდა *v* retaliate
სამაგრი *n* clamp, clip
სამაგრით დამაგრება *v* clip
სამაგრით შეკვრა *v* staple
სამალავი *n* hideaway
სამარადისო *adj* everlasting
სამართებელი *n* razor
სამართლიანად *adv* justly
სამართლიანად *adv* fairly
სამართლიანი *adj* fair, just
სამარილე *n* cellar
სამარცხვინო *adj* disgraceful, dishonorable, infamous
სამაშველო ჟილეტი *n* life jacket
სამახსოვრო *adj* memorable
სამახსოვრო ჩანაწერი *n* memo
სამაჯური *n* bracelet
სამგიეროს გადახდა *v* pay back
სამგლოვიარო რეკვა *n* toll
სამედიცინო *adj* medical
სამედიცინო დახმარება *n* daycare
სამეზობლო *n* neighborhood
სამეფო *adj* regal, royal

სამეფო *n* kingdom
სამეცნიერო *adj* scientific
სამეცნიერო კვლევა *n* research
სამზარეულო *n* cuisine; kitchen
სამზარეულოს კარადა *n* dresser
სამი *n* three
სამიზნე *n* target; hindsight
სამინისტრო *n* ministry
სამიტი *n* summit
სამკაული *n* pendant
სამკერდე ნიშანი *n* badge
სამკუთხედი *n* triangle
სამკურნალო *adj* medicinal
სამკურნალო საშუალება *n* medication; cure
სამლოცველო *n* chapel
სამმაგი *adj* triple
სამოთხე *n* heaven, paradise
სამოქალაქო *adj* civil
სამოცდაათი *n* seventy
სამოცი *n* sixty
სამრევლო *n* parish
სამრეცხაო *n* laundry
სამრეწველო მაგნატი *n* tycoon
სამსახური *n* employment; service
სამუდამოდ *adv* forever
სამუშაო *n* job, work
სამუშაო ძალა *n* labor
სამუშაოდან დროებით დათხოვნა *v* lay off
სამუშაოს შესრულება *v* perform
სამუხლე *n* kneecap
სამფლობელო *n* domain
სამღვდელოება *n* clergy
სამყარო *n* universe
სამშაბათი *n* Tuesday
სამშენებლო მოედანი *n* site
სამშობლო *n* homeland
სამშობლოში *adv* home
სამძიმარი *n* condolences
სამხედრო *n* military
სამხედრო-საზღვაო ფლოტი *n* navy
სამხილი *n* clue
სამხრეთაღმოსავლეთი *n* southeast
სამხრეთდასავლეთით *n* southwest
სამხრეთელი *n* southerner
სამხრეთი *n* south
სამხრეთით *adv* south
სამხრეთისაკენ *adj* south
სამხრეთისაკენ მიმავალი *adv* southbound
სამხრეთული *adj* southern
სანამ *conj* before
სანაპირო *n* bank
სანაპირო *adj* coastal

ს

სანაპირო ზოლი *n* coastline
სანაქებო *adj* praiseworthy
სანაშენე *n* nursery
სანაძლეო *n* bet
სანაძლეოს დადება *v* bet
სანახაობა *n* spectacle
სანდალი *n* sandal
სანდო *adj* credible
სანელებელი *n* dressing; seasoning, spice
სანერგე *n* nursery
სანთებელა *n* lighter
სანთელი *n* candle
სანიმუშო *adj* exemplary, model
სანომრე ნიშანი *n* license plate
სანტექნიკოსი *n* plumber
სანტიმეტრი *n* centimeter
სანქცია *n* sanction
საოცარი *adj* amazing, astonishing; odd; prodigious
საოცრება *n* marvel; prodigy
საოჯახო სამუშაო *n* housework
საპატიებელი *adj* forgivable
საპირისპირო *adj* contrary
საპირფარეშო *n* lavatory, restroom
საპნის ქაფი *n* lather
საპონი *n* soap
საპოხი მასალები *n* lubrication
საპყრობილე *n* jail

საპყრობილეში ჩაგდება *v* lock up
სარბენი ბილიკი *n* racetrack
სარგებლის მიღება *v* benefit
სარგებლობა *n* good
სარდაფი *n* cellar, basement
სარდინი *n* sardine
სარდლობა *n* command
სარეგისტრაციო დავთარი *n* register
სარეგისტრაციო ჩანაწერი *n* log
სარეველა *n* weed
სარეველა *v* weed
სარეცხი მანქანა *n* washing machine
სარეცხი საშუალება *n* detergent
სართული *n* floor
სარისკო *adj* risky
სარკაზმი *n* sarcasm
სარკასტული *adj* sarcastic
სარკე *n* looking glass
სარკე *n* mirror
სარფიანი *adj* profitable
სარქველი *n* lid; valve
სარჩელი *n* claim; lawsuit
სარჩელის შეტანა *v* claim
სარჩული *n* lining
სარწმუნო *adj* conclusive; authentic
სასა *n* palate

სასადილო *n* canteen; diner
სასადილო ოთახი *n* dining room
სასაზღვრო *adj* borderline
სასამართლო *n* court
სასამართლო გადაწყვეტილების არასწორად გამოტანა *v* misjudge
სასამართლო განაჩენი *n* judgment
სასამართლო პროცესი *n* trial; suit
სასამართლო შენობა *n* courthouse
სასარგებლო *adj* helpful; wholesome
სასაფლაო *n* cemetery, graveyard
სასაქმებელი საშუალება *adj* laxative
სასაცილო *adj* funny, hilarious, laughable, ridiculous
სასახლე *n* palace
სასიამოვნო *adj* good, pleasing, agreeable, gratifying, enjoyable, nice, pleasant; cuddly, cute
სასიგნალო ცეცხლი *n* flashlight
სასიკეთო *adj* beneficial
სასიკვდილო *adj* deadly, mortal
სასიკვდილო სარეცელი *n* deathbed

სასირცხვილო *adj* shameful
სასიყვარულო ურთიერთობა *n* romance
სასიცოცხლო *adj* vital
სასიცოცხლო ენერგია *n* stamina
სასიძო *n* bridesmaid
სასმელი *n* beverage, drink
სასმელი (სპირტიანი) *n* liquor
სასოფლო-სამეურნეო *adj* agricultural
სასოფლო-სამეურნეო კულტურა *n* crop
სასოწარკვეთილი *adj* desperate
სასტვენი *n* whistle
სასტიკად *adv* sternly
სასტიკი *adj* atrocious, brutal, cruel, ferocious
სასტიკი *n* stern
სასტუმრო *n* inn, hotel
სასტუმრო ოთახი *n* salon
სასულიერო *adj* clerical
სასურველი *adj* desirable
სასუქი *n* fertilizer
სასწავლო გეგმა *n* curriculum
სასწავლო დაწესებულების დამთავრება *v* graduate
სასწაულებრივი *adj* miraculous
სასწაული *n* miracle

სასწრაფო დახმარების მანქანა *n* ambulance
სასჯელი *n* punishment
სასჯელის მისჯა *v* condemn
სასჯელის შემსუბუქება *v* commute
სატაცური *n* asparagus
სატელევიზიო არხი *n* channel
სატელევიზიო გადაცემის წაყვანა *v* televise
სატენი *n* padding, stuffing
სატეხი *n* chisel
სატვირთო მანქანა *n* truck
სატვირთო მანქანის მძღოლი *n* trucker
სატირა *n* satire
სატრფო *n* sweetheart
სატურნი *n* Saturn
სატყუარა *n* bait
საუბარი *n* conversation, converse
საუბარი *v* chat, converse, talk
საუბედუროდ *adv* unfortunately
საუზმე *n* breakfast
საუკეთესო *adj* best, super
საუკეთესო ხალხი *n* best
საუკეთესოდ *adv* best
საუკუნე *n* century
საუცხოო *adj* admirable, superb
საფანტის თოფი *n* shotgun
საფარი *n* cover
საფარნე ბოძი *n* lamppost
საფარში დამალვა *v* lurk
საფერფლე *n* ashtray
საფეხური *n* stair; grade
საფირმო სახელწოდება *n* brand
საფირონი *n* sapphire
საფლავი *n* grave
საფლავის ფილა *n* tombstone
საფლავის ქვა *n* gravestone
საფოსტო განყოფილება *n* post office
საფოსტო ინდექსი *n* zip code
საფოსტო მარკა *n* stamp
საფოსტო ყუთი *n* mailbox
საფოსტო შეკვეთა *n* mail order
საფოსტო ხარჯები *n* postage
საფრენ-დასაფრენი ბილიკი *n* runway
საფრთხე *n* danger, peril
საფრთხეში მყოფი *adj* endangered
საფრთხეში ჩაგდება *v* compromise, jeopardize, endanger
საფუარი *n* yeast
საფულე *n* purse, wallet
საფუძველი *n* principle; basis

ს

საფუძვლად უდევს v underline
საფუძვლად უდევს adj underlying
საფუძვლები n basics
საფუძვლები adj grassroots
საფუძვლიანად adv in depth
საფუძვლიანი adj profound
საქალაქთაშორისო adj long-distance
საქალაქო adj civic
საქარე მინდა n windshield
საქაღალდე n folder
საქველმოქმედო adj charitable
საქვეყნოდ გამოტანა v flaunt
საქმე n business, concern, affair; case, file
საქმიანად adv busily
საქმიანი ქალი n businesswoman
საქმიანობა n engagement, activity
საქმის აღძვრა v prosecute, sue
საქმრო n fiancé
საქონელი n merchandise, goods
საქონლის ხორცი n beef
საქსოვი დაზგა n loom
საქსოფონი n saxophone

საქციელი n demeanor; deed
საღამო n evening
საღებავი n dye
საღეჭი რეზინი n bubble gum
საღი აზრი n common sense
საღილე n buttonhole
საღმრთო adj sacred
საყელო n collar
საყვავილე n flowerpot
საყვარელი adj beloved; favorite; lovable
საყვედური n lecture
საყვედური v rebuke
საყვედურის გამოცხადება v lecture
საყვირი n horn, buzzer, siren; trumpet
საყიდლებზე სიარული n shopping
საყინულე n freezer
საყლაპავი მილი n esophagus
საყოველთაო adj universal
საყრდენი n leg
საყურადღებო adj noteworthy, worthwhile
საყურე n earring
საშვი n pass
საშვილოსნო n womb
საშინაო დავალება n homework
საშინაო ტანსაცმელი n gown
საშინელება n horror

საშინელი *adj* awful, dreadful, fearful, gruesome, hideous, horrific, heinous, horrible, monstrous, terrible
საშიში *adj* frightening
საშიშროება *n* hazard; insecurity
საშლელი *n* eraser; rubber
საშრობი *n* dryer
საშუალება *n* manner
საშუალებები *n* means; facilities
საშუალო *adj* average, mean, medium; middle
საშუალო სიდიდე *n* average
საშუალო სკოლა *n* high school
საჩივარი *n* complaint
საჩრდილობელი *adj* shady
საჩუქარი *n* present, gift; grant
საჩუქრად მიცემა *v* give away
საცალო ვაჭრობა *n* retail
საცეკვაო დარბაზი *n* ballroom
საცერი *n* strainer
საცეცი *n* tentacle
საცვლები *n* underwear
საცმი *n* nozzle
საცობი *n* plug
საცოდავი *adj* miserable
საცურაო აუზი *n* swimming pool
საცურაო ზოლები *n* swim trunks
საცურაო კოსტუმი *n* bathing suit, swimsuit
საცხობი *n* bakery
საცხოვრებელი *n* home
საცხოვრებელი *adj* residential
საცხოვრებელი ადგილი *n* residence
საცხოვრებელი *n* dwelling
საცხოვრებლად გამოსადეგი *adj* habitable
საცხოვრებლად ვარგისი *adj* inhabitable
საძაგელი *n* villain; dip
საძაგელი *adj* obnoxious
საძაღლე *n* kennel
საძიებელი *n* index
საძინებელი *n* bedroom
საძირკველი *n* foundation
საძოვარი *n* pasture
საწამლავი *n* poison
საწარმო *n* enterprise
საწარმოო პრაქტიკა *n* field trip
საწებელი *n* sauce
საწევრო გადასახადები *n* dues
საწერი მაგიდა *n* desk
საწერი ქაღალდი *n* notepaper
საწვავი *n* fuel
საწვიმარი *n* raincoat
საწინააღმდეგო *adj* opposite
საწოვარა (ბავშვისა) *n* nipple
საწოლი *n* bed

ს

საწყის ეტაპზე *adv* initially
საწყისი *adj* initial
საწყობი *n* depot, warehouse
საჭე *n* rudder; wheel
საჭირო *adj* applicable
საჭიროება *n* need, necessity
საჭიროება *v* need
საჭმელად ვარგისი *adj* edible
საჭმლის მზადება *n* cooking
საჭმლის მომზადება *v* concoct, cook
საჭმლის მონელება *n* digestion
საჭმლის შეკაზმვა *v* season
სახაზავი *n* ruler
სახაზო გემი *n* battleship
სახანძრო დეპარტამენტი *n* fire department
სახანძრო სიგნალიზაცია *n* fire alarm
სახანძრო ჰიდრანტი *n* fire hydrant
სახე *n* face
სახელგანთქმული ადამიანი *n* celebrity
სახელი *n* name, first name
სახელის განთქმა *v* glorify
სახელის დარქმევა *v* name
სახელმძღვანელო *n* manual; textbook
სახელმძღვანელო პრინციპები *n* guidelines
სახელმწიფო *n* state
სახელმწიფო გადატრიალება *n* coup
სახელო *n* sleeve
სახელოვანი *adj* illustrious
სახელოსნო *n* workshop
სახელური *n* doorknob, handle
სახელური *n* knob
სახელწოდება *n* name
სახეობა *n* species
სახვევი *n* bandage
სახვევი *n* diaper
სახვევის დადება *v* bandage
სახის *adj* facial
სახის მანჭვა *v* mug
სახის ნაკვთები *n* feature
სახის ფერი *n* complexion
სახიფათო *adj* dangerous, hazardous, perilous, precarious, unsafe
სახიფათო წამოწყება *n* venture
სახლგარეთ *adv* outdoors
სახლი *n* house
სახლის *v* occupy
სახლის უკანა ეზო *n* backyard
სახლ–კარი *n* household
სახლს მონატრებული *adj* homesick
სახრახნისი *n* screwdriver
სახსარი *n* joint
სახსარი *v* swivel

ს

სახტუნელა *adj* jump rope
სახურავი *n* roof
საჯაროდ *adv* publicly
საჯაროობა *n* publicity
საჯდომი *n* seat
საჯინიბო *n* stable
საჰაერო ბუშტი *n* balloon
საჰაერო ხომალდი *n* aircraft
სეგმენტი *n* segment
სეგრეგაცია *n* segregation
სეგრეგაციის გაუქმება *v* desegregate
სევდა *n* sadness
სევდიანი *adj* gloomy, blue; lonesome
სეზონი *n* season
სეზონური *adj* seasonal
სემესტრი *n* semester
სენატორი *n* senator
სენდვიჩი *n* sandwich
სენტიმენტალური *adj* sentimental
სერენადა *n* serenade
სერია *n* series
სერიოზული *adj* serious
სერჟანტი *n* sergeant
სერტიფიკატი *n* certificate
სერფინგი *n* surfing
სერფინგის დაფა *n* surfboard
სესია *n* session
სესხება *v* borrow; lend, loan
სესხი *n* loan
სექსი *n* sex
სექტემბერი *n* September
სექტორი *n* sector
სვავი *n* vulture
სველი *adj* wet
სვეტი *n* column, pillar; pile
სვირინგი *n* tattoo
სვიტერი *n* sweater
სვლა *n* move
სვტო პარკი *n* fleet
სია *n* list
სიამაყე *n* pride
სიამოვნება *n* delight, gusto, pleasure
სიამოვნება *v* please
სიამოვნებით *adv* willingly
სიამოვნების მიღება *v* delight, enjoy
სიამოვნების მიღება *n* enjoyment
სიარული *v* walk
სიახლე *n* novelty
სიახლოვე *n* proximity
სიბერე *n* old age
სიბინძურე *n* filth, grime
სიბნელე *n* dark, darkness, gloom
სიბოროტე *n* evil
სიბრაზე *n* fury; uproar
სიბრმავე *n* blindness
სიბრძნე *n* wisdom
სიგანე *n* breadth, width

ს

სიგარა *n* cigar
სიგარეტი *n* cigarette
სიგარეტის ნამწვი *n* stub
სიგიჟე *n* madness
სიგნალი *n* signal
სიგნალის მიცემა *v* signal
სიგრძე *n* extent, length
სიგრძე *adv* long
სიდედრი *n* mother-in-law
სიდიდე *n* magnitude
სიდრი *n* cider
სივრცე *n* space
სივრცე *v* space out
სივრცითი *adj* dimensional
სიზარმაცე *n* laziness
სიზმარი *n* dream
სიზმრის ნახვა *v* dream
სიზუსტე *n* fidelity, accuracy, precision
სითბო *n* warmth
სითბური დარტყმა (მზის დარტყმა) *n* heatstroke
სითხე *n* fluid, liquid
სიკაშკაშე *n* brightness
სიკეთე *n* goodness, kindness
სიკვდილი *n* demise
სიკვდილი *n* death
სიკვდილიანობა *n* mortality
სიკვდილით დასჯა ელექტროსკამზე დასმით *v* electrocute
სიკოჭლე *v* limp
სილამაზე *n* beauty
სილუეტი *n* silhouette
სიმამრი *n* father-in-law
სიმართლე *n* truth
სიმარტივე *n* simplicity
სიმარჯვე *n* skill
სიმაღლე *n* height
სიმაღლე *n* altitude
სიმბოლო *n* character, symbol
სიმბოლოებით გამოხატვა *v* symbolize
სიმბოლური *adj* symbolic
სიმდარე *n* mediocrity
სიმდიდრე *n* wealth
სიმეტრია *n* symmetry
სიმეტრიული *adj* symmetrical
სიმინდი *n* corn
სიმკაცრე *n* austerity; rigor
სიმოკლე *n* brevity
სიმორცხვე *n* shyness
სიმპათიური *adj* sympathetic
სიმპატიური *adj* handsome
სიმპტომი *n* symptom
სიმსივნე *n* tumor
სიმულაცია *n* simulation
სიმულირება *v* feign, stimulate
სიმფონია *n* symphony
სიმღერა *v* sing
სიმღერა *n* song
სიმყრალე *n* stench, stink
სიმშვიდე *n* harmony, tranquility

სიმძიმე *n* heaviness
სიმწარე *n* bitterness
სიმჭიდროვე *n* density
სინაგოგა *n* synagogue
სინაზე *n* fondness, tenderness
სინათლე *n* light
სინამდვილე *n* reality
სინანული *n* regret
სინანულით სავსე *adj* remorseful
სინდისი *n* conscience
სინდისის ქენჯნა *n* remorse
სინთეზი *n* synthesis
სინთეთიკური *adj* synthetic
სინონიმი *n* synonym
სინქრონიზირება *v* synchronize
სირაქლემა *n* ostrich
სირბილი *v* run
სირბილი *n* run
სირთულე *n* complexity, difficulty; challenge, complication
სიროფი *n* syrup
სირცხვილი *n* dishonor, shame
სირცხვილის ქონა *v* shame
სისასტიკად მოქცევა *v* brutalize
სისასტიკე *n* atrocity; cruelty, brutality
სისინი *v* hiss
სისტემა *n* system
სისტემატური *adj* systematic
სისტემაში შესვლა *v* log in
სისტემიდან გამოსვლა *v* log off
სისულელე *n* stupidity
სისუსტე *n* weakness
სისუფთავე *n* cleanliness
სისქე *n* thickness
სისწორე *n* fidelity; smoothness
სისწრაფე *n* velocity
სისხლი *n* blood
სისხლიანი *adj* bloody
სისხლის დენა *v* bleed
სისხლის სამართლის დამნაშავე *n* felon
სისხლის სამართლის დანაშაული *n* felony
სისხლისმღვრელი *adj* gory
სისხლმოწყურებული *adj* bloodthirsty
სისხლჩაქცევა *n* bruise
სიტუაცია *n* situation
სიტუაციური გეგმა *n* layout
სიტყვა *n* word
სიტყვასიტყვით *adv* literally
სიტყვა-სიტყვით *adv* verbatim
სიტყვასიტყვითი *adj* literal
სიტყვების სწორად წერა *n* spell
სიტყვიერი *adj* verbal
სიტყვის პირველი ასო *n* initial

სიუხვე *n* abundance
სიფრთხილე *n* caution, precaution
სიღარიბე *n* poverty
სიღრმე *n* depth
სიღრმისეული *adj* in-depth
სიყალბე *n* forgery
სიყვარული *n* affection, love
სიყვარული *v* love
სიჩქარე *n* hurry, speed
სიჩქარე *v* speed
სიცარიელე *n* nothing, emptiness, vacuum
სიცარიელე *v* vacuum
სიცივე *n* cold
სიცილი *n* laugh, laughter
სიცილი *v* laugh
სიცოცხლე *n* life
სიცოცხლის ხანგრძლიობა *adj* lifetime
სიცოცხლისუნარიანობა *n* vitality
სიცრუე *n* deceit, deception, lie, hoax; delusion
სიცხადე *n* openness, clarity
სიცხე *n* heat
სიძე *n* bridegroom; brother-in-law; son-in-law
სიძნელების მიუხედავად გაგრძელება *v* persevere
სიძულვილი *n* hatred, rancor
სიძულვილი *v* scorn
სიწმინდე *n* purity; sanctity
სიწყნარე *n* composure
სიჭაბუკე *n* boyhood
სიჭარბე *n* excess, surplus
სიხარბე *n* greed
სიხისტე *n* stiffness
სიხშირე *n* frequency
სკა *n* beehive, hive
სკალპი *n* scalp
სკამი *n* chair
სკანდალი *n* scandal
სკანერი *n* scanner
სკანირება *v* scan
სკეიტბორდი *n* skateboard
სკეპტიკოსი *n* skeptic
სკეპტიკური *adj* skeptical
სკივრი *n* chest
სკოლა *n* school
სლაიდი *n* slide
სლოკინი *n* hiccup
სლოტი *n* slot
სმენა *v* hear
სმენა *n* hearing
სნაიპერი *n* sniper
სნეული *adj* ailing
სნობი *n* snob
სოდა *n* soda
სოკო *n* fungus, mushroom
სოლიდარობა *n* solidarity
სოლის ჩასობა *n* wedge
სოლო *adj* solo
სორო *n* burrow
სოფელი *n* countryside; village

ს

სოფლელი *n* villager
სოფლის მეურნეობა *n* agriculture
სოფლური *adj* rural
სოციალური *adj* social
სოციალური ქსელი *n* social network
სპაგეტი *n* spaghetti
სპაზმი *n* spasm
სპამი *n* spam
სპეკულირება *v* speculate
სპეკულირება *n* speculation
სპერმა *n* sperm
სპეციალიზება *v* specialize
სპეციალისტი *n* specialist
სპეციალურად *adv* specially
სპილენძი *n* copper
სპილო *n* elephant
სპილოს ძვალი *n* ivory
სპირალური *n* corkscrew
სპირალური *adj* spiral
სპირტიანი *adj* alcoholic
სპონსორი *n* sponsor
სპონტანური *adj* spontaneous
სპორადული *adj* sporadic
სპორტი *n* sport
სპორტსმენი *n* sportsman
სპორტსმენული *adj* sporty
სპორტული შარვალი *n* sweatpants
სრიალი *v* glide
სრიალი *n* slip
სრიალი *adj* slippery
სროლა *v* fire; pitch, throw
სროლა *n* fire
სრულად *adv* completely, fully
სრულებით არ *adv* no
სრული *adj* chubby; crass
სრულიად *adv* just
სრულიად ახალი *adj* brand new
სრულიად განსხვავებული *n* opposite
სრულიად უმნიშვნელო *adj* paltry
სრულყოფა *n* improvement
სრულყოფილება *n* excellence; perfection
სრულყოფილი *adj* ideal, perfect
სრულწლოვნება *n* maturity
სრუტე *n* channel, strait; neck
სტაბილიზება *v* stabilize
სტაბილურობა *n* stability
სტადიონი *n* stadium
სტანდარტი *n* standard
სტანდარტიზება *v* standardize
სტანდარტული *adj* standard
სტატია *n* article
სტატიკური *n* static
სტატისტიკა *n* statistic
სტატისტიკოსი *n* statistician
სტატისტიკური *adj* statistical

სტაფილო *n* carrot
სტაციონარული *adj* stationary
სტენდი *n* stand
სტენოგრაფია *n* shorthand
სტეპლერი *n* stapler
სტეპლერის ტყვია *n* staple
სტერეო *n* stereo
სტერეოტიპი *n* stereotype
სტერილიზება *v* sterilize
სტერილური *adj* sterile
სტვენა *v* whistle
სტილი *n* style
სტილისტი *n* hairdresser
სტიმულატორი *n* stimulant
სტიმული *n* incentive, stimulus
სტიმულირება *v* stimulate
სტიპენდია *n* scholarship
სტოიკური *adj* stoic
სტომატოლოგი *n* dentist
სტომატოლოგიური *adj* dental
ს
სტრატეგია *n* strategy
სტრატეგიული *adj* strategic
სტრესი *n* stress
სტრესი *v* stress out
სტრუქტურა *n* framework, structure
სტუდენტი *n* student
სტუდია *n* studio
სტუმართმოყვარეობა *n* hospitality
სტუმარი *n* guest, visitor
სტუმრობა *v* visit
სტუმრობა *v* call on
სუბიექტური *adj* subjective
სუბტიტრები *n* subtitle
სუვენირი *n* souvenir
სუვერენიტეტი *n* sovereignty
სუვერენული *adj* sovereign
სულ *adv* all
სულ *n* total
სულ მცირე *adv* least
სულელი *n* goof, fool
სულელი *adj* silly
სულელური *adj* foolish; crass
სული *n* soul, spirit
სულიერი *adj* spiritual
სულის შეგუბება *v* stifle
სულის შთაბერვა *v* embody
სუნამო *n* perfume
სუნთქვა *n* breath; respiration
სუნთქვა *v* breathe
სუნი *n* odor
სუნიანი *adj* smelly
სუპერმარკეტი *n* supermarket
სუპერძალა *n* superpower
სურათი *n* picture
სურდო *n* cold
სურვილი *n* will; wish
სურვილი *v* want
სურვილი *n* desire
სურვილის გამოხატვა *v* desire
სურნელება *n* flavor

სურო *n* ivy
სურსათი *n* groceries
სურსათის მაღაზია *n* grocery store
სუსტი *adj* faint, feeble, weak; flimsy, slack
სუსტი სინათლე *n* gleam
სუსხი *n* chill
სუსხიანი *adj* frosty
სუფთა *adj* clean, spotless, tidy; clear
სუფრის კოვზი *n* tablespoon
სფერო *n* sphere; field
სფერული *adj* spherical
სქელი ფარდა *n* blind
სქემა *n* layout, scheme
სქემის შედგენა *v* scheme
სქესი *n* gender
სქესობრივი მოწიფულობა *n* puberty
სქოლიო *n* footnote
სცენა *n* scene
სცენარი *n* scenario
სცენური *adj* scenic
სწავლა *v* learn, study
სწავლება *n* learning, training; tuition; train
სწავლება *v* coach, teach, train; nurture
სწავლული *n* scholar; scientist
სწორად *adv* correctly, right; smoothly
სწორედ *adv* just
სწორი *adj* correct
სწრაფად *adv* fast, quickly, swiftly
სწრაფად აღმართვა *v* run up
სწრაფად ვარდნა *v* plummet
სწრაფად ზრდა *v* boom
სწრაფვა *v* gravitate, head for; tend
სწრაფვა *n* aspiration
სწრაფი *adj* fast, quick, rapid, swift, speedy, agile, dashing, brisk; express
სწრაფი კვება *n* fast food
სწრაფმავალი *adj* fleeting
სხეული *n* flesh; body
სხეულის *adj* bodily
სხეულის მოძრაობა *v* motion
სხვა *adj* another; other
სხვა *pron* another
სხვა ადგილას *adv* elsewhere
სხვა მხარეზე გადასვლა *v* come over
სხვაგან გადასვლა *v* relocate
სხვაგვარად *pron* other
სხვაგვარად მოაზროვნე *adj* dissident
სხვადასხვაგვარი *adj* miscellaneous, various
სხვანაირად *adv* differently
სხვაობა *n* difference
სხვარიგად *adv* otherwise

ს

სხვენი *n* attic
სხვის საქმეში ჩარევა *v* meddle
სხივი *n* beam, ray

ტ

ტაბლო *n* scoreboard
ტაბურეტი *n* stool
ტავერნა *n* tavern
ტაიმერი *n* timer
ტაკო *n* taco
ტალანტი *n* talent
ტალახი *n* dirt, mud
ტალახიანი *adj* muddy
ტალღა *n* wave
ტალღოვანი *adj* wavy
ტანვარჯიში *n* gymnastics
ტანვარჯიშის დარბაზი (სპორტული დარბაზი) *n* gymnasium (gym)
ტანი *n* trunk
ტანისამოსი *n* gear
ტანმოვარჯიშე *n* gymnast
ტანსაცმელი *n* apparel, clothes, clothing, garment
ტანსაცმლის გასასინჯი ოთახი *n* fitting room
ტანწერწეტა *adj* slender
ტანჯვა *v* suffer
ტანჯვა *n* suffering
ტარაკანი *n* cockroach
ტარანტული *n* tarantula
ტარება *v* bear, carry; wear
ტაფა *n* frying pan
ტაქსი *n* taxi
ტაქტი *n* tact
ტაქტიანი *adj* tactful
ტაქტიკა *n* tactic
ტაქტიკური *adj* tactical
ტაშის დაკვრა *v* clap
ტაშისკვრა *v* acclaim, applaud
ტაძარი *n* sanctuary; temple
ტახი *n* boar, hog, wild boar
ტახტი *n* throne
ტბა *n* lake
ტეგი *n* tag
ტევადობა *n* capacity
ტელევიზია *n* television
ტელესკოპი *n* telescope
ტელეფონი *n* phone, telephone
ტელეწამყვანი *n* broadcaster
ტემპერატურა *n* temperature
ტემპი *n* pace
ტენდენცია *n* tendency; trend
ტენდერში მონაწილეობა *v* bid
ტენი *n* moisture
ტენიანი *adj* humid
ტენიანობა *n* humidity

ტენორი *n* tenor
ტენტი *n* awning
ტერასა *n* terrace
ტერიტორია *n* terrain, territory
ტერმინალი *n* terminal
ტერმინოლოგია *n* terminology
ტერორიზირება *v* terrorize
ტერორიზმი *n* terrorism
ტერორისტი *n* terrorist
ტესტი *n* test
ტესტირება *v* test
ტექნიკა *n* technique
ტექნიკა ხელსაწყოები *n* hardware
ტექნიკოსი *n* technician
ტექნიკურად *adv* technically
ტექნიკური *adj* technical
ტექნიკური სიახლე *n* gadget
ტექნიკური შეცდომა *n* bug
ტექნოლოგია *n* technology
ტექსტი *n* text
ტექსტურა *n* texture
ტექსტური შეტყობინება *n* text message
ტექსტური შეტყობინების გაგზავნა *v* text
ტვინი *n* brain
ტვირთი *n* consignment, cargo, load, freight
ტივი *n* raft
ტივტივა *n* buoy
ტილები *n* lice
ტილიანი *adj* lousy
ტილო *n* canvas
ტიპი *n* type
ტიპიური *adj* typical
ტირანი *n* tyrant
ტირანია *n* tyranny
ტირაჟი *n* circulation
ტირაჟირება *v* replicate
ტირილი *v* cry
ტირილი *n* cry
ტირიფი *n* willow
ტიტა *n* tulip
ტკაცუნა *adj* crispy
ტკბილეულობა *n* pastry
ტკბილეული *n* sweets
ტკბილი *adj* mellow, sweet
ტკივილი *n* ache, pain
ტკივილის გამაყუჩებელი საშუალება *n* painkiller
ტკივილის მიყენება *v* hurt; inflict
ტლანქი *adj* rustic
ტოლი *n* peer
ტოლფასია *v* amount to
ტომარა *n* sack
ტომი *n* tribe
ტონა *n* ton
ტონი *n* tone
ტორნადო *n* tornado
ტორსი *n* torso
ტორტმანი *v* stagger; waver

ტ

ტორფი *n* turf
ტოსტერი *n* toaster
ტოსტერის გაკეთება *v* toast
ტოტი *n* branch
ტოქსიკური *adj* toxic
ტოქსინი *n* toxin
ტრაბახი *v* boast, brag
ტრაგედია *n* tragedy
ტრაგიკული *adj* tragic
ტრადიცია *n* tradition
ტრადიციულად *adv* traditionally
ტრადიციული *adj* traditional
ტრაექტორია *n* trajectory
ტრავმატირება *v* traumatize
ტრავმული *adj* traumatic
ტრამალი *n* prairie
ტრამვაი *n* streetcar, tram
ტრანზაქცია *n* transaction
ტრანსი *n* trance
ტრანსპორტი *v* transport
ტრანსპორტი *n* vehicle
ტრანსპორტირება *n* transportation
ტრაფარეტი *n* stencil
ტრაქტორი *n* tractor
ტრენდული *adj* trendy
ტრიალი *v* go around, whirl
ტრიბუნა *n* grandstand
ტრივიალიზება *v* trivialize
ტრივიალური *adj* trivial
ტრიუმფალური *adj* triumphant
ტრიუმფი *n* triumph
ტრომბონი *n* trombone
ტროპიკული *adj* tropical
ტროპიკული ტყე *n* rainforest
ტროტუარი *n* sidewalk
ტუალეტი *n* toilet
ტუალეტის ქაღალდი *n* toilet paper
ტუბა *n* tuba
ტუმბო *n* pump
ტურბულენტობა *n* turbulence
ტური *n* tour
ტურიზმი *n* tourism
ტურისტი *n* tourist
ტურნირი *n* match, tournament
ტუჩების წმაუწუნი *v* smack
ტუჩი *n* nozzle; lip
ტუჩსაცხები *n* lipstick
ტყავი *n* leather
ტყე *n* forest; wood
ტყვე *n* captive
ტყვეობა *n* captivity
ტყვია *n* bullet
ტყვიაგაუმტარი *adj* bulletproof
ტყის ჭრა *v* log
ტყის ხანძარი *n* wildfire
ტყორცნა *v* dart; hurl
ტყორცნა *n* cast; dart
ტყუილი *v* lie

ტ

უ

უაზრო *adj* idiotic, ludicrous; meaningless, pointless
უამრავი *pron* many
უამრავი *n* multitude
უანგარო *adj* disinterested
უარესად *adv* worst
უარესად *adj* worse
უარესი *adv* worse
უარესი *adj* worst
უარესობა *n* worst
უარის თქმა *v* decline, refuse, turn down; recant, relinquish, waive
უარის თქმა *n* denial, refusal; refuse
უარის თქმა (იდეაზე) *v* put away
უარყოფა *v* deny, disprove; reject, repudiate, repel
უარყოფა *n* rejection
უარყოფითი *adj* negative
უარყოფითი პასუხი *n* negative
უახლოესი *adj* near
უბადრუკი *adj* sorry
უბედურება *n* affliction, misery
უბედური *adj* unhappy; unlucky
უბედური შემთხვევა *n* accident
უბრალო *adj* homely
უგემოვნო *adj* tasteless
უგონო მდგომარეობაში *adj* unconscious
უგრძნობელი *adj* insensitive
უგრძნობი *adj* senseless
უგულებელყოფილი *adj* neglected
უგულვებელყოფა *n* neglect
უგულვებელყოფა *v* defy
უგულო *adj* heartless
უდაბნო *n* desert; wilderness
უდავო *adj* indisputable, irrefutable, undisputed
უდავო ფაქტი *n* certainty
უდავოდ *adv* positively
უდავოდ *adv* certainly
უდანაშაულო *adj* blameless, innocent
უდაო *adj* undeniable
უდარდელი *adj* carefree, easygoing
უდიდესი *adj* paramount
უდიდესი *adj* most
უდრეკი *adj* inflexible, rigid
უდროო *adj* untimely
უდროოდ *adj* timeless
უეცარი *adj* sudden
უეცარი მზერა *n* glance
უეცრად *adv* suddenly
უეცრად შეწყვეტა *v* break off
უეჭველად *adv* certainly, surely, undoubtedly; easily

უვარგისი *adj* shoddy; wretched
უვიცი *adj* ignorant, uneducated
უვიცობა *n* ignorance
უვნებელი *adj* harmless
უზარმაზარი *adj* great, formidable; enormous, giant, huge, immense, tremendous
უზენაესი *adj* supreme
უზნეობა *n* filth
უზრდელი *adj* impolite
უზრუნველყოფა *n* certainty; provision
უზრუნველყოფა *v* ensure, provide; warrant
უზრუნველყოფილი *conj* provided
უზუსტო *adj* inaccurate
უთანასწორობა *n* disparity, inequality
უთანხმოება *n* friction, disagreement; jar
უთესლო *adj* seedless
უთვალავი *adj* countless, incalculable
უთო *n* iron
უიკენდი *n* weekend
უიმედო *adj* hopeless
უიღბლო ან უხეირო ადამიანი *n* loser
უკან *adv* back, behind
უკან გადახრა *v* lean back
უკან გაწვევა *v* call off, recall
უკან დაბრუნება *v* turn back; win back
უკან დახევა *v* back away, retreat, back down, retract, recede, ebb; digress
უკან დახევა *n* flight
უკან წაღება *v* take back
უკანა *adj* back, rear
უკანა ნაწილი *n* back
უკანა შესასვლელი *n* backdoor
უკანასკნელად *adv* last
უკანასკნელი *adj* last, latter; ultimate
უკანასკნელი *n* last
უკანდახევა *v* fall back
უკანონო *adj* illegal, illicit, unlawful
უკანონოდ *adv* illegally
უკაცრიელი *adj* desolate
უკაცრიელი ადგილი *adj* wild
უკეთ *adv* better
უკეთესი *adj* better
უკვდავება *n* eternity
უკვდავი *adj* immortal
უკვდამყოფი *adj* monumental
უკვე *adv* already
უკიდურესად *adv* exceedingly, extremely
უკიდურესი *adj* extreme
უკმარისობა *n* deficiency
უკმაყოფილო *adj* disgruntled

უკონტროლო *adj* uncontrollable
უკოფეინო *adj* decaffeinated
უკუ ძალის მქონე *adj* retroactive
უკუთვლა *n* countdown
უკუკავშირი *n* feedback
უკუსვლა *v* move back
უკუსვლა *n* reverse
უკუქცევით-წინსვლითი მოძრაობის შესრულება *v* shuttle
უკუღმა *adv* backward; inside out
ულვაშები *n* whiskers
ულვაში *n* mustache
ულტიმატუმი *n* ultimatum
ულუფა *n* portion
უმადური *adj* ungrateful
უმანკოება *n* innocence
უმაღლეს სასწავლებელში მიღება *v* matriculate
უმაღლესი *adj* superior
უმაღლესი წერტილი *n* peak
უმეტესად *adv* mostly
უმეტესწილად *adv* largely
უმთავრესად *adv* principally
უმთავრესი *n* highlight
უმი *adj* raw
უმიზნო *adj* aimless
უმნიშვნელო *adj* insignificant, petty, slight; marginal
უმნიშვნელოდ *adv* slightly

უმოქმედო *adj* inactive
უმოქმედობა *v* lay off
უმოქმედობა *n* standstill
უმოძრაო *adj* motionless
უმრავლესობა *n* bulk; majority
უმრავლესობა *pron* most
უმსგავსო *adj* unkind; unlike
უმტკივნეულო *adj* painless
უმუშევარი *adj* jobless, unemployed
უმუშევრობა *n* unemployment
უმცირესი *adj* least
უმცირესობა *n* minority
უმცროსი *adj* junior
უმცროს-უფროსობა *n* seniority
უმწეო *adj* defenseless, helpless
უმწიკლო *adj* immaculate
უმწიფრობა *n* immaturity
უნაგირი *n* saddle
უნაკლო *adj* flawless
უნარი *n* ability
უნარი *n* facility
უნარიანი *adj* able, capable
უნარიანობა *n* proficiency
უნაყოფო *adj* barren
უნდა *v* ought to
უნდობელი *adj* distrustful
უნდობლობა *n* distrust, mistrust
უნივერსიტეტი *n* university, varsity

უნიკალური *adj* unique
უნიფორმა *n* uniform
უნიფორმასავით *adj* uniform
უნცია *n* ounce
უპასუხისმგებლო *adj* irresponsible
უპატენტო *adj* generic
უპატივცემულობა *n* defiance; disrespect
უპატრონო *adj* stray
უპირატესად *adv* chiefly
უპირატესობა *n* advantage, benefit; preference; supremacy
უპირატესობის მიცემა *v* prefer
უპირველეს ყოვლისა *adv* first, primarily
უჟანგავი *adj* rust-proof
ურანი *n* Uranus
ურდული *n* bolt
ურდულით დაკეტვა *v* bolt
ურთიერთგაგება *adj* understanding
ურთიერთგაქვითვა *v* offset
ურთიერთმოქმედება *n* interaction
ურთიერთობა *n* relationship
ურთიერთობის გაწყვეტა *v* break up
ურთიერთობის ქონა *v* relate
ურთიერთქმედება *v* interact
ურიკა *n* cart; wheelbarrow
ურნა *n* bin; urn
ურჩობა *n* disobedience
ურწმუნო *adj* godless
უსადენო *adj* cordless, wireless
უსაზღვრო *adj* boundless
უსაზღვროდ *adv* infinitely
უსამართლო *adj* unfair, unjust
უსამართლობა *n* injustice
უსარგებლო *adj* needless, unnecessary; worthless
უსასრულო *adj* endless, infinite
უსაფრთხო *adj* secure
უსაფრთხოდ *adv* safely, securely
უსაფრთხოდ *adj* safe
უსაფრთხოება *n* safe; safety, security
უსაფუძვლო *adj* baseless
უსაქმო დროსტარება *n* lounge
უსაქმოდ ხეტიალი *v* mess around
უსაქმურობა *v* goof
უსახელო *adj* sleeveless
უსახლკარო *adj* homeless
უსახური *adj* plain
უსიამოვნება *n* nuisance; trouble
უსიამოვნება *v* trouble
უსიამოვნო *adj* distasteful, unpleasant, uncomfortable; grim
უსიამოვო *adj* displeasing

უ

უსინათლო *adj* blind
უსირცხვილო *adj* shameless
უსიცოცხლო *adj* lifeless; bland; ghastly
უსუნო *adj* odorless
უსუფთაო *adj* foul
უსწორმასწორო *adj* irregular; bumpy
უტყუარობა *n* authenticity
უუნარო *adj* unable
უუნარობა *n* inability
უფასო ავტოსტრადა *n* freeway
უფერული *adj* colorless
უფლებამოსილება *n* authority
უფლებამოსილების გადაცემა *v* delegate
უფლებამოსილების მინიჭება *n* authorization
უფლებების შეზღუდვა *v* incapacitate
უფლების ან უნარიანობის ჩამორთმევა *v* incapacitate
უფლების მიცემა *v* authorize, enable
უფლების შელახვა *n* outrage
უფლისწული *n* prince
უფრო ადრე *adv* before
უფრო გვიან *adj* later
უფრო დაბალი *adj* lower
უფრო დაბლა *prep* underneath
უფრო დაშორებული *adj* further
უფრო მეტად *adv* more
უფრო მეტი *adj* more
უფრო მეტიც *adv* furthermore
უფრო პატარა *adj* lesser
უფრო შორს *adv* farther, further
უფროსი *n* chief, elder
უფროსი თაობის მოქალაქე *n* senior citizen
უფსკერო *adj* abysmal
უფსკრული *n* abyss, chasm; precipice
უფულო *adj* penniless
უქონლობა *v* lack
უღიმღამო *adj* stark
უღმერთო *adj* godless
უყურადღებო *adj* careless, inconsiderate, mindless
უყურადღებოდ მოქცევა *v* disregard, neglect
უშედეგო *adj* ineffective
უშეცდომო *adj* unmistakable
უშვერი *adj* obscene
უშიშარი *adj* fearless, intrepid
უშფოთველი *adj* serene
უჩვეულო *adj* bizarre, unusual
უჩინარი *adj* invisible
უცდომელი *adj* infallible
უცვლელად *adv* invariably
უცვლელი *adj* constant

უცნაური *adj* quaint, strange
უცნაური ადამიანი *n* crank
უცნაურობა *n* oddity
უცნობი *adj* unfamiliar, unknown
უცნობი *n* stranger
უცხოელი *n* alien, foreigner
უცხოპლანეტელი *n* alien
უცხოური *adj* foreign
უცხოური ვალუტა *v* exchange
უძილობა *n* insomnia
უძირო *adj* bottomless
უძლეველი *adj* irresistible
უძლური *adj* powerless
უძრავად *adj* still
უძრავი *adj* immobile
უწესრიგო *adj* messy, sloppy
უწესრიგობა *n* mayhem; mix-up
უწიგნური *adj* illiterate
უწმაწური *adj* filthy, lewd
უწრმუნოება *n* disbelief
უწყვეტი *adj* continuous, incessant
უწყვეტობა *n* continuity
უწყინარი *adj* unharmed
უხალისო *adj* dull; reluctant
უხალისოდ *adv* reluctantly, unwillingly
უხამსი *adj* gross, filthy
უხამსობა *n* filth, indecency
უხარისხო *adj* substandard
უხასიათო *adj* moody
უხეირო *adj* foul
უხერხემლო *adj* spineless
უხეშად *adv* harshly, rudely, roughly
უხეშად ბიძგება *v* jerk
უხეში *adj* coarse, rough, rugged; harsh, rude
უხეში მოპყრობა *v* manhandle
უხეში შეცდომა *n* blunder
უხეშობა *n* rudeness
უხვად ქონა *v* abound
უხვი *adj* abundant, ample, plentiful
უჯრა *n* drawer
უჯრედი *n* cell

ფ

ფავორიტი *n* favorite
ფაზა *n* phase
ფაილი *n* file
ფაიფური *n* porcelain
ფაკულტეტი *n* faculty
ფალსიფიკაცია *v* falsify
ფალსიფიცირება *v* fake
ფანატიკური *adj* fanatic
ფანტაზია *n* fantasy
ფანტასტიური *adj* fantastic

ფანქარი *n* pencil
ფანქრის სათლელი *n* sharpener
ფანჯარა *n* window
ფარანი *n* lantern
ფარგლებს გარეთ *prep* past
ფარდა *n* curtain
ფარდები *n* drapes
ფარდული *n* shed
ფართო *adj* broad, vast, wide, spacious; loose
ფართო ღიმილი *n* grin
ფართო ჰორიზონტის მქონე *adj* broadminded
ფართობი *n* area
ფართოდ *adv* broadly, widely
ფართოდ გავრცელებული *adj* widespread
ფართოდ გაღიმება *v* grin
ფარი *n* shield
ფარმაცევტი *n* dispenser; pharmacist
ფარსი *n* charade, farce
ფარულად *adv* secretly
ფარულად ყურის დაგდება *v* eavesdrop
ფარული *adj* clandestine, covert, stealthy
ფარფლი *n* fin
ფარშევანგი *n* peacock
ფარში *n* filling
ფასდაკლება *n* discount, rebate
ფასდაუდებელი *adj* invaluable, priceless
ფასების გაზრდა *v* inflate
ფასი *n* cost, price
ფასის დაკლება *v* discount
ფატალური *adj* fatal
ფაფა *n* cereal
ფაქტი *n* fact
ფაქტიური *adj* actual
ფაქტობრივად *adv* actually
ფაქტობრივი *adj* factual
ფაქტორი *n* factor
ფაშატი *n* mare
ფედერალური *adj* federal
ფედერაცია *n* federation
ფეთქებადი *adj* explosive
ფეიერვერკი *n* fireworks
ფენა *n* layer
ფენით დაფარვა *v* coat
ფენომენალური *adj* phenomenal
ფენომენი *n* phenomenon
ფერადი *adj* colorful
ფერდაკარგული *adj* faded
ფერდობი *n* slope
ფერი *n* color
ფერია *n* fairy
ფერისმჭამელა *n* pimple
ფერმა *n* farm
ფერმერი *n* farmer
ფერმერობა *n* farming
ფერმის ეზო *n* farmyard

ფერმკრთალი *adj* pale
ფერმწერი *n* painter
ფერფლი *n* ash
ფერწასული *adj* lurid; livid
ფესვი *n* root
ფესტივალი *n* festival
ფეხაკრებით სიარული *v* tiptoe
ფეხბურთი *n* football; soccer
ფეხბურთის ბურთი *n* football
ფეხები *n* feet
ფეხი *n* leg; foot
ფეხით სეირნობა *n* walk
ფეხის თითი *n* toe
ფეხის თითის ფრჩხილი *n* toenail
ფეხმძიმე *adj* pregnant
ფეხმძიმობა *n* pregnancy
ფეხსაცმელი *n* boot, footwear, shoe
ფეხსაცმლის თასმა *n* shoelace
ფეხსაცმლის მაღაზია *n* shoe store
ფეხსაცმლის საწმენდი *n* shoe polish
ფეხსაწმენდი კართან *n* doormat
ფეხშიშველა *adj* barefoot
ფიგურა *n* figure
ფიგურული ციგურაობა *n* figure skating
ფიზიკა *n* physics
ფიზიკურად *adv* physically
ფიზიკური *n* physical
ფიზიკური *adj* physical
ფილა *n* slab
ფილიალი *n* branch office
ფილმი *n* film
ფილმი *n* movie
ფილმის გადაღება *v* shoot
ფილოსოფია *n* philosophy
ფილოსოფიური *n* philosophical
ფილოსოფოსი *n* philosopher
ფილტვი *n* lung
ფილტვრა *v* filter
ფილტრი *n* filter
ფინალი *n* final
ფინალისტი *n* finalist
ფინანსები *n* finance
ფინანსირება *v* fund
ფინანსურად *adv* financially
ფინანსური *adj* financial
ფინიკი *n* date
ფინჯანი *n* cup
ფირის უკან გადახვევა *v* rewind
ფირმა *n* firm
ფირსაკრავი *n* record player
ფირფიტა *n* plate
ფიფქი *n* snowflake
ფიქრი *v* think
ფიქრი *n* thought

ფიქსირება *v* fix
ფიქციური *adj* fictitious
ფიცარი *n* board
ფიცარნაგი *n* scaffolding
ფიცი *n* oath
ფიცი *v* vow
ფიცის ქვეშ დაკითხვა *v* depose
ფიცხი *adj* fiery; impetuous
ფიჭვი *n* pine
ფლაგშტოკი *n* flagpole
ფლაერი *n* flier
ფლანგვა *v* waste
ფლეიტა *n* flute
ფლეშ მეხსირება *n* flash drive
ფლირტაობა *v* flirt
ფლობა *v* hold; own
ფლობა *n* hold
ფლოსტი *n* slipper
ფლოტი *n* fleet
ფობია *n* phobia
ფოთლები *n* leaves
ფოთოლი *n* leaf
ფოიერვერკი *n* firecracker
ფოკუსი *n* focus
ფოკუსირება *v* focus
ფოლადი *n* steel
ფოლგა *n* foil
ფონდი *n* foundation; fund
ფონი *n* background
ფორთოხალი *n* orange
ფორმა *n* shape; mode; make
ფორმა *n* form
ფორმალობა *n* formality
ფორმატი *n* format
ფორმირება *v* mold, form
ფორმის მიცემა *v* shape
ფორმულა *n* formula
ფოროვანი *adj* porous
ფორტი *n* fort
ფოსო *n* dent
ფოსტა *n* mail; post
ფოსტალიონი *n* mailman, postman
ფოსტით გაგზავნა *v* mail, post
ფოტო *n* photo
ფოტოგრაფი *n* photographer
ფოტოგრაფია *n* photography
ფოტოსურათის გადაღება *v* photograph
ფოჩი *n* fringe
ფოცხი *n* rake
ფრაგმენტი *n* fragment
ფრაზა *n* phrase
ფრანგული შემწვარი კარტოფილი *n* fries
ფრე *n* draw
ფრენა *n* flight
ფრენა *v* fly
ფრთა *n* wing
ფრთების ქნევა *v* flutter
ფრთხიალი *v* flutter
ფრთხილად *adv* carefully

ფ

ფრთხილად *v* watch out
ფრთხილი *adj* careful, cautious, discreet, wary
ფრთხილი *v* weld
ფრინველი *n* bird
ფრინველის დეზი *n* heel
ფრჩხილები *n* bracket, parenthesis
ფრჩხილი *n* nail, fingernail
ფსევდონიმი *n* pseudonym
ფსიქიატრი *n* psychiatrist
ფსიქიატრია *n* psychiatry
ფსიქიკა *n* mentality
ფსიქიკური *adj* psychic
ფსიქოლოგია *n* psychologist; psychology
ფსიქოლოგიური *adj* psychological
ფსიქოპატი *n* psychopath
ფსკერი *n* bottom
ფუთა *n* bale; pack
ფულადი დახმარება *n* gratuity
ფულადი სახსრები *n* funds
ფული *n* money
ფულის გადახდა *v* disburse
ფულის დაბრუნება *v* pay back
ფუმფულა *adj* fluffy; plump
ფუნდამენტალური *adj* fundamental
ფუნთუშა *n* bun
ფუნქცია *n* function
ფუნქციის შესრულება *v* function
ფუნჯი *n* paintbrush
ფურგონი *n* van
ფურთხი *v* spit
ფურცელი *n* leaf
ფუსფუსა *adj* fussy
ფუსფუსი *n* fuss
ფუსფუსი *v* fuss
ფუტი *n* foot
ფუტკარი *n* bee
ფუფუნება *n* luxury
ფუღურო *n* cavity
ფქვილი *n* flour
ფხიზელი *adj* alert, watchful; sober
ფხიზლად ყოფნა *v* look out
ფხიზლობა *n* vigil

ქ

ქადაგება *v* preach
ქადაგება *n* sermon
ქავილი *v* itch
ქავილის გამომწვევი *adj* itchy
ქათამი *n* chicken; hen
ქალაქგარეთ გასეირნება *n* outing
ქალაქი *n* city, town
ქალაქის ცენტრი *n* downtown
ქალაქური *adj* urban
ქალბატონი *n* lady, madam

ქალები *n* women
ქალთევზა *n* mermaid
ქალი *n* woman
ქალიშვილი *n* gal, maiden, daughter
ქალური *adj* female; feminine; ladylike
ქალღმერთი *n* goddess
ქალწული *n* virgin
ქალწულობის სახელი *n* maiden name
ქამანდი *n* lasso
ქამანდით დაჭერა *v* lasso
ქამარი *n* belt
ქანაობა *v* rock, sway, swing, wobble; toss; wave
ქანაობა *n* swing
ქანაობა *adj* winding
ქანდაკება *n* sculpture, statue
ქანქარა *n* pendulum
ქანჩი *n* nut
ქაოსი *n* chaos
ქაოტური *adj* chaotic
ქარავანი *n* caravan
ქარბუქი *n* snowstorm
ქარი *n* wind
ქარიანი *adj* windy
ქარიზმა *n* charisma
ქარიზმატული *adj* charismatic
ქარის დაბერვა *n* gust
ქარის წისქვილი *n* windmill
ქარიშხალი *n* storm, tempest
ქარტია *n* charter
ქარხანა *n* plant, factory
ქაფი *n* foam
ქაღალდი *n* paper
ქაღალდის ფრანი *n* kite
ქება *v* glorify, commend
ქება *n* commendation
ქების შესხმა *v* flatter
ქედმაღალი *adj* arrogant, lofty
ქედმაღლობა *n* arrogance; starch
ქედმაღლურად და დამამცირებლად მოექცევა *v* snub
ქედმაღლურად ყურება *v* look down
ქერა *adj* fair
ქერა *n* blonde
ქერათმიანი *adj* blond
ქერი *n* barley
ქერტლი *n* dandruff
ქერქი *n* crust; peel
ქერქიანი *adj* husky; crusty
ქეჩა *n* felt
ქვა *n* stone
ქვაბი *n* pan, saucepan
ქვანახშირი *n* coal
ქვაფენილი *n* pavement
ქვედა *adj* bottom
ქვედა სართულზე *adv* downstairs
ქვედა სართულზე განლაგებული *adj* downstairs

ქვედა სართული *n* ground floor
ქვედატანი *n* skirt
ქვევით *prep* below, beneath
ქვევით *adv* down
ქვევითკენ *adv* downhill
ქვეითად მოსიარულე *n* pedestrian
ქველმოქმედება *n* charity
ქველმოქმედი *n* benefactor
ქვემდგომი *adj* inferior
ქვემოთ *adv* off; below
ქვემოთ *prep* off
ქვემოთ მიმართული *adj* down
ქვეყანა *n* land, country
ქვეყნის აოხრება (მტრის მიერ) *v* overrun
ქვეყნის შიგნით *adv* inland
ქვეყნის შიგნით განლაგებული *adj* inland
ქვეშ *prep* under
ქვეშ *adv* under
ქვეშქვეშა *adj* foxy
ქვეჯამი *n* subtotal
ქვითარი *n* receipt
ქვითინი *v* sob, weep
ქვიშა *n* sand
ქვრივი კაცი *n* widower
ქვრივი ქალი *n* widow
ქილა *n* jar; can; pot
ქილის გასახსნელი *n* can opener
ქიმია *n* chemistry
ქიმიკატი *n* chemical
ქიმიკოსი *n* chemist
ქიმიური *adj* chemical
ქიმწმენდა *v* dry-clean
ქინძისთავი *n* pin
ქინძისთავით დამაგრება *v* pin
ქინძისთავის წვეტი *v* pinpoint
ქირურგი *n* surgeon
ქირურგიული *adj* surgical
ქიშმიში *n* raisin
ქლიავი *n* plum
ქლიბი *n* file
ქმარი *n* husband
ქმედუუნარო *adj* incapable
ქმედუუნარობა *n* disability
ქოლგა *n* umbrella
ქონა *v* have
ქონების ანდერძით გადაცემა *n* demise
ქორფა *adj* lush
ქორწილი *n* wedding
ქორწინება *n* marriage
ქორწინების შედეგად შეძენილი ნათესავები *n* in-laws
ქოქოსი *n* coconut
ქოშინი *v* gasp
ქოჩორი *n* fringe; crest
ქოხი *n* cabin, hut; kennel
ქოხმახი *n* shack

ქ

ქრთამი *n* bribe, kickback; gratuity; gravy
ქრისტიანი *adj* Christian
ქრისტიანობა *n* Christianity
ქროლა *v* skim
ქრონიკული *adj* chronic
ქრონოლოგიური *adj* chronological
ქსელი *n* network, web
ქსეროქსი *n* copier, photocopier
ქსოვა *v* knit
ქსოვილი *n* material, cloth, fabric; tissue
ქუდი *n* hat
ქუდის დახურვა *v* cap
ქუდის ფარფლები *n* flap
ქუთუთო *n* eyelid
ქულა *n* grade, score
ქულის მიღება *v* score
ქურდი *n* thief
ქურდობა *n* heist, larceny, theft
ქურთუკი *n* coat, jacket
ქუსლი *n* heel
ქუჩა *n* street
ქუჩის მხატვრობა *n* graffiti
ქუჩის ძარცვა *n* mugging
ქუხილი *n* thunder
ქშინვა *v* sniff
ქცევა *n* demeanor, conduct, behavior
ქცევა *v* demean

ღ

ღალატი *v* defect; betray
ღალატი *n* betrayal, sellout, treachery, treason
ღამე *n* night, nighttime
ღამე მშვიდობის *e* good night
ღამის *adj* nightly; nocturnal
ღამის პერანგი *n* nightgown
ღამურა *n* bat
ღარი *n* groove
ღარიბი *adj* deprived, poor, needy
ღარიბულად *adv* poorly
ღატაკი *adj* destitute
ღებვა *v* paint
ღებინება *v* vomit
ღელვა *n* anxiety
ღერო *n* stem
ღერძი *n* axis; axle
ღეჭვა *v* chew
ღვარძლი *n* malice, spite, venom
ღვედი *n* leash; seat belt
ღვეზელი *n* pie
ღვთაება *n* divinity
ღვთაებრივი *adj* divine, heavenly
ღვთისმსახურების შესრულება *v* officiate
ღვინის კარადა *n* cellar

ღვინო *n* wine
ღვიძლი *n* liver
ღვრა *v* shed
ღია *adj* open
ღია ბარათი *n* postcard
ღია ცის ქვეშ *adv* outdoor
ღილი *n* button
ღიმილი *n* smile
ღირებული *adj* worth
ღირს *v* cost
ღირსად ჩათვლა *v* condescend
ღირსება *n* merit, dignity, honor
ღირსების გრძნობა *n* self-respect
ღირსეული *adj* deserving, worthy
ღირსი *adj* worth
ღირსშესანიშნაობების დათვალიერება *n* sightseeing
ღიტინი *n* tickle
ღმერთი *n* God
ღმუილი *n* howl
ღმუილი *v* howl
ღობე *n* fence
ღონისძიება *n* measure; event
ღორი *n* pig
ღორის ქონი *n* lard
ღორის ხორცი *n* pork
ღრენა *v* growl
ღრიალი *n* roar
ღრიალი *v* roar
ღრმა *adj* deep
ღრმა შთაბეჭდილების მოხდენა *v* impress
ღრმად *adv* deeply
ღრუ *n* cavity
ღრუბელი *n* cloud; sponge
ღრუბლიანი *adj* cloudy
ღრუბლოვანი *adj* spongy
ღრუტუნი *v* grunt
ღრღნა *v* gnaw
ღრძილი *n* gum
ღრძობა *n* wrench
ღუზა *n* anchor
ღუმელი *n* furnace, oven, stove

ყ

ყავა *n* coffee
ყავარჯენი *n* crutch
ყავისფერი *adj* brown
ყავისფერი *n* brown
ყაზარმები *n* barracks
ყაირათიანად *adv* sparingly
ყალბი *adj* fake; untrue
ყალბი *n* fake
ყასაბი *n* butcher
ყაჩაღი *n* bandit
ყბა *n* jaw
ყბაყურა *n* mumps

ყელი *n* throat
ყელსაბამი *n* necklace
ყელსახვევი *n* muffler; tie
ყეფა *n* bark
ყეფა *v* bark
ყვავი *n* crow
ყვავილებით მოვაჭრე *n* florist
ყვავილი *n* flower
ყვავილის გამოღება *v* blossom
ყვავილის მტვერი *n* pollen
ყვავილის ფურცელი *n* petal
ყვავილოვანი კომბოსტო *n* cauliflower
ყველა *adj* all
ყველა *pron* everybody
ყველა საზღვრის გადალახვა *v* outrun
ყველა *pron* everyone
ყველაზე მეტად *adv* most
ყველაზე უკანასკნელი *adj* latest
ყველაფერი *pron* everything
ყველგან *adv* everywhere
ყველი *n* cheese
ყვითელი *adj* yellow
ყვითელი ფერი *n* yellow
ყვინთვა *v* dive
ყვირილი *v* clamor, scream, shout; cry
ყვირილი *n* scream, shout

ყვრიმალის ძვალი *n* cheekbone
ყიდვა *v* buy, purchase, shop
ყივილი *v* crow
ყინვა *n* frost
ყინული *n* ice
ყინულიანი *adj* icy
ყინულივით ცივი *adj* ice-cold
ყინულის კუბი *n* ice cube
ყინულის ლოლუა *n* icicle
ყიყინი *v* gobble
ყიყინი *v* quack
ყლაპვა *v* gulp
ყლორტების ამოყრა *v* sprout
ყლუპი *n* gulp
ყლუპი *v* sip
ყნოსვა *n* scent, smell
ყნოსვა *v* smell
ყოველ შემთხვევაში *adv* anyway
ყოველდღიური *adj* everyday
ყოველთვის *adv* always
ყოველთვის როდესაც *conj* whenever
ყოველი *adj* each
ყოველკვირეულად *adv* weekly
ყოველწლიურად *adv* annually
ყოველწლიური *adj* annual
ყოველწლიური *adv* yearly
ყოვლისმომცველი *adj* comprehensive
ყოვლისშემძლე *adj* almighty

ყოლა *v* have
ყოფილი *adj* former
ყოფნა *v* be, exist
ყოფნა *n* being
ყოყმანი *v* falter
ყოყმანი *n* indecision
ყრილობა *n* convention
ყრუ *adj* dull; deaf
ყუთი *n* chest, box; casket
ყულაბა *n* piggy bank
ყულფი *n* ledge
ყუნწი *n* stalk
ყურადღება *n* attention
ყურადღებიანი *adj* attentive, considerate, mindful
ყურადღების გადატანა *v* distract
ყურადღების დამძაბავი *adj* riveting
ყურადღების მიქცევა *v* heed
ყურე *n* creek; bay, gulf
ყურება *v* look
ყურებამდე შეყვარება *v* fall apart
ყური *n* ear
ყურის გოგირდი *n* earwax
ყურის ტკივილი *n* earache
ყურმილის დაკიდება *v* hang up
ყურსასმენები *n* earphones, headphones
ყურსასმენი *n* headset
ყურძენი *n* grape

შ

შაბათი *n* Saturday
შაბლონი *n* draft; template
შადრევანი *n* fountain
შავგვრემანი *adj* brunette
შავი *adj* black
შავი ფერი *n* black
შავი ქლიავი *n* prune
შაკიკი *n* migraine
შალი *n* wool
შალის *adj* woolen
შამპუნი *n* shampoo
შანდალი *n* candlestick
შანსი *n* chance
შანტაჟი *n* blackmail
შარადი *n* charade
შარდვა *v* urinate
შარდი *n* urine
შარდის ბუშტი *n* bladder
შარვალი *n* pants, trousers
შარის მოდება *v* nag
შარლატანი *n* juggler
შარფი *n* scarf
შაქარი *n* sugar
შაში *n* checkers
შებრალება *n* pity
შებრაწული პური *n* toast

შებრძოლება *n* fight
შეგნებულად *adv* knowingly
შეგნებული *adj* conscious
შეგროვება *v* herd; collect, gather
შეგრძნება *v* feel, sense
შეგუება *v* acclimatize; put up with
შეგულიანება *v* induce; stir up
შეგულიანება *n* incitement
შედავება *v* challenge
შედარება *v* compare
შედარება *n* comparison
შედარებითი *adj* relative
შედგება *v* consist
შედგენა *v* draw; compose
შედეგი *n* effect, outcome, consequence, result, sequel; offspring
შედეგის ან ნაყოფის გამოღება *v* yield
შედეგის ქონა *v* result
შედევრი *n* masterpiece
შეერთება *n* junction
შეერთების ადგილი *n* joint, junction
შეერთებული *adj* united
შეესაბამება *v* conform
შეეძლო *v* could
შევარდენი *n* hawk
შევიწროება *n* oppression
შევლა *v* stop by
შევსება *v* fill, replenish
შეზავება *n* blend
შეზეთვა *v* grease
შეზიზღება *v* abhor, despise, hate
შეზლონგი *n* lounge
შეზრდა *v* knit
შეზღუდვა *v* limit, restrict, confine; abridge
შეზღუდვა *n* limitation, restriction
შეზღუდული *adj* narrow; finite
შეზღუდული შესაძლებლობების მქონე *adj* handicapped
შეთავაზება *v* offer, propose, suggest; propose to
შეთავაზება *n* offer, proposal
შეთავაზებული ფასი *n* bid
შეთანხმება *n* agreement
შეთანხმება *v* harmonize
შეთეთრება *v* whiten
შეთქმულება *n* conspiracy
შეთხზვა *v* concoct
შეიარაღება *v* arm
შეიარაღებული *adj* armed
შეიცავს *v* comprise, contain
შეკავება *v* inhibit, restrain; retain
შეკედლება *v* shelter
შეკეთება *v* mend, fix, repair
შეკვეთა *v* order
შეკვეთით დამზადებული *adj* custom-made

შეკვეცა *n* contraction
შეკვრა *n* bundle, package, packet
შეკვრა *adj* binding
შეკვრა *v* strap
შეკითხვა *v* query
შეკითხვა *n* question
შეკრება *v* amass, congregate, get together; muster
შეკრება *n* rally; collection
შეკრულობის მქონე *adj* constipated
შეკუმშვა *v* compress; wring
შეკუმშვა *n* compression
შელამაზება *v* refurbish
შელაპარაკება *n* quarrel
შემადგენელ ნაწილებად დაყოფა *v* disintegrate
შემადგენელ ნაწილებად დაშლა *v* decompose
შემადგენლობა *n* composition
შემაცბუნებელი *adj* embarrassing
შემაძრწუნებელი *adj* appalling, eerie, horrendous; stunning
შემაწუხებელი *adj* disturbing
შემაჯამებელი *n* summary
შემდგომი *adj* further; subsequent
შემდგომში *adv* hereafter
შემდეგ *adv* afterward, next, then
შემდეგ *prep* after
შემდეგ *conj* since
შემდუღებელი *n* welder
შემზარავი *adj* grisly, creepy, harrowing, terrifying
შემთხვევა *n* occurrence, happening; occasion
შემთხვევით *adv* incidentally; randomly
შემთხვევითი *adj* accidental, coincidental, random; casual
შემობრუნება *v* turn; turn in
შემოდგომა *n* autumn
შემოდგომა *n* fall
შემოვლა *n* circuit
შემოვლითი გზა *n* bypass, detour
შემოკლება *v* abbreviate, shorten; curtail
შემოსავალი *n* income
შემოსავლის მოტანა *v* earn
შემოსავლის წყარო *n* livelihood
შემოსახვევი *n* wrapper, wrapping
შემოსევა *v* invade
შემოსვლა *v* get in
შემოსული *adj* incoming
შემოსული წერილები *n* inbox
შემოქმედებითი *adj* creative
შემოქმედი *n* creator
შემოღობვა *n* fencing

შემოღობილი ადგილი *n* enclosure
შემოწმება *v* check, verify, inspect, audit, examine, validate
შემოწმება *n* check, examination
შემოჭრა *n* intrusion
შემოჭრილი *n* intruder
შემოხაზვა *v* outline
შემოხვევა *v* tie
შემრევი *n* mixer
შემსრულებელი *n* performer
შემსუბუქება *v* lighten, alleviate, mitigate
შემსუბუქება (ტანჯვისა და მისთ) *v* ease
შემქმნელი *n* maker
შემჩნევა *v* notice
შემცველი *adv* inclusive
შემცველობა *n* content
შემცვლელი *n* substitute
შემცვლელი *v* substitute
შემცირება *v* cut back, cut down; decrease, diminish, dwindle, lessen, reduce, wane
შემცირებული *adj* downturn
შემწეობა *n* allowance
შემწვარი *adj* fried
შემწყნარებელი *adj* indulgent, tolerant
შემწყნარებლობა *n* leniency, tolerance

შემჭიდროება *v* tighten
შენ *pron* you
შენადედი *n* clot
შენადნობი *n* fusion
შენარჩუნება *n* maintenance; retention
შენარჩუნება *v* keep, maintain; keep up, sustain
შენატანი *n* installment; contribution, input
შენაძენი *n* acquisition
შენახვა *v* conserve, reserve, save, store
შენახვა *n* storage
შენება *v* construct
შენელება *v* slow down
შენელებული მოძრაობა *n* slow motion
შენიღბვა *v* camouflage, disguise, mask
შენიღბვა *n* disguise
შენიშვნა *n* note
შენიშვნის გაკეთება *v* remark
შენობა *n* building
შენობაში *adv* indoors
შენობაში შესასვლელი *n* doorway
შენჯღრევა *v* shake
შეპასუხება *n* objection
შეპირისპირება *v* contrast
შეპირობება *v* stipulate
შეპყრობილი *v* obsess

შერევა v blend, combine, mingle
შერიფი n sheriff
შერყევა n concussion
შერყევა v convulse
შერჩევა v select
შერცხვენა n disgrace
შერცხვენილი adj ashamed
შერწყმა n fusion
შერწყმა v merge
შესაბამისად adv consequently
შესაბამისი adj corresponding, respective
შესაბამისობა n compliance, conformity
შესაბამისობა v correspond
შესადარებელი adj comparable
შესავალი n entry, introduction
შესამჩნევი adj noticeable
შესანიშნავი adj remarkable, terrific, excellent, wonderful; gorgeous; noble
შესასვლელი n entry, entrance, way in
შესატყვისი adj adequate
შესაფერი adj appropriate
შესაფერისი adj eligible, suitable; fitting, pertinent, relevant; all right
შესაძლებელი adj possible
შესაძლებელია adv maybe
შესაძლებლობა n capability; opportunity, possibility
შესაძლებლობა v may, might
შესაძლებლობის მიცემა v afford
შესაძლო adj contingent; probable
შესაძლო adv possibly
შესაძლო საფრთხე n insecurity
შესაძლოა adv likely, perhaps
შესაწირი n contribution, donation
შესვენება n interval, recess
შესვლა v come in, enter, go in, drop in
შესვლა n entrance
შესვლის ნებართვა n entree
შესივებული adj puffy
შესრულება n performance; fulfillment
შესრულება v abide by, comply; accomplish
შესრულებადი adj feasible
შესუნთქვა v inhale
შესუსტება v quell; slacken
შესუსტება v dull
შესქელება v condense, thicken
შესქელება n condensation
შესწავლა v explore
შესწორება n amendment, correction, revision

შესწორება v correct, revise
შესხურება v squirt
შეტაკება n clash
შეტაკება v crash
შეტევა n seizure
შეტყობინება n message, communication, notification, notice
შეტყობინება v notify
შეტყობნება v inform
შეტყუება n allure
შეტყუება v lure
შეუბრალებელი adj merciless, relentless
შეუთავსებელი adj incompatible
შეუთავსებლობა n incompatibility
შეუიარაღებელი adj unarmed
შეუმჩნეველი adj evasive; unnoticed
შეუმჩნევლად დარჩენა v lurk
შეუპოვარი adj persistent; grim
შეუპოვრობა n persistence, tenacity
შეურაცხმყოფელი adj abusive, offensive
შეურაცხყოფა n outrage; offense; insult
შეურაცხყოფა v offend
შეურაცხყოფის მიყენება n affront

შეურაცხყოფის მიყენება v insult
შეუსაბამო adj inappropriate
შეუსაბამოდ adv inappropriately
შეუფერებელი adj unfit, unsuitable
შეუფერხებლად (მეტყველება) adv fluently
შეუქცევადი adj irreversible
შეუძლებელი adj impossible; improbable
შეუძლებლობა n impossibility
შეუძლია v can
შეუწყნარებლობა n intolerance
შეფასება v grade, appraise, assess, evaluate, rate; praise
შეფასება n appraisal, assessment, evaluation
შეფერხება v check, bar, halt
შეფერხება n hold-up, setback
შეფი n chief
შეფ-მზარეული n chef
შეფუთვა v pack, wrap
შეფუთული adj packed
შექება n praise
შექმნა v create
შექცევადი adj reversible
შეღავათის მიცემა v charter
შეღებვა n paint
შეღებვა v dye
შეღწევა v penetrate

შეღწევა (კომპიუტერის გატეხვა) *v* hack
შეყვარებული *n* lover
შეყვარებული ბიჭი *n* boyfriend
შეყოვნება *v* hold back
შეშა *n* firewood
შეშვება *v* let in
შეშინება *v* frighten, scare, startle, terrify, scare away
შეშინებული *adj* afraid, frightened, scared, startled
შეშლილი *adj* demented, deranged, insane, lunatic
შეშლილობა *n* insanity, lunacy
შეშუპება *n* swelling
შეშურება *v* envy
შეშფოთება *v* perturb
შეშფოთებული *adj* concerned
შეშხაპუნება *v* inject
შეშხეფება *n* spray
შეშხეფება *v* spray
შეჩერება *v* hold up
შეჩვევა *v* accustom
შეჩვევის გამომწვევი *adj* addictive
შეცბუნება *v* bewilder, confound
შეცბუნებული *adj* embarrassed
შეცდენა *v* entice
შეცდომა *n* error, mistake, fault, lapse; fallacy
შეცდომაში შემყვანი *adj* misleading
შეცდომაში შეყვანა *v* delude
შეცდომაში შეყვანა *v* mislead
შეცდომაში შეყვანა *v* mistake
შეცდომაში შეყვანილი *adj* misguided
შეცდომით *adv* wrong
შეცდომით წერა *v* misspell
შეცვლა *v* customize, change, alter, vary
შეცვლა *n* alteration
შეძახება *v* exclaim
შეძახილი *n* exclamation; outcry
შეძენა *v* acquire
შეძლებულობა *n* opulence
შეძრწუნება *v* appall, horrify, dismay
შეწვა *v* fry; roast
შეწვა მაყალზე *v* broil
შეწინააღმდეგება *v* object, rebut
შეწირულების გაღება *v* donate
შეწოვა *v* soak up; suck
შეწუხებული *adj* haunted
შეწუხება *v* disturb, harass; worry, concern
შეწუხება *n* disturbance; worry
შეწუხებული *adj* worried
შეწყვეტა *v* abort, discontinue, stop, terminate, cease, desist, cut off
შეწყვეტა *v* interrupt

შეწყნარება *v* tolerate
შეწყობა *v* get along
შეჭვრეტა *v* peep
შეჭრა *v* encroach, intrude
შეჭრა *n* invasion
შეხამება *v* match
შეხამებული *adj* matching
შეხება *v* feel, touch; touch on; concern
შეხება *n* touch
შეხედვა *n* look
შეხედვა *v* look at
შეხედვა (შიგნით) *v* look into
შეხვედრა *v* meet
შეხვედრა *n* meeting
შეხლა-შემოხლა *n* skirmish
შეხორცება *v* knit
შეხრჩოლება *v* fumigate
შეხსენება *v* remind
შეხსენება *n* reminder
შეხსნა *v* unbutton
შეხუთული *adj* stuffy
შეჯამება *v* summarize
შეჯახება *n* collision; foul
შეჯახება *v* bump, collide; smash
შეჯიბრება *v* match; compete
შეჯიბრება *n* event; inspiration
შეჯიბრი *n* competition
შეჯიბრი სირბილში *v* race
შვება *n* relief
შვებამოგვრილი *adj* relieved
შვების მოგვრა *v* relieve
შვებულება *n* vacation
შვედური მაგიდა *n* buffet
შვეიცარი *n* porter
შველა *n* salvation
შვიდი *n* seven
შვილდისარი *n* bow
შვილება *v* adopt
შვილიშვილი *n* grandchild
შვილიშვილი (ბიჭი) *n* grandson
შვილიშვილი(გოგონა) *n* granddaughter
შვრიის ფაფა *n* oatmeal
შთაბეჭდილება *n* impression
შთაბეჭდილების გამომწვევი *adj* imposing
შთაგონება *v* instill
შთამბეჭდავი *adj* awesome, impressive, spectacular
შთამნთქმელი *adj* absorbent
შთამომავალი *n* offspring
შთამომავლობა *n* posterity
შთამომავლობის გაჩენა *v* procreate
შთანთქმა *v* absorb
შთანთქმა (შთანთქავს) *v* devour
-ში *prep* per; inside; at; into; in
შიგ *adv* in; inside
შიგა ეზო *n* courtyard
შიგთავსი *n* filling

შიგნიდან *prep* inside
შიგნით *adv* in; inside; internally; inwards
შიგნით *prep* within
შიგნით მდებარე *adj* indoor
შიდა *adj* inner; inside
შიდა ეზო *n* patio
შიმპანზე *n* chimpanzee
შიმშილი *n* famine; hunger
შიმშილობა *n* starvation
შიმშილობა *v* starve
შინ *prep* onto
შინაგანი *adj* interior, internal; inward
შინამოსამსახურე ქალი *n* housekeeper
შინაური *adj* domestic
შინაური ფრინველი *n* poultry
შინაური ცხოველი *n* pet
შინაურული *adj* homely
შიფრის ამოკითხვა *v* decipher
შიშველი *adj* bare, nude
შიში *n* fear, fright, terror
შიში *v* dread, fear
შიშის გამომწვევები *adj* daunting
შლანგი *n* hose
შობა *n* Christmas
შობის დღესასწაული *n* X-mas
შოკი *n* shock
შოკოლადი *n* chocolate
შორეული *adj* distant, faraway
შორეული *adj* far
შორიდან *adv* afar
შორის *prep* among, between
შორის *adv* between
შორს *adv* off
შორს *prep* off
შორს *adv* far
შორსმჭვრეტელი *adj* astute
შორტები *n* shorts
შპრიცი *n* syringe
შრიალი *v* murmur
შრიფტი *n* print
შრომა *n* labor
შრომის უნარს მოკლებული *adj* invalid; disabled
შრომისმოყვარე *adj* hard-working, industrious
შრომისუნარიანი *adj* workable
შტამპი *n* stamp
შტამპის დასმა *v* stamp
შტატივი *n* tripod
შტო *n* twig
შტრიხკოდი *n* barcode
შუა საუკუნეების *adj* medieval
შუაგული *n* middle
შუადღე *n* noon
შუადღე *n* midday

შუალედი *n* gap
შუალედური *adj* intermediate
შუამავლობა *v* mediate
შუასადები *n* filling; pad
შუაღამე *n* midnight
შუაში *prep* amid
შუბი *n* spear
შუბის წვერი *v* spearhead
შუბლზე შეჭრილი თმა *n* bangs
შუბლი *n* forehead
შუბლის შეკვრა *v* frown
შუილი *v* tingle
შური *n* envy
შურიანი *adj* envious
შურისმაძიებელი *adj* vindictive
შურისძიება *n* revenge, vengeance
შურისძიება *v* avenge
შუქის გაჩერება *n* stop light
შუქნიშანი *n* streetlight, traffic light
შუქურა *n* beacon, lighthouse
შუქურის მოციმციმე შუქი *n* flashlight
შუშა *n* glass
შფოთვა *n* concern
შფოთი *n* unrest
შხაპუნი *v* splash
შხეფების გასხმა *v* sparkle

ჩ

ჩაბარება *n* delivery
ჩაბმული *adj* involved
ჩაბღაუჭება *v* cling
ჩაგვრა *v* oppress
ჩადენა *v* perpetrate
ჩავარდნა *v* fall through; run into
ჩათვლით *prep* including
ჩაი *n* tea
ჩაიდანი *n* kettle, teapot
ჩაის კოვზი *n* teaspoon
ჩაკერებული ქაღალდები *n* file
ჩაკეტვა *v* lock up; shut up
ჩაკეტილი ადამიანი *n* clam
ჩალა *n* straw
ჩალისფერი ფერი *n* beige
ჩამკეტი *n* latch
ჩამოგდება *v* dismount; bring down
ჩამოგდება (ტახტიდან) *v* depose
ჩამოთვლა *v* detail; list
ჩამოკიდება *v* hang up; hang; dangle
ჩამოკიდებული *adj* baggy
ჩამორთმევა *v* deprive; forfeit
ჩამორთმევა *n* deprivation
ჩამორიგება *v* pass around

ჩამორჩენა *v* fall behind; get behind
ჩამორჩენა *n* backlog
ჩამორჩენა *prep* behind
ჩამორჩენილი *adj* backward
ჩამოსასხმელი შაბლონი *n* mold
ჩამოსვლა *v* arrive; come down
ჩამოსვლა *n* arrival
ჩამოქცევა *v* collapse
ჩამოყალიბება *n* formation
ჩამოშორებული *adj* estranged
ჩამქრალი *adj* out; extinct
ჩამჩა *n* ladle
ჩანართი *n* tab
ჩანასახი *n* germ
ჩანაცვლება *v* replace
ჩანაცვლება *n* replacement
ჩანაწერი *n* record; recording
ჩანგალი *n* fork
ჩანგრევა *v* cave in
ჩანთა *n* pouch, bag
ჩანისკარტება *v* peck
ჩანჩქერი *n* waterfall
ჩარგვა *v* implant
ჩარევა *v* implicate; intervene
ჩარევა *n* interference
ჩართვა *v* involve, include; switch on, turn on; hand in
ჩართულობა *n* involvement
ჩარტყმა *v* jab, poke
ჩარჩო *n* framework, frame; rim

ჩარჩოში ჩასმა *v* frame
ჩასაფრება *v* ambush
ჩასახლება *v* populate
ჩასვლა *v* go under
ჩასმა *v* insert; paste
ჩასმა *n* insertion
ჩასობა *v* stab, stick
ჩასხდომა *v* board
ჩატენა *v* cram; ram
ჩაფიქრება *v* conceive; meditate
ჩაფხუტი *n* helmet
ჩაქრობა *v* quench; extinguish
ჩაქუჩი *n* hammer
ჩაყვინთვა *v* duck
ჩაყოფა *v* dunk
ჩაშენებული *adj* built-in
ჩაშვება *n* dip
ჩაშლა *n* frustration
ჩაშლას *v* disrupt
ჩაჩუმება *v* gag
ჩაცინება *v* chuckle
ჩაცმა *v* clothe, dress
ჩაცუცქება *v* crouch
ჩაძინება *v* fall asleep
ჩაძირვა *n* immersion; shipwreck; sink
ჩაძირვა *v* dip, immerse, sink; drown
ჩაძირული *adj* sunken
ჩაწერა *v* record
ჩაწოდება *v* hand down

ჩაჭიდება v hold on to
ჩახლართული adj intricate
ჩახლეჩილი adj hoarse
ჩახუტება v cuddle, embrace, hug
ჩახუტება v hug
ჩახშობა v depress, quash, overpower, suppress
ჩეკის წიგნი n checkbook
ჩელო n cello
ჩემი pron mine
ჩემი adj my
ჩემოდანი n suitcase
ჩემპიონი n champ, champion
ჩეხვა v mangle; chop
ჩვარი n rag
ჩვევა n habit
ჩვენ pron us; we
ჩვენ თვითონ pron ourselves
ჩვენება v exhibit, show
ჩვენება n demonstration
ჩვენებანა v display
ჩვენებების მიცემა v attest
ჩვენების მიცემა v testify
ჩვენი adj our
ჩვენი pron ours
ჩვეულება n custom
ჩვეულებრივ adv normally, usually
ჩვეულებრივად adv ordinarily
ჩვეულებრივი adj conventional, ordinary
ჩვეული adj common, customary, habitual, usual
ჩვიდმეტი n seventeen
ჩვილი n infant
ჩვილის ასაკი n infancy
ჩივილი v complain, grouch, grumble; screech
ჩინებული adj splendid
ჩირაღდანი n torch
ჩიხი n dead end
ჩლიქი n hoof
ჩოგანი n bat; racket
ჩონჩხი n skeleton
ჩოფბურთი n tennis
ჩრდილი n shade
ჩრდილო აღმოსავლეთი n northeast
ჩრდილოეთი n north
ჩრდილოეთით adv north
ჩრდილოეთის adj north; northern
ჩრდილოეთის ირემი n reindeer
ჩრდილოეთის მაცხოვრებელი n northerner
ჩრჩილი n moth
ჩურჩული n whisper
ჩურჩული v whisper
ჩუტყვავილა n chicken pox
ჩუქება v present
ჩუხჩუხი v murmur
ჩუხჩუხი n ripple

ჩქარა *adv* near
ჩქაროსნული ავტომაგისტრალი *n* freeway
ჩქმეტა *n* pinch
ჩქმეტა *v* pinch
ჩხვლეტა *v* prick
ჩხრეკა *v* ransack
ჩხუბი *n* altercation; strife, struggle
ჩხუბი *v* quarrel; hassle, struggle
ჩხუბისთავი *n* broiler; bully

ც

ცა *n* sky
ცათამბჯენი *n* skyscraper
ცალკეული *adj* separate
ცალმხრივი *adj* single-handed; unilateral
ცალსახა *adj* explicit, unequivocal
ცალსახად *adv* definitely; explicitly
ცალცალად *adv* piecemeal
ცამეტი *n* thirteen
ცარიელი *adj* blank; hollow
ცარიელი *adj* empty
ცარცი *n* chalk
ცბიერი *adj* cunning, sly, wily

ცდა *n* essay
ცდა *v* try
ცდუნება *n* enticement, temptation
ცდუნება *v* seduce, tempt
ცეკვა *n* dance; dancing
ცეკვა *v* dance
ცელქი *adj* playful
ცემა *n* beat; beating
ცემა *v* chastise, beat
ცემენტი *n* cement
ცენზურა *n* censorship
ცენტი *n* cent
ცენტრალიზება *v* centralize
ცენტრალური *adj* central
ცენტრი *n* focus, center
ცენტრირება *v* center
ცერად *n* side
ცერემონია *n* ceremony
ცერი *n* thumb
ცეცხლგამძლე *adj* fireproof
ცეცხლი *n* fire
ცეცხლის ალის გამოტყორცნა *v* backfire
ცეცხლის გახსნა *n* gunfire
ცეცხლის მოკიდება *v* fire
ცეცხლის წაკიდება *n* arson
ცეცხლის წამკიდებელი *n* arsonist
ცეცხლოვანი *adj* fiery
ცეცხლსასროლი იარაღი *n* firearm

ცეცხლსასროლი იარაღით სროლა *v* shoot
ცეცხლსაქრობი *n* fire extinguisher
ცვალებადი *adj* fickle, unstable, volatile; variable, versatile
ცვარი *n* dew
ცვილი *n* wax
ცვლა *n* shift
ცვლილება *n* change, variation
ცვლილების შეტანა *v* amend
ციანი *n* cyan
ციგა *n* sleigh
ციგურაობა *n* skate
ციგურაობა *v* skate
ციგურებით სრიალი *v* ice skate
ციებ-ცხელება *n* fever
ცივი *adj* cold
ცივილიზაცია *n* civilization
ცივილიზაციის შეტანა *v* civilize
ციკლი *n* cycle
ციკლონი *n* cyclone
ციკლური *adj* cyclical
ცილი *n* libel
ცილინდრი *n* cylinder
ცილისწამება *v* defame, denigrate, slur
ცილისწამება *n* insinuation
ციმბალი *n* cymbal
ციმციმი *v* flicker, twinkle
ციმციმი *n* glimpse
ცინიკოსი *n* cynic
ცირკი *n* circus
ცირკულაცია *n* circulation
ცირკულირება *v* circulate
ცისარტყელა *n* rainbow
ცისტერნა *n* cistern
ციტატა *n* quotation
ციტირება *v* cite, quote
ციტრუსი *n* citrus
ციფერბლატი *n* dial
ციფრი *n* number, digit
ციფრული *adj* digital
ციყვი *n* squirrel
ციცაბო *adj* steep
ციცაბო კალთა *n* bluff
ციცაბო ფერდობი *n* chute
ციცქნა *adj* tiny
ციხე *n* prison
ციხესიმაგრე *n* castle
ციხე-სიმაგრე *n* fortress
ციხეში ჩასმა *v* incarcerate, jail
ციხის უფროსი *n* warden
ცნება *n* notion
ცნობა *n* certificate
ცნობარი *n* directory; reference
ცნობების შეკრება *v* inquire
ცნობიერება *n* consciousness
ცნობილი *adj* famous, renowned
ცნობისმოყვარე *adj* inquisitive, curious; nosy

ცნობისმოყვარეობა *n* curiosity
ცნობისმოყვარეობის აღმძვრელი *adj* intriguing
ცოდვა *v* sin; know
ცოდვა *n* sin
ცოდვილი *adj* wicked
ცოდნა *n* knowledge
ცოლი *n* wife
ცომი *n* dough
ცოტა *adj* few
ცოტა *adv* little
ცოტა რამ *pron* little
ცოტაოდენი *adv* any
ცოფი *n* rabies
ცოცვა *v* crawl, scramble
ცოცვა *n* climbing
ცოცხალი *adj* live, alive, living; lively, vivacious
ცოცხი *n* broom
ცოცხლად დარჩენა *v* survive
ცრემლი *n* tear
ცრუმორწმუნეობა *n* superstition
ცრუმოწმეობა *n* perjury
ცრურწმენა *n* prejudice
ცუდად *adv* badly
ცუდად მართვა *v* mismanage
ცუდად მორგებული *n* misfit
ცუდად მოქცევა *v* misbehave
ცუდი *adj* foul; bad
ცუდი სახელის მქონე *adj* notorious
ცუდის მომლოდინე *adj* apprehensive
ცული *n* axe, hatchet
ცურვა *n* swimming
ცხადად *adv* obviously
ცხადი *adj* clear, clear-cut, obvious
ცხარე *adj* hot
ცხელი *adj* hot
ცხენი *n* horse
ცხენიდან ჩამოხტომა *v* dismount
ცხენით სიარული *v* ride
ცხვარი *n* sheep
ცხვირა *adj* nosy
ცხვირი *n* nose
ცხვრის გაკრეჭა *v* shear
ცხვრის მატყლი *n* fleece
ცხიმი *n* fat, grease; gravy
ცხიმიანი *adj* greasy, oily
ცხიმოვანი *adj* fatty
ცხოველი *n* animal
ცხოველის ბეწვი *n* coat
ცხოველის ვარცხნა *v* groom
ცხოველის მოვლა *v* groom
ცხოვრება *v* live, reside
ცხოვრება *v* dwell
ცხოვრება (ვიღაცის ან რაღაცის ხარჯზე) *v* live off
ცხოვრების წესი *n* lifestyle
ცხრა *n* nine
ცხრამეტი *n* nineteen
ცხრილი *n* table

ძ

ძაბვა *n* voltage
ძაბრი *n* chute
ძალა *n* power, force, might, strength
ძალადაკარგული *adj* invalid
ძალადობა *n* outrage; violence
ძალაყინი *n* crowbar
ძალიან *adv* highly, very
ძალიან *adj* very
ძალიან მაღალი *adj* lofty
ძალის დატანება *v* bludgeon
ძალისხმევა *n* effort
ძალისხმევა *n* exertion
ძალისხმევის გამოჩენა *v* exert
ძარას ზედი *n* hood
ძარცვა *n* burglary, robbery
ძარცვა *v* plunder
ძარცვა-გლეჯა *v* pillage
ძაფი *n* thread
ძაფის გაყრა *v* thread
ძაღლი *n* dog
ძებნა *v* look for
ძელაკი *n* bar
ძეხვი *n* sausage
ძვალი *n* bone
ძველი *adj* old
ძველმოდური *adj* old-fashioned
ძვირადღირებული *adj* costly
ძვირი *adj* expensive
ძვირფასეულობა *n* jewel, jewelry
ძვირფასი *adj* darling; precious, valuable
ძვირფასი ქვა *n* gem
ძვირფასო *adj* dear
ძიება *n* quest, search
ძიება *v* search, seek
ძილი *n* sleep
ძილის მომგვრელი *adj* drowsy
ძირითადად *adv* chiefly
ძირითადად *adv* mainly
ძირითადი *adj* foremost, main, primary, prime, principal; basic
ძირის გამოთხრა *v* undermine
ძირს *prep* down
ძირს *adv* downward
ძირს დაშვება *v* step down
ძირფესვიანად ამოგდება *v* eradicate
ძიძა *n* babysitter, nanny
ძიძად მუშაობა *v* babysit
ძიძაობა *v* nurse
ძლიერ *adv* much
ძლიერ დასველება *v* drench
ძლიერად *adv* hard, strongly
ძლიერი *adj* powerful, strong
ძლიერი დარტყმა *n* blow
ძლიერი მიდრეკილება *n* addiction

ძლიერი სურვილი *v* crave
ძლიერი უარყოფითი რეაქცია *n* backlash
ძლიერი ქარბუქი *n* blizzard
ძლიერმოქმედი *adj* potent
ძლივს *adv* barely, scarcely
ძლივძლივობით *adv* hardly
ძმა *n* brother
ძმარი *n* vinegar
ძმისშვილი *n* nephew; niece
ძმისწული *n* nephew
ძმისწული (ქალი) *n* niece
ძმობა *n* fraternity
ძმური *adj* brotherly
ძნელად *adv* hardly
ძნელადსაკითხავი *adj* illegible
ძრავა *n* engine
ძროხა *n* cow
ძუნწი *n* meaning
ძუნწი *adj* stingy
ძუძუმწოვარი ცხოველი *n* mammal
ძუძუს თავი *n* nipple

წ

წაბილწვა *v* desecrate
წაბლი *n* chestnut
წაბლისფერი *adj* maroon
წაბორძიკება *v* falter, stumble
წაგება *v* lose
წათვლემა *v* nap
წალეკვა *v* overwhelm
წამალი *n* drug, medicine, remedy
წამება *n* torture
წამება *v* torture
წამი *n* instant, second
წამლის გამოწერა *v* prescribe
წამოდუღება *v* simmer
წამოყვირება *v* call out
წამოწოლა *v* recline
წამოწყება *v* get down to; initiate
წამოწყება *n* gathering
წამქეზებელი *adj* indulgent
წამყვანი *n* host
წამწამების საღებავი *n* mascara
წამწამი *n* lash, eyelash
წანამძღვარი *n* premise
წარბი *n* brow, eyebrow
წარდგენა *n* introduction
წარდგენა *v* introduce
წარდეგნა *n* presentation
წარმატება *n* success
წარმატების მიღწევა *v* progress, prosper, thrive
წარმატებულად *adv* successfully
წარმატებული *adj* prosperous, successful

წარმოდგენა v figure, imagine; stand for
წარმოდგენა n performance
წარმოება n make, produce; conduct
წარმოება v manufacture, produce
წარმოების ნარჩენი n waste
წარმოებული adj derivative
წარმომადგენელი n representation
წარმომადგენლობა v represent
წარმომადგენლობითი n representative
წარმომშობი n generator
წარმოსახვა n imagination
წარმოსახვითი adj imaginary; fancy
წარმოუდგენელი adj incredible, unthinkable
წარმოშობა v come from, originate
წარმოშობა n origin
წარმტაცი adj adorable
წარსული adj past
წარსული დრო n past
წარუმატებელი adj unsuccessful
წარწერა n legend, inscription
წასვლა v go
წასვლა (სასტუმროდან) v check out

წაქეზება v instigate, incite, motivate, prod
წაქცევა v fall down
წაღება v take away
წაშლა v obliterate; delete, erase
წაძინება v snooze
წაწყდომა v come across
წახალისება v bolster
წახნაგი n facet
წებო n paste, glue
წებოვანი adj adhesive, sticky, tacky
წევა n traction
წევრად მიღება v affiliate
წევრი n member
წევრობა n fellowship; affiliation, membership
წელი n waist; year
წერა v write
წერილი n letter
წერტილი n dot
წესდება n constitution, charter
წესების დარღვევა n foul
წესების შესაბამისი adj compliant
წესი n rule
წესიერება n decorum
წესიერი adj decent
წესრიგში მოყვანა v order; trim
წეს-ჩვეულებები n manners
წვა v burn

წვა *n* combustion
წვადი *n* combustible
წვალება *v* torment
წვდომა *n* access
წვევამდელი *n* conscript
წვეთებად დაღვრა *v* trickle
წვეთვა *v* dribble, drip
წვეთი *n* drop
წვენი *n* juice; sap
წვერი *n* beard
წვერიანი *adj* bearded
წვეტიანი *adj* pointed, spiky
წვეულება *n* banquet; party
წვივსაკრავები *n* suspenders
წვიმა *n* rain
წვიმა *v* rain
წვიმიანი *adj* rainy
წვიმის წვეთი *n* raindrop
წვლილი *n* contribution
წვლილის შეტანა *v* contribute
წვნიანი *adj* lush; juicy
წვნიანი *n* soup
წვნიანი *adj* succulent
წვრთნა *n* train
წვრილად *adv* thinly
წვრილი *adj* fine, thin
წვრილი კრევეტი *n* shrimp
წვრილი შრიფტი *n* fine print
წვრილმანებით მოვაჭრე *n* retailer
წიაღისეული *n* fossil
წიგნაკი *n* handbook
წიგნების კარადა *n* bookcase
წიგნი *n* book
წიგნიერი *adj* literate
წიგნის მაღაზია *n* bookstore
წიდა *n* cinder
წითელა *n* measles
წითელი *adj* red
წითელი ფერი *n* red
წითელი წიწაკა *n* chili
წილადი *n* fraction
წილი *n* lot, share
წინ *adv* ahead, forward, along
წინ *adv* pull ahead
წინ გასწრება შეჯიბრებისას *v* lead
წინ წაწევა *v* forward; come forward
წინა *adj* front
წინა მხარე *n* front
წინა პლანი *n* foreground
წინა ღამე *n* eve
წინააღმდეგ *prep* against
წინააღმდეგია *v* dissent
წინააღმდეგობა *n* contradiction; opposition, resistance
წინააღმდეგობის გაწევა *v* antagonize; oppose, resist, withstand
წინააღმდეგობრივი *adj* ambivalent, contradictory

წინადადება *n* sentence; proposition, suggestion
წინათ *adv* ago, formerly
წინათგრძნობა *n* premonition
წინამავალი *v* precede
წინამავალი *adj* preceding
წინამორბედი *n* predecessor
წინაპარი *n* ancestor
წინასიტყვაობა *n* introduction, introduction, preface
წინასწარ *adv* beforehand, previously
წინასწარ განზრახული *adj* intentional
წინასწარ განწყობილი *adj* predisposed
წინასწარ ვარაუდი *v* presuppose
წინასწარ შეკვეთა *v* book
წინასწარ შეტყობინება *v* forewarn
წინასწარგანზრახული *adj* deliberate
წინასწარგანჭვრეტა *n* foresight
წინასწარი *adj* preliminary, prior
წინასწარი დათვალიერება *n* preview
წინასწარმეტყველება *v* foretell
წინასწარმეტყველება *v* predict
წინასწარმეტყველი *n* oracle
წინასწარმოფიქრებული *v* premeditate
წინადამით *adv* overnight
წინდა *n* sock
წინდაუხედავი *adj* reckless
წინდაუხედავობა *n* hindsight; haste
წინდახედულება *n* discretion
წინდახედული *adv* gingerly
წინდახედული *adj* prudent
წინდახედულობა *n* providence
წინსაფარი *n* apron
წინსვლა *v* move forward
წისქვილი *n* mill
წიწილა *n* chick
წიხლების კვრა *v* kick
წკეპლა *n* rod
წკიპურტის დარტყმა *v* flick
წკლაპუნი *v* munch
წლისთავი *n* anniversary
წმინდა *adj* holy; pure
წმინდანი *n* saint
წნვა *v* weave
წოდება *n* rank
წოლა *v* lie
წონა *n* weight
წონასწორობა *n* equilibrium; poise
წონასწორობის დაკარგვა *n* imbalance

წრე *n* cycle, circle
წრეზე მოძრაობა *v* circle
წრიპინი *v* squeak
წრის შემოხაზვა *v* circle
წრიული *adj* circular
წუთი *n* minute
წუმპე *n* puddle
წუნდაუდებელი *adj* impeccable
წუნია *adj* choosy
წუნიანი *adj* flawed
წურბელა *n* leech
წურვა *v* mangle
წუწუნა *adj* grouchy
წუწუნი *v* moan, lament, whine; nag
წუხელ *adv* last night
წყალგაუმტარი *adj* waterproof, watertight
წყალდიდობა *n* deluge, flood
წყალი *n* water
წყალის დინება *v* water
წყალობა *n* mercy
წყალსადენი მილი *n* drainpipe
წყალქვეშა *adj* underwater
წყალქვეშა *adv* underwater
წყალქვეშა ნავი *n* submarine
წყალში ჩახტომა *v* plunge
წყარო *n* source
წყევლა *n* curse
წყენინება *v* afflict
წყვდიადიანი *adj* murky
წყვილი *n* couple, pair
წყლიანი *adj* aquatic
წყლით გავლება *v* rinse
წყლით დაფარვა *v* flood, inundate
წყლის გამაცხელებელი *n* water heater
წყლის ზედაპირზე ყოფნა *v* float
წყრომა *n* wrath
წყურვილის გრძნობა *v* thirst

ჭ

ჭაბუკი *n* youngster
ჭადრაკი *n* chess
ჭავლი *n* jet
ჭამა *v* eat
ჭაობი *n* quagmire, marsh, swamp
ჭაობი *v* slump
ჭაობიანი *adj* soggy
ჭარბდასახლება *n* congestion
ჭარბი *adj* excessive
ჭარბწონიანი *adj* overweight
ჭარხალი *n* beetroot
ჭაღი *n* chandelier
ჭერი *n* ceiling
ჭექა-ქუხილი *n* thunderstorm

ჭეშმარიტი *adj* mere
ჭვავი *n* rye
ჭია *n* worm
ჭიანჭველა *n* ant
ჭიდაობა *v* wrestle
ჭიდაობა *n* wrestling
ჭიკარტი *n* tack, thumbtack
ჭიპი *n* belly button, navel
ჭირი *n* plague
ჭიქა *n* glass
ჭიქები *n* glasses
ჭიშკარი *n* gate
ჭკვიანად *adv* intelligently
ჭკვიანი *adj* clever
ჭკნობა *v* fade; languish, wither
ჭოგრი *n* binoculars
ჭორაობა *v* gossip
ჭორები *n* hearsay
ჭორი *n* fib; gossip, rumor
ჭორფლი *n* freckle
ჭორფლიანი *adj* freckled
ჭრაჭუნა *adj* squeaky
ჭრიალი *n* groan, creak
ჭრიალი *v* creak
ჭრილობა *n* cut, gash, injury, wound
ჭრიჭინა *n* cricket
ჭურჭელი *n* cutlery, utensil; dish
ჭურჭლის სარეცხი მანქანა *n* dishwasher
ჭუჭრუტანა *n* peephole
ჭუჭყიანი *adj* dirty, soiled
ჭყლეტა *n* jam

ხ

ხავერდი *n* velvet
ხავსი *n* moss
ხაზგასმა *v* highlight
ხაზგასმით აღნიშვნა *v* stress
ხაზი *n* line; trait
ხაზის გასმა *n* emphasis
ხალი *n* mole
ხალისიანი *adj* joyful
ხალისით *adv* readily
ხალიჩა *n* carpet
ხალხი *n* folks, people
ხალხური *adj* folksy
ხამანწკა *n* oyster
ხამხამი *v* wink
ხანგრძლივი *adj* lengthy; lasting
ხანგრძლივობა *n* duration
ხანდაზმული ადამიანი *adj* senior
ხანდახან *adv* sometimes
ხანმოკლე *adj* short-lived
ხანმოკლე შესვენება *n* break
ხანჯალი *n* dagger
ხარახურა *n* raffle
ხარბად სმა ან ჭამა *v* guzzle
ხარბი *adj* avid; greedy

ხ

ხარვეზი *n* shortcoming; vice
ხარი *n* bull, ox
ხარისხი *n* class, quality, degree; extent
ხარისხიანი *adj* good
ხარისხის ან ფასის შემცირება *v* debase
ხარკი *n* tribute
ხარჯვა *v* consume, spend
ხარჯი *n* charge, expense, expenditure
ხასიათი *n* character
ხასიათია *n* mood
ხატვა *v* paint; draw
ხატვა *n* paint
ხატი *n* icon
ხაფანგი *n* cobweb; mesh; trap
ხაფანგის დაგება *v* trap
ხაჭო *v* curdle
ხახვი *n* onion
ხახუნი *n* friction
ხბო *n* calf
ხბოს ხორცი *n* veal
ხე *n* tree
ხედვა *v* see
ხეივანი *n* mall
ხელახალი ამოქმედება *n* reenactment
ხელახალი გაერთანება *v* reunite
ხელახალი გამოცემა *n* reprint
ხელახალი დახარისხება *v* resort
ხელახლა *adv* again, anew
ხელახლა აშენება *v* rebuild
ხელახლა გაკეთება *v* redo
ხელახლა გამოჩენა *v* reappear
ხელახლა დამუხტვა *v* recharge
ხელახლა შეერთება *n* reunion
ხელახლა შევსება *v* refill
ხელახლა შექმნა *v* recreate
ხელახლა შექმნა *n* recreation
ხელბორკილები *n* handcuffs
ხელბორკილის დადება *v* handcuff
ხელბურთი *n* volleyball
ხელგაშლილობა *n* bounty; generosity
ხელთათმანი *n* glove
ხელი *n* hand
ხელით *adv* manually
ხელით გადაადგილება *v* manhandle
ხელის აღება *v* renounce
ხელის კვრა *v* jab; push, shove
ხელის კვრა *n* jerk
ხელის მოკიდება *v* undertake
ხელის მოწერა *v* sign
ხელის მოჭიდება *v* grip
ხელის ტაცება *v* clutch; seize

ხელის შევლება *v* touch up
ხელის შეშლა *v* intercept, block, hinder, interfere, obstruct, prevent
ხელის შეშლა *n* prevention
ხელის შეწყობა *n* contribution; promotion
ხელის შეწყობა *v* facilitate; promote
ხელის ჩავლება *v* grab, snatch
ხელის ჩამორთმევა *n* handshake
ხელის ჩაჭიდება *v* grasp
ხელის ჩაჭიდება *n* grip
ხელისგული *n* palm
ხელისშემწყობი *adj* instrumental
ხელკეტი *n* club, baton
ხელმარჯვე *adj* handy
ხელმისაწვდომი *adj* open, available, accessible; affordable
ხელმისაწვდომობა *n* availability
ხელმოწერა *n* signature
ხელმძღვანელი *n* chief
ხელმძღვანელობა *n* guidance, leadership
ხელმძღვანელობა *v* guide
ხელნაკეთი *adj* handmade; homemade
ხელნაწერი *n* handwriting; manuscript, script
ხელობა *n* craft
ხელოვნება *n* art, artwork
ხელოვნური *adj* artificial, man-made
ხელოვნური თანამგზავრი *n* satellite
ხელოსანი *n* craftsman
ხელსაყრელი *adj* conducive, favorable
ხელსაწყო *n* appliance
ხელსაწყოები *n* hardware
ხელსაწყოს ჩვენება *n* reading
ხელსახოცი *n* handkerchief, napkin
ხელუხლებელი *adj* intact
ხელფასი *n* pay, salary, wage
ხელყოფა (უფლების) *n* invasion
ხელყუმბარა *n* grenade
ხელშეკრულება *n* contract; treaty
ხელშეკრულების დადება *v* contract
ხელშემწყობი *adj* rewarding
ხელშესახები *adj* palpable, tangible
ხელშეუხებელი *adj* untouchable
ხელში ჩაგდება *v* intercept
ხელში ჩაგდება *n* pickup
ხელჩანთა *n* handbag
ხეობა *n* gorge

ხ

ხერხემალი *n* backbone, spine; vertebra
ხერხვა *v* saw
ხერხი *n* jigsaw, saw
ხეტიალი *v* loiter, hang around; roam, wander
ხე-ტყე *n* lumber, timber
ხეშეში *adj* stiff
ხეხვა *v* scrub
ხეხილის ბაღი *n* orchard
ხვალ *adv* tomorrow
ხვალ *n* tomorrow
ხველა *n* cough
ხველება *v* cough
ხვია *n* coil
ხვლიკი *n* lizard
ხვნა *v* plow, till
ხვრელი *n* opening
ხვრინვა *v* snore
ხიბლი *n* charm
ხიდი *n* bridge
ხითხითი *v* giggle
ხილვა *v* behold
ხილვადი *adj* visible
ხილვადობა *n* visibility
ხილი *n* fruit
ხილის *adj* fruity
ხილის ნაყინი ჩხირზე *n* popsicle
ხის *adj* wooden
ხის ქერქი *n* bark
ხის ყუთი *n* crate
ხიცინი *v* tickle
ხმა *n* voice
ხმალი *n* sword
ხმამაღალი *adj* loud; resounding
ხმამაღლა *adv* aloud, loudly
ხმარება *v* wear down
ხმაურდამხშობი *adj* soundproof
ხმაური *n* clash; noise
ხმაური *v* clamor
ხმაურიანად *adv* noisily
ხმაურიანი *adj* noisy, rowdy, tumultuous
ხმელი *adj* husky
ხმის მიცემა *n* vote
ხმის მიცემა *v* vote
ხმის ტონი *n* key
ხმოვანი *n* vowel
ხმოვანი შეტყობინება *n* voice mail
ხოლმე *idiom* used to
ხომალდი *n* ship, vessel
ხორბალი *n* wheat
ხორცი *n* flesh, meat
ხოცვა-ჟლეტვა *n* massacre
ხოჭო *n* bug, beetle
ხოხვა *v* creep
ხრაშუნა *adj* crisp, crunchy
ხრახნი *n* screw
ხრეში *n* gravel
ხრიალი *v* wheeze

ხრიკი *n* gimmick, ruse
ხროვა *n* mound
ხრჩობა *v* strangle
ხრჩოლვა *v* smother
ხრწნა *v* decay
ხსენება *v* mention
ხსნა *v* salvage
ხტომა *v* spring
ხტუნაობა *v* jump
ხტუნვა *v* leap
ხუთი *n* five
ხუთკუთხა *n* pentagon
ხუთშაბათი *n* Thursday
ხუმრობა *n* joke
ხუმრობა *v* joke
ხუმრობა *n* gag
ხუმრობით *adv* jokingly
ხურდა *n* change
ხუჭუჭთმიანი *adj* crispy
ხუჭუჭი *adj* curly
ხშირად *adv* often
ხშირად მონახულება *v* frequent
ხშირი *adj* frequent

ჯ

ჯაგრისი *n* brush
ჯაგრისით გაწმენდა *v* brush
ჯადოსნური *adj* magical
ჯადოქარი *n* sorcerer, witch, wizard
ჯადოქარი *n* magician
ჯადოქრობა *n* sorcery, witchcraft
ჯავრი *n* grudge
ჯავშანტექნიკა *n* armor
ჯაზი *n* jazz
ჯამბაზი *n* clown
ჯანდაცვა *n* healthcare
ჯანმაგარი *adj* robust
ჯანმრთელი *adj* healthy
ჯანმრთელობა *n* health
ჯანჯაფილი *n* ginger
ჯარი *n* troops
ჯარიმა *n* fine, penalty
ჯარისკაცი *n* soldier
ჯარში გაწვევა *v* enlist
ჯაშუში *n* spy
ჯაშუშობა *n* espionage
ჯაჭვი *n* chain
ჯაჭვის ხერხი *n* chainsaw
ჯგუფი *n* class; gang
ჯდომა *v* sit
ჯებირი *n* dam
ჯეკპოტი *n* jackpot
ჯენტლმენი *n* gentleman
-ჯერ *prep* times
ჯერ კიდევ არ *adv* yet
ჯერჯერობით *conj* yet
ჯვარი *n* cross
ჯვრისწერა *n* marriage

ჯიბე *n* pocket
ჯიბის ქურდი *n* pickpocket
ჯილდო *n* award, reward
ჯინსი *n* jeans
ჯიუტი *adj* obstinate, stubborn
ჯიში *n* race; breed; kind
ჯიხური *n* booth, stall
ჯმუხი *v* squat
ჯობნა *v* excel
ჯოგად სიარული *v* herd
ჯოისტიკი *n* joystick
ჯოკერი *n* joker
ჯორი *n* mule
ჯოხი *n* club, stick
ჯოჯოხეთი *n* hell
ჯუნგლები *n* jungle
ჯუჯა *n* dwarf
ჯღაბნა *v* scribble

ჰ

ჰაერი *n* air
ჰაერის ნაკადი *n* blast
ჰაკერი *v* hacker
ჰალსტუხი *n* necktie
ჰალუცინაციის ქონა *v* hallucinate
ჰამაკი *n* hammock
ჰამბურგერი *n* burger, hamburger
ჰანდიკაპი *n* handicap
ჰარმონია *n* harmony
ჰეი *e* hey
ჰერმეტიული *adj* airtight
ჰიგიენა *n* hygiene
ჰიმნი *n* hymn
ჰიპნოზი *n* hypnosis
ჰიპორეზა *n* hypothesis
ჰიტი *n* hit
ჰობი *n* hobby
ჰოთდოგი *n* hotdog
ჰოკეი *n* hockey
ჰოლი *n* hallway
ჰორიზონტალური *adj* horizontal
ჰორიზონტი *n* horizon
ჰოსპიტალიზაცია *v* hospitalize

Order & Contact Information

Word to Word® Series

Item	Language	ISBN13
Word to Word®		
500X	Albanian	9780933146495
820X	Amharic	9780933146594
650X	Arabic	9780933146419
700X	Bengali	9780933146303
705X	Burmese	9780933146501
710X	Cambodian	9780933146402
715X	Chinese	9780933146228
520X	Czech	9780933146624
857X	Dari	9781946986603
660X	Farsi	9780933146334
530X	French	9780933146365
535X	German	9780933146938
664X	Georgian	9781946986627
540X	Greek	9780933146600
720X	Gujarati	9780933146983
545X	Haitian Creole	9780933146235
665X	Hebrew	9780933146587
725X	Hindi	9780933146310
728X	Hmong	9780933146532
551X	Hungarian	9780933146679

Item	Language	ISBN13
555X	Italian	9780933146518
730X	Japanese	9780933146426
735X	Korean	9780933146976
740X	Laotian	9780933146549
753X	Malayalam	9781946986610
755X	Nepali	9780933146617
760X	Pashto	9780933146341
575X	Polish	9780933146648
580X	Portuguese	9780933146945
765X	Punjabi	9780933146327
585X	Romanian	9780933146914
590X	Russian	9780933146921
830X	Somali	9780933146525
600X	Spanish	9780933146990
835X	Swahili	9780933146556
770X	Tagalog	9780933146372
780X	Thai	9780933146358
615X	Turkish	9780933146952
620X	Ukrainian	9780933146259
790X	Urdu	9780933146396
5-895X	Word to Word® (All Languages)	

State Approved • Testing Dictionaries

All printed editions are two-way:
English-Language / Language-English.
More languages in planning and production.

Word to Word® Series

Item	Language	ISBN13
Word to Word® with Subject Vocab		
653X	Arabic	9780933146563
703X	Bengali	9781946986061
718X	Chinese	9780933146570
533X	French	9780933146693
548X	Haitian Creole	9780933146709
583X	Portuguese	9781946986092
593X	Russian	9781946986078
603X	Spanish	9780933146723
793X	Urdu	9781946986085
798X	Vietnamese	9780933146686
5-105X	Subject Vocab (All Languages)	

Item	Language	ISBN13
Word to Word® eBooks		
650Xe	Arabic	9781946986306
715Xe	Chinese	9781946986283
545Xe	Haitian Creole	9781946986221
551Xe	Hungarian	9781946986290
730Xe	Japanese	9781946986313
852Xe	Kirundi	9781946986214
735Xe	Korean	9781946986238
600Xe	Spanish	9781946986276
770Xe	Tagalog	9781946986344
843Xe	Tigrinya	9781946986191
790Xe	Urdu	9781946986184
795Xe	Vietnamese	9781946986207

Subject vocabulary dictionaries include additional math science and social studies vocabulary. Approximately 2400 math terms, 4400 science terms, and 1700 social studies terms.

eBook dictionaries are available via web app or mobile app on Android or IOS. Android and IOS ebooks can be downloaded for offline use.

WordtoWord.com - Discounts + eBooks

Special Online Pricing: Special tiered discount pricing based on quantity for online orders. Simple and fast.

eBook: After your eBook purchase, we will send you a separate activation email to access your eBook. If you do not receive an email within 24 hours of your purchase, please contact us right away by phone or email.

eBook bulk order option for school districts is available. Email us for a sample eBook.

Order & Contact Us

Bilingual Dictionaries, Inc. is committed to providing quality bilingual materials and great service. Contact us by phone or email for a quote today:

Phone: 951-296-2445

Fax: 951-296-9911

Mail: PO Box 1154, Murrieta, CA 92562

Email: support@bilingualdictionaries.com

Visit our website to download our current catalog-order form, view our products and shop online.

BilingualDictionaries.com

WordtoWord.com

Amazon.com/WordtoWord

Special Dedication & Thanks

Bilingual Dictionaries, Inc. would like to thank all the teachers from various districts across the country for their useful input and great suggestions in creating a Word to Word® standard. We encourage all students and teachers using our bilingual learning materials to give us feedback. Please send your questions or comments via email.
support@bilingualdictionaries.com